Networking in Organisationen

Schriftenreihe ORGANISATION & PERSONAL

Band 19   herausgegeben von Oswald Neuberger

Felix Reiners

Networking in Organisationen

Rainer Hampp Verlag   München und Mering   2008

Bibliografische Information der Deutschen Nationalbibliothek

Die Deutsche Nationalbibliothek verzeichnet diese Publikation in der
Deutschen Nationalbibliografie; detaillierte bibliografische Daten sind
im Internet über http://dnb.d-nb.de abrufbar.

ISBN: 978-3-86618-252-3
Schriftenreihe ORGANISATION & PERSONAL: ISSN 0936-7942
DOI 10.1688/9783866182523
1. Auflage, 2008
Zugl.: Frankfurt, Univ., Diss. 2007, Siegelziffer D.30

© 2008   Rainer Hampp Verlag   München und Mering
            Marktplatz 5   D – 86415 Mering

            www.Hampp-Verlag.de

Liebe Leserinnen und Leser!
Wir wollen Ihnen ein gutes Buch liefern. Wenn Sie aus irgendwelchen Gründen
nicht zufrieden sind, wenden Sie sich bitte an uns.

INHALTSVERZEICHNIS

Inhaltsverzeichnis

Inhaltsverzeichnis

I   EINLEITUNG

Wie soll ich anfangen? Wo fange ich an? Wem kann ich trauen? Wem nicht? Wer steckt mit wem unter einer Decke? Mit wem kann ich gemeinsame Sache machen? Wen kontaktiere ich als Ersten? Wie? Wann? Wozu? Was passiert, wenn ich diese Beziehung pflege – und jene nicht? Diesen und ähnlichen Fragestellungen sehen sich Leitungskräfte gegenüber, die neu in ein Unternehmen eintreten. Es handelt sich um Fragen zu den Themen Networking und Netzwerke in Organisationen. Davon handelt die vorliegende empirische Untersuchung. In ihr wird untersucht, mit welchen Networkingstrategien, Zielen und Folgen Führungskräfte nach einem beruflichen Wechsel in ihrem neuen Umfeld Netzwerke knüpfen und Soziales Kapital aufbauen.

1   Problemstellung

Die Lage einer Leitungskraft, die das Unternehmen wechselt und eine Aufgabe in einer neuen Organisation übernimmt, ist kritisch. In ihrer neuen Umgebung wird sie typischer Weise mit drei Problemfeldern konfrontiert, die ihrer Situation Brisanz und *praktische Relevanz* verleihen.

(1) Zunächst steht die neue Leitungskraft unter gesteigertem *Erwartungs- und Erfolgsdruck*. Sie hat sich in ihrer alten Funktion in einer anderen Firma behauptet und bewährt. Exakt aus diesem Grund wurde sie für die neue Position ausgewählt und soll nun auch in der neuen Organisation eine einflussreiche Rolle übernehmen. Vorgesetzte, Kollegen und Mitarbeitende erwarten, dass nach einer kurzen Eingewöhnungsperiode Richtlinien vorgegeben, Entscheidungen getroffen und komplexe Zusammenhänge im Sinne des Unternehmens gestaltet werden.[1] Dem neuen Organisationsmitglied wird so von Beginn an eine erhöhte Aufmerksamkeit zuteil. Seine Handlungen stehen unter der kritischen Beobachtung der Umwelt.

(2) Die zweite Wirkung eines ungewohnten Umfeldes auf ein neues Organisationsmitglied lässt sich als *Verunsicherung* charakterisieren. Kompetenzen, Werte, Ressourcen, Routinen und Perspektiven, die für die Führungskraft in ihrer gewohnten Umgebung zuvor noch Erfolgsgaranten waren, können schlagartig an Bedeutung verlieren. Das ist immer dann der Fall, wenn sich Erfahrungen im neuen Unternehmen als nicht mehr gefragt oder nicht mehr anschlussfähig erweisen. Die neue Leitungskraft kann nicht mehr wie im früheren beruflichen Kontext selbstverständlich als anerkannter Experte und einflussreicher Gestalter auftreten. Sie wird in vieler Hinsicht zum unerfahrenen Anfänger, der es nicht gewohnt ist, auf die Unterstützung anderer angewiesen zu sein. In dieser Situation besteht eine Herausforderung darin,

---

[1]   Aus Gründen einer verbesserten Lesbarkeit wird in der gesamten Arbeit auf männliche Bezeichnungen (z.B. Kollegen) zurückgegriffen und auf doppeltgeschlechtliche Benennungen (z.B. Kolleginnen und Kollegen) verzichtet. Die männlichen Begriffe schließen die zugehörige weibliche Bedeutung mit ein.

Kapitel I – Einleitung

die anfängliche Verunsicherung (schnell) hinter sich zu lassen und neue Rollen zu lernen (vgl. Krackhardt 1996: 159ff).

(3) Das dritte Problemfeld besteht in der *Intransparenz* der sozialen Zusammenhänge des neuen Umfelds. Organisationen sind in wesentlich stärkerem Maße von subtilen – häufig unter der Oberfläche liegenden – sozialen und (mikro-)politischen Prozessen bestimmt als es auf den ersten Blick den Anschein hat. In der Literatur wird mithin als das größte strukturelle Erschwernis der Lage eines neuen Organisationsmitglieds (=*liability of newness*) gesehen, dass ihm die bestehenden Netzwerke und Zusammenhänge verborgen und nicht zugänglich sind (vgl. Ibarra 1993: 474; Karaevli 2007).

„But perhaps the most critical liability to the new manager is the lack of a clear understanding of how the current system of exchanges and relationships works in the organizational unit." (Krackhardt 1996: 160)

Die Anfangszeit in der neuen Firma ist aus Sicht der Führungskraft insgesamt eine besonders herausfordernde Karrierephase. In diesem Stadium kommt es darauf an, die zu Beginn unvermeidliche Isolation zu überwinden und sich das im Zitat angesprochene intransparente Beziehungsgeflecht – oder treffender: Beziehungsdickicht – der Organisation zu erschließen *und* zu Nutze zu machen. Die Vernachlässigung oder gar das Ignorieren dieser Aspekte stellt für organisationale Akteure keine realistische Option dar. Speziell Leitungskräfte sind auf ein tragfähiges Netzwerk von Unterstützern, Förderern und Verbündeten in der Organisation angewiesen, um in der Organisation Akzeptanz, Legitimität und Einfluss zu gewinnen (vgl. Podolny & Baron 1997: 676; Balkundi & Kilduff 2005). Der Aufbau sozialer Beziehungen in der Organisation (=Networking) stellt damit ein eminent wichtiges Handlungsfeld für organisationale Neueinsteiger dar.

Aus *theoretischer Sicht* wird das Thema des Aufbaus intraorganisationaler Netzwerke in der Organisations- und Managementliteratur aus sehr verschiedenen Perspektiven beleuchtet und diskutiert. Je nach wissenschaftlicher Denkschule wird anderen Faktoren ein hoher Erklärungsbeitrag beigemessen. Eine *mikropolitische Sichtweise* des Phänomens Networking stellt die Bedeutung von *Machtaspekten* in den Handlungen individueller Akteure in das Zentrum ihrer Betrachtung (vgl. Neuberger 2002: 681; Crozier & Friedberg 1979: 14). Die vorliegende Arbeit folgt diesem Ansatz. Das erscheint unter anderem insofern sinnvoll, als es integraler Bestandteil speziell der Leitungsrolle ist, mit anderen Menschen in Kontakt zu gehen, sie zu führen und zu beeinflussen. Dazu benötigen Führungskräfte immer Macht.

Konzeptionell betrachtet bietet Macht keine Erfolgsgarantie, den eigenen Willen wie geplant auch tatsächlich durchzusetzen. Macht beinhaltet eine erhöhte Chance dazu, trägt aber unvermeidlich immer auch das Risiko des Fehlschlags in sich (vgl. Paris 2005: 35ff). Das Risiko liegt vor allem darin begründet, dass Macht nur „innerhalb einer sozialen Beziehung" (Foucault 1977: 115) wirkt und sich niemals vollständig von einer Einzelperson kontrollieren lässt. Sie ist nichts, was ein einzelner erwerben, besitzen oder verlieren kann (vgl. Townley 1993: 520; Sofsky & Paris 1994: 9; Crozier und Friedberg 1979: 39).

Bildlich vor Augen führen lässt sich diese Aussage mit der Metapher eines Netzes, in dem sich soziale Macht nicht (wie vielleicht intuitiv vermutet) an den Knotenpunkten (=Individuen), sondern in den Verbindungen zwischen den Personen (=Beziehungen) verorten lässt. Macht wird mit dieser Sichtweise zum hochkomplexen *Beziehungsphänomen*. Als solches ist es für eine Einzelperson nie zu kontrollieren oder auch nur zu durchschauen. Besonders orientierungslos bezüglich der Zusammenhänge, Knotenpunkte und Gesetzmäßigkeiten im Netzwerk der Macht sind – wie oben schon angedeutet – organisationale Einsteiger. Als Neulinge im Unternehmen können sie noch nichts über die Mikropolitik der neuen Organisation wissen.

Macht als abstraktes Beziehungsphänomen wird erst dann greif- und sichtbar, wenn man sich der Ebene der Handlungen und damit der Ebene der Machttaktiken zuwendet. In ihnen wird Macht konkret. Sie wird aufgebaut, ausgebaut und genutzt. Networkingaktivitäten spielen dabei eine wichtige Rolle. Networking, verstanden als das zielgerichtete Knüpfen eines mikropolitisch vorteilhaften sozialen Netzwerks innerhalb einer Organisation, zählt zu den wichtigsten und komplexesten mikropolitischen Taktiken (vgl. Schiffinger 2002; Neuberger 1995: 157ff; Steyrer & Schiffinger 2004).

Der Akteur schafft sich durch sein Networking im Lauf der Zeit ein Netzwerk, von dem er annimmt, dass es die Erreichung seiner mikropolitischen Ziele befördern wird. Soziale Netzwerke werden innerhalb der vorliegenden Arbeit als Produkte von Networkingaktivitäten aufgefasst (vgl. Wolff & Moser 2006). Die Einbettung in ein Netzwerk kann der fokalen Person eine Reihe möglicher Vorteile bieten, die in der Literatur unter dem Begriff des Sozialen Kapitals erörtert werden. Das im Wesentlichen auf Bourdieu (1983) zurückgehende Konzept bezeichnet das strukturelle Wertpotenzial derjenigen Ressourcen (z.B. Informationen, Kompetenzen, Rechte, Güter), die einem Akteur dank der Zugehörigkeit zu einem Netzwerk (exklusiv) zur Verfügung stehen (vgl. Adler und Kwon 2002: 28ff; Portes 1998: 9ff; Hollstein 2001: 31ff).

Die meisten vorliegenden empirischen Studien zum Networking in Organisationen bewegen sich auf einem hohen Abstraktionsniveau. Mit Hilfe von Fragebögen liefern sie als wesentlichstes Ergebnis umfangreiche Aufstellungen mikropolitischer Einzeltaktiken (vgl. Neuberger 1995: 157ff und 2006: 120ff). Vor dem Hintergrund des Machtverständnisses, das zuvor bereits skizziert wurde, ist ein solch abstrahierendes Vorgehen, das vieles dem Zusammenhang entreißt, kritisch zu hinterfragen (vgl. Neuberger 2006: 27ff). Was dabei nämlich weitgehend ausgeblendet bleibt, sind die Hintergründe und der soziale Kontext mikropolitischen Handelns. Letzterer ist jedoch speziell für das Phänomen des Networkings in Organisationen von größter Bedeutung. Macht und Networking stehen stets in einem sozialen Zusammenhang und sind untrennbar mit diesem verwoben. In diesem Forschungsfeld verhindert die entkontextualisierende Logik der quantitativen Sozialforschung, dass Erkenntnisse gewonnen werden, die in ihrer Aussagekraft über die von abstrakter Listen mikropolitischer Einzeltaktiken hinausgehen (vgl. Haubl 2005: 57ff).

Die bisher vorliegenden Studien nähern sich dem Feld außerdem zumeist ohne theoretische Grundlage. Seit langem und bis heute besteht deshalb in der Literatur die Forderung nach einer konzeptionellen Fundierung mikropolitischer Untersuchungen (vgl. Neuberger 1995: 134ff und 158f sowie 2006: 237ff; Engelhart 1994b: 178).

In diesem kontextsensitiven und theoriefundierten Sinn ist das interessierende Feld des Networkings in Organisationen als bisher unzureichend erschlossen zu charakterisieren: Welche Ziele werden in der Kontaktaufnahme mit anderen Organisationsmitgliedern verfolgt? Welche Networkingstrategien werden eingesetzt? Unter welchen Bedingungen? Welche Arten von Kontakten und Netzwerken entstehen daraus? Welche positiven und negativen Folgen ergeben sich im Lauf der Zeit aus den Netzwerken? Auf die Klärung dieser und angrenzender Fragen richtet sich das Erkenntnisinteresse der vorliegenden Untersuchung.

2 Zielsetzungen

In ihren Zielsetzungen greift die vorliegende Untersuchung die soeben skizzierte Kritik an der bisher dominierenden Praxis der Erforschung mikropolitischer (Networking-)Aktivitäten in Organisationen auf.

Die *erste, konzeptionelle Zielsetzung* der Untersuchung zielt darauf ab, Networking theoretisch zu fundieren. Für diese Kategorie mikropolitischen Handelns soll in Anknüpfung an die Theoriefelder Mikropolitik, soziale Netzwerke und Soziales Kapital ein theoretischer Rahmen entwickelt werden, der es erlaubt, Networking konzeptionell zu fassen und zu analysieren.

In ihrer *zweiten, empirischen Zielsetzung auf der Ebene der einzelnen Fälle* zielt die Studie darauf ab, einen Zugang in das Thema zu schaffen, bei dem die entscheidenden Kontextfaktoren des Networkings mit im Zentrum der Betrachtung stehen. Die Erhebung und Analyse von Einzelfallstudien zum Networking von Leitungskräften in beruflichen Anfangssituationen soll dazu dienen, den Untersuchungsgegenstand überschaubar zu machen. Es sollen Charakteristika des Networkings in Organisationen betont werden, so dass zentrale Gemeinsam- oder Ähnlichkeiten sowie bedeutsame Unterschiede im Datenmaterial bzw. im untersuchten Feld deutlich werden. Die Erhebung und Analyse mehrerer Einzelfälle zum Networking in beruflichen Anfangssituationen sollen insgesamt einen theoretisch reflektierten und strukturierten Einblick in die Thematik ermöglichen.

Mit der *dritten, empirischen Zielsetzung auf der Ebene der Gesamtheit aller untersuchten Fälle* richtet sich das Erkenntnisinteresse der Studie darauf, die Fälle nicht nur isoliert voneinander zu beschreiben und zu diskutieren. Sie sollen vielmehr intensiv zueinander in Beziehung gebracht und verglichen werden. Durch den regelgeleiteten Vergleich aller erhobenen Fälle sollen die mit Networking verbundenen inhaltlichen Zusammenhänge (z.b. Ziele, Verlauf, Kontext, Folgen) systematisch herausgearbeitet werden. Die Gruppierung ähnlicher Fälle in gleichen Kategorien soll schließlich in die Entwicklung einer empirisch begründeten Networkingtypologie münden. Für die Networkingtypologie wird eine erklärend-heuristische Aussagekraft angestrebt, die über die Fälle der Studie hinausweist. Dazu sollen die Sinnzusammenhänge untersucht und expliziert werden, die hinter den jeweiligen typologischen Merkmalen stehen.

3 Vorgehensweise

Der Aufbau der vorliegenden schriftlichen Ausarbeitung der empirischen Studie spiegelt die Vorgehensweise wider, die zur Erreichung der soeben skizzierten Untersuchungsziele gewählt wurde.

Im direkten Anschluss an die einleitenden Vorbemerkungen dieses Kapitels wird in *Kapitel II* die erste wichtige theoretische Klammer der Arbeit gesetzt. Bestehende konzeptionelle Vorüberlegungen waren für die vorliegende Untersuchung noch vor dem Einstieg in die Phase der empirischen Erhebung maßgeblich leitend und prägend. Hier ist zunächst der organisationstheoretische Ansatz der Mikropolitik zu nennen, der sich mit der Bedeutung und Funktionsweise von Macht in Organisationen auseinandersetzt. In diesem Kapitel der Arbeit werden fünf grundlegende mikropolitische Annahmen vorgestellt und die Abgrenzung wichtiger Begriffe (z.b. Macht, Networking) für die vorliegende Studie vorgenommen.

Der zweiten wichtigen theoretischen Klammer ist das *Kapitel III* gewidmet. Es handelt von sozialen Netzwerken und Sozialem Kapital, das in ihnen gespeichert ist. Soziale Netzwerke werden als Ergebnis von Networkinghandlungen aufgefasst. Sie sind zu sehen als komplexe Strukturen, die sich anhand mehrerer Merkmale theoretisch differenzieren und beschreiben lassen. Die Abschnitte dieses Kapitels greifen die umfassende Literatur dieser Forschungsrichtung auf und beziehen sie auf die Themen Macht und Mikropolitik in beruflichen Anfangssituationen.

Die beiden theoretischen Klammern – Macht und Mikropolitik einerseits sowie soziale Netzwerke und Soziales Kapital andererseits – bilden in ihrer Gesamtheit einen konzeptionellen Referenzrahmen, der in *Kapitel IV* zusammengeführt wird. Dieser theoretische Bezugsrahmen ist sowohl Ausgangspunkt als auch bereits erstes Ergebnis der Untersuchung. Er lieferte der empirischen Arbeit eine Grundlage und wurde selbst in Reaktion auf die Ergebnisse der Auswertung hin überarbeitet und erweitert. In diesem vierten Hauptteil der Arbeit erfolgt außerdem eine ausführliche, theoretisch und methodisch fundierte, Formulierung der beiden empirischen Zielsetzungen der vorliegenden Untersuchung.

In *Kapitel V* werden die methodischen Entscheidungen und Maßnahmen begründet und diskutiert, mit denen die Erreichung der empirischen Zielsetzungen der Untersu-

chung sichergestellt werden sollte. Ausgehend von der *Grounded Theory* als metho-
dologischer Basis der Studie werden die einzelnen konkreten Erhebungs- und Auswertungsschritte dargelegt, die während der empirischen Forschungsphase durchlaufen wurden. Ein abschließender Abschnitt in diesem Kapitel reflektiert die Güte des
Forschungsprozesses und beinhaltet eine Vorstellung und Diskussion qualitätssi-
chernder forschungsmethodischer Taktiken.

Der methodischen Dokumentation in Verbindung mit der Präsentation erster Ergebnisse der Untersuchung dient das *Kapitel VI*. In ihm wird die ausführliche Auswertung des Ankerfalls Anton vorgenommen, der für die gesamte Untersuchung von he-
rausgehobener methodischer Relevanz ist. Anhand dieses Falls wird exemplarisch
deutlich, dass und wie sich Networkingaktivitäten in ihrem Kern auf finale Aspekte
rückführen und verdichten lassen.

Im Verlauf des *Kapitels VII* werden fünf weitere Einzelfälle zum Networking in Organisationen dokumentiert und interpretiert. Sie spannen zusammengenommen das
im Sample der Untersuchung vorgefundene Feld sozialer Wirklichkeit des Networkings in Organisationen maximal auf. Die insgesamt sechs Einzelfälle (fünf in Kapitel VII und der Ankerfall), die in der Arbeit ausführlich erörtert werden, repräsentieren jeweils einen anderen Ausschnitt des Spektrums der in der Studie erarbeiteten
Networkingtypologie.

Deren Entwicklung ist Gegenstand des *Kapitels VIII*. Auf Basis der Auswertung aller
Fälle wird eine Dreiertypologie des Networkings in Organisationen entwickelt. Die
Typen werden anhand der Zielsetzungen differenziert, die den jeweiligen Networkinghandlungen zugrunde liegen. Aus den Networkinghandlungen ergeben sich spezifische Konstellationen auf der Ebene sozialer Netzwerke, welche für die fokale Person mit positiven und negativen Wirkungen einhergehen. Für jeden der drei Typen
werden, entlang der soeben skizzierten Wirkkette (Finalität – Networking – Netzwerk
– Folgen), die charakteristischen Merkmale und die Sinnzusammenhänge, welche die
Merkmale verbinden, herausgestellt.

II   MIKROPOLITIK UND MACHT

Für jede sozialwissenschaftliche Studie (und somit auch für die vorliegende) gilt, dass sie sich auf theoretische Vorannahmen stützt, die der Untersuchung des Feldes vorab eine Richtung verleihen. Es werden Festlegungen getroffen, die das Erkenntnisinteresse und die Wahrnehmung der sozialen Realität durch den Forschenden einerseits beeinflussen und einschränken. Andererseits wirkt der Bezug auf eine theoretische Basis klärend, da (erste) Strukturen gegeben sind, die den Einstieg in das Feld erleichtern bzw. ermöglichen. In dieser Untersuchung bündeln sich mit *Mikropolitik* sowie *Netzwerken und Sozialem Kapital* zwei theoretische Stränge, die zusammen genommen den theoretischen Referenzrahmen der Arbeit bilden, der in Kapitel IV vorgestellt wird.

Bevor in Kapitel III Netzwerke und Soziales Kapital im Fokus der Betrachtung stehen, geht es im Kapitel II zunächst um den mikropolitischen Ansatz. Es werden im Licht des Themas der Studie grundlegende organisationstheoretische Annahmen der Mikropolitik vorgestellt und begründet (vgl. Abschnitte 1 und 2) sowie zentrale Konzepte und Begriffe wie Macht (vgl. Abschnitt 3) und Machthandlungen (vgl. Abschnitt 4) eingeführt.

1   Zwei Sichtweisen von Mikropolitik

Was ist Mikropolitik? Bei der Beantwortung dieser Frage lassen sich mit Brüggemeier und Felsch (1992: 134) die „konzeptuale" und die „aspektuale" Betrachtungsweise von Mikropolitik unterscheiden. Beide Sichtweisen sind für den vorliegenden Beitrag von Bedeutung.

(1) Auf der konzeptualen Ebene bezeichnet der Begriff Mikropolitik einen organisationstheoretischen Ansatz (vgl. Küpper & Ortmann 1988).[2] Die mikropolitische Sichtweise von Organisationen beruht neben anderen Annahmen auf dem Kerngedanken, „das interessengeleitete Handeln je konkreter Akteure in je konkreten organisationalen oder organisationsbezogenen Handlungssituationen zum Ausgangspunkt" (Küpper & Felsch 2000: 149) ihrer Analyse zu machen. Eine zentrale Funktion kommt dem Einflussfaktor Macht zu. In Machtprozessen entscheidet sich, welche Akteure ihre Interessen gegen andere durchsetzen können und damit letztlich, was in Organisationen geschieht. Organisationen mikropolitisch zu deuten heißt, dass „das gesamte Organisationsgeschehen auf machttheoretischer Basis konsequent als mikropolitisches Geschehen rekonstruiert [wird]. Es wird bewusst eine `einseitige´ Perspektive eingenommen. Andere Qualitäten organisationalen Handelns treten in den Hintergrund" (Brüggemeier & Felsch 1992: 134).

Kapitel II – Mikropolitik und Macht

(2) Im Gegensatz zur abstrakten organisationstheoretischen Ebene bezeichnet die aspektuale Bedeutungsvariante von Mikropolitik konkrete Verhaltensweisen der politischen Akteure.

> „Im Mittelpunkt des aspektualen Verständnisses steht der mikropolitisch handelnde Akteur. Er betreibt in der Organisation `seine Politik´, um persönliche Interessen zu verfolgen bzw. in egoistischer Absicht Vorteile zu erringen." (Brüggemeier & Felsch 1992: 133)

Der am Eigennutz orientierte Akteur ist bei der Durchsetzung seiner Interessen nicht zimperlich und greift auf eine umfangreiche Palette mikropolitischer Taktiken zurück, die „mitunter [...] wie ein Auszug aus dem Lexikon der Gemeinheiten anmutet: z.B. Informationen filtern, Speichel lecken, dumm stellen, Intrigen spinnen, aufs Abstellgleis schieben, auflaufen lassen, Speckpolster aufbauen, Show abziehen, Sachzwänge schaffen, einschleimen, aussitzen, Seilschaften bilden etc." (Brüggemeier & Felsch 1992: 134).

Die damit angesprochene Handlungsebene steht in der mikropolitischen Organisationsforschung regelmäßig im Vordergrund, was dazu beigetragen hat, dass das aspektuale Begriffsverständnis weiter verbreitet ist als die oben angesprochene organisationstheoretische Konnotation. Auch einer der wichtigsten Vertreter des mikropolitischen Ansatzes, Oswald Neuberger, bezieht sich in einer Begriffsabgrenzung von Mikropolitik auf diese Bedeutung:

> „Mikropolitik bezeichnet das Arsenal jener alltäglichen `kleinen´ (Mikro!)Techniken, mit denen Macht aufgebaut und eingesetzt wird, um den eigenen Handlungsspielraum zu erweitern und sich fremder Kontrolle zu entziehen." (Neuberger 2002: 685)

In der vorliegenden Arbeit verbinden sich beide begrifflichen Ebenen. Zwar steht die aspektuale Sichtweise im Vordergrund, denn im Rahmen der Studie wird mit Networking eine Gruppe mikropolitischer Taktiken untersucht, die unmittelbar dieser Perspektive zuzuordnen ist; allerdings ist das konzeptuale Verständnis nicht weniger wichtig: Für den theoretischen und empirischen Zugang zum Thema wurden zentrale mikropolitische Annahmen und Voraussetzungen übernommen. Die konzeptuale Sichtweise von Mikropolitik markiert damit eine notwendige Vorbedingung, durch die es erst angemessen und lohnend wird, sich überhaupt mit mikropolitischen Taktiken auseinander zu setzen.

Der weitere Aufbau dieses Kapitels korrespondiert mit dieser Zweiteilung. Im folgenden zweiten Abschnitt geht es in erster Linie um mikropolitische Grundannahmen und damit um die organisationstheoretisch-konzeptuale Fundierung der Arbeit. Im Abschluss daran erfolgt mit den Ausführungen zum Thema Macht (vgl. Abschnitt 3) der Übergang zu den mikropolitischen Taktiken auf der aspektualen Handlungsebene (vgl. Abschnitt 4).

Kapitel II – Mikropolitik und Macht

2 Zentrale mikropolitische Annahmen und Konzepte

Wie für jeden organisationstheoretischen Ansatz gilt auch für Mikropolitik, dass von bestimmten Voraus-Setzungen ausgegangen wird. Die Beantwortung der Frage, welche Annahmen charakteristisch für die mikropolitische Organisationsperspektive sind, ist Thema der folgenden Darlegungen. Es werden zentrale mikropolitische Annahmen und Konzepte vorgestellt und begründet, die für die vorliegende Untersuchung leitend und grundlegend sind (vgl. Alt 2001; Neuberger 1995: 1-167 und 2006: 1-318; Küpper & Felsch 2000; Brüggemeier & Felsch 1992). Parallel dazu werden – jeweils in Anknüpfung an die Vorstellung der einzelnen Annahmen – inhaltliche Bezüge zu beruflichen Anfangssituationen von Führungskräften hergestellt.[3]

2.1 Annahme 1: Es bestehen Handlungsspielräume.

Organisationen haben im Verlauf der wissenschaftlichen Diskussion seit Beginn des 20. Jahrhunderts einen Teil ihres deterministischen Schreckens verloren. Zu Anfang der theoretischen Auseinandersetzung mit ihnen werden soziale Institutionen, häufig ausgehend vom Bürokratiemodell Max Webers (1981 zuerst 1904: 188), als „stahlharte Gehäuse der Hörigkeit" beschrieben, die „unentrinnbare Macht über die Menschen" entwickeln.

Die Handlungsbedingungen der Organisation (Hierarchie, formale Organisationsstruktur, Prozesse, Regeln, Vorgaben, Institutionen, Anreizsysteme, kulturelle Normen, Symbole etc.) scheinen den Bewegungsspielraum des Individuums zu beschränken und ihm Selbstverantwortung und Entscheidungsfreiheit fast vollständig zu rauben (vgl. Kieser 1999b: 46ff). Der rigide Charakter von Organisationen wird aus Prinzipien der Rationalität eindeutig abgeleitet und als zwangsläufiges Resultat kapitalistischer Gesetzmäßigkeiten angesehen (vgl. Scott 1986: 92ff, Windeler 1992). Die Organisation ist „bei Strafe des Untergangs" (Windeler 1992: 85) dazu gezwungen, das Verhalten jedes einzelnen Mitglieds bedingungslos den Kriterien der Effizienz unterzuordnen. Der individuelle Handlungsspielraum der Organisationsmitglieder ist auf ein Minimum zu reduzieren. Das dominierende Organisationsideal ist das einer reibungslos und fehlerfrei laufenden Maschine. Dem einzelnen Menschen kommt vor allem im Gedankengebäude des *scientific managements* nach Frederick Taylor (1995 zuerst 1913) nur noch die Rolle eines austauschbaren Rädchens im Getriebe zu, das eine exakt abgegrenzte Funktion zu erfüllen hat, die vorab mit wissenschaftlichen Verfahren bestimmt wurde.

---

[3]   Das führt dazu, dass bereits in den Ausführungen dieses Kapitels auf Bezeichnungen wie Networking und Soziales Kapital zurückgegriffen wird, die erst in den folgenden Gliederungspunkten genauer definiert werden. Für die Nachvollziehbarkeit der folgenden Abschnitte dürfte es allerdings ausreichen, wenn dabei vorerst ein Alltagsverständnis der Begriffe zugrunde gelegt wird.

Kapitel II – Mikropolitik und Macht

Parallel und als Gegenreaktion darauf entwickeln sich allerdings theoretische Überlegungen wie die verhaltenswissenschaftliche Entscheidungstheorie, welche die Erschütterung bzw. Demontage des rationalen Fundaments einer allein auf Effizienzüberlegungen beruhenden Organisationstheorie betreiben (vgl. March & Simon 1958; Cyert & March 1963; Simon 1999 zuerst 1945).[4] Die tragenden Säulen allumfassender organisationaler Rationalität geraten mit den genannten Veröffentlichungen zunehmend ins Wanken und landen letztlich im Mülleimer des gleichnamigen Modells von Cohen, March und Olsen (1972). Aus Sicht der verhaltenswissenschaftlichen Entscheidungstheorie werden Organisationen als Zusammenhänge von Handlungen *begrenzt rationaler* Einzelakteure beschrieben, deren Aktivitäten wesentlich vielschichtiger und anarchischer sind als zuvor angenommen (vgl. Brass 1984: 537; Scott 1986: 47ff; Thompson 1967). Organisationen besitzen in dieser Perspektive ein Eigenleben, das von ihrer Umwelt weitgehend unabhängig ist. Sie sind in erster Linie aus ihrer internen sozialen Dynamik heraus zu begreifen (vgl. Granovetter 1985; Hirschhorn 1988; Kets de Vries & Miller 1984; Wrong 1961; Coleman 1988; Krackhardt & Brass 1994).

Mit diesem Paradigmenwechsel verschiebt sich die Wahrnehmung der Rolle der Organisationsmitglieder, die in der theoretischen Diskussion zuvor weitgehend trivialisiert und in ihrem Einfluss marginalisiert wurden. Im mikropolitischen Diskurs treten sie als handelnde und (organisations-)gestaltende Individuen in das Zentrum der Betrachtung. Dieser Wandel bedeutet jedoch nicht, dass Organisationen ihren totalitären Anspruch gegenüber ihren Mitgliedern verloren hätten. Die herrschenden Produktionsverhältnisse bedingen grundsätzlich eine instrumentalisierende Beziehung der Organisation zu ihren Mitgliedern.

> „Die *Absicht* der Verwertung von Menschen als Mitteln darf nicht mit dem *Gelingen* dieser Absicht gleichgesetzt werden" (Neuberger 1995: 2; Hervorhebungen im Original).

Der Grund für das Scheitern der Verwirklichung dieser Intention liegt darin, dass den in Organisationen Tätigen immer Handlungsspielräume offen stehen, ihren individuellen Willen gegen die Zwänge des Kollektivs zu behaupten (vgl. Alt 2001: 292; Crozier & Friedberg 1979: 25ff). Für die Begründung der Existenz von Handlungsspielräumen werden aus mikropolitischer Perspektive im Wesentlichen drei Gründe angeführt.

(1) Organisationen müssen in der Realität parallel eine Vielzahl von Zielsetzungen verfolgen, die zudem unklar, antagonistisch und zeitlich veränderlich sind (und sein müssen). Das schlägt sich in organisationalen Vorgaben und Strukturen nieder, die die Vielfalt, Konfliktträchtigkeit und Ambiguität der Zielsetzungen reflektieren und

---

[4] Einen Überblick zur verhaltenswissenschaftlichen Entscheidungstheorie bieten Berger und Bernhard-Mehlich (1999; vgl. auch Becker et al. 1988 und March 1990).

Kapitel II – Mikropolitik und Macht

somit das Verhalten der Mitglieder der Organisation nicht widerspruchsfrei organisieren oder gar determinieren können. Die Notwendigkeit des Ausgleichs, der Interpretation und der Abwägung organisationaler Vorgaben und Regeln bedingen Lücken im System, die den Akteuren Handlungs- und Gestaltungsräume öffnen (vgl. Searle 2001: 12ff).

(2) Selbst wenn sich einige dieser Lücken durch ausgefeilte Verfahren und Systeme noch schließen ließen, ist es – auch und gerade gemäß ökonomischer Logik – nicht (immer) angebracht, das zu tun. Denn jede zusätzliche Überprüfung und Beeinflussung der Akteurshandlungen bringt Kosten für den Aufbau und den Unterhalt entsprechender Kontroll- und Steuerungsfunktionen mit sich, die in einem wirtschaftlich angemessenen Verhältnis zum erwarteten zusätzlichen Nutzen der Maßnahme stehen müssen. Ist letzterer als eher gering einzuschätzen, ist es aus ökonomischer Perspektive lohnend, nicht immer ganz so genau zu sein und nicht überall handlungsregulierend einzugreifen.

(3) Daneben bleiben Freiheitsgrade, die der Besonderheit des Produktionsfaktors Arbeit geschuldet sind, der „im Vergleich zu anderen Produktionsfaktoren eine Sonderstellung inne[hat]: Er geht nicht ins Eigentum oder den Besitz des Unternehmens über. Es wird lediglich ein Nutzungsvertrag geschlossen, dessen Inhalt sehr vage definiert ist und dessen Erfüllung nicht präzis überprüft werden kann" (Neuberger 1995: 4). Es bleibt immer ein unkontrollierbarer Rest, den die Organisationsmitglieder im Sinne der Zielsetzungen der Organisation einbringen (z.B. besonderer Einsatz, *intrapreneuship*), zurückhalten (z.B. bummeln, Dienst nach Vorschrift) oder gegen die Organisation richten können (z.B. Sabotage). Die *human relations*-Bewegung in der Tradition von Roethlisberger und Dickson (1949 zuerst 1939) sowie zahlreiche Motivationsansätze (vgl. z.B. Herzberg 1972; McGregor 1985 zuerst 1960; Drucker 1969) propagieren, dass sich dieser zunächst unfügsame und unverfügbare Rest erst dann aktivieren lässt, wenn den Individuen Handlungsspielräume, wie z.B. Möglichkeiten des informellen sozialen Austauschs mit Kollegen, zugestanden werden. Das Anstreben eines Verhaltensdeterminismus im Anschluss an Taylor (1995 zuerst 1913) stellt aus dieser Warte ein suboptimales Vorgehen dar, weil es letztlich nicht zum maximal möglichen Einsatz und der höchsten Leistung führen wird.

Auf dieser Grundlage kann und wird es in Organisationen trotz der weiterhin grundsätzlich gewünschten umfassenden Beeinflussung der Mitglieder niemals total gelingen, den Gesetzen der ökonomischen Rationalität und der reinen Verwertung der Arbeitskraft absolute Geltung zu verschaffen (vgl. Neuberger 1995: 2ff und 2006: 41ff). Die zu Beginn des organisationstheoretischen Diskurses vorherrschende Annahme einer unbedingten Dominanz der Strukturen über die Handlungen des Individuums wird im mikropolitischen Ansatz infrage gestellt und verworfen. Die Akteure in ihrer relativen Freiheit sind bei der Erforschung von Organisationen ins Kalkül zu ziehen; ihnen ist trotz herrschender Beschränkungen etwas zuzutrauen (vgl. Kilduff & Tsai 2003: 113f).

Kapitel II – Mikropolitik und Macht

„Das bedeutet zugleich den Abschied vom Horrorszenario der lückenlosen Fremdherrschaft, ohne dass die Verwirklichung von Selbstbestimmung behauptet wird." (Neuberger 1995: 3)

Es wird also nicht postuliert, dass sich die Individuen in Organisationen wie in wachsweichen Welten bewegen, die sie nach Belieben modellieren könnten. Es bestehen allerdings auch in stahlharten Gehäusen wegen der unvermeidlichen Unschärfen, Widersprüche und Interpretationsmöglichkeiten immer in relevantem Umfang Handlungsspielräume für die Akteure (vgl. Windeler 1992: 85ff; Crozier & Friedberg 1979: 16f).

Bezug zum Networking von Leitungskräften in beruflichen Anfangssituationen

In Hinblick auf das Thema dieser Untersuchung ist davon auszugehen, dass Führungskräfte über Handlungsspielräume verfügen, die sich beispielsweise für informelle Networkingaktivitäten und den Aufbau informeller sozialer Netzwerke nutzen lassen (vgl. Ortmann 1989: 8; Conger & Kotter 1987: 393; Mintzberg 1973 und 1978; Carroll & Teo 1996: 437). Diese Aktivitäten können weitgehend unabhängig von der Erfüllung einer vorgegebenen Aufgabe sein.

Es ist zudem anzunehmen, dass Führungskräfte im Vergleich zu anderen Organisationsmitgliedern tendenziell über besonders große Freiräume verfügen, weil ihr Aufgabenumfeld im Vergleich zu hierarchisch untergeordneten Organisationsmitgliedern in geringerem Maße durch konkrete Vorgaben geprägt ist (vgl. Forret & Dougherty 2001; Walgenbach 1994: 20ff). Zu einem ganz überwiegenden Teil besteht ihre Leitungsarbeit aus wenig geregelter Kommunikation und sozialer Interaktion mit Mitarbeitenden, Kollegen und Vorgesetzten (vgl. Walgenbach 1994: 26f und 194ff; Bogumil & Schmid 2000: 77ff). Gegenüber den genannten Personengruppen müssen sie sich durchsetzen, ohne sich dabei alleine auf ihre Positionsmacht verlassen zu können, die sich aus dem Organigramm ableitet (vgl. Barnad 1970: 187ff).

Besonders die (mittleren) Führungskräfte stehen im Zentrum aktueller Veränderungen in Zusammenhang mit der fortschreitenden Verbreitung moderner Organisationsformen (vgl. Walgenbach 1994: 224ff; Weinert 1998: 423; Gargiulo & Benassi 1999: 320). Sie tragen zunehmend mehr Verantwortung und müssen komplexere Aufgaben bewältigen. Parallel dazu erhalten sie (von oben) weniger Vorgaben seitens der Organisation und haben es (von unten) mit zunehmend selbständigen Mitarbeitenden zu tun. Sie sind mit den Dynamiken der Macht besonders konfrontiert. Daher müssen sie in einem konfliktreichen Prozess ihre Rolle im Machtgefüge der Organisation finden und zunehmend selbst definieren (vgl. Kühl 1998 und 2002).

„The shift away from bureaucracy means that managers cannot rely as much on directives from the firm. They are more than ever the authors of their own work. […] The shift is from one coordination mechanism to another: formal coordination via bureaucracy to informal coordination via interpersonal negotiation." (Burt 1997a: 359f)

Kapitel II – Mikropolitik und Macht

2.2 Annahme 2: Jeder verhält sich rational – aber nicht alle.

Individuelle Rationalität

Die soeben theoretisch abgeleitete Existenz von Handlungsspielräumen in Organisationen wirft die Frage auf, wie die Akteure diese zu nutzen suchen. Im mikropolitischen Paradigma und für diese Studie wird davon ausgegangen, dass sich die Organisationsmitglieder als eigenständig und selbstbestimmt agierende Individuen in erster Linie opportunistisch an ihren persönlichen Zielen orientieren werden (vgl. Reihlen 1997: 349ff; Brüggemeier & Felsch 1992: 134; Küpper & Felsch 2000: 149). Die einschlägige Organisationsmetapher ist die einer politischen Arena, in der sich handlungsfähige und -willige Akteure gegenüberstehen, die am Eigennutz orientiert versuchen, ihre persönlichen Interessen gegenüber anderen und der Organisation durchzusetzen (vgl. Alt 2001: 292f; Drory & Romm 1999: 1135; Brunsson 1985: 147).

Es wird außerdem für jeden einzelnen mikropolitischen Akteur angenommen, dass er bei der Verfolgung eigener Interessen ein Verhalten an den Tag legen wird, das er für Ziel führend hält (vgl. Berger & Bernhard-Mehlich 1999: 138f). Daraus entsteht aber keine kollektive Rationalität auf der Ebene der Organisation (vgl. Abschnitt 2.1); es geht vielmehr um eine *individuelle* Handlungsrationalität (vgl. Alt 2001: 292). Auf der Basis einer beschränkten persönlichen Wahrnehmung sowie oft widersprüchlicher, unvollständiger und interpretationsbedürftiger Informationen versucht jeder Einzelakteur *für sich*, Entscheidungen zu treffen und Handlungen abzuleiten, von denen er erwartet, dass sie letztlich seinen Interessen dienen werden (vgl. Küpper & Felsch 2000: 9). Dessen kann er sich allerdings wegen der Ambiguität, der Komplexität, der Unkontrollierbarkeit und der Kontingenz der ihn umgebenden sozialen Zusammenhänge niemals vollkommen sicher sein (vgl. Pfeffer 1992: 43ff; Berger & Bernhard-Mehlich 1999: 142f).

Kontingenz

Der Begriff der Kontingenz bezeichnet ein Schlüsselkonzept des mikropolitischen Diskurses (vgl. Luhmann 1984: 149ff; Friedberg 1988: 46f). Er bezieht sich auf die Kopplung der Handlungen im Verhältnis zu strukturellen Bedingungen und zu den Handlungen anderer Akteure.

> „Die Bedingungen unseres Handelns lassen nicht `alles Mögliche´ zu; Handeln ist vielmehr im Doppelsinn kontingent. Kontingenz meint sowohl `abhängig von´ wie auch `anders möglich´. […] Vieles (alles?) könnte auch anders sein. Dieser Spielraum ist die Voraussetzung für politische Aktionen." (Neuberger 1995: 20)

Die mikropolitische Kontingenzannahme richtet sich mit dem eben Gesagten sowohl gegen die eindeutige Bestimmtheit (1) als auch gegen die schrankenlose Freiheit oder Beliebigkeit menschlichen Verhaltens in Organisationen (2).

Kapitel II – Mikropolitik und Macht

(1) Die Akteure verfügen im mikropolitischen Ansatz trotz aller Beschränkungen immer und in jeder Situation über Handlungsalternativen, die (gerade auf kollektiver Ebene) zu überraschenden, zuvor nicht erwarteten Resultaten führen können (vgl. Cohen et al. 1972). Die Unberechenbarkeit des Verhaltens betrifft den Akteur direkt und vermeidlich. Er kann sich wegen der Interventionen der anderen Mitspieler, die seine Pläne durchkreuzen, nicht darauf verlassen, exakt das Handlungsergebnis zu erreichen, welches er durch sein Verhalten eigentlich angestrebt hat (vgl. Bogumil & Schmid 2000: 43; Crozier & Friedberg 1979: 7ff).

„Alle […] Handlungen laufen Gefahr, das Gegenteil dessen zu erreichen, was man eigentlich wollte. Der kontra-intuitive Effekt ist im Zentrum jeden kollektiven Vorhabens." (Crozier & Friedberg 1979: 8)

(2) Das Konzept der Kontingenz beinhaltet gleichzeitig aber auch, dass in sozialen Systemen keine grenzenlose Beliebigkeit des Handelns herrscht: Es gelten in Organisationen strukturelle Vorgaben (z.B. mit Sanktionen gestützte Verhaltensrichtlinien seitens der Unternehmensleitung), die das prinzipiell unendlich weite Handlungsuniversum der Organisationsmitglieder kanalisieren. Dadurch werden bestimmte Handlungsalternativen (un-)wahrscheinlicher als andere. So wird das Verhalten der Akteure für andere zumindest abschätzbar. Es handelt sich aber lediglich um lose Kopplungen, die keinen Determinismus begründen.[5]

Kollektive Rationalität

Der *homo politicus* orientiert sich vergleichbar mit dem *homo oeconomicus* egoistisch an eigenen Bedürfnissen und strebt deren Befriedigung durch ein (möglichst) rationales Vorgehen an; allerdings unterscheidet er sich in wesentlichen Punkten von letzterem. Zum einen durch die soeben beschriebene unauflösbare Kontingenz der Handlungen und zum anderen durch den mangelnden Durchblick, der sich daraus ergibt (vgl. Berger & Bernhard-Mehlich 1999: 142f; Gargiulo 1993: 1). Der mikropolitische Akteur verfügt nicht annähernd über vollständige Informationen (z.B. bezüglich der Ausgangslage und seiner eigenen Handlungsfolgen) und seine Präferenzordnung ist nicht konsistent, sondern variabel und situationsabhängig (vgl. Neuberger 2002: 681).

Die mikropolitischen Aktivitäten, die die Akteure gemäß ihrer individuellen Logik entfalten, werden aus der übergeordneten Perspektive der Organisation keineswegs

---

[5] Mikropolitik lässt sich vor dem kontingenztheoretischen Hintergrund nach Paris (2005: 50) „am besten als `geregeltes Getümmel´ beschreiben."
Mit Windeler (1992: 88ff) stellt die Kontingenz sozialen Verhaltens neben der Existenz von Handlungsspielräumen die zweite notwendige Voraussetzung politischen Handelns dar. Nur wenn es für die Akteure in Organisationen (immer auch noch) Alternativen gibt und nur wenn ihr Verhalten dennoch für andere zumindest ansatzweise kontrollier- und vorhersagbar ist, ist Mikropolitik grundsätzlich möglich und sinnvoll.

immer rational bzw. zieladäquat sein (vgl. Berger & Bernhard-Mehlich 1999: 165): In der Zusammenarbeit mit anderen bauen Organisationsmitglieder Blockaden, graben Gruben, rauben Ressourcen, liegen auf der Lauer und sind damit der Zielerreichung des Gesamtsystems abträglich. Derartige Maßnahmen erscheinen in den Augen jedes Einzelnen im Rahmen seiner limitierten Möglichkeiten als rational. Das führt aber nicht zwangsläufig zu Rationalität auf der Ebene des Kollektivs (vgl. Alt 2001: 293f; Brüggemeier & Felsch 1992: 134f).

Bezug zum Networking von Leitungskräften in beruflichen Anfangssituationen

In Analogie dazu sind die Networkingaktivitäten von Führungskräften in beruflichen Anfangssituationen zu sehen. Aus Sicht der Beteiligten mögen sie vorteilhaft sein, da sie den Eigeninteressen der Netzwerkpartner dienlich sein können. Ob aber die Bewertung aus der Perspektive der Organisation immer ähnlich ausfallen wird, ist angesichts der Schilderungen möglicher negativer Auswirkungen, z.B. von „Seilschaften" (Häußermann 1998; vgl. auch Paris 1998: 139), als fraglich zu beurteilen.[6]

Für die entfalteten Networkingaktivitäten gelten ebenfalls die Opportunismusvermutung und die Annahme einer individuell beschränkten Rationalität: Es wird davon ausgegangen, dass der Auf- und Ausbau Soziales Kapitals mittels Networking in erster Linie dazu dienen soll, eigene Interessen zu unterstützen und das persönliche Fortkommen zu sichern. Erst in zweiter Instanz oder bei wahrgenommener Interessensymmetrie fließen (auch) die Organisationsziele in das Kalkül der Akteure mit ein (vgl. Haubl 2005: 56; Drory & Romm 1990: 1136).

2.3 Annahme 3: Handeln (re-)produziert Strukturen.

Im mikropolitischen Ansatz wird keiner der beiden Haupteinflussfaktoren Struktur (objektivistische Konzeption) und Handlung (subjektivistische Konzeption) als eindeutig verhaltensbestimmend angesehen (vgl. Walgenbach 1999: 356; Windeler 1992: 89f; Abschnitt 2.1). Mikropolitik beruht auf einem Ansatz, der zwischen diesen beiden Polen vermittelt und darin der Strukturationstheorie des Soziologen Anthony Giddens (1979, 1995) nahesteht. In der Folge sollen einige zentrale Konzepte und Grundgedanken dieser Theorie kurz vorgestellt werden, die für den weiteren Gang und das Verständnis der vorliegenden Arbeit bedeutsam sind.[7]

---

[6] In der Literatur wird in diesem Zusammenhang das kooperative mikropolitische Modell des „Flaschenzugs" beschrieben, dessen einzelne Mitglieder zwar mangelhafte Leistungen erbringen, sich aber als Kollektiv gegenseitig decken, unterstützen und in einflussreiche Positionen heben (vgl. Paris 1998: 142f).

[7] Das Werk von Giddens zur Strukturationstheorie ist äußerst umfang- und detailreich. Es sei daher auf die Zusammenfassungen bei Walgenbach (1999), Neuberger (1995), Bergknapp (2002) sowie Ortmann, Sydow und Windeler (2000) verwiesen.

Kapitel II – Mikropolitik und Macht

Dualität der Struktur

Giddens tritt mit seiner Strukturationstheorie (*structuration theory*) dem zunächst scheinbar unvereinbaren Dualismus von Struktur und Handlung (vgl. Coleman 1988: S95; Wrong 1961; Granovetter 1985) entgegen und entwickelt eine integrierende Konzeption. In ihr wird der Gegensatz zwischen Struktur und Handlung aufgehoben, ohne dass sie gleichgesetzt werden.

> „Handlung `ist´ nicht Struktur und Struktur `ist´ nicht Handlung, aber sie haben miteinander zu tun." (Neuberger 1995: 290)

Die Frage, wie sich dieser Zusammenhang gestaltet, steht im Zentrum des Entwurfs von Giddens (vgl. Walgenbach 1999: 356). Er beantwortet sie in der zentralen Figur der Dualität der Struktur, die darauf verweist, dass Strukturen grundsätzlich aus zwei Perspektiven betrachtet werden können. Sie können sowohl als Medium (1) als auch als Ergebnis (2) des Verhaltens der Akteure gesehen werden (vgl. Giddens 1995: 430; Bogumil & Schmid 2000: 63ff).

(1) Auf der einen Seite bedeuten Strukturen aus Sicht der Akteure eine Handlungsbedingung, die ihr Verhalten beeinflusst. Diese Sichtweise entspricht der Logik der kontingenztheoretischen Ansätze der Organisation, die in der Tradition Max Webers argumentieren (vgl. Kieser & Kubicek 1983): Strukturen stecken einen begrenzenden Rahmen sozial akzeptierter und erwünschter Reaktionen in einer bestimmten Situation ab und reduzieren die Handlungsmöglichkeiten des Akteurs. Ein triviales Beispiel für die erste Sichtweise von Struktur wäre ein Mitarbeiter, der seinen Vorgesetzten morgens grüßt. Die allgemeinen Normen des gegenseitigen Respekts und des höflichen Umgangs miteinander in der Organisation erfordern es, dass dieser den Gruß erwidert: Strukturen produzieren Handeln bzw. Handeln reproduziert Strukturen.[8]

(2) Die Kehrseite dessen lässt sich anknüpfend an die Annahme, dass den Akteuren prinzipiell immer Verhaltensalternativen offen stehen (vgl. Abschnitt 2.1), ebenfalls anhand an dieses Beispiel illustrieren: Es ist möglich, dass der Vorgesetzte dem starken Aufforderungscharakter der Situation nicht entspricht und den Gegengruß möglichst knapp und kalt ausfallen lässt oder ihn auch vollständig verweigert. Der Vorgesetzte repliziert die strukturellen Vorgaben bewusst nicht und könnte durch sein Verhalten (langfristig) eine Veränderung der Strukturen der Organisation bewirken.

---

[8] Die Einschränkung der Verhaltensoptionen durch strukturelle Gegebenheiten wirkt gleichzeitig auch befreiend, denn sie erlaubt es den Akteuren erst, in ansonsten unübersichtlichen Handlungszusammenhängen überhaupt kompetent und aufeinander bezogen zu agieren. Strukturen wirken komplexitätsreduzierend und entlastend, indem sie das Verhalten der anderen nachvollziehbar und berechenbar machen (vgl. Ortmann et al. 2000: 318).
Bezogen auf das Beispiel besteht die Einschränkung für den Vorgesetzten darin, dass er seinen Mitarbeiter ebenfalls grüßen muss, obwohl er das vielleicht gar nicht will. Entlastung erfährt er durch die genauen strukturellen Vorgaben, durch die er weiß, wie er sich in dieser Situation verhalten soll.

Kapitel II – Mikropolitik und Macht

Grüßt er (mehrmals) nicht zurück, wird es immer wahrscheinlicher, dass sein Mitarbeiter sein Verhalten ebenfalls ändern und auch nicht mehr grüßen wird. Dadurch würde die zuvor geltende Norm (=Struktur) mit der Zeit ihre Gültigkeit verlieren (vgl. Borgatti & Cross 2003: 442f). Es gilt dann die neue Norm des Nicht-Grüßens.

„Kompetente Akteure beziehen sich in ihrem Handeln rekursiv auf Strukturen und schreiben sie dadurch fort – wenn auch nicht immer unverändert." (Ortmann et al. 2000: 318)

In der Möglichkeit zur Variation der Handlungen ruht der Keim der Strukturveränderung (vgl. Kilduff & Tsai 2003: 115ff). Die Organisationsmitglieder können gemäß ihrer Interessenlage in gewissem Umfang geltende Vorgaben umdeuten, modifizieren oder missachten und damit (langfristig) Anpassungen des sozialen Rahmens in ihrem Sinne herbeiführen: Handeln produziert Strukturen bzw. Strukturen reproduzieren Handeln (vgl. Küpper & Felsch 2000: 151; Ortmann 1989: 8; Sofsky & Paris 1994: 10; Baker & Obstfeld 1999).

Aus dem Konzept der Dualität der Struktur folgt mit Giddens, dass die Gegenüberstellung von Struktur und Handlung zugunsten einer Kreislaufmetapher aufgegeben werden muss, die in Abbildung 1 wiedergegebenen ist. In ihr fließen Handlung und Struktur sich einander gegenseitig bedingend in einem infiniten Durchlauf rekursiver Schleifen ineinander (vgl. Bergknapp 2002: 134ff; Walgenbach 1999: 357f). Die endlose (Re-)Produktion von Strukturen in und durch Handlungen bezeichnet den für den mikropolitischen Ansatz maßgeblichen Prozess der Strukturation.

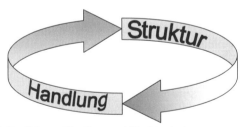

Abbildung 1: Dualität von Handlung und Struktur (entnommen aus: Bergknapp 2002: 135)

Eng mit dem Konzept der Dualität verwandt ist das der Virtualität der Strukturen (vgl. Neuberger 1995: 304ff und 2006: 316ff). Strukturen existieren niemals für sich, sie treten den Handelnden niemals als etwas gleichsam Verdinglicht-Objektives gegenüber. Sie stellen lediglich soziale Konstruktionen dar, die in den Erinnerungsspuren der Akteure weiterleben und nur darin Existenz erlangen, dass Akteure ihr Handeln auf sie beziehen (vgl. Bergknapp 2002: 137).

Kapitel II – Mikropolitik und Macht

„Die Strukturmomente sozialer Systeme existieren nicht außerhalb des Handelns, vielmehr sind sie fortwährend in dessen Produktion und Reproduktion einbezogen." (Giddens 1995: 430)

Bezug zum Networking von Leitungskräften in beruflichen Anfangssituationen

Anhand der informellen Networkingaktivitäten von Führungskräften lässt sich die Dualität der Struktur und die wechselseitige Dependenz der Faktoren weiter verdeutlichen: Als strukturelle Komponente wirkt das (nicht) vorhandene Soziale Kapital eines Managers in Beziehung zu seinem Kollegen als Handlungsvoraussetzung (vgl. Küpper & Felsch 2000: 154). Es wird den Raum der Verhaltensoptionen erweitern (oder begrenzen), wenn die Leitungskraft beispielsweise diesen Kollegen um einen Gefallen bitten möchte. Gleichzeitig ist das Vorhandensein (oder das Fehlen) Sozialen Kapitals in der Beziehung zu diesem Kollegen Ausfluss der aufeinander bezogenen Interaktionen in der Vergangenheit.

„Action facilitated by social capital can in turn, influence […] the social structure, thus directly or indirectly influencing the social capital available to the focal actor and to other actors in the next round of action." (Adler & Kwon 2002: 34)

Die soziale Struktur des Unternehmens stellt somit aus Sicht eines Managers sowohl eine ermöglichende (oder beschränkende) Bedingung als auch das Ergebnis seiner Handlungen dar. Die Bitte, die der Kollege erfüllt oder abschlägt (=Handlung), besitzt wiederum Rückwirkungen auf die Qualität der zukünftigen Beziehung zwischen den Protagonisten (=Struktur). Sie wird in der Folge die weiteren Interaktionen zwischen den beiden prägen (vgl. Sofsky & Paris 1994: 10).

Leitungskräfte streben vor dem Hintergrund der angenommenen Verfolgung von Eigeninteressen (vgl. Abschnitt 2.2) eine Beeinflussung oder Nutzung der handlungsleitenden sozialen Strukturen in ihrem Sinne an (vgl. Ibarra 1992: 168; Pettigrew 1973: 31). Vor allem dann, wenn es ihren persönlichen Interessen entgegenläuft, exekutieren sie nicht schematisch organisationale Vorgaben oder sonstige handlungsbeeinflussende Einwirkungen; sie versuchen vielmehr, diese für ihre Zwecke zu interpretieren, zu variieren, zu erweitern und möglichst als neues allgemeines (strukturelles) Handlungsmuster für die Zukunft zu etablieren. Im Fall der beruflichen Anfangssituation lässt sich Networking als eine politische Taktik zum Aufbau informeller sozialer Strukturen und Netzwerke interpretieren, welche die Erfolgswahrscheinlichkeit zukünftiger (mikropolitischer) Handlungen erhöhen und die Erreichung persönlicher Ziele vorteilhaft beeinflussen sollen (vgl. Kilduff & Tsai 2003: 114; Bourdieu 1983: 190ff; Abschnitt 3.2).

„Individuals play an active role in structuring their social networks to achieve their goals." (Forret & Dougherty 2001: 285)

Kapitel II – Mikropolitik und Macht

2.4 Annahme 4: Mikropolitik wirkt – vor allem über die Hinterbühne.

Aus einer mikropolitischen Perspektive entfaltet die gerade angesprochene, aktiv gestaltende Rolle der organisationalen Akteure große Wirkung. Es wird angenommen, dass alles, was in und um Organisationen passiert, (auch) als Ergebnis mikropolitischer Interaktionsprozesse zu interpretieren ist. Der empirische Beleg für die These einer zentralen Bedeutung von Mikropolitik für das organisationale Geschehen erweist sich als problembehaftet: Mikropolitische Aktivitäten erschließen sich nämlich nur aus dem jeweiligen Handlungskontext (vgl. Abschnitt 4.1). Daraus begründet sich die schlechte Fassbarkeit mikropolitischer Handlungen insbesondere mit quantitativ-statistischen Methoden der Sozialforschung (vgl. Abschnitt 4.2; Kapitel V, Abschnitt 1).[9]

Darüber hinaus entzieht sich das soziale Phänomen Mikropolitik einer empirischen Untersuchung durch die Verlagerung mikropolitischer Aktivitäten von der Vorder- auf die Hinterbühne der Organisation (vgl. Egan 1994; Buchanan & Badham 1999: 612ff).[10] In dieser Metapher beschreibt die Vorderbühne die sachrational ge-

---

[9] Es liegen mittlerweile zahlreiche Arbeiten vor, die sich mit der Bedeutung von Mikropolitik für unterschiedliche organisationale Handlungsfelder, wie etwa Reorganisationen (Freudenberg 1999, Buchanan & Badham 1999; Blazejewski & Dorow 2003; Windeler 1992), strategische Entscheidungsprozesse (Lewis 2002; Eisenhardt & Bourgeois 1988), organisationales Lernen (Lawrence et al. 2005, Friedberg 2003; Ibarra 1993), Entlohnungsformen von Managern (Pollock et al. 2002), Karrierewege (Judge & Bretz 1994) oder auch Überlebensraten von Unternehmen nach Börsengängen (Fischer & Pollock 2004) auseinander setzen und damit den großen Einfluss von Machtprozessen belegen. Neben wissenschaftlichen illustrieren auch Veröffentlichungen aus der (Management-)Presse zu aktuellen Themen eindrücklich die Existenz der politischen Hinterbühne und ihren Einfluss auf das Organisationsgeschehen (vgl. z.B. Werle 2006; Papendick & Student 2005).
Friedberg (1988: 42) vertritt die Ansicht, dass Machtprozesse mit der fortschreitenden Modernisierung von Organisationen weiter an Wirkkraft gewinnen werden: „Die Schaffung autonomiefreundlicher Organisationsstrukturen führt nicht etwa zur Ausmerzung von Machtbeziehungen, sondern zu ihrer Vervielfältigung." Für moderne Organisationen gelten Prozesse wie der Abbau von Hierarchiestufen (z.B. *lean management*), die Dezentralisierung von Entscheidungs- und Weisungsrechten (z.B. Center-Konzepte), die Forderung nach selbständigem Handeln innerhalb von Organisationen (z.B. *intrapreneurship* als Teil der Organisationskultur), die generelle Flexibilisierung der Arbeitswelt und die abnehmende Bedeutung formaler Positionsmacht als kennzeichnend (vgl. Weinert 1998: 423; Gargiulo & Benassi 1999: 320). Alle genannten Aspekte moderner Organisationen reduzieren tendenziell die Quantität der Strukturvorgaben durch die Organisation und erhöhen die Freiheitsgrade für die Akteure. Damit entsteht für Friedberg auch mehr Raum für Mikropolitik.

[10] Die in dieser Metapher mit anklingende, von Crozier und Friedberg (1979: 58ff) in die organisationstheoretische Diskussion eingeführte Spielemetapher ist in der mikropolitischen Diskussion auf große Resonanz gestoßen (vgl. z.B. Elsik 1998; Neuberger 1988; Neuberger 1995: 192-218; Neuberger 1998; Mintzberg 1983: 183-216). Sie erlaubt zahlreiche Analogien zu mikropolitischen Konzepten (wie etwa Spieler = Akteure, Regeln = Strukturen, Macht = günstige Spielkonstellation, Züge = Taktiken) und zur Dualität von Struktur und Handlung: „Spiele führen eine eigenartige Zwischenexistenz: Sie haben Regeln, leben aber von In-

Kapitel II – Mikropolitik und Macht

prägten, formal geregelten und nach außen präsentierten Abläufe und Strukturen der Organisation. Dazu zählen beispielsweise geregelte Genehmigungsprozesse, offizielle Leitlinien und -bilder, das Organigramm und öffentliche Begründungen. Die Akteure konzentrieren sich in ihrem Bestreben, Handlungsfelder zu ihren Gunsten zu strukturieren, nicht (nur) auf die Vorderbühne. Bevorzugt werden sie auf der informellen Hinterbühne aktiv (vgl. Krackhardt & Hanson 1993; Tharenou 2001; Harris & Ogbonna 2006).

> „It is backstage, so to speak, that the imputations of empire-building, caucus logrolling, squaring, and obstructionism occur." (Burns 1962: 260)

Zur Entfaltung mikropolitischer Aktivitäten auf der organisationalen Hinterbühne tragen vor allem zwei Gründe bei.

(1) Illegitimität von Mikropolitik

Wie bereits im Gliederungspunkt 2.2 dargelegt, bedeutet die Verfolgung von Eigeninteressen durch die Akteure im Sinne des sachrationalen Ansatzes eine „potenzielle Störgröße" (Brüggemeier & Felsch 1992: 136). Mikropolitische Handlungen sind unter Effizienzkriterien als „irrationale Abweichungen vom Modell" (Berger & Bernhard-Mehlich 1999: 166), als Sand im Getriebe der Organisation zu bewerten (vgl. Gargiulo & Benassi 1999: 301). Sie führen dazu, dass Energien für interne Auseinandersetzungen anstatt allein für die Erfüllung der Aufgaben aufgewendet werden (vgl. Pfeffer 1981: 333ff).[11]

Mikropolitik gilt daher als illegitim, obwohl sie gerade in Organisation „normal und alltäglich" (Paris 2005: 7) und praktisch unausweichlich ist. Die Spaltung der Hand-

---

[11] tuition und Improvisation; sie haben ein klares Ziel, das aber auf recht verschlungenen Wegen erreicht werden kann; man spielt miteinander, aber jeder möchte gewinnen; es soll fair zugehen, aber man darf täuschen, bluffen, Vorteile nutzen" (Neuberger 1998: 259).
Mikropolitisches Handeln wird regelmäßig mit Begriffen wie „illegitim", „unethisch", „schurkisch", „Schweinkram", „subversiv" (Neuberger 1997: 216) oder als „K(r)ampf nach oben" (Schiffinger & Steyrer 2004) assoziiert und belegt. Bei diesen und ähnlichen Bezeichnungen schwingt ein Politikverständnis mit, das vom schrankenlosen Kampf aller gegen alle (*organizational jungle*) ausgeht und die destruktiven Facetten von Mikropolitik in Organisationen in den Vordergrund stellt. Diese Sichtweise ist nicht nur deshalb einseitig, weil die Akteure, wie bereits in den Abschnitten 2.1 und 2.3 dargelegt, nicht in grenzenloser Freiheit agieren können, sondern auch, weil es eine andere Facette der Mikropolitik gibt (vgl. Granovetter 1985: 493). Vor allem Neuberger (2002: 689-695; 1997: 217f; 2006: 40ff) unterstreicht und weist nach, dass Mikropolitik neben zerstörerischen und (sehr allgemein ausgedrückt) negativen Wirkungen auf Organisationen und Individuen auch förderliche und erwünschte Effekte zeitigt (vgl. auch Egan 1994: 7f; Bone-Winkel 1997: 217-225; Berger & Bernhard-Mehlich 1999: 154ff). Zu den funktionalen Effekten von Mikropolitik zählen unter anderem das Lösen von Verkrustungen, die Steigerung von Kreativität, Innovationskraft und Gedankenvielfalt durch organisationsinternen Wettbewerb oder auch das Infragestellen (zu) einseitiger Machtverteilungen.

lungsstränge in eine den Eindruck von Rationalität, Legitimität und Apolitik erwe-ckende Vorderbühne und eine mikropolitische Hinterbühne macht diesen Wider-spruch für die Akteure handhabbar.[12]

So sind auch Networkingaktivitäten von Leitungskräften, die über aufgabenbezogene Kontakte hinausgreifen, mit Effizienzgedanken nicht kompatibel und können damit als unzulässig angesehen werden.

> „In classical and neoclassical economics [...] the fact that actors may have social relations with one another has been treated, if at all, as a frictional drag that im-pedes competitive markets." (Granovetter 1985: 484)

Da niemand im Unternehmen als Mikropolitiker dastehen möchte (vgl. Burns 1962: 260), müssen und werden derartige Verbindungen im Verborgenen geknüpft werden. Das ist z.B. dann der Fall, wenn sich etablierte männliche Manager zum ge-heimen „Männerbund" (Lehner 2002; vgl. Brüggemeier 1998; Portes 1998: 15; Tha-renou 2001) zusammenschließen, zu dem Frauen keinen Zutritt erhalten. Das berufli-che Fortkommen der Kolleginnen wird hinterbühnig verhindert (vgl. Metz & Thare-nou 2001), während gleichzeitig auf der Vorderbühne der Organisation (von den gleichen männlichen) Leitungskräften die Bevorzugung gleich geeigneter und quali-fizierter Frauen propagiert und der geringe Anteil weiblicher Führungskräfte in Spit-zenpositionen beklagt wird.

(2) Effektivität verdeckter Mikropolitik

Das Agieren aus dem dunklen Bühnenhintergrund stellt eine der effektivsten Spielar-ten mikropolitischer Taktiken dar (vgl. Neuberger 2002: 717; Granovetter 1985: 491; Abschnitt 4.2). Die Akteure haben kein Interesse daran, dass alle ihre mikropoliti-schen Winkelzüge zur Gänze publik werden. Sie kaschieren sie, um sie nicht von vornherein eines bedeutsamen Teils ihrer Wirksamkeit zu berauben und um nicht den Widerstand anderer hervorzurufen (vgl. Neuberger 1995: 153; Abschnitt 4.2).

Auch die informellen Zusammenschlüsse von Führungskräften sind dann als beson-ders Erfolg versprechend zu bewerten, wenn sie für andere nicht vollständig transpa-rent und schwer auszurechnen sind: Es ist gut, wenn unklar bleibt, wer (zu welchen Bedingungen) Mitglied eines bestimmten Kreises ist, über welche Ressourcen die Koalitionspartner verfügen und welche Ziele mit wessen Unterstützung (wirklich) verfolgt werden.

---

[12] Die Spaltung des Geschehens in Vorder- und Hinterbühne ist auch mit der Interessenlage der Organisation insgesamt kompatibel. Mikropolitische Verwerfungen wirken dann doppelt schäd-lich, wenn sie neben den Effizienzverlusten an sich auch noch zum Ansehensverlust in der Or-ganisation beitragen. Durch die Aufteilung in Vorderbühne und Hinterbühne ergibt sich die Möglichkeit, die unvermeidlich entstehenden mikropolitischen Auseinandersetzungen nach au-ßen zu kaschieren. Letztere sollen möglichst nicht ins Rampenlicht der (Unterneh-mens-)Öffentlichkeit geraten.

Die beiden genannten Faktoren führen zur Verlagerung der Mikropolitik auf die Hinterbühne. Insbesondere hinter den Kulissen kommen die mikropolitischen Spiele zur Aufführung, die im vorherrschenden sachrationalen Ansatz regelmäßig ignoriert und verleugnet werden. Sie sind jedoch für die organisationale Realität mindestens ebenso prägend wie das, was auf der Vorderbühne dem (organisationsinternen und -externen) Publikum präsentiert wird. Mikropolitik findet „auf der Hinterbühne statt und stellt die Weichen für Entscheidungen und Programme, die in der `offiziellen´ Politik nur noch ratifiziert und verkündet werden" (Neuberger 1995: 14). Die formalen Machtstrukturen der Organisation sind aus der mikropolitischen Perspektive ebenso Bedingung und Ergebnis der mikropolitischen Aktivitäten der Organisationsakteure wie die informellen.

Wer daher mikropolitisches Handeln *nur* auf der Hinterbühne vermutet, greift zu kurz. Das anschließende Zitat aus Schiffinger und Steyrer (2004: 136) zu mikropolitischen Verhaltensweisen ist daher unbedingt um ein (hier in eckigen Klammern eingefügtes) Webersches „auch" zu ergänzen (vgl. Abschnitt 3.1; Sofsky & Paris 1994: 12; Ferris et al. 1989: 145).

> „Sie liegen somit dezidiert [auch] außerhalb der formalen Machtstrukturen der Organisation."

2.5 Annahme 5: Es geht um Macht.

> „Jede ernst zu nehmende Analyse kollektiven Handelns muss [...] Macht in das Zentrum ihrer Überlegungen stellen, denn kollektives Handeln ist im Grunde nichts anderes als tagtägliche Politik. Macht ist ihr `Rohstoff´." (Crozier & Friedberg 1979: 14)

Diese Einschätzung des Stellenwerts von Machtprozessen in Organisationen durch Crozier und Friedberg unterstreicht die zentrale Rolle, die dem Faktor Macht in der mikropolitischen Diskussion beigemessen wird.[13] Mikropolitisch ist davon auszugehen, dass gerade unter den in Organisationen herrschenden Bedingungen kontingenter Handlungszusammenhänge und bestehender (aber stets diffuser) Freiheitsgrade diejenigen Akteure am wirkungsvollsten und nachhaltigsten ihre Interessen behaupten werden können, die im Kontext der aktuellen sozialen Konstellation über die meiste Macht verfügen (vgl. Kieser & Kubicek 1983: 386; Empter 1988: 27; Mintzberg 1983: 119ff).

---

[13]   Neuberger (2002: 681) formuliert dazu in Abwandlung eines der Kommunikationsaxiome von Watzlawick (vgl. Watzlawick et al. 1990): „Jede Entscheidung oder Handlung hat einen Sach- und einen Machtaspekt, dergestalt, dass dieser jenen dominiert."
Für Mintzberg (1983: 4) ist Macht schlicht die Einflussvariable, die darüber bestimmt, was in Organisationen letztlich geschieht: „Power is defined [...] as the capacity to effect (or affect) organizational outcomes."

Macht koordiniert maßgeblich alle politischen Prozesse zwischen den Akteuren. Sie bestimmt nicht nur darüber, wer die besten Chancen hat, sich kurzfristig gegenüber anderen in einer gegebenen Situation durchzusetzen. An der Machtfrage entscheidet sich auch, ob es Akteuren auf längere Sicht gelingt, strukturelle Machtpotenziale (wie z.b. Soziales Kapital) zu errichten und sich dauerhaft in eine vorteilhafte Ausgangslage zu bringen (vgl. Brass & Burkhardt 1993). Die eminent hohe Bedeutung von Macht für die Verwirklichung individueller Interessen führt insgesamt zu der mikropolitischen Annahme, dass die organisationalen Akteure bemüht sind, „so viel Macht wie möglich zu erlangen" (Haubl 2005: 56; vgl. Thomson 1967: 125).[14]

Bezug zum Networking von Leitungskräften in beruflichen Anfangssituationen

Für Leitungskräfte stellt Macht *die* zentrale Kategorie ihres Handelns und ihrer Rolle in Organisationen dar. Die mikropolitische Kompetenz, sich – trotz der anfänglichen Unvertrautheit mit den organisationalen Gegebenheiten – in Machtprozessen durchzusetzen, wird letztlich für ihren beruflichen Erfolg bestimmend sein (vgl. Forret & Dougherty 2001: 238). Nur die Fähigkeit einer Leitungskraft, machtvoll auf intraorganisationale Prozesse einzuwirken, sich in der Interaktion mit anderen Akteuren zu behaupten, Interessen durchzusetzen und Ergebnisse zu bewirken, begründet ihr privilegiertes Dasein in der Organisation (vgl. Neuberger 1979: 163). Leitungspersonen sind (und sollten) damit alleine aufgrund ihrer besonderen Funktion unweigerlich und tiefer als andere Organisationsmitglieder in mikropolitische Auseinandersetzungen eingebunden sein (vgl. Mehra et al. 2006).

3 Macht

Wenn Macht aus mikropolitischer Sicht die Kraft ist, die Menschen in Organisationen bewegt, drängt sich die Frage auf: Was ist Macht?

3.1 Konzeptionelle Grundlagen

Die bei weitem bekannteste und in der Literatur am intensivsten diskutierte Machtdefinition stammt von Max Weber (1972 zuerst 1922: 28).

> „Macht bedeutet jede Chance, innerhalb einer sozialen Beziehung den eigenen Willen auch gegen Widerstreben durchzusetzen, gleichviel, worauf diese Chance beruht."

Sie ist Grundlage der meisten späteren definitorischen Abgrenzungsversuche, da durch sie wesentliche Gedanken eingeführt wurden, an denen sich im weiteren Verlauf die theoretische Auseinandersetzung orientierte (vgl. Baumann 1993). Weber

---

[14]   Zur Begründung menschlichen Machtstrebens werden unter anderem soziobiologisch (Voland 2000), lebensgeschichtlich (Winter 1973) sowie tiefenpsychologisch (McClelland 1978) fundierte Erklärungsansätze angeführt.

nimmt zentrale Kategorien und Ausprägungen moderner Machtkonzepte vorweg, die in den folgenden Jahrzehnten konzeptionell differenzierter ausgearbeitet wurden. Das macht sie zu einem hervorragenden Ausgangspunkt für die Entwicklung einer Arbeitsdefinition von Macht für die vorliegende Studie.

Macht als Chance

Zunächst besitzt Macht nach Weber den Charakter einer „Chance", was sich in zwei Richtungen interpretieren lässt.

(1) Die Auffassung von Macht als Chance beschreibt zunächst ein Potenzial, also eine (strukturelle) Handlungsbedingung, die es demjenigen, der Macht hat, erlaubt, sich gegenüber anderen behaupten zu *können* (vgl. Baumann 1993: 13f; Wrong 1968; Gargiulo 1993: 2). Macht ist mithin zu differenzieren von der konkreten Machthandlung, mit der auf der Verhaltensebene diese Chance wahrgenommen werden soll (vgl. Ibarra 1993: 472; Brass & Burkhardt 1993: 442f; Abschnitt 4).

„The distinction between `having power´ and `exercising power´ reflects the difference between viewing power as a dispositional and as an episodic concept." (Wrong 1968: 677)

Die Notwendigkeit der Differenzierung von Macht-(Potenzial) und der manifesten Umsetzung dieses Potenzials wird besonders daran ersichtlich, dass Macht unabhängig vom Rückgriff auf Machtmittel Wirkung entfalten kann.

„Auch ohne den manifesten Einsatz wirken die Potenziale des anderen schon als latente Macht." (Paris 2005: 30)

Auch wenn Macht und Machthandlung analytisch voneinander zu trennen sind, besteht in der Praxis immer ein enger Zusammenhang zwischen den beiden Konzepten, der parallel zu Überlegungen der Strukturationstheorie (vgl. Gliederungspunkt 2.3) gesehen werden kann: (Nicht) bestehende Macht (=Struktur), erweitert bzw. beschränkt die Menge an Machttaktiken (=Handlungen), die den Akteuren mit der Aussicht auf Erfolg zur Verfügung stehen (Macht produziert Machthandlungen).

„The structure provides the context in which actors operate to acquire and exercise power." (Brass & Burkhardt 1993: 443)

Gleichzeitig formen die Machthandlungen von heute das Machtpotenzial von morgen. Macht, z.B. in Form sozialer Vernetzung, wird durch Handlungen aufgebaut und erweitert (Machthandlungen produzieren Macht).

(2) Die zweite mögliche Auslegung des Begriffs „Chance" in der Definition von Weber bezieht sich auf die Ergebnisoffenheit von Machtprozessen, denn eine Chance impliziert immer auch ein mögliches Scheitern (vgl. Paris 2005: 35ff). Wie bereits in einem vorangegangenen Abschnitt (2.2) dargelegt, ist das Verhalten der Akteure im sozialen Kontext stets kontingent und niemals vollständig determiniert und berechen-

bar (vgl. Wrong 1961, Granovetter 1985). Organisationen sind geprägt von Widersprüchen, Ungewissheiten und Intransparenz (vgl. Labianca et al. 1998: 55f). Den Individuen ist es wegen der „überkomplexen Figuration" (Paris 2005: 36) von Macht nie möglich, ihre Umwelt bzw. die Folgen ihrer Machthandlungen vollkommen zu durchschauen oder gar zu steuern (vgl. Pfeffer & Cialdini 1998; Crozier & Friedberg 1979: 16; Kilduff & Tsai 2003: 117). Die Folge ist, dass Machtkonstellationen und -interaktionen für die beteiligten Personen stets mit Unsicherheit verbunden sind. Es bleibt aus Sicht des einzelnen Akteurs weitgehend unklar und unberechenbar, was sich am Ende eines politischen Prozesses mit vielen Beteiligten, Interessen und relevanten Einflussfaktoren genau ergibt (vgl. Cohen et al. 1972). Der Gebrauch von Macht bietet so gerade in modernen Arbeitszusammenhängen aufgrund der Komplexität und Undurchschaubarkeit der (sozialen) Bedingungen keine Erfolgsgarantie, seinen Willen (immer *und* umfassend *und* exakt im angestrebten Sinne) gegen den kreativen Widerstand anderer Akteure durchsetzen zu können (vgl. Crozier & Friedberg 1979: 8).

Macht als Beziehungsphänomen

Neben der Intransparenz des organisationalen Kontexts besteht eine weitere Quelle für die Unsicherheit, die mit Macht und ihrem Gebrauch verbunden ist, im relationalen Charakter von Macht. Macht findet schon für Weber „innerhalb einer sozialen Beziehung" statt.

> „Macht ist [...] eine Beziehung und nicht ein Attribut der Akteure." (Crozier und Friedberg 1979: 39)

Entgegen dem verbreiteten Alltagsverständnis ist Macht nichts, was ein einzelner teilen, erwerben, besitzen oder verlieren kann (vgl. Foucault 1977: 115).

> „Macht ist stets ein soziales Verhältnis. Der Wille des einen ist das Tun des anderen. [...] Macht gibt es nur, wo Menschen sich zueinander verhalten, wo sie gemeinsam arbeiten, miteinander sprechen oder einander bekämpfen." (Sofsky & Paris 1994: 9)

Manifestation findet Macht immer nur darin, dass mindestens zwei Akteure aufgrund ihrer jeweiligen subjektiven Interessenlage bei der Erreichung eines Ziels aufeinander angewiesen sind (vgl. Townley 1993: 520).

Nur unter diesen Bedingungen müssen sich die Akteure überhaupt miteinander arrangieren und ihre Aktivitäten aufeinander abstimmen. Der eine ist immer auch auf die Kooperation des anderen angewiesen und muss, weil er dessen Handlungen nicht steuern kann, Rücksichten nehmen. Daher lassen sich Machtprozesse auch niemals vollständig von Einzelpersonen kontrollieren (vgl. Paris 1998: 7). Macht ist der Mechanismus, der den erforderlichen Tausch von Verhalten vermittelt und regelt (vgl. Friedberg 1995: 263). Für Tauschbeziehungen gilt, dass notwendigerweise bei-

Kapitel II – Mikropolitik und Macht

de Seiten etwas zu bieten haben – und brauchen. Einseitige Herrschafts- bzw. Unterwerfungsverhältnisse zwischen einem Machthaber und einem Machtlosen sind ausgeschlossen (vgl. Foucault 1985: 19).

„Macht mag zwar ungleich verteilt sein, aber sie ist immer verteilt." (Paris 2005: 31).

Stets verfügen beide Seiten zu einem gewissen Grad über Macht (vgl. Wrong 1968). Damit scheint es in Anschluss an Geiger (1947: 279) auch sinnvoller, von „Mächtigeren" und „Mindermächtigen" (anstelle von Mächtigen und Ohnmächtigen) zu sprechen.

Sämtliche Akteure einer Organisation sind in eine „polyzentrische dynamische Matrix wechselseitiger Bemächtigungsversuche eingebunden" (Haubl 2005: 55). In dieser Matrix werden die Akteure zu Opfern (der Bemächtigungsversuche anderer) und treten zugleich als Täter auf, indem sie selbst Macht gegenüber Dritten auszuüben versuchen (vgl. Boulding 1990: 187ff). Das Beziehungsphänomen Macht durchwebt wie ein sich ständig wandelndes Netz die gesamte Organisation und beeinflusst die Austauschbeziehungen zwischen allen Mitgliedern (vgl. Friedberg 1995: 265ff; Foucault 1978: 82). Die Richtung der Beeinflussungsversuche (nach oben, unten und zur Seite) ist ebenso variabel wie die mikropolitischen Konstellationen (vgl. Haubl 2005: 55; Paris 2005: 33). Letztere sind instabil und intransitiv: Die Machtverhältnisse zwischen A und B sowie B und C lassen nicht zwangsläufig verlässliche Rückschlüsse auf die Beziehung zwischen A und C zu (vgl. Crozier & Friedberg 1979: 40; Gargiulo 1993: 4).

In ihrer Matrixgestalt ist Macht kaum lokalisierbar und zu durchschauen. Dennoch muss das Bestreben eines organisationalen Akteurs stets darauf gerichtet sein, sich ein möglichst realitätsgerechtes Bild von den mikropolitischen Zusammenhängen zu machen, die ihn umgeben (vgl. Krackhardt 1990).

„An accurate perception of the power distribution in the social arena in which he lives is […] a necessary prerequisite for the man seeking powerful support for his demands." (Pettigrew 1973: 240)

Das gilt in besonderem Maße für eine Machthandlung wie Networking, das sich als mikropolitisches Machtmittel auffassen lässt, eben jene Beziehungsstrukturen trotz ihrer Intransparenz und Komplexität zum eigenen Vorteil zu gestalten.

Vor allem David Krackhardt hat in seinen Studien die Bedeutung der *Wahrnehmung* von Machtstrukturen empirisch untersucht (vgl. Krackhardt 1990, Kilduff & Krackhardt 1994, Krackhardt 1996). Krackhardt (1990) entwirft in diesem Zusammenhang die Metapher einer mikropolitischen Landschaft (*political landscape*), die dem bereits erwähnten Konzept der dynamischen Machtmatrix nahe kommt (vgl. Haubl 2005: 55; Egan 1994: 17ff und 165ff; Pfeffer 1981: 35ff; Baker 2000). Die politische Landschaft findet kognitive Repräsentanz in den mikropolitischen Landkarten (*cogni-*

tive maps) der Akteure, die ihre Machthandlungen entsprechend ihrer Wahrnehmung der bestehenden Machtkonstellation ausrichten.

„In using the term `cognitive map´ [...] [we] refer to an individual's mental representation of relations within a system of connections. An individual's cognitive map of a friendship network, for example, consists of the individual's picture of who is friends with whom in a particular social system. Individuals are assumed to use these maps to negotiate their journeys through their social worlds." (Kilduff & Krackhardt 1994: 90)

Macht als Beziehungsphänomen ist damit gleichzeitig immer auch ein Phänomen sozialer Wahrnehmung und der Beurteilung menschlicher Beziehungen (vgl. Sparrowe et al. 2001: 323; Brass 1992: 299; Balkundi & Kilduff 2005: 946; Kilduff & Tsai 2003: 114).

Machtmechanismen

Weber nimmt in seiner Definition hinsichtlich der Wirkungsweise von Macht keine Einschränkung vor. Er lässt damit die Frage, welche Mechanismen der Macht er für solche hält, offen.

In der theoretischen Diskussion nach Weber werden drei Mechanismen oder Logiken von Macht differenziert, die von verschiedenen Autoren mit unterschiedlichen Begriffen belegt werden, aber Ähnliches meinen (vgl. Baumann 1993; Lukes 1976):

(1) Im ersten Fall von „Sanktionsmacht" (Baumann 1993: 17) gelingt es dem Mächtigen, sich durchzusetzen, weil er in der direkten Auseinandersetzung mit dem anderen über überlegene Möglichkeiten verfügt, Sanktionen (Belohnungen und Bestrafungen) zu verhängen und ihn dadurch auf seine Linie zu zwingen. Der Konflikt zwischen den Akteuren wird manifest. Er wird im offenen Machtkampf durch die mächtigere Person gegen den erklärten Willen der unterlegenen Seite entschieden. Dieser erste Mechanismus beruht auf einer antagonistischen Sichtweise von Macht und ist Ausgangspunkt zahlreicher Machtkonzeptionen (vgl. Lukes 1976: 11ff; Dahl 1957: 202; Holm 1969: 278; Molm 1990).

(2) In ihrer zweiten Ausprägung als „Kontrollmacht" (Baumann 1993: 17) wirkt Macht als Situationskontrolle durch den einflussreichen Akteur. Er schließt durch sein Verhalten mögliche Entscheidungsalternativen (von vornherein) grundsätzlich aus, so dass sie für den weniger Mächtigen nicht mehr zur Wahl stehen. Paris (2005: 31; Hervorhebung im Original) beschreibt in diesem Zusammenhang „Formen und Strategien der *Thematisierungsmacht*, die einem möglichen Nein dadurch zuvorkommen, dass sie ihm von vornherein die Gelegenheit verwehren, sich öffentlich zu artikulieren." Auf diese Weise gelingt es, offene Konfrontationen (schon im Vorfeld) weitgehend zu vermeiden. Die unterlegene Partei nimmt die Benachteiligung zwar durchaus noch wahr; sie erachtet es allerdings von vornherein als aussichtslos, überhaupt noch gegen die Umstände aufzubegehren. Sie fügt sich den erdrückenden Vor-

gaben der Situation und passt ihr Verhalten an. Der weiterhin bestehende Konflikt zwischen den Akteuren bleibt dadurch latent (vgl. Lukes 1976: 16ff; Bachrach & Baratz 1977: 43ff).

(3) Das gilt nicht für die dritte Facette der Macht, der „Motivationsmacht" (Baumann 1993: 17), denn in diesem Fall ist dem unterlegenen Akteur gar nicht bewusst, dass er beeinflusst wird (vgl. Sofsky & Paris 1994: 10; Paris 2005: 29; Bachrach & Baratz 1977). Macht wirkt hier über die (geplante) Internalisierung bestimmter Werte, Motive und Haltungen (z.b. Unternehmenskultur), die so tief verwurzelt sind, dass aus Sicht der Betroffenen keine Alternative mehr denkbar sind (vgl. Lukes 1976: 21ff; Tyler 1998).

„An die Stelle einer externen Kontrolle tritt Selbstkontrolle." (Haubl 2005: 57)

Damit kann kein manifester Konflikt entstehen. Was aufgrund einer strukturellen Verankerung gar nicht (mehr) vorstellbar ist, wird auch nicht als wünschenswert vermisst, weshalb kein Anlass (mehr) für Widerstand besteht. Der mächtige Akteur kann sich unter diesen Bedingungen ohne weiteres eigenes Zutun darauf verlassen, dass die anderen automatisch seinen Zielen dienlich sein werden.[15]

Neuberger (2002: 701) fasst zu den drei beschriebenen Machtlogiken zusammen:

„Macht kann sich deshalb in offener personeller Konfrontation, aber auch verkleidet als manipulative Herstellung von Konsens und Konformität zeigen. Sie kann sogar (als personale Strategie) ganz unsichtbar werden, wenn sie sich in Institutionen, Strukturen und Verfahren versteckt."

In der Machtdefinition Webers sind alle drei Mechanismen („auch [!] gegen Widerstreben") enthalten: Das Widerstreben muss keineswegs immer offen artikuliert oder auch nur ins Bewusstsein des Machtminderen gelangt sein, „es reicht vollkommen aus, dass es überwunden werden kann" (Sofsky & Paris 1994: 10).

Machtquellen

Ähnlich offen wie bezüglich der Mechanismen der Macht legt Weber seine Definition hinsichtlich ihrer Quellen an („gleichviel, worauf diese Chance beruht"). Machtquellen (*power bases*) nehmen in der Machtdiskussion im Anschluss an Weber breiten Raum ein. Es geht dabei um die Frage, worauf Macht in Organisationen beruht und somit um den Unterschied zwischen dem Mächtigen und dem weniger Mächti-

---

[15] An die drei Mechanismen der Macht knüpfen theoretische Überlegungen an, die zwischen „Macht" (gegen den Willen der Betroffenen) und „Einfluss" (im Einklang mit dem Willen der Betroffenen) unterscheiden (vgl. Buschmeier 1995; Sandefur & Laumann 1998: 488ff). Vor allem an der Diskussion der dritten Facette der Macht wird deutlich, wie schwierig diese Unterscheidung ist, da bezüglich der Interessen des anderen nur Vermutungen angestellt werden können bzw. diese Interessen ebenfalls Produkte erfolgreicher Beeinflussung sein können.

gen (vgl. Mechanic 1962). Dazu wurden eine Fülle unterschiedlicher Modelle und Abgrenzungen entwickelt, welche die Quellen von Macht beispielsweise in der Beherrschung relevanter Ungewissheitszonen (vgl. Crozier & Friedberg 1979), in der Verfügung über wichtige Informationen (vgl. Pettigrew 1972), in der Kontrolle von für die Organisation bedeutsamen Ressourcen (vgl. Salancik & Pfeffer 1977) oder in der Kombination der Faktoren Zentralität, Substituierbarkeit und Fähigkeit zur Unsicherheitsreduktion (vgl. Hickson et al. 1971; Hinings et al. 1974) konzipieren.[16]

Unter anderem Sandner (1990: 27ff) weist nach, dass die meisten dieser Machtbasenmodelle sich – ähnlich wie auch bei Giddens (1995: 86ff) – auf den gemeinsamen Nenner der Ressource beziehen lassen. Einer verfügt über Ressourcen (z.B. Fähigkeiten, Rechte, Informationen, Know-how, materielle Güter, Persönlichkeitsstruktur), auf die andere Mitglieder in der Organisation nicht, nicht in ähnlichem Umfang oder nur zu höheren Kosten Zugriff haben (vgl. Brass et al. 2004: 798; Mehra et al. 2001). Sofern diese Ressourcen den Kriterien der Relevanz (Sind sie für andere wichtig?) und der Mobilisierung (Kann der Akteur sie in der konkreten Situation zum Einsatz bringen?) genügen, stellen sie eine Machtgrundlage dar (vgl. Auer et al. 1993: 153ff; Emerson 1962; Gargiulo 1993).[17]

Eine weitere Differenzierung, die insbesondere für die empirische Erforschung des Themas Macht in Organisationen prägend war, unterscheidet zwischen strukturellen (bzw. organisationalen) und personalen (bzw. verhaltensbezogenen) Quellen der Macht (vgl. Wagner 1992: 467ff; Astley & Sachdeva 1984; Wrong 1968: 677).

(1) *Strukturelle Machtquellen* wirken unabhängig von der Einzelperson und ihrem Verhalten. Exemplarisch lässt sich hier formale Autorität anführen, die sich aus der Positionsmacht im Stellengefüge der Organisation ableitet und die unabhängig von der Person jedem zuwächst, der eine bestimmte Stelle im Organigramm einnimmt (vgl. Friedkin 1993; Boulding 1990: 43; Ibarra 1993: 474ff; Paris 2005: 30; Ibarra & Andrews 1993).

„The power resides in the position, not the incumbent." (Brass & Burkhardt 1993: 444)

Als weitere Beispiele für strukturelle Machtquellen werden unter anderem die Zugehörigkeit zu einer einflussreichen Unternehmenseinheit (vgl. Ibarra 1993: 475) und vor allem auch eine zentrale Positionierung des mikropolitischen Akteurs im (infor-

---

[16]   Ein ausführlicher Überblick zu den unterschiedlichen Modellen über die Basis von Macht findet sich bei Sandner (1990: 27ff).

[17]   Das prominenteste Beispiel für eine Typologie von Machtbasen ist die ursprünglich von French & Raven (1959) entwickelt und in der Folge modifizierte und erweiterte Aufstellung (Raven 1965, Raven & Kruglanski 1970; Raven 1992). Sie unterscheidet *„reward power", „coercive power", „legitimate power", „referent power", „expert power"* sowie *„informational power"* und verbindet somit sowohl strukturelle als auch personale Machtbasen.

mellen) Beziehungsgefüge der Organisation genannt (vgl. Ibarra 1993: 476; Brass & Burkhardt 1993: 444f; Brass 1984: 520).

> „Although some […] resources may be attached to an individual's formal organizational position, most must be acquired through informal network connections." (Ibarra 1993: 473)

(2) *Personale Einflussfaktoren* dagegen vernachlässigen derartige Aspekte und verweisen auf das mikropolitisch-taktische Verhalten der Individuen (vgl. Murray & Gandz 1980; Allen et al 1979; Kipnis et al. 1980; Thompson & Luthans 1983) oder auf Persönlichkeitseigenschaften der politisch handelnden Akteure (vgl. House 1988; Winter 1973 und 1996: 151ff). Bezogen auf das Beispiel der formalen Autorität käme es aus einer personalen Sichtweise weniger auf das Innehaben einer bestimmten Stelle an sich an, sondern viel mehr darauf, welche Handlungen ein Akteur im Rahmen seiner Position zeigt.[18]

3.2 Arbeitsdefinition von Macht für die vorliegende Untersuchung

Aufbauend auf der klassischen Definition von Weber wurden die wesentlichen theoretischen Konzepte und Weiterentwicklungen in Grundzügen vorgestellt, die es nun erlauben, Arbeitsdefinitionen von Macht und Machthandlungen für die vorliegende Untersuchung vorzunehmen.

Macht soll im Rahmen dieser Studie verstanden werden als das (strukturelle) Potenzial eines organisationalen Akteurs, in der Beziehung zu anderen Organisationsmitgliedern seine persönlichen Interessen verwirklichen zu können, auch wenn deren Realisierung vom Handeln anderer Organisationsmitglieder abhängt. Die Umsetzung dieses Potenzials erfolgt stets situationsbezogen durch mikropolitische Machthandlungen, welche die bestehenden Machtverhältnisse (re-)produzieren (vgl. Abschnitt 2.3).

Die Nutzung von Machtpotenzialen kann scheitern und sogar in ihr Gegenteil umschlagen, da aufgrund des relationalen Charakters von Macht sowie der Komplexität und Intransparenz der Verhältnisse in Organisationen keine Erfolgsgarantie besteht. Der Gebrauch von Macht ist somit stets verbunden mit Risiken, unerkannten Chancen, unvorhersehbaren Nebenfolgen und Kosten (vgl. Haubl 2005: 58). Macht kann gemäß allen drei beschriebenen Mechanismen Wirkung entfalten und speist sich sowohl aus personalen als auch aus organisationalen Quellen.

---

[18] Innerhalb der vorliegenden Untersuchung (vgl. Kapitel IV) erfolgte eine integrierte Betrachtung struktureller und personaler Machtquellen. Das eine lässt sich nicht lösen vom anderen. Brass verdeutlicht das anhand eines einfachen Beispiels, mit dem er darauf aufmerksam macht, dass die Verfügung über strukturelle Machtquellen allein nicht ausreicht. Vielmehr muss sie der Akteur auf der Handlungsebene auch kompetent einsetzen. „The control of scarce resources is not enough; it is necessary to exchange them in a skillfull manner in order to influence others" (Brass 1992: 298).

Das für die vorliegende Untersuchung entfaltete Machtkonzept ist äußerst weit gefasst. Dennoch kann und soll diese Arbeit auf einem solchen, bewusst relativ offen
gehaltenen Machtbegriff beruhen, weil er den „Vorteil [aufweist], sich nicht im Vor-
aus auf eine Theorie des Wesens von Macht festzulegen [und] sich auf jede Form von
Macht gleichermaßen anwenden" lässt (Crozier & Friedberg 1979: 39).

Eine weitere Einschränkung des Begriffs scheint zu Forschungszwecken auch nicht
unbedingt erforderlich, wenn – wie in diesem Fall – nicht Macht an sich, sondern in
erster Linie ihre konkrete Manifestation in Machthandlungen und -taktiken wissenschaftlich untersucht werden soll.

> „Wichtiger als das Universum der theoretischen Exegese ist für die Soziologie al-
> lemal die gesellschaftliche Praxis der Macht, also das, was Menschen tun, wenn
> sie sich anderer bemächtigen, und was sie anstellen, um die Zwänge sozialer
> Macht wieder loszuwerden." (Sofsky & Paris 1994: 20)

4   Machthandlungen

4.1 Machthandlungen – theoretisch betrachtet

Begibt man sich – wie von Sofsky und Paris gefordert – auf die Ebene der Machthandlungen, lauert eine erkenntnistheoretische Klippe (vgl. Neuberger 2002: 687):
Machthandlungen reflektieren immer die herrschende Machtkonstellation. Deswegen
ist es sinnvoll nicht möglich, sie losgelöst von der strukturellen Macht der Verhältnisse zu betrachten. Erst in ihrer Einbindung in den jeweiligen sozialen Kontext werden
sie nachvollziehbar und erklärbar (vgl. Brass & Burkhardt 1993: 465). Problematisch
ist daran, dass sich – je nach gewählter Perspektive auf die Situation – ausnahmslos
jede Verhaltensweise in Organisationen (auch) als mikropolitische Machttaktik interpretieren lässt.[19]

> „Every social act is an exercise of power, every social relationship is a power
> equation, and every social group or system is an organization of power." (Haw-
> ley 1963: 422)

Damit wäre Macht überall, alles Mikropolitik und in der Konsequenz weiterer Erkenntnisgewinn ausgeschlossen (vgl. Neuberger 2002: 687).

Ein Unterschied zwischen apolitischem und politischem Verhalten wird aus Sicht von
Neuberger (2003: 45) nur dann ersichtlich, wenn mikropolitische Taktiken eingebettet in „einen zielgerichteten Prozess" betrachtet werden. Mikropolitische Relevanz
und Prägnanz besitzt ausschließlich die kontextbezogene Verkettung aufeinander be-

---

[19]   Macht lässt darüber hinaus sogar noch im Nicht-Handeln identifizieren, wenn beispielsweise
die scheinbare Teilnahmslosigkeit eines Akteurs an einer Situation als ein besonders raffiniertes
Täuschungsmanöver aufgefasst wird, das zur Ablenkung von einem (tatsächlich brennenden)
Interesse dienen soll (vgl. Haubl 2005: 57).

zogener Handlungsschritte eines Akteurs, mit denen dieser gegen den Widerstand anderer strategisch seine Interessen und Ziele verfolgt (vgl. Bacharach & Lawler 1998: 69). Damit gilt, dass „politisches Agieren [...] nicht zu beobachten, sondern nur zu erschließen" (Neuberger 2003: 45) ist. Es kommt vor allem auf den Handlungskontext an, in dem politisch agiert wird. Eine einzelne Handlung – isoliert für sich genommen – erlaubt dagegen keine Rückschlüsse auf ihre mikropolitische Bedeutung (vgl. Neuberger 2006: 27ff).

Dieser Standpunkt Neubergers wird in der vorliegenden Arbeit übernommen. Es sollen all diejenigen Verhaltensweisen als mikropolitische Machthandlungen bzw. -taktiken gelten, welche die Akteure orientiert an den strukturellen Machtverhältnissen strategisch-planvoll (1), in der Erwartung von Widerstand (2), bewusst (3) sowie zielgerichtet zum Zweck der Realisierung persönlicher Interessen (4) einsetzen.[20]

(1) Die Akteure wählen ihre Mittel gemäß dieser Festlegung unter strategisch-planvollen Gesichtspunkten, d.h. sie passen ihre Handlungen den Machtverhältnissen an und (re-)produzieren diese dadurch (vgl. Haubl 2005: 58). Des Weiteren bedeutet dieses Kriterium, dass sie bemüht sind, die Folgen des Einsatzes der Machtmittel so weit wie möglich zu antizipieren und eine für sie möglichst günstige Kosten-Nutzen-Relation ihres Handelns zu erreichen. Die strategische Absicht hinter dem Bestreben ist dabei *unabhängig* von der tatsächlichen Verwirklichung dieser Absicht. Eine Machthandlung ist auch dann als solche einzuordnen, wenn sie misslingt und der mit ihr beabsichtigte Zweck nicht erreicht werden konnte (vgl. Wrong 1968).

(2) Eine wichtige Rolle spielt in diesem Zusammenhang die Festlegung auf den erwarteten Widerstand von Seiten anderer Organisationsmitglieder. In der Regel wird erst bei einer vermuteten (relevanten) Gegenmacht die Verwendung politischer Taktiken und der Einsatz von Macht erforderlich (vgl. Paris 2005: 27f; Sofsky & Paris 1994: 9). Nur unter dieser Bedingung wird sich ein planvoll-strategisch vorgehender Akteur aufgefordert fühlen, seine bestehenden Machtpotenziale, z.B. der „Sanktionsmacht" (vgl. Abschnitt 3.1; Baumann 1993: 17), tatsächlich in Handlungen umzusetzen (vgl. Haubl 2005: 57). Gestalten sich die Verhältnisse anders und ist von vorneherein nicht (mehr) mit Widerstand zu rechnen (vgl. die Ausführungen zu „Kontrollmacht" bzw. „Motivationsmacht" bei Baumann 1993: 17ff und in Abschnitt 3.1),

---

[20] Die hier vorgenommene Abgrenzung stellt nur eine von mehreren vorgeschlagenen Möglichkeiten dar, politische von unpolitischen Handlungen zu unterscheiden. Alternativen werden zum Beispiel in Versuchen der Abgrenzung politischen Verhaltens über die Kriterien der Legitimität (vgl. Mintzberg 1983: 172ff; Zivnuska et al. 2004), der Effizienz (vgl. Pettigrew 1972: 187ff) oder der Sanktionierung durch die Organisation (Mayes & Allen 1977 674f) gesehen (vgl. Drory & Romm 1990: 1135ff; Buchanan & Badham 1999: 611ff). Folgt man diesen Überlegungen, wären all jene Handlungen als mikropolitisch zu beurteilen, die als illegitim, ineffizient oder nicht gestattet anzusehen sind. Wie die bisherigen Ausführungen allerdings zeigen sollten, ist das, was in Organisationen als legitim, effizient und erlaubt gilt, ebenfalls Gegenstand und Ergebnis politischer Prozesse. Vor diesem Hintergrund erscheinen derartige Abgrenzungsstrategien wenig sinnvoll (vgl. Neuberger 2006: 27ff).

wird ein rational kalkulierender Mikropolitiker mit seinen Kräften haushalten und es unterlassen, überhaupt Machtmittel einzusetzen und zu verschwenden.

(3) Diesen Überlegungen steht der Bestimmungsfaktor der Bewusstheit einer Macht-handlung nahe, der sich auf die kognitive Repräsentanz der Handlung eines Akteurs bezieht (vgl. Elhardt 2001: 10f; Giddens 1995: 57ff; Neuberger 1997: 22). Es geht nicht darum, dass sich der Akteur seiner Handlungen zu jedem Zeitpunkt voll be-wusst sein muss, wie es der Definitionsbaustein einer „strategisch-planvollen" Aus-richtung der Handlungen sicherlich anklingen lässt. Auch taktisches Verhalten ver-läuft vielfach habitualisiert. Unter Rückgriff auf das Konzept des „praktischen Be-wusstseins" von Giddens (1995: 57ff) ist damit „jenes Wissen der Akteure über Be-dingungen, Ziele und Mittel des Handelns [gemeint], das die Akteure routinehaft zur Steuerung ihres alltäglichen Handelns einsetzen" (Elisk 1998: 140). Das Kriterium des bewussten Agierens inkludiert das Vorbewusste, das dem Akteur erst dann zu-gänglich wird, wenn er – z.B. während eines Interviews darauf angesprochen – über die Hintergründe seines eigenen Handelns nachdenkt (vgl. Elhardt 2001: 11).

(4) Der Zweckbezug der obigen Begriffsfestlegung verweist darauf, dass Machttakti-ken Mittel darstellen, die der Verwirklichung der Machtinteressen des fokalen Ak-teurs dienen sollen. Mikropolitisches Handeln ist final auf die Erreichung von (egois-tischen) Zielen gerichtet.

4.2 Machthandlungen – empirisch betrachtet

Trotz der theoretisch problematischen Antwort auf die grundlegende Frage, was Machthandlungen eigentlich (nicht) sind, stehen sie und mit ihnen die technische Sei-te der Macht im Fokus der meisten empirischen Untersuchungen und Veröffentli-chungen zur Mikropolitik. Eine lange, bis heute fortgeschriebene Forschungstradition befasst sich mit der Ermittlung und Kategorisierung mikropolitischer Einzelhandlun-gen. Ergebnis dieser Forschungsrichtung sind zumeist Listen mikropolitischer Einzel-taktiken, die teilweise zu Strategien zusammengefasst und kategorisiert werden.

Als illustrierendes Beispiel für eine solche Zusammenstellung lässt sich die folgende Übersicht nach Yukl anführen (vgl. Tabelle 1), der sich seit den 1990er Jahren in mehreren Studien immer wieder mit der Identifikation und Klassifizierung mikropoli-tischer Taktiken befasst hat.[21]

---

[21] Die hier dargestellte Übersicht mikropolitischer Taktiken entspricht dem aktuellen Stand der Forschung von Yukl und spiegelt die Ergebnisse einer ganzen Kette aufeinander bezogener Un-tersuchungen wider (vgl. Yukl & Falbe 1990; Yukl & Falbe 1991; Falbe & Yukl 1992; Yukl et al. 1995; Yukl et al. 2005). Die Anzahl der in den genannten Studien ermittelten Taktiken va-riiert im Zeitablauf ebenso wie ihre Bezeichnungen. Die ersten neun genannten Taktiken ent-sprechen denen der Studie aus dem Jahr 1992, die mit der Studie des Jahres 2005 um die Takti-ken „apprising" und „collaboration" ergänzt wurden. Die deutschen Bezeichnungen der ersten

Kapitel II – Mikropolitik und Macht

1. *Rational persuasion*	Rationales Argumentieren
2. *Inspirational appeals*	Hervorrufen von Begeisterung
3. *Consultation*	Entscheidungsbeteiligung der Zielperson
4. *Ingratiation*	Einschmeichelndes Verhalten
5. *Personal appeals*	Appelle an Loyalität und Freundschaft
6. *Exchange*	Tauschgeschäfte
7. *Coalition tactics*	Koalitionsbildung
8. *Pressure*	Druck
9. *Legitimating tactics*	Rechtfertigungsstrategien
10. *Collaboration*	Zusammenarbeit
11. *Apprising*	Offenlegung des Nutzens für die Zielperson

Tabelle 1: Mikropolitische Taktiken nach Yukl

In der Literatur finden sich zahlreiche vergleichbare Aufstellungen, die ähnliche Taktiken und Gruppen von Taktiken aufführen.[22] Trotz inhaltlicher Konvergenz sind diese Ergebnisse nicht nur aus methodischen, sondern auch aus den bereits beschriebenen erkenntnistheoretischen Gründen kritisch zu hinterfragen (vgl. Abschnitt 4.1).[23]

Mit Haubl (2005: 57) „machen solche Zusammenstellungen wenig Sinn" und sind von wesentlich geringerem Erkenntniswert als zum Teil versprochen. So kann beispielsweise der folgenden Einschätzung von Yukl, Chavez und Seifert (2005: 705) bezüglich der Ergebnisse ihrer Studien nicht zugestimmt werden.

„Managers who understand the differences among the tactics will be more effective in influencing people in organizations."

Allein das Verständnis einer das „Universum politischer Verhaltensweisen" (Engelhart 1994b: 178) auf elf (statische) Standardtaktiken reduzierenden Kategorisierung

---

22 neun Taktiken der Tabelle stammen aus Engelhart (1994b: 161), die beiden letzten sind Eigenübersetzungen.
Abgesehen von der Forschungsarbeit Yukls sind an dieser Stelle vor allem die Untersuchungen von Kipnis zu erwähnen (Kipnis et al. 1980; Kipnis et al. 1984; Kipnis & Schmidt 1988). Als aktuellere Veröffentlichungen können neben der bereits erwähnten Untersuchung (Yukl et al. 2005) z.B. Mayrhofer et al. (2005), Schiffinger (2002) oder auch Schiffinger und Steyrer (2004) genannt werden.

23 Vgl. zur methodischen Kritik vor allem die Ausführungen von Engelhart (1994a und 1994b) und Neuberger (1995: 123f bzw. 136f und 2006: 27ff).
In ähnlichem Sinne kritisch zu sehen sind auch Versuche, Taktiken zu übergeordneten mikropolitischen Strategietypen zu bündeln. Die bekanntesten Untersuchungen dazu haben Kipnis und Schmidt (1980 und 1984) vorgelegt. Sie haben eine Vierertypologie mikropolitischer Strategien entwickelt, denen jeweils unterschiedliche Taktiken zugeschrieben werden: „*Shot-gun*" – „Universalisten" (verwenden alle Taktiken), „*ingratiators*" – „Beziehungsspezialisten" (v.a. einschmeichlerischem Verhalten), „*tacticians*" – „Taktiker" (v.a. rationales Argumentieren); „*by-standers*" – „Zuschauer" (keine ausgeprägte politische Aktivität). Die deutschen Bezeichnungen entsprechen denen bei Neuberger (1995: 121f).

gibt keinen begründeten Anlass zur Erwartung des versprochenen Effekts. Vielmehr sprechen zwei Gründe dagegen.

(1) Die Komplexität mikropolitischen Handelns ist zu groß. In der Realität kommt es immer entscheidend auf die in einer spezifischen Organisation herrschenden (sozialen) Umstände an. Von hoher Relevanz sind daneben auch die Charakteristika der (anderen) handelnden Personen (mit ihren individuelle Stärken, Schwächen, Interessen etc.), der zeitliche Kontext und die Vorgeschichte, in die mikropolitische Taktiken eingebettet sind (vgl. Neuberger 1995: 157ff und 2006: 120ff). In diesem Sinne entkontextualisierte und auf Durchschnittsbildung basierende Listen mikropolitischer Einzelmaßnahmen bleiben sowohl in theoretischer als auch in praktischer Hinsicht von beschränkter Aussagekraft.

(2) Aufstellungen mikropolitischer Handlungen wie jene von Yukl werden niemals trennscharf oder gar erschöpfend sein. Die Kreativität der Akteure (und der Autoren) kennt prinzipiell „keine Grenzen" (Neuberger 1995: 134). Die Vielfalt der Möglichkeiten mikropolitischer Betätigung wird besonders plastisch, wenn man die Idee Neubergers (1995: 152ff) aufgreift, der eine den Einzeltaktiken übergeordnete „Meta-Taktik des Täuschens" einführt. So kann jede einzelne der elf oben angegebenen Taktiken grundsätzlich sowohl in offener als auch in verdeckter (angetäuschter) Form intendiert bzw. interpretiert werden (vgl. Brass 1992: 299). Im neuen täuschenden Gewand erscheint z.B. Druck nunmehr als Bluff, Koalitionsbildung als Pseudo-Verschmelzung, Entscheidungsbeteiligung als Intrige. Dieser Ansatz trägt der Annahme Rechnung, dass das Agieren mit doppeltem Boden, aus der Deckung und in Verbindung mit Täuschungsabsichten besonders effektiv ist (vgl. Abschnitt 2.4). Die Anzahl der relevanten Taktiken in der obigen Auflistung verdoppelt sich damit unmittelbar von elf auf 22.

4.3 Machthandlung Networking

In der vorliegenden Untersuchung geht es mit Networking um eine Form mikropolitischen Handelns. Die im vorangegangenen Gliederungspunkt angesprochenen Untersuchungen mikropolitischer Machttaktiken benennen eine ganze Reihe unterschiedlicher Einzelmaßnahmen, die sich bei einer ersten intuitiven Betrachtung mit dem Thema Networking unmittelbar in Verbindung bringen lassen: „Tauschgeschäfte", „Entscheidungsbeteiligung der Zielperson, Koalitionsbildung" (jeweils entnommen aus Yukl et al. 1995), „Zusammenarbeit" (Yukl et al. 2005), „Assoziierung mit Mächtigen" (Allen et al. 1979), „Sich gegenseitig einen Gefallen tun" (DuBrin 1991) oder „Netzwerk-Aufbau" (Zanzi et al. 1991). Die Liste dieser Beispiele ließe sich weiter fortsetzen (vgl. Forret & Dougherty 2004: 419).[24] Daran wird zum einen er-

---

[24] Dazu sei an dieser Stelle auf einige Beispiele aus der Praktiker- und Ratgeberliteratur zum Thema Networking verwiesen (vgl. Wikner 2000; Scheler 2000; Härter & Öttl 2004; Olson 1994; Hesse & Schrader 1999).

Kapitel II – Mikropolitik und Macht

sichtlich, dass Networking enge Bezüge zu vielen Teiltaktiken aufweist und somit allgemein als bedeutsamer Aspekt mikropolitischen Handelns in Organisationen einzustufen ist. Zum anderen verbirgt sich darin ein Hinweis auf die problematische begrifflich-theoretische Abgrenzbarkeit des Konzepts (vgl. Forret & Dougherty 2004: 420; Abschnitt 4.1).

In Anknüpfung an die zuvor entwickelte Definition mikropolitischer Machttaktiken sollen als Networking im Sinne der vorliegenden Arbeit solche Handlungen gelten, die von den Akteuren strategisch-planvoll, in der Erwartung von Widerstand, bewusst sowie mit dem Ziel durchgeführt werden, eigene Interessen durchzusetzen, indem die Handelnden das Beziehungsnetzwerk, in das sie eingebunden sind, zu gestalten und zu nutzen suchen.[25]

Mit dieser definitorischen Abgrenzung wird der für unerreichbar erachtete Anspruch aufgegeben, Networking losgelöst vom jeweiligen Kontext als eine mikropolitische Taktik zu definieren, die von anderen (eindeutig) unterscheidbar wäre.[26] Vielmehr wird die von Neuberger (1995: 152ff; vgl. Abschnitt 4.2) anhand der Kategorie des Täuschens eingeführte Idee übernommen und Networking als „Meta-Taktik" konzipiert: Damit ist für jede Einzelhandlung anhand ihres mikropolitischen Kontexts zu prüfen, ob und in welcher Weise der fokale Akteur mit seinen Handlungen auf die Gestaltung und die Nutzung der ihn umgebenden Beziehungsstruktur abzielt oder nicht.[27]

---

[25] Im Vorgriff auf das folgende Kapitel lassen sich Networkingaktivitäten damit verkürzt auch als Handlungen zum Auf- und Ausbau Sozialen Kapitals definieren.

[26] Wissenschaftliche Untersuchungen zum Thema Networking (vgl. z.B. Forret & Dougherty 2001 und 2004; Michael & Yukl 1993) folgen zumeist einer abstrakten Untersuchungslogik. Networking wird dabei unabhängig vom strukturellen Kontext und nicht als Teil einer aufeinander bezogenen Handlungskette untersucht. So entwickeln beispielsweise Forret und Dougherty (2001 und 2004) eine Networkingskala und einen dazugehörenden Fragebogen, mittels denen sie unterschiedliche Teiltaktiken des Networkings unterscheiden: *„Maintaining contacts"*, *„Socializing"*, *„Engaging in professional activities"*, *„Increasing internal visibility"*, *„Participating in church and community"*.

[27] Diese Sichtweise erlaubt es, z.B. auch alle von Yukl zusammengestellten Einzeltaktiken im Licht der Meta-Taktik Networking (neu) zu betrachten (vgl. Abschnitt 4.2). Auch zuvor vermutlich nicht direkt mit Networking in Verbindung gebrachte Taktiken können entsprechend interpretiert werden. Das wäre zum Beispiel für die Taktik des Ausübens von Druck der Fall, wenn eine Leitungskraft von einem Mitarbeiter in aller Öffentlichkeit mehr Einsatz fordert. Es handelt sich dann um Networking, wenn damit ein für alle Mitarbeitenden geltendes Exempel statuiert werden soll. Durch das Ausüben von Druck auf einen Einzelnen sollen auch die Beziehungen zu allen anderen Mitarbeitenden gestaltet werden.

III NETZWERKE UND SOZIALES KAPITAL

Im theoretischen Bezugsrahmen dieser Arbeit (vgl. Kapitel IV) verbinden sich zwei konzeptionelle Linien. Neben der bereits vorgestellten mikropolitischen Sichtweise soll das Thema auch aus der theoretischen Perspektive sozialer Netzwerke bzw. Sozialen Kapitals analysiert werden. Der erste Abschnitt dieses Kapitels erläutert grundlegende theoretische Beziehungen dieser Ansätze zum Thema der Untersuchung. Es wird ausgeführt, warum das in sozialen Netzwerken ruhende Soziale Kapital eines mikropolitischen Akteurs einen geeigneten theoretischen Referenzpunkt zur Untersuchung des Networkings von Leitungskräften in beruflichen Anfangssituationen darstellt. In den anschließenden Gliederungspunkten werden die konzeptionellen Grundlagen von Netzwerken und Sozialem Kapital im Kontext des Gegenstands der vorliegenden Studie herausgearbeitet (vgl. Abschnitte 2 bis 4).

1 Konzeptionelle Vorbemerkungen

1.1 Networking, Netzwerke und Soziales Kapital

Networking lässt sich charakterisieren als mikropolitische Machttaktik, mit der ein organisationaler Akteur strategisch-planvoll, in der Erwartung von Widerstand und bewusst versucht, das Beziehungsnetzwerk, das ihn umgibt, zur Verwirklichung eigener Interessen zu gestalten und zu nutzen (vgl. Wolff & Moser 2006: 162f). Mit ihren Networkingaktivitäten streben Leitungskräfte in beruflichen Anfangssituationen den Aufbau eines förderlichen Netzwerks sozialer Beziehungen zu Kollegen, Mitarbeitenden und Vorgesetzten innerhalb ihrer Organisation an.

In den Sozialwissenschaften widmet sich speziell die Netzwerkanalyse der Untersuchung sozialer Netzwerke von Einzelpersonen und Personenmehrheiten. Balkundi und Kilduff (2005: 942f) formulieren in ihrem Beitrag für diese Forschungsrichtung einige Kerngedanken, die als gemeinsamer Nenner der Netzwerkanalyse gelten können. Sie sind auch für die netzwerktheoretische Fundierung der vorliegenden Untersuchung von zentraler Bedeutung. Die Ausführungen von Balkundi und Kilduff sollen daher an dieser Stelle kurz in ihren Grundzügen skizziert werden.

An erster Stelle benennen Balkundi und Kilduff die Annahme der unausweichlichen Einbettung (*embeddedness*; vgl. Uzzi 1996) der Akteure in ein bestehendes Geflecht interpersonaler Beziehungen (vgl. Granovetter 1985). Dieses Eingebundensein in ein System sozialer Verbindungen beeinflusst aus Sicht der Netzwerkforschung maßgeblich die Handlungen der organisationalen Akteure und die sozialen Phänomene, die aus diesen Handlungen entstehen (vgl. Brass et al. 1998: 17; Borgatti & Foster 2003: 991). Aus diesem Grund stehen die Beziehungen zwischen den Akteuren (und weniger die Akteure selbst) im Zentrum der netzwerkanalytischen Betrachtung (vgl. Balkundi & Kilduff 2005: 942).

Kapitel III – Netzwerke und Soziales Kapital

Speziell für Organisationen geht die Netzwerkforschung mit Balkundi und Kilduff in Erweiterung des *embeddedness*-Konzepts davon aus, dass sich die Akteure nicht als Fremde begegnen (vgl. Burt 1992a: 59f). Ihre Verbindungen in der Gegenwart beruhen auf einer gemeinsamen Vergangenheit und werden zumeist von der Erwartung einer aufeinander bezogenen Zukunft geprägt.

Als einen weiteren Kernaspekt der wissenschaftlichen Analyse sozialer Netzwerke stellen Balkundi und Kilduff den engen Zusammenhang zwischen sozialen Netzwerken und Sozialem Kapital heraus (vgl. Burt 2000; Brass et al. 2004; Gabbay & Leenders 2001: 2). Beide Konzepte werden als untrennbar miteinander verwoben betrachtet.

> „Social capital is at the heart of social network analysis." (Brass & Krackhardt 1999: 180)

Unter dem Begriff des Sozialen Kapitals wird – vereinfacht gesagt – erforscht, inwiefern sich die Vernetzung mit anderen für den fokalen Akteur förderlich auswirken kann. Das Konzept des Sozialen Kapitals umfasst allgemein ausgedrückt diejenigen Ressourcen, die der betrachteten Person über ihr soziales Netzwerk zugänglich werden (vgl. Abschnitt 3.1). Die Verfügung über Soziales Kapital kann für die verbundenen sozialen Einheiten (Einzelakteure oder Personenmehrheiten) mit Vorteilen einhergehen, die die allgemeinen Lebenschancen der Netzwerkpartner positiv befördern.[28]

> „Social capital is productive, making possible the achievement of certain ends that in its absence would not be possible." (Coleman 1988: S98)

Ausgehend von diesen grundlegenden Annahmen untersuchen Balkundi und Kilduff (2005) in ihrer Studie die Effektivität von Führungskräften in Abhängigkeit von ihrer Einbindung in das Beziehungsgeflecht ihrer jeweiligen Organisation. Dabei kommen sie zu dem Ergebnis, dass die Qualität der Beziehungskonstellation, in die eine Leitungskraft eingebunden ist, wesentlichen Einfluss darauf hat, wie wirksam sie ihrer Führungsaufgabe nachkommen kann.

1.2 Soziale Netzwerke und Soziales Kapital als theoretische Bezugspunkte

Der Bezug auf die soeben eingeführten Prinzipien der Netzwerkanalyse und Sozialen Kapitals in der vorliegenden empirischen Studie erscheint aus drei Gründen angemessen und sinnvoll:

(1) Leitungskräfte in beruflichen Anfangssituationen sind aufgrund ihrer Unvertrautheit mit den sozialen und aufgabenbezogenen Gegebenheiten ihrer neuen Organisa-

---

[28] In Analogie zu den Ausführungen des Kapitels II erscheint es auch für das Verständnis des dritten Kapitels ausreichend, zunächst das soeben knapp skizzierte Grundverständnis von Sozialem Kapital anzulegen, bevor in Abschnitt 3.1. eine explizite Definition des Konzepts erfolgt.

tion in besonderem Maße aufgefordert, Networkingaktivitäten zu entfalten und Kontakte zu anderen Organisationsmitgliedern aufzubauen (vgl. Krackhardt 1996). Im Lauf der Zeit gerinnen die zunächst noch unverbindlichen Beziehungen durch wiederholte Interaktion zu Mustern und sozialen Netzwerkstrukturen relativer Stabilität (vgl. Bourdieu 1983: 192; Carroll & Teo 1996: 423; Baker & Obstfield 1999; Bolino et al. 2002: 507). Damit lassen sich soziale Netzwerke im Sinne des Dualitätskonzepts von Giddens (1995) als Ergebnis von Networkinghandeln auffassen (Handeln produziert Strukturen). Gleichzeitig werden (nicht) bestehende Vernetzungen in der Organisation eine Handlungsermöglichung (oder -begrenzung) bedeuten (Handeln reproduziert Strukturen). Eine Beschränkung der Untersuchung auf die Ebene der konkreten, beobachtbaren Networkinghandlungen allein (*„specific, observable behaviors used to build and maintain networks"*, Michael & Yukl 1993: 329) würde zu kurz greifen. Ihre Erforschung ohne Bezug zu den sozialen Strukturen, in denen sie erfolgen und die sie entstehen lassen, ließe ein unvollständiges und unzureichendes Bild entstehen.

(2) Die seit langem bestehende Forderung nach einer theoriefundierten Herangehensweise bei der Untersuchung mikropolitischer Machthandlungen (vgl. Neuberger 1995: 134ff und 158f; Neuberger 2006: 237ff; Engelhart 1994b: 178) hat bisher geringe Resonanz erfahren.[29] Während auch aus diesem Grund bei der Erforschung der Handlungsebene des Networkings nur geringe Fortschritte zu konstatieren sind, gilt das Gegenteil für die Untersuchung der Strukturebene sozialer Netzwerke. In diesem Feld sind in den letzten 20 Jahren eine rasante Entwicklung und substanzielle Erkenntnisgewinne in theoretischer und empirischer Hinsicht zu verzeichnen.[30] Dieses deutliche Missverhältnis lässt es angesichts der Übertragbarkeit der Resultate auf das Thema der vorliegenden Arbeit umso interessanter erscheinen, die mittlerweile äußerst facettenreiche und ausdifferenzierte Literatur zu sozialen Netzwerken und Sozialem Kapital zur theoretischen Fundierung von Networkingtaktiken heranzuziehen (vgl. Forret & Dougherty 2001: 284f; Baker 2000).

---

[29]   Mikropolitische Taktiken werden bis heute überwiegend mittels Fragebogenuntersuchungen und weitgehend ohne theoretischen Bezug erforscht (vgl. Kapitel II, Abschnitt 4.1; Neuberger 2006: 120ff). Insofern hat sich die folgende Aussage von Michael und Yukl (1993: 329) aus heutiger Sicht als programmatisch erwiesen: „It is important to differentiate between research on networking behavior and social network analysis." Diese Trennung soll in der vorliegenden Arbeit nicht fortgesetzt werden, in der eine integrierte Perspektive eingenommen wird (vgl. Kapitel IV).

[30]   Zusammenfassende Darstellungen der sozialwissenschaftlichen Forschung zu Netzwerken und Sozialem Kapital bieten beispielsweise Emirbayer und Goodwin (1994), Adler und Kwon (2000 und 2002), Burt (2000), Gabbay und Leenders (1999 und 2001), Lin (2001) sowie Brass, Galaskiewicz, Greve und Tsai (2004). In diesem Zusammenhang ebenfalls empfehlenswert ist der von Lesser (2000) herausgegebene Sammelband wichtiger konzeptioneller Grundlagenartikel zum Thema, wie z.B. denen von Coleman (1988) Nahapiet und Ghoshal (1998), Portes (1998) sowie Sandefur und Laumann (1998).

Kapitel III – Netzwerke und Soziales Kapital

(3) Eine Übertragung von Konzepten und Erkenntnissen der Netzwerkanalyse erscheint darüber hinaus auch machttheoretisch sinnvoll: Die Positionierung eines Akteurs innerhalb der informellen und formalen Beziehungsnetze einer Organisation wird allgemein als eine der wichtigsten strukturellen Quellen von Macht angesehen (vgl. Brass 1984: 519; Brass & Burkhardt 1992: 193ff; Krackhardt 1990: 345; Ibarra 1993: 474f). Als strukturelles Machtpotenzial liefert das Soziale Kapital eines Akteurs, das in Netzwerken gebunden ist, einen rahmenden Kontext für dessen mikropolitische Machthandlungen (vgl. Sparrowe et al. 2001; Brass 1992: 298). Die Networkingaktivitäten der Akteure lassen sich als Handlungen interpretieren, die darauf gerichtet sind, Machtpotenziale wie Soziales Kapital aufzubauen und umzusetzen (vgl. Bourdieu 1983: 192; Brass & Burkhardt 1993: 442ff; Thompson & Luthans 1983: 75ff; Wolff & Moser 2006: 161).[31]

„Social capital can be created by intention, that is, by the strategic moves of an individual [social] entrepreneur or the deliberate manipulation of organizational and interorganizational structures." (Baker & Obstfeld 1999: 89)

2 Entwicklung konzeptioneller Grundlagen durch Bourdieu

In den vorangegangenen Ausführungen sollte die Eignung des Sozialkapitalansatzes zur strukturellen Fundierung von Networkingaktivitäten gezeigt werden. Mit diesem Gliederungsabschnitt wird intendiert, dieses Konzept detaillierter darzustellen und auf die berufliche Anfangssituation von Leitungskräften zu beziehen. Im Anschluss an einen kurzen Abriss über Herkunft und Entwicklung des Grundgedankens des Konstrukts durch Pierre Bourdieu in diesem zweiten Abschnitt werden aktuelle theoretische Weiterentwicklungen und empirische Ergebnisse vorgestellt (vgl. Abschnitt 3).

Die konzeptionellen Wurzeln Sozialen Kapitals reichen gemäß Portes (1998: 2) bis in das 19. Jahrhundert und weisen Bezüge zu klassischen Werken von Durkheim und Marx auf. Der erste zeitgenössische und systematische Entwurf stammt nach Portes (1998: 3f) von Pierre Bourdieu aus dem Jahr 1980.[32] Dieser von Bourdieu ursprüng-

---

[31] Die folgende Übersicht fasst die in den vorangegangenen Ausführungen dargelegten begrifflichen und theoretischen Bezüge zwischen Networking einerseits sowie Netzwerken und Sozialem Kapital andererseits nochmals zusammen:

Networking		Soziale Netzwerke Soziales Kapital
Handlungsebene	⇔	Strukturebene
Machthandlung / -taktik	⇔	Macht
Nutzung und Aufbau	⇔	Potenzial
Personale Machtquelle	⇔	Strukturelle Machtquelle

[32] Zeitnah, aber ohne Bezug zu Bourdieu, wurde der Begriff mit jeweils anderen Akzentsetzungen und Hintergründen von Loury (1977, 1981) und Coleman (1988, 1990) in die Diskussion eingeführt. Eine knappe und kritische Zusammenfassung dieser beiden Ansätze bietet Por-

lich in französischer Sprache veröffentlichte Essay wurde drei Jahre später (Bourdieu 1983) ins Deutsche übertragen und unter dem Titel „Ökonomisches Kapital, kulturelles Kapital, soziales Kapital" veröffentlicht. In diesem konzipiert Bourdieu Soziales Kapital neben den beiden anderen genannten Formen als eine von drei Kapitalarten.

2.1 Kapital und Kapitalarten

Mit der Einführung und Betonung der Bedeutsamkeit von kulturellem und sozialem Kapital wendet sich Bourdieu gegen eine verengte ökonomisierende und ökonomisierte Sichtweise sozialer Phänomene, in der menschliche Interaktionen allein auf wirtschaftliche Kriterien reduziert werden (vgl. Bourdieu 1983: 184). Diese Sichtweise verhindert aus der Perspektive von Bourdieu ein umfassenderes Verständnis gesellschaftlicher Zusammenhänge. Er plädiert daher für eine sozialwissenschaftliche Herangehensweise, „die den Warentausch lediglich als speziellen Fall unter mehreren möglichen Formen sozialen Austauschs behandelt" (Bourdieu 1983: 184):

> „Eine allgemeine ökonomische Praxiswissenschaft muss sich […] bemühen, das Kapital und den Profit in allen ihren Erscheinungsformen zu erfassen und die Gesetze zu bestimmen, nach denen die verschiedenen Arten von Kapital (oder, was auf dasselbe herauskommt, die verschiedenen Arten von Macht) gegenseitig ineinander transformiert werden." (Bourdieu 1983: 184)

Kapital in seinen drei Erscheinungsformen ist für Bourdieu (1983: 183) „als *vis insita* […] eine Kraft, die den objektiven und subjektiven Strukturen innewohnt; gleichzeitig ist das Kapital – als *lex insita* – auch grundlegendes „Prinzip der inneren Regelmäßigkeiten der sozialen Welt". Erst durch die Einbeziehung aller drei Kapitalarten ergibt sich ein vollständiges Bild von der Kapitalausstattung der Akteure, das soziale Gesetzmäßigkeiten und (Lebens-)Chancen deutlicher erkennen lässt.

In einer kultursoziologischen Untersuchung einer großstädtischen Literaturszene in Deutschland stellen Anheier, Gerhards und Romo (1995: 859) in Anknüpfung an die Überlegungen Bourdieus fest:

> "Actors are assumed to compete for social positions. This competition gives rise to social structure, which, understood […] as a social topology, positions actors relative to each other according to the overall amounts and relative combinations of capital available to them."

Anhand des eben Gesagten werden konzeptionelle Parallelen zwischen dem Kapitalkonzept bei Bourdieu und dem Machtbegriff, wie er im Rahmen der mikropolitischen Fundierung der vorliegenden Arbeit entworfen wurde, deutlich. Die Ausstattung der Akteure mit Kapital (mikropolitisch: Macht) lässt eine soziale Topologie entstehen,

---

tes (1998: 4ff). Eine ausführliche Darstellung der Historie des Begriffs findet sich bei Woolcock (1998: 155ff).

Kapitel III – Netzwerke und Soziales Kapital

die als Strukturmerkmal maßgeblichen Einfluss auf die soziale Welt nimmt (mikropolitisch: die Handlungsstrategien der Organisationsmitglieder und ihre Folgen). Die Akteure stehen im Wettbewerb um möglichst vorteilhafte Positionen innerhalb der sozialen Topologie. Sie versuchen, ihre Ausstattung mit Kapital zu optimieren.[33]

2.2 Soziales Kapital bei Bourdieu

In seinem Essay definiert Bourdieu (1983: 190f; Hervorhebungen im Original) Soziales Kapital folgendermaßen:

> „Das Sozialkapital ist die Gesamtheit der aktuellen und potenziellen Ressourcen, die mit dem Besitz eines dauerhaften Netzes von mehr oder weniger institutionalisierten *Beziehungen* gegenseitigen Kennens oder Anerkennens verbunden sind; oder anders ausgedrückt, es handelt sich dabei um Ressourcen, die auf der *Zugehörigkeit zu einer Gruppe* beruhen. Das Gesamtkapital, das die einzelnen Gruppenmitglieder besitzen, dient ihnen allen gemeinsam als Sicherheit und verleiht ihnen – im weitesten Sinne des Wortes – *Kreditwürdigkeit.*"

Bourdieu entwirft in seinem Aufsatz insgesamt einen vorwiegend zweckbezogen ausgerichteten Sozialkapitalbegriff, der den Nutzen für das Individuum in den Vordergrund stellt. An verschiedenen Stellen und ohne Systematik verweist Bourdieu auf mehrere, teils sehr heterogen anmutende Vorteile, die sich aus der Verfügung über Soziales Kapital ergeben können (Bourdieu 1983: 190ff): Es ermöglicht den Rückgriff auf „Gefälligkeiten" und zeitigt konkrete „materielle" Vorteile. Soziales Kapital stiftet soziale Identität. Über den Mechanismus der Institutionalisierung sorgt es für Ordnung und Orientierung. Der fortwährende Prozess des gegenseitigen Kennens und Anerkennens erzeugt den „Zauber des Geweihten" (Bourdieu 1983: 192) und somit symbolische Profite für die Gruppenmitglieder. Daneben schreibt Bourdieu Sozialem Kapital eine Multiplikatorfunktion beim Einsatz kulturellen und ökonomischen Kapitals zu (vgl. Bourdieu 1983: 192): Wer über die richtigen Kontakte verfügt, kann sein kulturelles und ökonomisches Kapital ertragreicher investieren.

Es gibt Formen Sozialen Kapitals, die – wie etwa die Zugehörigkeit zu einer bestimmten Familie – gesellschaftlich weitgehend aus sich heraus institutionalisiert und

---

[33] Eine weitere Analogie zwischen dem Aufsatz Bourdieus und dem mikropolitischen Diskurs besteht im Konzept der Kontingenz (vgl. Kapitel II, Abschnitt 2.2). Dessen Grundprinzipien bezieht Bourdieu auf die Rolle des Kapitals. Die Kapitalausstattung der Akteure determiniert das soziale Leben für Bourdieu nicht vollkommen, verhindert aber gleichzeitig auch eine rein zufällige Ereignisabfolge. Es bedingt somit eine lose Kopplung der Handlungen und Geschehnisse: „Auf das Kapital ist es zurückzuführen, dass die Wechselspiele des gesellschaftlichen Lebens, insbesondere des Wirtschaftslebens, nicht wie einfache Glücksspiele verlaufen, in denen jederzeit eine Überraschung möglich ist. [...] Das Kapital ist eine der Objektivität der Dinge innewohnende Kraft, die dafür sorgt, dass nicht alles gleich möglich oder unmöglich ist" (Bourdieu 1983: 183).

garantiert sind. Daneben sieht Bourdieu Soziales Kapital aber auch als das Produkt der „Beziehungsarbeit" (Bourdieu 1983: 193) der Akteure.

> „Das Beziehungsnetz ist das Produkt individueller oder kollektiver Investitions-strategien, die bewusst oder unbewusst auf die Schaffung und Erhaltung von So-zialbeziehungen gerichtet sind, die früher oder später einen unmittelbaren Nutzen versprechen." (Bourdieu 1983: 192)

3 Theoretische Weiterentwicklungen

Der Kerngedanke Bourdieus, dass ein Beziehungsnetzwerk für die in ihm verbunde-nen Personen „unterschiedlichste Ressourcen bereithält, deren Aggregat als Soziales Kapital bezeichnet wird" (Maurer 2003: 22), hat sich bis heute als gemeinsamer Nen-ner der theoretischen Weiterentwicklungen im Anschluss an Bourdieu erwiesen (vgl. Sandefur & Laumann 1998; Nahapiet & Ghoshal 1998; Lesser 2000; Adler & Kwon 2002; Burt 2000).[34] Die umfangreichen konzeptionellen Fortschreibungen ent-springen dabei vor allem dem Bestreben, genauer zu ergründen, wie sich Soziales Kapital begrifflich-konzeptionell fassen lässt (vgl. Abschnitt 3.1), wodurch es ent-steht (vgl. Abschnitt 3.2), welche Auswirkungen es hat (vgl. Abschnitte 3.3 und 3.4) und welche weiteren Rahmenbedingungen bei seiner Untersuchung zu beachten sind (vgl. Abschnitt 3.5).[35] Die folgenden Ausführungen widmen sich der Beantwortung dieser Fragen im Hinblick auf das Thema der vorliegenden Untersuchung.

3.1 Definition Sozialen Kapitals von Leitungskräften in Anfangssituationen

In den verschiedenen Veröffentlichungen herrscht „Einigkeit über die generelle Be-deutung von Sozialem Kapital, nicht jedoch ein einheitliches Verständnis dessen, was unter Sozialem Kapital überhaupt zu verstehen ist." (Maurer 2003: 22; vgl. Portes 1998: 6). Grundsätzlich zu differenzieren sind zwei begrifflich-konzeptionelle Sicht-weisen Sozialen Kapitals. Sie fassen das Konzept in Hinblick auf den Ausschluss oder die Einbeziehung der Ressourcen (z.B. Fähigkeiten, Rechte, ökonomisches Ka-pital etc.), die über Netzwerkpartner verfügbar werden, unterschiedlich weit (vgl. Adler & Kwon 2002: 26ff; Gargiulo & Benassi 1999: 300).

---

[34] Das Konzept hat eine ganze Reihe von Übertragungen in neue wissenschaftliche Disziplinen und Anwendungsfelder erfahren: Der Einfluss Sozialen Kapitals wurde im organisationalen Kontext z.B. in Zusammenhang mit Stellensuchen (vgl. Granovetter 1973 und 1995; Flap & Boxman 1999; Flap & de Graaf 1986), Karriereverläufen (vgl. Podolny & Baron 1997; Belli-veau et al. 1996; Burt 1997a; Seibert et al. 2001), Gründungen von Unternehmen (vgl. Maurer 2003; Walker et al. 1997) und Lernprozessen (vgl. Kraatz 1998; Nahapiet & Ghoshal 1998; In-kpen & Tsang 2005) untersucht.

[35] Diese Gliederung entspricht im Wesentlichen der des Überblicksartikels von Adler und Kwon (2002), die in ihrem theoretischen Beitrag die verschiedenen konzeptionellen Weiterentwick-lungen Sozialen Kapitals konsolidieren.

Kapitel III – Netzwerke und Soziales Kapital

(1) Enge Begriffsfassung Sozialen Kapitals

Eine enge Fassung des Konzepts („*narrow* camp", Adler & Kwon 2002: 26) schließt diese Ressourcen explizit aus und betrachtet die Struktur eines Netzwerks und die Gestaltung seiner Beziehungen an sich als eine Machtressource, welche aus sich heraus die Chancen der Akteure erhöht, sich durchzusetzen (vgl. Portes 1998: 6; Burt 1992a: 60).

So kann die Struktur des Beziehungsnetzwerks einer Leitungskraft zunächst grundsätzlich dazu geeignet sein, sie schnell, umfassend und verlässlich auf Gelegenheiten („*opportunities*", Adler & Kwon 2002: 24) für effektives mikropolitisches Handeln hinzuweisen. Das wäre dann der Fall, wenn eine Verknüpfung zu einem anderen Organisationsmitglied besteht, das über Hintergrundwissen über die jeweilige Organisation verfügt (vgl. Abschnitt 3.2). Des Weiteren kann die Qualität der bestehenden Beziehung dazu beitragen, dass der Wissensträger motiviert wird („*motivation*", Adler & Kwon 2002: 25), die ihm verfügbaren Informationen auch tatsächlich an den fokalen Akteur weiterzugeben (vgl. Ibarra 1992: 179; Kadushin 2002). Die Motivation dazu kann sich beispielsweise aus dem Vorliegen einer besonders intensiven und vertrauensvollen Beziehung ergeben, deren implizite Normen vorsehen, dem Netzwerkpartner entsprechende Informationen zukommen zu lassen (vgl. Portes 1998: 7; Leana & van Buren 1999: 542ff). Der Akteur in diesem Beispiel verfügt damit im Sinne der engen Begriffsfassung bereits über Soziales Kapital. Er erfährt frühzeitig etwas über die Hinterbühne der Organisation. Das versetzt ihn im Gegensatz zum nicht vernetztem Akteur in die privilegierte Lage, seine mikropolitischen Handlungen zielgerichteter ausrichten. Dadurch erhöhen sich die Chancen auf die Durchsetzung seiner Interessen (vgl. Balkundi & Kilduff 2005: 956).

(2) Weite Begriffsfassung Sozialen Kapitals

Eine breitere Fassung des Sozialkapitalkonzepts („*broad camp*", Adler & Kwon 2002: 26) erweitert die enge Fassung durch die Inklusion der Ressourcen, die an den Knotenpunkten des Netzwerks verfügbar sind (vgl. Nahapiet & Ghoshal 1998: 243).

> „Given actors' social capital includes the resources that they could potentially mobilize via their social relations." (Adler & Kwon 2002: 27)

Begründen lässt sich der Einbezug der Ressourcen in die Definition damit, dass Soziales Kapital ohne diese Ressourcen ohne Effekt bleiben wird. Fehlt nämlich die Fähigkeit („*ability*", Adler & Kwon 2002: 26) der Netzwerkpartner, den fokalen Akteur auch tatsächlich unterstützen zu *können*, kann es sich nicht um Soziales Kapital handeln (vgl. Burt 1992a: 59ff). Gelegenheit und Motivation sind notwendig für das Vorliegen von Sozialem Kapital, aber noch nicht ausreichend. Das lässt sich am Beispiel einer Leitungskraft nachvollziehen, die sich mit den Details der Produktionstechnik ihres Unternehmens vertraut machen möchte. Selbst zahlreiche („*opportunity*") und vertrauensvolle Beziehungen („*motivation*") zu den Ingenieuren in der Produktions-

Kapitel III – Netzwerke und Soziales Kapital

abteilung wären für diese Führungskraft ohne Wert, wenn die technisch kompetenten Ansprechpartner nicht auch in der Lage wären („*ability*"), die Prinzipien der Technik verständlich zu vermitteln. Es kommt bei der Betrachtung des Sozialen Kapitals eines Akteurs somit nicht nur darauf an, ob und wie jemand erreicht wird, sondern auch darauf, wer erreicht wird und über welche Ressourcen die Netzwerkpartner verfügen (vgl. Maurer 2003: 24f; Burt 2000: 36ff; Nahapiet & Ghoshal 1998: 244).

> „Effective social capital requires *both* alters with the resources needed by ego *and* a social structure that facilitates ego's access to those alters." (Gargiulo & Benassi 1999: 300f; Hervorhebungen im Original)

Kontakt allein ist noch keine hinreichende Bedingung für das Vorliegen Sozialen Kapitals.

> „Access [...] is only potential social capital." (Kadushin 2004: 84)

Arbeitsdefinition Sozialen Kapitals für die vorliegende Untersuchung

Vor dem Hintergrund dieser Überlegungen erscheint es daher trotz entstehender Abgrenzungsprobleme (vgl. Adler & Kwon 2002: 26) sinnvoll, das Soziale Kapital von Leitungskräften in beruflichen Anfangssituationen für die vorliegende Untersuchung im Sinne der weiteren Begriffsbedeutung zu fassen (vgl. Nahapiet & Ghoshal 1998: 243; Adler & Kwon 2002: 23; Bourdieu 1983: 190f; Gargiulo & Benassi 1999: 300):[36]

Das Soziale Kapital einer Leitungskraft in einer beruflichen Anfangssituation bezeichnet das strukturelle Potenzial, das ihren Netzwerkbeziehungen innerhalb der Organisation innewohnt, ihr durch diese verfügbar wird und zur Verwirklichung ihrer Interessen beitragen kann (vgl. Nahapiet & Ghoshal 1998: 243; Portes 1998: 5). In Übertragung eines Zitats bei Maurer (2003: 25) lässt sich vereinfacht sagen, dass der (mikropolitische) Erfolg einer Leitungskraft (unter anderem) davon abhängen wird, „die `richtigen´ Beziehungen [...] zu den `richtigen´ Partnern aufzubauen und zu gestalten".[37]

---

[36] Bourdieus Verständnis Sozialen Kapitals ist ebenfalls der weit gefassten Begriffsvariante zuzurechnen: „Der Umfang des Sozialkapitals, das der einzelne besitzt, hängt [...] sowohl von der Ausdehnung des Netzes von Beziehungen ab, die er tatsächlich mobilisieren kann, als auch von dem Umfang des (ökonomischen, kulturellen und symbolischen) Kapitals, das diejenigen besitzen, mit denen er in Beziehung steht" (Bourdieu 1983: 191).

[37] Mit dieser Definition Sozialen Kapitals von Leitungskräften in beruflichen Anfangssituationen sind zwei weitere definitorische Festlegungen getroffen, die an dieser Stelle explizit gemacht werden sollen.

(1) *Emergenzebene Individuum*: Zunächst wird mit dieser definitorischen Festlegung Soziales Kapital einem individuellen Akteur zugerechnet. Das ist nicht selbstverständlich, denn der Akteur ist wiederum eingebunden in übergeordnete soziale Zusammenhänge (Familie, Arbeitsgruppe, Freundeskreis, Organisation etc.). Soziales Kapital bleibt in seiner Wirkung nicht auf

Kapitel III – Netzwerke und Soziales Kapital

3.2 Soziale Netzwerke als Quellen Sozialen Kapitals

Soziales Kapital ist gespeichert in den Beziehungsnetzwerken der Akteure (vgl. Coleman 1988: S98; Portes & Sensenbrenner 1993: 1322). Bezüglich dieser Aussage herrscht in der wissenschaftlichen Diskussion Einigkeit. Dagegen wird die Frage, wie genau Soziales Kapital aus Netzwerken entspringt, kontrovers erörtert. Lange standen sich mit der strukturellen (1) und der relationalen (2) Sichtweise sozialer Netzwerke zwei paradigmatische Perspektiven scheinbar unversöhnlich gegenüber.

(1) Aus der strukturellen (bzw. formalistischen) Sichtweise entsteht Soziales Kapital einseitig aus der formalen, personenunabhängigen Konfiguration (=*structure*) der Verbindungen, in die ein Akteur eingebunden ist (vgl. Maurer 2003: 32; Burt 1997a und 1997b).

(2) Davon abzugrenzen ist eine relationale Betrachtungsweise, die nicht die Attribute der Netzwerkposition, sondern die Qualität bzw. den Inhalt der bestehenden Beziehungen (=*content*) in den Vordergrund rückt (vgl. Lincoln & Miller 1979; Krackhardt 1992).

Mittlerweile werden die beiden genannten Perspektiven in der wissenschaftlichen Diskussion – wie auch in der vorliegenden Untersuchung – zumeist als komplementäre Erklärungen für die Entstehung Sozialen Kapitals betrachtet (vgl. Podolny & Baron 1997; Brass et al. 1998: 22ff; Seibert et al. 2001; Bolino et al. 2002). Erst in der Integration der strukturellen (vgl. Abschnitt 3.2.1) und der relationalen (vgl. Abschnitt 3.2.2) Netzwerkdimension lassen sich soziale Netzwerke als Quellen

---

Einzelpersonen beschränkt und kann auch für und in Gemeinschaften Folgen entfalten (vgl. Gabbay & Leenders 2001). Damit ist Soziales Kapital in seiner Verbreitung und Wirkung nicht zu begrenzen, was wiederum die Übertragung Sozialen Kapitals auf andere „Emergenzebenen" (Maurer 2003: 30) zur Folge hat: Soziales Kapital wird so auch auf der Ebene von Organisationseinheiten (vgl. Baldwin et al. 1997; Tsai 2000; Bolino et al. 2002), Organisationen (vgl. Maurer 2003; Nahapiet & Ghoshal 1998) und sogar Regionen oder Nationen (vgl. Fukuyama 1995; Putnam 1995) angesiedelt und untersucht (vgl. Brass et al. 2004).
(2) *Ego-zentrische Betrachtung*: Aus der oben vorgenommenen Begriffsabgrenzung ergibt sich außerdem, dass im Rahmen der vorliegenden Untersuchung eine ego-zentrische Perspektive eingenommen wird (vgl. Balkundi & Kilduff 2005: 952; Adler & Kwon 2002: 20f). Im Vordergrund steht als Einheit der Analyse ein einzelner fokaler Akteur mit den Beziehungen, die er zu anderen Personen unterhält: „An individual's social capital is characterized by her direct relationships with others and by the other people and relationships that she can reach through those to whom she is connected" (Sandefur & Laumann 1998: 484). Eine alternative Untersuchungsperspektive bestünde in der sozio-zentrischen Betrachtung eines gesamten Netzwerks und der Muster der in dieser sozialen Einheit auftretenden Beziehungen (vgl. Sandefur & Laumann 1998: 484; Balkundi & Kilduff 2005: 953; Knoke 1999: 22).

Kapitel III – Netzwerke und Soziales Kapital

Sozialen Kapitals treffend beschreiben und beurteilen (vgl. Adler & Kwon 2002: 24; Nahapiet & Ghoshal 1998).[38]

3.2.1 Strukturelle Netzwerkebene

Die strukturelle Dimension analysiert die formale Konfiguration der Beziehungen, die das Netzwerk bilden, als Quelle Sozialen Kapitals (vgl. Adler & Kwon 2002: 23; Nahapiet & Ghoshal 1998: 244; House 1987: 137ff). Darunter fallen „beispielsweise das Vorhandensein oder Fehlen von Netzwerkverbindungen zwischen einzelnen Akteuren" (Maurer 2003: 32; Scott 1991: 66ff). Insbesondere die Arbeiten von Burt (1992a und b; 1997a und b; 2000) lassen sich der strukturellen Forschungsrichtung zuordnen, die sich auf die Ermittlung formaler Kriterien sozialer Netzwerke konzentriert. Einige davon werden in der Folge kurz vorgestellt. Ergänzend werden anhand des Beispielnetzwerks in Abbildung 2 empirisch untersuchte Bezüge zu den Feldern Macht und Mikropolitik erörtert.[39]

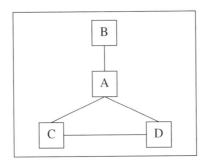

Abbildung 2: Strukturelle Netzwerkdimension

---

[38] Die beiden genannten Dimensionen lassen sich nur analytisch getrennt voneinander betrachten. Dementsprechend herrscht in der Literatur bei der Zuordnung mehrerer Kriterien (wie z.B. dem der Multiplexität) Uneinigkeit, zu welcher der Kategorien sie zu zählen sind (vgl. Brass et al. 1998: 16ff; Maurer 2003: 33).

[39] Bei den in der Folge eingeführten Maßen handelt es sich nicht um eine erschöpfende Darstellung, sondern vielmehr um eine Vorstellung derjenigen Kriterien, die sich im Laufe der Auswertung der empirischen Daten für die verwendete Erhebungsmethode und das Thema der Arbeit als fruchtbar anwendbar erwiesen haben. Für eine umfangreichere Erörterung netzwerkanalytischer Merkmale sei auf Burt (2000) verwiesen. Für den hier speziell interessierenden Zusammenhang zwischen Netzwerkmerkmalen und Macht sind die Beiträge von Brass (1992) sowie von Brass und Burkhardt (1992) besonders zu empfehlen.

Kapitel III – Netzwerke und Soziales Kapital

Netzwerkgröße

Die Größe eines Netzwerks wird bestimmt durch die Anzahl der Beziehungen, die ein Akteur unterhält. In der Abbildung 2 verfügt Person A (drei Verbindungen) über das größte Netzwerk, Person B über das kleinste Netzwerk (eine Verbindung).

In der Literatur zum Thema wird von einem positiven Zusammenhang zwischen Netzwerkgröße und Macht ausgegangen. Für Akteure in Organisationen gilt in diesem Sinne *ceteris paribus* ein möglichst großes Netzwerk als mikropolitisch vorteilhaft. Die Verfügung über viele Kontakte erlaubt den Zugriff auf eine breitere Ressourcenbasis. Die zahlreichen Anknüpfungspunkte der fokalen Person erhöhen die Beweglichkeit und die Sichtbarkeit des Akteurs im Unternehmen und bringen eine bessere Versorgung mit Informationen mit sich. Darüber hinaus beeinflusst ein großes Netzwerk die Wahrnehmung der fokalen Person durch die anderen Organisationsmitglieder maßgeblich. Dritte schließen aus dem großen Beziehungsportfolio eines Akteurs auf seine besonders einflussreiche Stellung im Beziehungsgefüge der Organisation (vgl. Brass 1992: 301; Podolny & Baron 1997: 674). Die wahrgenommene Größe eines intraorganisationalen Netzwerks wirkt als Indikator intraorganisationaler Macht.

Heterogenität und strukturelle Löcher

Das Kriterium der Heterogenität eines Netzwerks kennzeichnet die Unterschiedlichkeit der Lebens- bzw. Organisationsbereiche, die ein Akteur über seine Beziehungen erreicht (vgl. Maurer 2003: 33). Je vielfältiger und abwechslungsreicher sich ein Netzwerk gestaltet, desto heterogener sind die Informationen und Ressourcen, die es vermitteln kann.

Der Aspekt der Heterogenität eines Netzwerks weist analytisch enge Parallelen mit der Theorie struktureller Löcher nach Burt (1992a: 65ff; 1992b: 18ff; 2000) auf. Als strukturelle Löcher (*structural holes*) werden fehlende Verbindungen im Netzwerk bezeichnet. Sie versetzen diejenigen Akteure in eine privilegierte Position, die diese Löcher mittels ihrer Kontakte exklusiv zu überbrücken vermögen. Sie geraten so in die Lage, Verbindungen zwischen Netzwerkteilen herstellen zu können, die ansonsten unverbunden blieben. Der Akteur A im Beispielnetzwerk der Abbildung 2 überspannt die zwei strukturellen Löcher, die zwischen C-B und D-B bestehen und überbrückt damit mehr strukturelle Löcher im Netzwerk als die anderen Personen. Je mehr strukturelle Löcher ein Akteur mit seinen Beziehungen überbrückt, desto heterogener und vielfältiger werden im Allgemeinen auch sein Netzwerk und die Quellen seiner Informationen sein (vgl. Burt 2000: 8f).

Es ist grundsätzlich davon auszugehen, dass die Macht eines Akteurs im sozialen Gefüge einer Organisation mit der Heterogenität seines Netzwerks und der Anzahl der von ihm überbrückten strukturellen Löcher steigt (vgl. Burkhardt & Brass 1990; Burt 1997a; Sparrowe et al. 2001; Krackhardt 1990; Friedkin 1993: 868ff). Eine zentrale Positionierung zwischen heterogenen und ansonsten unverbundenen Netzwerkteilen

Kapitel III – Netzwerke und Soziales Kapital

eröffnet A die Chance, die voneinander isolierten Bereiche zum eigenen Vorteil zueinander zu führen (*brokerage opportunities*; vgl. Burt 1997a und 2000: 9; Sparrowe et al. 2001). Zudem erhält die mittelnde Zentralperson Einblick in unterschiedliche Unternehmenswelten und verfügt damit im Vergleich zu den anderen Akteuren des Netzwerks über einen verbesserten Zugriff auf heterogene und nicht redundante Informationen und Ressourcen (vgl. Brass 1992: 303f; Burt 1992b: 34ff; Granovetter 1973). Sie erhält dank ihrer Positionierung im Netzwerk Einblicke in Bereiche und Zusammenhänge, die anderen Akteuren verschlossen bleiben.[40]

> „Actors in central network positions have greater access to, and potential control over, relevant resources, such as information in a communication network. Actors who are able to control relevant resources and thereby increase others' dependence on themselves acquire power." (Brass et al. 2004: 798)

Netzwerkdichte

Das Kriterium der Dichte oder Geschlossenheit bezieht sich ebenfalls auf die Struktur des gesamten Netzwerks und bemisst sich aus Sicht des fokalen Akteurs daran, in welchem Maße seine Netzwerkpartner wiederum untereinander verbunden sind (vgl. Coleman 1988: S105; Burt 2000: 33ff; Friedkin 1993: 862). Je mehr Verbindungen dieser Art bestehen, desto dichter ist das Netzwerk. So ließe sich die Dichte des Netzwerks des Akteurs A aus Abbildung 2 dadurch erhöhen, dass auch die bisher unverbundenen Dyaden C-B und D-B zueinander Beziehungen aufbauen. Daran wird deutlich, dass die Netzwerkdichte in gewisser Weise analytisch immer das Gegenteil der Heterogenität eines Netzwerks beschreibt: Je dichter ein Netzwerk insgesamt ist, desto größer ist im Allgemeinen wiederum die Homogenität der darin verbundenen Akteure und desto weniger Gelegenheiten zur Überbrückung struktureller Löcher bestehen.

Der Zusammenhang zwischen Macht und der Geschlossenheit des Netzwerks eines Akteurs ist wegen dieses Widerspruches weniger eindeutig zu beurteilen als bei den vorangegangenen Kriterien (vgl. Balkundi & Kilduff 2005: 950; Friedkin 1993: 871). Als machtbezogene Vorteile werden der durch ein dichtes Netzwerk erleichterte Zugriff auf besonders vertrauliche Informationen (vgl. Coleman 1988: S104; Burt 2000: 6; Brass 1992: 307), die günstigeren Voraussetzungen für die Ausbildung von Vertrauen und die Durchführung kooperativer Machthandlungen sowie die verbesser-

---

[40]   Eine Übersicht über die verschiedenen Möglichkeiten, Zentralität netzwerkanalytisch exakt zu messen, bieten Costenbader und Valente (2003).
  Ibarra (1993: 494) verweist über das Gesagte hinausgehend darauf, dass eine zentrale Positionierung in einem informellen Netzwerk auch mit einer genaueren Wahrnehmung der politischen Zusammenhänge der Organisation einhergeht: „Network centrality increases an actor's knowledge of a system's power distribution, or the accuracy of his or her assessment of the political landscape [...]. Those who understand how a system really works can get things done or exercise power within that system."

te soziale Orientierung aufgeführt (vgl. Coleman 1988: S107f; Coleman 1990: 308; Gargiulo & Benassi 1999: 299f). Alle genannten Faktoren ergeben sich aus dem vereinfachten und beschleunigten Informationsfluss zwischen Akteuren, die über ein dichtes Netzwerk eng verbunden sind und die einander vertrauen und zusammenhalten. Auf der Kehrseite eines dichten Netzwerks sind – wie bereits angedeutet – machtrelevante Nachteile zu nennen, die sich aus dem Fehlen struktureller Löcher und der verminderten Heterogenität ableiten lassen.

3.2.2 Relationale Netzwerkebene

Im Gegensatz zur strukturellen Netzwerkdimension liegt der Schwerpunkt der relationalen Sichtweise auf der Qualität bzw. dem Inhalt der jeweiligen Beziehung (vgl. Nahapiet & Ghoshal 1998: 244; Knoke 1999: 23f).

„While the structural dimension focuses on whether employees are connected at all, the relational dimension focuses on the quality or nature of those connections." (Bolino et al. 2002: 506)

Multiplexität

Multiplexität der Beziehungen wäre bezogen auf die Abbildung 2 (Abschnitt 3.2.1) beispielsweise dann gegeben, wenn die Akteure A und B nicht nur Kollegen (=simplexe Beziehung), sondern über mehrere soziale Rollen miteinander vernetzt wären (vgl. Maurer 2003: 33f). Das wäre etwa dann der Fall, wenn die beiden Kollegen A und B gleichzeitig auch miteinander befreundet (=multiplexe Beziehung) wären (vgl. Burt 1992b: 12f).[41]

Die Bedeutung multiplexer Beziehungen für die Machtverhältnisse in Organisationen lässt sich auf Grundlage der vorliegenden Forschungsergebnisse nicht eindeutig bewerten (vgl. Brass 1992: 310; Gargiulo & Benassi 1999: 305). Auf der einen Seite steigert Multiplexität die Verbindlichkeit und Dauerhaftigkeit von Beziehungen. Das liegt daran, dass von einer eventuellen Lösung der Beziehung mehrere Ebenen betroffen wären, wodurch der Abbruch der Beziehung erschwert und unwahrscheinlicher wird. Unter diesen, den Kontakt bestärkenden Bedingungen, entstehen leichter Vertrauen und Solidarität zwischen den verbundenen Akteuren. Multiplexe Bindungen erhöhen außerdem die Vielfalt der Informations- und Ressourcenbasis, die dem fokalen Akteur zur Verfügung steht (vgl. Maurer 2003: 33). Befreundete Kollegen tau-

---

[41] Anhand dieses Beispiels wird ersichtlich, dass es nie nur ein soziales Netzwerk gibt, sondern dass simultan immer mehrere Netzwerktypen (Kommunikationsnetz, Freundschaftsnetz, formale Organisation etc.) als sich überlagernd zu denken sind (vgl. Brass 1992: 308f; Ibarra 1992: 166f; Knoke 1999: 23).
Die Rollen, die sich in einer Beziehung überlagern, werden hier als Merkmal der Qualität einer Beziehung gesehen. Damit wird der relationalen Zuordnung von Brass, Butterfield und Skaggs (1998: 16ff) gefolgt. Maurer (2003: 33) kategorisiert Multiplexität dagegen als ein strukturelles Kriterium.

schen sich nicht nur über Berufliches aus, sondern thematisieren in ihren Gesprächen auch andere Fragen.

Aus der erhöhten Verbindlichkeit und Dauerhaftigkeit lässt sich auf der anderen Seite jedoch auch das Risiko einer Minderung der Bewegungsfreiheit durch multiplexe Beziehungen ableiten. Dieser Effekt kam auch in den Fällen der vorliegenden Untersuchung zum Tragen, als eine Leitungskraft eine berufliche Verbindung zu einem anderen Manager gerne lösen wollte, dies jedoch aufgrund einer zusätzlichen privaten Verbindung nicht in der gewünschten Klarheit konnte.

Beziehungsintensität

Netzwerkanalytische Maße der Beziehungsintensität gehen auf Granovetter (1973) zurück, der in seinem klassischen Artikel *„The strength of weak ties"* den Nutzen schwacher Bindungen aufgezeigt hat (vgl. Krackhardt 1998: 22). In schwachen Beziehungen sind Kriterien wie Zeitaufwand, Kontaktfrequenz, Intimität und Emotionalität gering ausgeprägt (vgl. Kilduff & Tsai 2003: 115). Für starke Beziehungen, wie sie typischer Weise in dichten sozialen Netzwerken vorzufinden sind, gilt jeweils das Gegenteil (vgl. Brass 1992: 306f; Krackhardt 1992).[42]

Ein mikropolitischer Akteur kann sowohl aus schwachen als auch aus starken Beziehungen Machteffekte ziehen. Der Vorteil schwacher Beziehungen liegt – vergleichbar mit dem Merkmal der Heterogenität – in erster Linie darin, dass sie die Diversität eines Netzwerks erhöhen. Schwache Beziehungen eröffnen häufig den Zugang zu nicht redundanten Informationen, da sich die Kontaktpartner weitgehend unabhängig voneinander entwickeln und sich in jeweils anderen sozialen Zusammenhängen bewegen (vgl. Granovetter 1973). Dadurch erhöht sich die Wahrscheinlichkeit, Neues zu erfahren und Zugang zu chancenreichen Konstellationen zu finden, die bisher unbekannt waren (vgl. Seibert et al. 2001: 220; McPherson et al. 1992: 167f). Eine Leitungskraft mit vielen schwachen Bindungen ist daneben weniger gebunden, verfügt über mehr Optionen bei der Wahl seiner Handlungen und Koalitionspartner (vgl. Brass 1992: 306) und ist besser involviert in Entscheidungsprozesse (vgl. Blau & Alba 1982). Zudem erhöht sich die zugeschriebene Macht eines Akteurs mit der Anzahl seiner schwachen Kontakte, die über seinen unmittelbaren Arbeitskontext hinaus weisen (vgl. Brass 1992: 306). Aus diesen Gründen wird von einem positiven Zusammenhang zwischen der Anzahl der verfügbaren schwachen Beziehungen und intraorganisationaler Macht ausgegangen (vgl. Brass 1992: 306). Die erwarteten machtbezogenen Vorteile starker Beziehungen sind in Analogie zu den

---

[42] Krackhardt (1998: 24ff) entwickelt das Konzept der besonders starken simmelianischen Bindungen (*„simmelian ties"*). Letztere liegen in triadischer Form vor, wenn zwischen zwei Akteuren eine starke Bindung besteht, die durch jeweils weitere starke Bindungen zu einer dritten Person gestützt und mitgetragen wird (vgl. Podolny & Baron 1997: 691; Gargiulo & Benassi 1999: 305).

Kapitel III – Netzwerke und Soziales Kapital

Machteffekten strukturell dichter Netzwerke zu sehen, die in einem vorangegangenen Abschnitt bereits erörtert wurden.[43]

Handlungsmotivation

Portes (1998: 5ff) verweist darauf, dass eine Kernfrage in Zusammenhang mit Sozialem Kapital darin besteht, was die Netzwerkpartner dazu motiviert, dem fokalen Akteur ihre Ressourcen über das Netzwerk zur Verfügung zu stellen. Er unterscheidet zwischen zwei grundlegend unterschiedlichen Motivationsmodi, deren Benennungen sich annähernd mit den Bezeichnungen internalisiert-wertebasiert (*consummatory*) und zweckbezogen-transaktional (*instrumental*) übersetzen lassen.

(1) Von einem internalisiert-wertebasierten Fundament einer Beziehung spricht Portes (1998: 7) dann, wenn sich die Motivation, Ressourcen verfügbar zu machen, aus internalisierten Normen speist (vgl. Adler & Kwon 2002: 25; Portes & Sensenbrenner 1993: 1323). So kann etwa in einer kollegialen Koalition von Leitungskräften auf einer Hierarchieebene die Norm bestehen, dass man in diesem geschlossenen Zirkel zusammenhält gegen den gemeinsamen Vorgesetzten (vgl. Neuberger 1995: 144f; Sofsky & Paris 1994: 248ff). Es finden ein Austausch von Informationen und konzertierte mikropolitische Maßnahmen auf Basis gemeinsamer Normen und Werte statt (vgl. Burt 2000: 8; Coleman 1990: 308; Podolny & Baron 1997: 690). Charakteristisch für die internalisiert-wertebasierte Motivationsgrundlage ist, dass Handlungen für andere auch ohne zeitlich und inhaltlich genau definierte Gegenleistungen erbracht werden (vgl. Portes 1998: 8; Coleman 1988: S103; Putnam 1993:182f und 1995: 73).

(2) Das Gegenteil gilt im zweckbezogen-transaktionalen Modus. Hier geht es um Handlungen auf der normativen Basis von Reziprozität. Der Zugriff auf Ressourcen wird dem Netzwerkpartner nur in der für realistisch gehaltenen Erwartung einer vollständigen, zeitnahen und relativ genau definierten Gegenleistung durch einen bestimmten Akteur gewährt (vgl. Portes 1998: 8; Podolny & Baron 1997: 690).

Symmetrie

Die Netzwerkforschung hat zahlreiche Kriterien entwickelt, anhand derer sich Beziehungen als symmetrisch oder asymmetrisch charakterisieren lassen. Dazu zählen die Beziehungsrichtung (Ist ein Akteur Ausgangs- oder Zielpunkt einer Beziehung?), die Wesensgleichheit der ausgetauschten Ressourcen oder auch die jeweilige emotionale Involvierung (vgl. Brass 1992: 304f).

---

[43]   Anhand des Konzepts der *weak ties* wird die Vermischung der strukturellen und der relationalen Netzwerkdimension besonders augenfällig (vgl. Kilduff & Tsai 2003: 115; Burt 1992b: 72). Die Abgrenzung erfolgt sowohl mittels strukturnaher, objektiv-formaler Kriterien (z.B. Zeitaufwand) als auch über schwer beobachtbare psychologische Kategorien (z.B. Emotionalität). Dieser Umstand trägt dazu bei, dass in Veröffentlichungen die Stärke von Beziehungen uneinheitlich kategorisiert wird (vgl. Maurer 2003: 33; Brass et al. 1998: 16ff).

Abgesehen von den soeben aufgeführten Differenzierungsansätzen können Netzwerkbeziehungen auch hinsichtlich der relativen (formalen) Machtpotenziale der verbundenen Akteure (a-)symmetrischer Natur sein (vgl. Brass et al. 1998: 19). Diese Art der Kategorisierung von Beziehungen hat sich während der Auswertung als aufschlussreich und konzeptionell besonders wertvoll erwiesen. Anklang hat das Thema der Vernetzung hierarchisch ungleich gestellter Akteure in der Literatur vor allem hinsichtlich der Verknüpfung mit Mitgliedern der Gruppe der einflussreichsten Personen einer Organisation gefunden (*„dominant coalition"*, Brass 1992: 313). Die von anderen wahrgenommene Nähe eines formal niedriger gestellten Akteurs zu Dritten, die als besonders mächtig beurteilt werden, lässt für diesen Akteur einen Anstieg der Macht erwarten, die ihm zugeschrieben wird (vgl. Seibert et al. 2001: 232f; Brass et al. 2004; Bonacich 1987).[44]

Beziehungsvalenz

Intraorganisationale Beziehungen können auf positiven (Wertschätzung, Sympathie, Freundschaft, Kooperation etc.) oder negativen Einstellungen (Abwertung, Abneigung, Konflikt, Konkurrenz etc.) gegenüber den Netzwerkpartnern beruhen (vgl. Kitts 2006: 409f; Labianca et al. 1998; Moerbeek & Need 2003; Labianca & Brass 2006). Das Kriterium der Beziehungsvalenz macht damit indirekt auf den wichtigen Aspekt aufmerksam, dass auch Gegner und Kontrahenten als Teil der Beziehungsstrukturen eines fokalen Akteurs anzusehen sind (vgl. Sparrowe et al. 2001).

Der zuvor vorgestellte Effekt der Vorteilhaftigkeit der Vernetzung mit mächtigen Personen ist bei Einbezug des Aspekts der Beziehungsvalenz nur dann zutreffend, wenn es sich um positive Beziehungen zur Organisationsleitung handelt (vgl. Brass & Labianca 1999: 324). Negative Kontakte zu einflussreichen Dritten wirken sich besonders negativ auf den mikropolitischen Optionsraum eines Akteurs aus. Formal einflussreiche Organisationsmitglieder verfügen nämlich ihrerseits über große Machtpotenziale, die Aktionen und das berufliche Vorwärtskommen ihrer Gegner zu stören und zu behindern (vgl. Moerbeek & Need 2003: 80ff).

---

[44]   Auf einen interessanten empirischen Befund zur Außenwirkung formal asymmetrischer Beziehungen machen Kilduff und Krackhardt (1994: 103ff) aufmerksam. Es kommt laut ihrer Studie bei der Taxierung der Macht eines Akteurs ausschließlich darauf an, dass die anderen Organisationsmitglieder davon *ausgehen*, dass eine asymmetrische Beziehung zwischen dem Akteur und einem einflussreichen Dritten besteht. Wird vom Vorliegen einer solchen Beziehung ausgegangen, erhöht sich die Macht, die dem betreffenden Akteur zugeschrieben wird. Dagegen hat das *tatsächliche Bestehen* einer solchen Beziehung *keinen* machtbezogenen Effekt zur Folge. Neben diesen Chancen asymmetrischer Netzwerkverbindungen liegen Risiken in derartigen Beziehungen. Die Risiken leiten sich aus der erhöhten Sichtbarkeit innerhalb der Organisation und dem Ungleichgewicht der Kräfte in einer statusasymmetrischen Beziehung ab. Mögliche Fehler werden sofort mit allen möglichen negativen Konsequenzen auf der obersten Unternehmensebene wahrgenommen. Für den formal unterlegenen Ego steigt außerdem in asymmetrischen Beziehungen das Risiko, vom formal überlegenen Alter unangemessen dominiert zu werden (vgl. Brass 1992: 313; Murninghan & Brass 1991).

Kapitel III – Netzwerke und Soziales Kapital

Kognitive Dimension

Die kognitive Facette sozialer Netzwerke als Quelle Sozialen Kapitals wird teilweise neben der strukturellen und der relationalen als eigenständige dritte Ebene konzipiert (vgl. Nahapiet & Ghoshal 1998; Tsai & Ghoshal 1998). Sie bezieht sich auf die jeweilige mentale Repräsentanz sozialer Welt bei den Interaktionspartnern, die im Netzwerk verbunden sind. „Kollektive sprachliche Codes", „gemeinsame Visionen" und „interpretative Schemata" (Maurer 2003: 37) können durch die Akteure, die miteinander in Beziehung stehen, entweder geteilt werden oder einander widersprechen (vgl. Maurer 2003: 39). Im Rückgriff auf die Metapher politischer Landkarten können Organisationsmitglieder verbunden sein, deren Wahrnehmungen des mikropolitischen Kraftfeldes der Organisation deckungsgleich sind oder nicht (vgl. Bolino et al. 2002: 511f; Maurer 2003: 37ff). Stimmen sie überein, können sich die wahrnehmungskongruenten Netzwerkpartner untereinander besser verstehen und austauschen, wodurch die Durchführung kooperativer Machttaktiken erleichtert und wahrscheinlicher wird.[45]

Die Auswertung der Fälle hat die besondere Bedeutung der kognitiven Ebene sozialer Netzwerke in mikropolitischen Prozessen klar unterstrichen (vgl. Ferris et al. 1989: 143ff). Die Akteure versuchen in ihren Interaktionen gezielt, Einfluss zu nehmen auf die kognitive Wirkung, die sie und andere in und mit ihrem sozialen Netzwerk erzeugen. Das gilt vor allem in Richtung der Vorgesetzten und der Mitglieder der Unternehmensleitung, bei denen ein positiver Eindruck entstehen soll und deren Aufmerksamkeit gesucht wird.

> „Middle managers exist in a marketplace for issues that all compete for top management's time and attention." (Dutton et al. 1997: 410)

Leitungskräfte in Organisation wenden Techniken der Selbstdarstellung an und versuchen über ihr Networking, Aufmerksamkeit zu erhalten und sich in der Organisation eine positive Reputation aufzubauen (vgl. Mehra et al. 2006). Sie betreiben über ihr Netzwerk gegenüber anderen Akteuren *Impression Management*.[46]

---

[45] Übergroße kognitive Kongruenz besitzt jedoch auch eine Kehrseite. Sie kann dazu führen, dass sich Netzwerkpartner so sehr aufeinander einstellen und beziehen, dass sie von Informationen und Veränderungsimpulsen außerhalb ihres Netzwerkes (zunehmend) abgeschlossen werden (vgl. hierzu ausführlich Abschnitt 4).

[46] Um den Eindruck, den andere von ihnen erhalten, zu steuern, wenden auch die für die Studie befragten Leitungskräfte Techniken und Strategien des *Impression Managements* an. Deren Vielfalt steht jener der allgemeinen mikropolitischen Taktiken (vgl. Kapitel II, 4.2) in nichts nach. Um einen Eindruck von der Mannigfaltigkeit der Techniken der Selbstdarstellung bzw. der Beeinflussung der kognitiven Ebene sozialer Netzwerke zu vermitteln, soll an dieser Stelle die in Mummendey (1995: 141ff) enthaltende Übersicht aufgeführt werden. Er unterscheidet: „Eigenwerbung betreiben (*self-promotion*)", „Hohe Ansprüche signalisieren (*entitlements*)", „Hohes Selbstwertgefühl herausstellen (*self-enhancement*) und übertreiben (*overstatement*)",

3.3 Chancen sozialer Netzwerke

Die Einbettung eines Akteurs in ein soziales Netzwerk hat Folgen. Die Auswirkungen schlagen sich auf der Ebene des Individuums ebenso nieder wie auf übergeordneten sozialen Ebenen (wie z.b. der Organisation insgesamt) und können positiv (*social capital*; vgl. Abschnitt 3.3) oder negativ (*social liability*; vgl. Abschnitt 3.4) sein (vgl. Adler und Kwon 2002: 28ff; Portes 1998: 9ff; Hollstein 2001: 31ff).

Je nach struktureller und relationaler Konfiguration des Netzwerks sind für die fokale Leitungsperson unterschiedliche Chancen und Vorteile aus den Beziehungen zu anderen Akteuren zu erwarten. Sie sollen in der Folge in Anlehnung an eine von Sandefur und Laumann (1998) entworfene Typologie positiver Netzwerkeffekte erörtert werden. Sie unterscheiden mit den Kategorien Information (*information*), Solidarität (*social solidarity*) sowie Kontrolle (*influence and control*) drei Klassen von Vorteilen (vgl. Adler & Kwon 2000: 103ff und 2002: 28ff; Borgatti & Foster 2003: 1000f).[47]

3.3.1 Information

Die Vernetzung mit anderen Organisationsmitgliedern steigert sowohl die Effektivität als auch die Effizienz, mit der die fokale Leitungskraft mit Informationen versorgt wird (vgl. Burt 1992a: 68f).

> „For the focal actor, social capital facilitates access to broader sources of information at lower cost." (Adler & Kwon 2000: 103)

Insbesondere ein weit verzweigtes Beziehungsnetzwerk gestattet der vernetzten Person den Zugang zu Quellen und Themen, die ansonsten außerhalb ihres Wahrnehmungsfeldes geblieben wären (vgl. Burt 1997a: 340). Ohne diese Verbindungen könnte der Zugriff entweder vollständig verwehrt sein oder mit (zu) hohen Kosten (z.B. der Suche, der Einarbeitung, der Verfügbarmachung etc.) einhergehen. Daneben

---

„Sich über Kontakte aufwerten (*basking in reflected glory*) und sich über Kontakte positiv abheben (*boosting*)", „Kompetenz und Expertentum signalisieren (*competence, expertise*)", „Beispielhaft erscheinen (*exemplification*)", „Glaubwürdigkeit (*credibility*) und Vertrauenswürdigkeit (*trustworthiness*) betonen", „Offenheit hervorkehren (*self-disclosure*)", „Sich beliebt machen, einschmeicheln (*ingratiation, other-enhancement*)", „Entschuldigen, Abstreiten von Verantwortlichkeit (*apologies, excuses*)", „Rechtfertigen (*justification, accounts*) in misslichen Lagen (*predicaments*)", „Widerrufen, ableugnen, dementieren, vorsorglich abschwächen (*disclaimers*)", „Sich als unvollkommen darstellen (*self-handicapping*)", „*Understatement*", „Bedrohen, einschüchtern (*intimidation*)", „Abwerten anderer (*blasting*)".

[47] Die Ausführungen in den Gliederungspunkten 3.3 und 3.4 beziehen sich fast ausschließlich auf (ego-zentrisch beurteilte) positive und negative Effekte auf der Ebene des Individuums. Soziale Netzwerke zwischen Personen haben Auswirkungen, die sich auch auf der Ebene der übergeordneten Gemeinschaften (Gruppen, Organisationen), in die die einzelnen Akteure eingebunden sind, auswirken. Entsprechend integrierte Darstellungen der Auswirkungen Sozialen Kapitals auf diesen übergeordneten Emergenzebenen bieten Portes (1998), Adler und Kwon (2000 und 2002) sowie Portes und Sensenbrenner (1993).

Kapitel III – Netzwerke und Soziales Kapital

ist auch ein positiver Effekt auf Qualität und Relevanz der bereitgestellten Information zu erwarten, die über soziale Netzwerke schneller, zuverlässiger, vertrauensvoller und punktgenauer vermittelt wird als über andere Kanäle sozialen Austauschs (vgl. Krackhardt & Hanson 1993: 106f; Podolny & Baron 1997: 678f; Verbeke & Wuyts 2007).

Vor allem für ein heterogenes Netzwerk mit eher schwachen Beziehungen, das viele strukturelle Löcher überbrückt, wird ein positiver Informationseffekt erwartet. Dieser erwächst aus der Versorgung der fokalen Führungskraft mit nicht redundanten (Hintergrund-)Informationen, die ihre Tätigkeit in der neuen Organisation betreffen (vgl. Burt 1997a: 341).

> „Diverse networks provided access to more timely and relevant information about upcoming opportunities and about complications and contingencies managers might face in their work project." (Sandefur & Laumann 1998: 486)

Die Überbrückung struktureller Löcher in seinem Beziehungsnetzwerk bringt den betrachteten Akteur außerdem frühzeitig in Kontakt mit neuen relevanten Aspekten seiner Aufgabe und steigert so seine Kreativität und Innovationskraft (vgl. Brass 1995; Perry-Smith & Shalley 2003; Borgatti & Cross 2003; Burt 2004).

3.3.2 Solidarität

Durch die wiederholte Interaktion zwischen Netzwerkpartnern besonders innerhalb abgeschlossener, dichter und homogener Zirkel entstehen mit der Zeit verbindliche (!) soziale Normen, die solidarische Verhaltensweisen begründen können (vgl. Haubl 2006: 78; Hondrich & Koch-Arzberger 1992: 19; Verbeke & Wuyts 2007: 359ff).

> „Solidarity may arise out of conditions of repeated interaction among the same actors over time, during which forms of social capital such as trust and mutual obligations accumulate." (Sandefur & Laumann 1998: 491)

Sandefur und Laumann (1998: 491) stellen als definitorischen Kern von Solidarität zwischen zwei Individuen gegenseitiges Vertrauen und Engagement füreinander heraus, die losgelöst sind von einer einzelnen spezifischen Transaktion. Ähnlich definieren Hondrich und Koch-Arzberger (1992: 13) den Begriff als „wechselseitige Verbundenheit von mehreren bzw. vielen Menschen, und zwar so, dass sie aufeinander angewiesen sind und ihre Ziele nur im Zusammenwirken erreichen können". Alle genannten Autoren beziehen sich in ihren Ausführungen implizit oder explizit auf die zuvor bereits eingeführte internalisiert-wertebasierte Motivationsgrundlage. Von zweckbezogen-transaktionalen Beziehungen unterscheidet sich Solidarität darin, dass letztere die „Idee der Gegenseitigkeit" (Hondrich & Koch-Arzberger 1992: 14) enthält, diese aber insgesamt relativ unbestimmt bleibt. Solidarität beruht nicht auf der Erwartung (oder der Einklagbarkeit) einer genau ausgehandelten, berechneten

Kapitel III – Netzwerke und Soziales Kapital

oder gar vertraglich abgesicherten Gegenleistung. Diese Unbestimmtheit führt dazu, dass internalisiert-wertebasierte Austauschbeziehungen nur innerhalb einer spezifisch abgrenzbaren sozialen Einheit Geltung besitzen (können).

> „Man ist nicht mit allen zugleich solidarisch, sondern nur mit denjenigen, mit denen man sich in ähnlicher sozialer Lage befindet – und deshalb als *gleich* versteht." (Hondrich & Koch-Arzberger 1992: 12; Hervorhebung im Original)

Es geht um ein geteiltes Verständnis von Gleichheit unter den solidarischen Akteuren – nicht um Gleichheit an sich. Solidarität setzt mit Hondrich und Koch-Arzberger sogar soziale Differenzierung und Unterschiede aus. „Verbundenheit trotz Differenzen" (Hondrich & Koch-Arzberger 1992: 13) entsteht dann, wenn eine als ungleich empfundene Beeinträchtigung der als gleich empfundenen Interessen vorliegt.

Solidarität zwischen Netzwerkpartnern bildet die Basis für gelebte Solidarität in Form sozialen Rückhalts (vgl. Siegrist 1995: 116ff; House et al. 1988; House 1987). House (1981) hat eine theoretische Klassifizierung sozialen Rückhalts erstellt:

Ebenen sozialen Rückhalts	
1. Emotionaler Rückhalt	Wertschätzung, Zuneigung, Vertrauen, Interesse, Zuwendung
2. Rückhalt durch Anerkennung	Bestätigung, Feedback, positiver sozialer Vergleich
3. Rückhalt durch Information	Rat, Vorschläge, Handlungsanweisungen, geteiltes Wissen
4. Instrumentaler Rückhalt	Hilfe durch zeitliche Präsenz, (Mit-)Arbeit, finanzielle Mittel

Tabelle 2: Ebenen Sozialen Rückhalts nach House (entnommen aus: Siegrist 1995: 117)

Während die im vorangegangenen Abschnitt dargelegten Informationseffekte sozialer Netzwerke nur die beiden untersten Stufen im Modell von House (vgl. Tabelle 2) umfassen, können der fokalen Leitungskraft durch eine entsprechende Netzwerkkonfiguration auch die obersten beiden Ebenen Sozialen Rückhalts zugänglich werden. Eine Beziehungsfiguration auf der Grundlage von Vertrauen und Solidarität ermöglicht nicht nur die Weitergabe sensiblerer Informationen (vgl. Krackhardt & Hanson 1993: 106f; Podolny & Baron 1997: 676f), sondern befriedigt auch das Bedürfnis der Leitungskraft nach emotionalem Rückhalt und Anerkennung besonders während der kritischen Eingewöhnungsphase (vgl. Sandefur & Laumann 1998: 492; Krackhardt 1996; Nelson & Quick 1991).[48]

---

[48]   Als weiterer Effekt von Solidarität führen Sandefur und Laumann (1998: 492) Effizienzaspekte an. Durch die Vernetzung mit anderen bündeln sich die jeweiligen Kompetenzen der Akteure,

Kapitel III – Netzwerke und Soziales Kapital

„Individuals seek not only resources and information through social networks, but also a sense of belonging and an understanding of what is expected of them." (Podolny & Baron 1997: 690)

Gelingt es einer Leitungskraft, um sich herum soziale Strukturen zu schaffen, in der andere Akteure mit ihr besonders loyal und vertrauensvoll und auf der Basis internalisierter Werte von Solidarität zusammenarbeiten, kann sie sich über ihr Netzwerk den sozialen Rückhalt anderer Akteure im Sinne aller vier Ebenen des Modells von House sichern. Als Voraussetzung hierfür wird der Aufbau eines dichten Netzwerks auf der Basis starker und multiplexer Beziehungen gesehen (vgl. Adler & Kwon 2000: 105; Coleman 1988: S102ff).

3.3.3 Kontrolle

Die Solidarität, die in einem dichten Netzwerk herrscht, hängt eng zusammen mit einer bestimmten Sichtweise von Kontrolle, die sich aus sozialen Netzwerken ebenfalls ergeben kann. Diese Sichtweise sozialer Kontrolleffekte ist kennzeichnend für die Arbeiten von Coleman (1988; 1990). Eine geschlossene Kontaktstruktur führt aus seiner Sicht dazu, dass verbindliche Normen entstehen und internalisiert werden. Dadurch werden die Handlungen der Akteure, die im Netzwerk miteinander verbunden sind, transparent und berechenbar (vgl. Portes 1998: 10; Gargiulo & Benassi 1999: 305). Die Einbettung in eine solche stabile Struktur mit klaren Rollenerwartungen erleichtert damit gerade organisationalen Neulingen die Orientierung und gibt Sicherheit (vgl. Gargiulo & Benassi 2000; Sandefur & Laumann 1998: 490; Podolny & Baron 1997).

„A cohesive network conveys a clear normative order in which the individual can optimize performance." (Podolny & Baron 1997: 676)

Die Leitungskraft in der beruflichen Anfangssituation, die in ein dichtes Netzwerk eingebunden ist, weiß, was von ihr erwartet wird und kann auf die Empfehlungen ihrer Netzwerkpartner vertrauen. Dadurch kann die Eingewöhnungszeit verkürzt werden und sie wird weniger stressbehaftet und konfliktträchtig ausfallen. Starke Beziehungen sorgen dafür, dass die Führungskraft zwar unter besonders genauer Beobachtung der Netzwerkpartner steht; aber sie bieten auch Orientierung und den Schutz der Gruppe während der Übergangsphase (vgl. Coleman 1990: 306; Adler & Kwon 2002: 30f).

---

wodurch Arbeitsteilung und Spezialisierung ermöglicht werden. Der Einzelne wird dadurch entlastet. Seine Leistungsfähigkeit und Produktivität steigen: „In addition to providing social support conducive to maintaining health or coping with crises, relationships with trusted others can free an individual to use her energies more efficiently and effectively to attain desired goals" (Sandefur & Laumann 1998: 492).

Eine vollkommen gegensätzliche Sichtweise positiver Kontrolleffekte ist dagegen prägend für die Arbeiten von Burt (1997a, 2000). Wertvolle Gelegenheiten für eine Führungskraft zur Beeinflussung und Kontrolle der Handlungen anderer entspringen aus seiner Sicht aus der Überbrückung struktureller Löcher in einem möglichst heterogenen Netzwerk mit schwachen Beziehungen. Dadurch entstehen Maklergelegenheiten, die der Akteur dazu nutzen kann, Parteien, die nur über seine Person verbunden sind, im Sinne seiner Eigeninteressen zusammenzuführen.

> „The manager who creates a bridge between otherwise disconnected contacts has a say in whose interests are served by the bridge." (Burt 1997a: 342)

Der Mittler kontrolliert und beeinflusst mit Burt (1992a: 76) als *„tertius gaudens"* (*„the third who benefits"*) in einer Art Relais- oder Maklerfunktion den (Informations-)Austausch zwischen den beiden Seiten zu seinem persönlichen Vorteil.

> „Accurate, ambiguous, or distorted information is strategically moved between contacts by the *tertius*. The information and control benefits reinforce one another at any moment in time and cumulate together over time." (Burt 1997a: 342; Hervorhebung im Original)

Diese privilegierte Positionierung an den entscheidenden Schnittstellen eines Netzwerks können Führungskräfte in beruflichen Erfolg umsetzen (vgl. Krackhardt & Brass 1994; Burt 1995).[49] Leitungspersonen, deren Beziehungsstrukturen zahlreiche strukturelle Löcher aufweisen, werden deutlich schneller befördert als andere (vgl. Podolny & Baron 1997: 689ff). Das ist wiederum gleichbedeutend mit einem verbesserten Zugriff auf strukturelle Machtquellen: Sie verfügen durch den beschleunigten Karrierefortschritt über zunehmend mehr formale Autorität und damit verbesserte Chancen, im sozialen Gefüge der Organisation ihre Ziele verwirklichen zu können.

Besonders die zuletzt dargelegte Konnotation von Kontrolleffekten in sozialen Netzwerken im Sinne Burts (1997a) weist eine hohe Affinität zum Thema Macht auf (vgl. Knoke 1999: 40; Sandefur & Laumann 1998: 488ff; Adler & Kwon 2000: 105, 2002: 30). Das gilt allerdings auch für die anderen positiven Netzwerkeffekte: Information, Solidarität und Kontrolle im Sinne Colemans, die jeweils über Netzwerke verfügbar werden, stellen in der mikropolitischen Arena der Organisation wertvolle und begehrte Ressourcen dar. Sie lassen die Chancen eines Akteurs, seine Interessen auch gegen den Widerstand anderer verwirklichen zu können, deutlich steigen (vgl. Burt 1992a: 57). Im konzeptionellen Bezugsrahmen (vgl. Kapitel IV)

---

[49]   Neben den Chancen zur Kontrolle der Verhaltensweisen von anderen bedeuten strukturelle Löcher auch mehr Unabhängigkeit: „The presence of structural holes indicates that an actor has greater potential for freedom of decision and movement, that she is less likely to be required to act in ways desired by others because others cannot collude to restrict information nor present a unified front of normative pressure" (Sandefur & Laumann 1998: 489f).

der vorliegenden Arbeit wird Macht daher den drei genannten Vorteilskategorien sozialer Netzwerke übergeordnet.

3.4 Risiken sozialer Netzwerke

In Anknüpfung an Überlegungen Bourdieus (1983: 192) übernimmt Burt (1992a: 57ff) die Metapher einer von Wettbewerb geprägten Arena (*competitive arena*), in die die Akteure unterschiedliche Arten und Quantitäten von Kapital einbringen und investieren (vgl. Maurer 2003: 21f).[50] Bleibt man in diesem Bild, erscheinen Investitionen in Soziales Kapital mit Risiken behaftet, die sich für den fokalen Akteur nicht nur positiv, sondern auch negativ auswirken können (vgl. Portes 1998: 15ff; Adler & Kwon 2000: 106ff, 2002: 30f; Sparrowe et al. 2001: 321).

3.4.1 Spezifische Risiken sozialer Netzwerke und Sozialen Kapitals

Risiken bestehen zunächst aufgrund einiger spezifischer Eigenheiten Sozialen Kapitals im Vergleich zu anderen Kapitalarten (vgl. Anheier et al. 1995: 862f; Araujo & Easton 1999: 76ff; Bourdieu 1983: 195ff). Diese Risiken führen dazu, dass sich ein strategisch investierender mikropolitischer Akteur grundsätzlich die Frage stellen wird, ob er *überhaupt in sein Beziehungsnetzwerk* investieren möchte.

Der Aufbau von Netzwerken geht immer mit Investitionskosten einher (vgl. Leana & van Buren 1999: 550). Insbesondere die Etablierung starker Beziehungen erfordert viel Zeit und hohen persönlichen, nur schwer delegierbaren Einsatz (vgl. Labianca et al. 1998: 58; Araujo & Easton 1999: 77f). Der Akteur muss beim Aufbau Sozialen Kapitals außerdem in Vorleistung gehen, denn es kommt unvermeidlich zu einer zeitlichen Verschiebung zwischen dem Zeitpunkt der Investition und den erwünschten Rückflüssen aus der Investition. Gleichzeitig erscheinen soziale Netzwerke als Investitionsobjekte gerade aus Sicht einer Leitungskraft in einer beruflichen Anfangssituation als äußerst intransparent, komplex und kaum zu beurteilen (vgl. Gargiulo & Benassi 1999: 302). Oft ist noch nicht einmal im Rückblick ein Kausalzusammenhang zwischen der Investition von gestern und den Erträgen von heute eindeutig zu identifizieren.

Die Erträge, die an den Investor zurückfließen, sind unsicher und in ihrer Höhe kaum abschätzbar (vgl. Portes 1998: 5; Kadushin 2004). Es besteht sogar das Risiko negativer Networkingerträge, wenn sich ein Akteur nicht in der richtigen Weise an die richtigen Personen und Netzwerke bindet und aufgrund einer *bestehenden* Vernetzung mit anderen gegenüber Dritten benachteiligt ist (vgl. Sparrowe et al. 2001).

---

[50] Burt (1992a: 57f) unterscheidet (ähnlich wie Bourdieu) „*financial capital*" (bei Bourdieu: Ökonomisches Kapital), „*social capital*" und „*human capital*", welches in etwa dem kulturellen Kapital bei Bourdieu nahe kommt.

Darüber hinaus ruht Soziales Kapital stets in Netzwerken, weshalb es sich nie in der Verfügungsgewalt eines Individuums allein befinden kann. Soziales Kapital hat immer mehrere Besitzer, ohne dass klare Regeln oder gar verbriefte und einklagbare Rechte über seine Verwendung, Weiterentwicklung oder Auflösung gelten (vgl. Araujo & Easton 1999: 80f). Man kann sich also nicht nur täuschen, sondern auch getäuscht werden (vgl. Granovetter 1985: 487ff; Neuberger 1995: 152ff).

Eine weitere Steigerung erfährt das Investitionsrisiko für den Akteur durch die Tatsache, dass mit der wachsenden Anzahl der einbezogenen Personen der potenzielle Wert eines Netzwerks einerseits steigt. Andererseits nehmen dadurch aber die Kontrollmöglichkeiten für den Einzelnen immer weiter ab. Das Netzwerk wird also immer chancenreicher und wertvoller, lässt sich aber kaum noch überblicken und steuern.

Investitionen in Soziales Kapital sind somit aufgrund spezifischer Eigenheiten dieser Kapitalart gerade aus der Perspektive neuer Organisationsmitglieder als riskant zu beurteilen. Insgesamt gleichen Networkingaktivitäten Versuchen, das Mobile der organisationalen Beziehungsmatrix im Gleichgewicht zu halten. Dieses Mobile kann in einem Moment noch stabil, intakt und ermöglichend wirken, aber schon im nächsten Augenblick aufgrund eines nur scheinbar geringen (und für den Einzelnen nicht wahrnehmbaren) Impulses eine vollkommen neue Gestalt annehmen oder gar in sich zusammen fallen und ins Gegenteil umschlagen.

> „Investments in social capital […] are not costlessly reversible or convertible; therefore, unbalanced investment or overinvestment in social capital can transform a potentially productive asset into a constraint and a liability." (Adler & Kwon 2002: 28)

Die genannten Gründe können in der Summe dazu führen, dass auf Investitionen in die soziale Vernetzung innerhalb des Unternehmens verzichtet wird. So hat sich mit Herrn Bernhard auch eine der Leitungspersonen, die für die vorliegende Studie befragt wurden, für den möglichst weitgehenden Verzicht auf den Aufbau eines sozialen Netzwerks entschieden (vgl. Kapitel VII, Abschnitt 1).

3.4.2 Balanceakte und Zielkonflikte

Hat sich ein Akteur für eine Investition in sein Netzwerk zum Aufbau Sozialen Kapitals entschieden, sieht er sich mit der Frage konfrontiert, *wo und auf welche Weise in Beziehungen investiert werden soll*. Lenkt man den Blick von der übergeordneten Ebene der Kapitalarten auf die drei darunter liegenden, zuvor dargelegten Vorteilskategorien (Information, Solidarität, Kontrolle), die soziale Netzwerke versprechen, wird deutlich, dass bei der Investition in Soziales Kapital Zielkonflikte bestehen, die zu beachten sind.

Kapitel III – Netzwerke und Soziales Kapital

Optimierungsbedarf innerhalb der Vorteilskategorien

Innerhalb der einzelnen Vorteilskategorien wirken gegenläufige Effekte, die es für den fokalen Akteur erforderlich machen, in seinem Netzwerk eine geeignete Balance herzustellen, um die erwünschten Chancen sozialer Netzwerke auch tatsächlich realisieren zu können. So wird in der Literatur zum Sozialen Kapital häufig die Notwendigkeit zur Annäherung der Netzwerkkonfiguration an ein Optimum zwischen Geschlossenheit und Offenheit des Netzwerks beschrieben.[51] Anstelle einer Festlegung auf eine eindeutige (und mithin einseitige) Position ist nach heutigem Forschungsstand davon auszugehen, dass es auf die richtige Mischung heterogener und homogener Bindungen im Netzwerk ankommt (vgl. Gargiulo & Benassi 2000: 185; Seibert et al. 2001; Gargiulo & Benassi 1999: 319).[52]

„Investments in building the external, bridging social capital of individuals [...] need to be balanced by investments in internal, bonding social capital." (Adler & Kwon 2002: 35)

Das lässt sich exemplarisch anhand von Informationsvorteilen nachvollziehen, die sich nur dann realisieren lassen, wenn ein soziales Netzwerk sowohl offen als auch geschlossen ist (vgl. Seibert et al. 2001: 232). Offene Strukturen mit schwachen Beziehungen bringen die zentrale Leitungskraft mit anderen Personen in Kontakt, die grundsätzlich über neue Ideen und Einsichten verfügen (vgl. Ahuja 2000: 448f). Allerdings wird nur ein gewisses Maß an Geschlossenheit, Vertraulichkeit und Verbindlichkeit, das seinerseits allerdings kennzeichnend für starke Beziehungen ist, die Kontaktpersonen dazu veranlassen, auch komplexe und vertrauliche Informationen

---

[51] Die damit gestellte Frage nach der Vorteilhaftigkeit eines offenen oder geschlossenen Netzwerkes zieht sich wie ein roter Faden durch die Literatur. Idealtypisch werden die beiden Positionen von Burt (Offenheit, *external ties*) und Coleman (Geschlossenheit, *internal ties*) vertreten (vgl. Gargiulo & Benassi 2000). Burt (1992a und b) propagiert die Stärke heterogener Beziehungsstrukturen mit vielen strukturellen Löchern auf der Basis schwacher, nach außen gerichteter Beziehungen. Dagegen argumentiert Coleman (1988; 1990) für geschlossene, dichte Netzwerke mit starken Normen und starken Beziehungen als wichtigste Quelle Sozialen Kapitals (vgl. Baker & Obstfeld 1999; Ibarra 1992: 178ff).

[52] Seibert, Kraimer und Liden (2001: 232) gewinnen aus Ihrer Studie zum Zusammenhang zwischen Sozialen Kapital und Karriereerfolg folgende praktische Implikation: „It may be best for a person to invest in the development of weak ties to increase the level of social resources embedded in his or her network, but then to invest (perhaps selectively) in strengthening those ties to increase the benefits actually mobilized on his or her behalf."
Dass sich das optimale Gleichgewicht zwischen Homogenität und Heterogenität der Kontakte im Zeitablauf und mit unterschiedlichen Ressourcenanforderungen verschieben kann, zeigt Maurer (2003) anhand ihrer Untersuchung junger Biotechnologieunternehmen. Ausgehend von einer eng interagierenden homogenen Forschergruppe sollte sich das Netzwerk eines Unternehmens mit der Zeit ausdifferenzieren und heterogener werden, um der Organisation weiterhin die Bereitstellung der erforderlichen Ressourcen zu ermöglichen.

weiterzugeben (vgl. Krackhardt & Hanson 1993: 106f; Podolny & Baron 1997: 676; Coleman 1990: 307; Uzzi 1996: 674ff).

Analoge Überlegungen betreffen das Kriterium der Solidarität. Übersolidarische Strukturen sind ebenso mit Nachteilen behaftet wie untersolidarische Gemeinschaften. Mit den Risiken der Übereinbettung (*overembeddedness*) für das Individuum hat sich vor allem Portes auseinandergesetzt (vgl. Portes 1998: 16; Portes & Sensenbrenner 1993: 1338ff; Portes & Landolt 1996). Gerade in flexiblen Umwelten, die schnelle Veränderungen erforderlich machen, können sich zu viel Solidarität und Zusammenhalt als Innovationshemmnis erweisen (vgl. Podolny & Baron 1997: 691; Gargiulo & Benassi 2000: 185). Das übersolidarisch-geschlossene Netzwerk verkapselt sich in diesem Fall mit der Zeit nach außen und ist zunehmend abgeschnitten von Veränderungsimpulsen und Neuerungen (vgl. Ibarra 1992: 180ff; Powell & Smith-Doerr 1997: 368ff; Abschnitt 4).

> „Homogeneity inhibits creativity and innovation by restricting diversity." (Ibarra 1992: 181)

Ein in einer solchen übersolidarisch-arthritischen Struktur gefangener Akteur wird mit starken Forderungen nach Konformität konfrontiert, wodurch er in seiner persönlichen (Bewegungs-)Freiheit gehemmt wird (vgl. Portes 1998: 16f; Portes & Sensenbrenner 1993: 1340f).

Eine Führungskraft, die um sich ein geschlossenes und solidarisches Netzwerk errichtet, läuft Gefahr, dass andere diese Solidarität ausnutzen werden. Sie halten z.B. ihren beruflichen Einsatz zurück, verhindern allerdings entsprechende Sanktionen. Dazu berufen sie sich auf die (explizite oder implizite) Gemeinschaftswerte wie Solidarität und Loyalität. Dadurch wird ein Vorgehen des Vorgesetzten gegen sie erschwert (vgl. Portes & Sensenbrenner 1993: 1338ff). Die Lösung einzelner Beziehungen stellt aus Sicht des fokalen Akteurs mit einem solidarischen Netzwerk häufig auch keine praktikable Option dar. Der Abbruch von Kontakten ist in dichten Strukturen mit besonders schweren negativen Sanktionen belegt. Sie betreffen im Extremfall nicht nur den Verlust einzelner Beziehungen, sondern können gegebenenfalls auch in der Kappung aller Verbindungen bestehen und bis zum vollkommenen Ausschluss aus der Solidargemeinschaft reichen. Es droht dann das Abrutschen in die Isolation eines untersolidarischen Netzwerks.[53]

---

[53] Analoge Überlegungen gelten hinsichtlich der Kontrollchancen, die aus einem Netzwerk entstehen können. Auch innerhalb dieser Vorteilskategorie geht es aus Sicht einer Leitungskraft darum, ein Optimum zu finden. Steht vieles unter Kontrolle (geschlossenes Netzwerk), werden Eigenwille und Motivation der Netzwerkpartner gehemmt. Der kontrollierte Bereich ist zudem eher klein, da die Ressourcen der Leitungskraft begrenzt sind. Wird zu wenig Kontrolle ausgeübt (offenes Netzwerk), entgleiten ihr die Kontakte und sie kann im Netzwerk keinen Einfluss mehr geltend machen.

„People with a record of cutting ties make untrustworthy partners. Repeated withdrawal may make an actor autonomous but also resourceless." (Gargiulo 1993: 2)

Optimierungsbedarf zwischen den Vorteilskategorien

Neben den bereits genannten Risiken, die sich auf Widersprüche und daraus abgeleitete Optimierungsnotwendigkeiten innerhalb einzelner Zielkategorien erstrecken, bestehen Zielkonflikte zwischen den positiven Potenzialen sozialer Netzwerke (vgl. Gargiulo & Benassi 2000; Brass & Labianca 1999: 325ff).

So kann es sich unter Informationsaspekten für die Zentralperson beispielsweise vorteilhaft darstellen, Kontaktpartner zu haben, die ihrerseits über zahlreiche Verbindungen verfügen. Aus einer kontrollorientierten Perspektive gilt diese Aussage jedoch eher nicht, da die großen Netzwerke der Kontaktpartner die Abhängigkeit von der Zentralperson verringern und damit ihre Kontrollchancen sinken lassen (vgl. Murninghan & Brass 1991).

3.5 Kontextspezifität Sozialen Kapitals

Die Frage, ob sich eine spezifische Struktur der sozialen Vernetzung mit den darin gebundenen Ressourcen für den fokalen Akteur ermöglichend oder hemmend auswirkt, lässt sich nicht allein aus der Betrachtung der strukturellen und relationalen Kriterien seines Netzwerks beantworten. Die Auswirkungen sozialer Netze sind stets kontextspezifisch zu beurteilen (vgl. Araujo & Easton 1999: 83f; Ibarra 1992: 168f; Maurer 2003: 26ff; Mizruchi & Potts 1998). In Abhängigkeit von den übergeordneten Zusammenhängen, in die sie eingebettet sind, entfalten Netzwerke unterschiedliche Konsequenzen. In ihrem Überblicksartikel differenzieren Adler und Kwon (2002: 32f) dazu aufgabenbezogene Kontextfaktoren (1), symbolische Kontextfaktoren (2) sowie komplementäre Fähigkeiten (3).

(1) Aufgabenbezogene Kontextfaktoren (*task contingencies*) verweisen darauf, dass abhängig von Art und Inhalt der Aufgabe, der eine Leitungskraft nachkommt, jeweils andere Netzwerkkonfigurationen wertvoll sind. Handelt es sich beispielsweise um komplexe, schlecht zu definierende Arbeitsaufgaben, sind homogene Beziehungsmuster mit einer Übergewichtung starker, nach innen gerichteter Bindungen tendenziell vorteilhaft. Anders als schwache, nach außen orientierte Bindungen erleichtern sie den Austausch auch nicht kodifizierbarer Informationen sowie kreative Kooperation, die für die Bewältigung dieser Art von Aufgaben als besonders relevant angesehen werden (vgl. Adler & Kwon 2002: 33; Ibarra 1992: 169).

(2) In Abhängigkeit vom jeweils herrschenden übergeordneten symbolischen oder normativen Kontext (*symbolic contingencies*) können sich Networking und soziale Vernetzung unterschiedlich auswirken (vgl. Ibarra 1992: 169). So kommt beispielsweise Burt (1997a und 1997b) in seinen Untersuchungen zu dem Ergebnis, dass die Wahrnehmung von Maklergelegenheiten aus der Überbrückung sozialer Löcher be-

sonders förderlich für hochrangige Leitungskräfte ist. Diesen Effekt sieht Burt zumindest teilweise darin begründet, dass diese Art des (bereichs-)übergreifenden Networkings allgemein als legitimer Teil ihrer Rolle und hierarchischen Position im Unternehmen gilt. Letzteres gilt nicht für Leitungskräfte niedrigeren Ranges, die in ihren Bestrebungen, strukturelle Löcher zu überspannen, als Akteure angesehen werden, welche die legitimen Grenzen ihrer Stelle in unzulässiger Weise sprengen (vgl. Baker & Obstfeld 1999: 100ff).

(3) Als letzten Kontextfaktor für die Wirkung sozialer Netzwerke beschreiben Adler und Kwon komplementäre Fähigkeiten des fokalen Akteurs oder der Personen, die mit ihm verbunden sind (vgl. Araujo & Easton 1999: 84f). Erst durch das Vorhandensein solcher komplementärer Fähigkeiten können bestehende Vernetzungen ihre möglichen positiven Effekte (voll) entfalten (vgl. Brass 1992: 298; Mintzberg 1983: 11f; Mehra et al. 2001). Es kommt immer auch darauf an, ob der Akteur über die erforderlichen Fähigkeiten (wie z.b. soziales Geschick) verfügt, aus seinem Netzwerk auch tatsächlich etwas zu machen (vgl. Adler & Kwon 2002: 34).

4   Entwicklungsdynamik sozialer Netzwerke und Sozialen Kapitals

Die im Abschnitt 3.2 vorgestellten strukturellen und relationalen Kriterien zur Beschreibung sozialer Netzwerke sind überwiegend zeitpunktbezogen und vernachlässigen die Entwicklungsdynamik sozialer Netzwerke im Zeitablauf. Die Erforschung der dynamischen Aspekte sozialer Netzwerke und Sozialen Kapitals wird als eine der zentralen Herausforderungen der Forschung in diesem Feld gesehen (vgl. Ibarra 1992: 184; Adler & Kwon 2002: 35f; Maurer 2003: 43). In den Arbeiten, die bisher zu diesem Thema vorliegen, wird die These vertreten, dass sozialen Netzwerken eine latente Neigung zu Trägheit und Beharrung inhärent ist. Netzwerke tendieren im Lauf der Zeit dazu, selbstreflexiv um sich selbst zu kreisen. Strukturell und relational entstehen durch zunehmend habitualisierte Interaktionen in geschlossenen Netzwerken Verfestigungen, die veränderungsresistent sind.[54]

Zur Begründung der Tendenz sozialer Netzwerke zu Beharrung, Trägheit und Veränderungsresistenz lassen sich vor allem drei Argumente anführen (vgl. Maurer & Ebers 2006; Maurer 2003).

(1) *Relationale Eingeschlossenheit*: Sie erschwert es einem Akteur, die Konfiguration seines Netzwerks entsprechend neuer Bedürfnisse anzugleichen, weil er sich (immer wieder) verpflichtet fühlt, in seinen Interaktionen zunächst den Erwartungen und Interessen seiner aktuellen Netzwerkpartner zu entsprechen (vgl. Maurer & Ebers 2006: 262ff).

---

[54] Empirisch gestützt wird diese These von einer empirischen Langzeituntersuchung von Burt (2002), der nachweist, dass sich Beziehungen, die strukturelle Löcher überbrücken, im Vergleich zu anderen besonders schnell wieder auflösen. Die Studie kommt zu dem Ergebnis, dass innerhalb eines Jahres neun von zehn Brücken verloren gehen.

Kapitel III – Netzwerke und Soziales Kapital

„The maintenance of social capital entails honoring obligations that may conflict with the pursuit of self-interest." (Gargiulo & Benassi 1999: 301)

In diesem Bild wäre beispielsweise eine Leitungskraft gefangen in einem Geflecht von Obligationen und Normen, die sie binden. Sie rauben ihr Gelegenheit, Zeit und Energie, sich dem Aufbau neuer, weiterführender Beziehungen zuzuwenden (vgl. Podolny & Baron 1997: 690; Hansen et al. 2001).

(2) *Kognitive Eingeschlossenheit*: Das Konzept der kognitiven Eingeschlossenheit beruht auf der Überlegung, dass sich in sozialen Interaktionsprozessen bei den Akteuren interpretative Wahrnehmungsschemata etablieren, an denen sie ihre Kooperation ausrichten (vgl. Gulati 1995; Marsden 1988; McPherson & Smith-Lovin 1987). Die Schemata verfestigen sich mit der Zeit und erschweren es den verbundenen Personen, außerhalb dieser kognitiven Begrenzungen nach neuen Ideen und Netzwerkpartnern zu suchen. Die Anschlussfähigkeit des Netzwerks an externe Impulsgeber geht mit der Zeit verloren.

"The ties that bind may also be the ties that blind." (Powell & Smith-Doerr 1994: 393)

Das hohe Maß an Übereinstimmung mit seinen Netzwerkpartnern lässt es dem fokalen Akteur als überflüssig oder gar aussichtslos erscheinen, weitere Kontakte aufzubauen (vgl. Higgins & Nohria 1999: 170; Gargiulo & Benassi 1999: 306). Aus diesen kognitiv-interpretativen Gründen bleiben Akteure in überholten sozialen Strukturen verhaftet, die – gemessen an ihrer aktuellen Situation – nicht mehr vorteilhaft sind (vgl. Gargiulo & Benassi 2000: 185f).

(3) *Motivationale Eingeschlossenheit*: Besonders die Einbindung in ein austariertes Netzwerk starker Beziehungen senkt die motivationale Bereitschaft eines Akteurs, dieses zu verändern, zu erweitern oder gar zu verlassen (vgl. Krackhardt 1998: 26f). Bevorzugt wird die Pflege bestehender Kontakte zu den Personen, denen man ohnehin bereits nahe steht und mit denen die Interaktion reibungslos funktioniert. Dagegen ist es vergleichsweise mühsam und frustrierend, neue Kontakte aufzubauen oder bestehende Verbindungen anders zu gestalten, bei denen diese vertrauten Bedingungen noch nicht herrschen oder infrage gestellt werden.

Vor dem Hintergrund solcher Argumente erklären sich auch aktuelle Forderungen in der Literatur nach einer aktiven Netzwerkgestaltung, die dazu beitragen soll, ein Netzwerk ständig erneuern und an die aktuellen Bedürfnisse und Interessen anpassen zu können (vgl. Maurer & Ebers 2006). Geht man beispielsweise mit Gargiulo und Benassi (1999) davon aus, dass sich die Netzwerkanforderungen einer Leitungskraft im Laufe ihrer Karriere verschieben, so entsteht auch hier das unvermeidliche Risiko, dass das Netzwerk eines Akteurs in einer überkommenen Konfiguration beharrt, sich mit den aktuellen Anforderungen der fokalen Person nicht mehr decken wird.

Kapitel III – Netzwerke und Soziales Kapital

„The tension between the forces of reciprocity and relational inertia on the one hand, and the changing nature of the resources needed by a manager on the other hand is intrinsic to social capital." (Gargiulo & Benassi 1999: 303)

Gargiulo und Benassi (1999) entwerfen in ihrem Beitrag ein Phasenmodell idealen Networkings. Sie gehen davon aus, dass Leitungskräfte beim Übergang von unterem und mittlerem in das obere Management eine Anpassung in ihrer Vernetzungsstrategie vornehmen müssen. Sind auf unteren Hierarchieebenen noch dichte, solidarische Netzwerke vorteilhaft, verlieren diese im Lauf der fortschreitenden Karriere ihre Bedeutung zugunsten heterogenerer Strukturen. So gilt es ab einem bestimmten Punkt in einer Karriere, sich von früheren Mentoren und Unterstützern zu lösen und sich neue Beziehungen zu suchen, die zur aktuellen Karrierephase passen.

IV KONZEPTIONELLER BEZUGSRAHMEN UND ZIELSETZUNGEN DER STUDIE

Die vorliegende Untersuchung lässt sich als Prozess beschreiben, der einen Ausgangspunkt mit einem angestrebten Endpunkt verbindet. Als Ausgangspunkt sind die theoretischen Vorannahmen und sozialwissenschaftlichen Erkenntnisse zu sehen, auf denen die Studie aufbaut. Den angestrebten Endpunkt der Untersuchung beschreiben die Zielsetzungen, die der Arbeit eine Richtung gaben. Ausgangs- und Endpunkt sind maßgeblich für das Verständnis des Verlaufs und des Ergebnisses der Studie. Sie sollen daher in ihrer Bedeutung für die Arbeit in den beiden folgenden Abschnitten thematisiert werden.

1 Theoretischer Ausgangspunkt – Der konzeptionelle Bezugsrahmen

Das Forschungsprojekt, das in dieser Arbeit dokumentiert wird, beruht wie jede empirische Studie auf bestimmten theoretischen Vor-Annahmen (vgl. Kelle 1994: 130): Die Untersuchung beleuchtet vor dem Hintergrund zweier theoretischer Perspektiven – Mikropolitik und Soziales Kapital – mit dem Networking von Leitungskräften in beruflichen Anfangssituationen einen Teilaspekt sozialer Realität. Allein durch diese Festlegung bleibt, trotz einer qualitativen und prinzipiell offenen Herangehensweise an das Thema, vieles ausgeblendet, was gegebenenfalls zu anderen, ebenso begründbaren Forschungsergebnissen hätte führen können (vgl. Kapitel V, Abschnitt 3.2). Eine komplexitätsreduzierende Einschränkung im Vorfeld ist jedoch grundsätzlich erforderlich, um überhaupt einen gedanklichen und praktischen Start in das Thema zu finden.

Für das damit skizzierte Dilemma existiert keine Lösung, sondern lediglich ein angemessener, nämlich möglichst transparenter Umgang. Aus diesem Grund wurden der Arbeit die Kapitel II und III vorangestellt, in denen die wissenschaftlichen Erkenntnisse, theoretischen Voraussetzungen und begrifflichen Abgrenzungen herausgearbeitet und begründet wurden, von denen die Studie ausgeht. Damit sollte ein Eindruck davon vermittelt werden, auf welchem gedanklich-theoretischen Fundament die vorliegende Arbeit (nicht) beruht und auf welchen Aspekten der sozialen Realität das Hauptaugenmerk bei der Deutung und Interpretation der empirischen Daten liegt (vgl. Neuberger 2002: 687).

Aus dieser Aussage und den vorangegangenen Kapiteln sollte allerdings nicht die unzutreffende Einschätzung entstehen, dass bereits vor der Erhebung der Daten bzw. ihrer Auswertung abschließende Festlegungen getroffen worden wären. Das trifft nicht zu und es wäre gerade angesichts des unzureichenden Stands der Forschung zu diesem Thema auch gar nicht möglich gewesen. Vielmehr können und sollen die Ausführungen zur konzeptionellen Fundierung von Networkingaktivitäten im Sinne der Strukturationstheorie nach Giddens (1995) *sowohl als strukturierende Voraussetzung als auch als erstes Untersuchungsergebnis* (vgl. Kapitel I, Abschnitt 2) verstanden werden. Der konzeptionelle Bezugsrahmen wurde im Verlauf der Studie auf Basis der empirischen Untersuchung fortwährend angepasst und weiterentwickelt. So erwiesen sich im Prozess der Auswertung vertiefende theoretische Überlegungen zu Konzepten wie Solidarität oder *Impression Management* in sozialen Netzwerken als besonders erkenntnisförderlich. Sie wurden erst im Verlauf bzw. nach Abschluss der Dateninterpretation in die theoretischen Kapitel eingearbeitet. Die empirische Untersuchung hat also dazu geführt, den zunächst nur als vorläufig angenommenen theoretischen Unterbau zu erweitern und zu modifizieren (vgl. Maurer 2003: 21ff). Die Version des konzeptionellen Bezugsrahmens, die in den beiden vorangegangenen Kapiteln und in der folgenden Abbildung 3 dokumentiert ist, reflektiert bereits diese Anpassungen.

Networking   **Soziales Netzwerk**

Kernkategorie: *Strukturelle Dimension*
Networkingfinali-
- Netzwerkgröße
- Heterogenität / strukturelle Löcher
- Netzwerkdichte

Relationale Dimension
- Multiplexität
- Beziehungsintensität
- Handlungsmotivation
- Symmetrie
- Beziehungsvalenz
- Kognitive Dimension

Kontextspezifische
Netzwerkfolgen

Netzwerkchancen (=Macht)   **Netzwerkrisiken**

Information   *Zielkonflikte*
Solidarität   *Balanceakte*
Kontrolle

Mikropolitische Rahmenannahmen:
1. Es bestehen Handlungsspielräume.
2. Jeder verhält sich rational – aber nicht alle.
3. Handeln (re-)produziert Strukturen.
4. Mikropolitik wirkt – vor allem über die Hinterbühne.
5. Es geht um Macht.

Abbildung 3: Konzeptioneller Bezugsrahmen der Untersuchung

Kapitel IV – Konzeptioneller Bezugsrahmen und Zielsetzungen der Studie

Die Abbildung 3 veranschaulicht den konzeptionellen Bezugsrahmen der Untersuchung grafisch. Die großen Klammern links und rechts symbolisieren als Abgrenzung nach außen notwendige Beschränkungen der Studie. Das Forschungsprojekt konzentriert sich thematisch auf das Networking von Leitungskräften in beruflichen Anfangssituationen unter den theoretischen Perspektiven Mikropolitik, soziale Netzwerke und Soziales Kapital. Andere Aspekte bleiben so ausgeklammert. Nach innen gerichtet markieren die Klammern den Geltungsbereich der fünf mikropolitischen Rahmenannahmen, die in Kapitel II bereits ausführlich vorgestellt wurden.

Als Hauptkategorien der Untersuchung wurden Networking (Handlungskategorie) und soziale Netzwerke (strukturelle Kategorie) herausgearbeitet. Wie im Folgenden noch ausgeführt werden wird, wurden für die erste Hauptkategorie des Networkings insbesondere die finalen Aspekte der Networkinghandlungen als Kernkategorie der Datenauswertung ermittelt und beschrieben (vgl. Strauss & Corbin 1996: 94ff; Kapitel V, Abschnitt 2.3.2). Die zweite Hauptkategorie des sozialen Netzwerks umfasst mit der strukturellen und der relationalen Dimension zwei Subkategorien, die jeweils verschiedene netzwerkanalytische Merkmale zur Charakterisierung und Bewertung sozialer Netzwerke beinhalten.

Networking und das soziale Netzwerk werden als Elemente der sozialen Welt aufgefasst, die miteinander im Sinne der Strukturationstheorie verbunden sind: Sie (re-)produzieren einander kontinuierlich, was mit dem Kreislaufsymbol ausgedrückt werden soll. Aus dem Zusammenspiel zwischen Networkingaktivitäten und Netzwerken ergeben sich Folgen für den handelnden Akteur. Sie äußern sich in Abhängigkeit vom jeweiligen organisationalen und mikropolitischen Kontext entweder als Chancen (= die Macht des Akteurs steigernd) oder als Risiken (= die Macht des Akteurs mindernd).

2 Angestrebter Endpunkt – Die empirischen Zielsetzungen der Untersuchung

Mit Beginn des Forschungsprojekts standen die (mikropolitisch zu interpretierenden) Networkingaktivitäten von Leitungskräften in Organisationen als Gegenstand der Untersuchung fest. Die zunächst noch relativ unbestimmte Ausrichtung der Studie hat erst im Verlauf der empirischen Untersuchung und der Auswertung der Daten eine Konkretisierung erfahren. Der Prozess der inhaltlichen Konkretisierung mündete schließlich in die Formulierung von zwei empirischen Zielsetzungen für das Forschungsprojekt. Letztere sind auf zwei aufeinander aufbauenden Erkenntnisebenen angesiedelt.

(1) *Auf der Ebene des Einzelfalls* zielt die Studie zunächst darauf ab, anschauliche, dichte und theoretisch reflektierte Wiedergaben der empirisch vorgefundenen Networkingstrategien sowie ihrer Folgen zu vermitteln. Es soll nicht im Stadium der Beschreibung allein verharrt werden, sondern in einer „Mischung von Theorie und Empirie" (Lamnek 2005: 203) auch erklärende Aussagen auf der Ebene der analysierten Fälle gemacht werden. Dazu werden die Einzelfälle jeweils im Lichte des konzeptio-

Kapitel IV – Konzeptioneller Bezugsrahmen und Zielsetzungen der Studie

nellen Bezugsrahmens der Untersuchung präsentiert und diskutiert. Besonderer Wert soll dabei auf der Ermittlung und Analyse der jeweiligen Finalität des Networkings liegen, die dem einzelnen Fall zugrunde liegt.

(2) Auf der übergeordneten *Ebene der Gesamtheit aller untersuchten Fälle* richtet sich das Erkenntnisinteresse der Studie darauf, die Fälle nicht nur isoliert voneinander zu betrachten, sondern sie intensiv miteinander in Beziehung zu bringen und zu vergleichen. Auf dieser Auswertungsstufe soll in einer Kombination der analytisch-induktiven Auswertung empirischer Daten sowie der Anwendung theoretischer Wissensbestände und Annahmen eine *empirisch begründete Typologie des intraorganisationalen Networkings von Leitungskräften in beruflichen Anfangssituationen* entfaltet werden. Mit dieser Typologie soll das empirische Feld anhand der finalen Aspekte der Networkingaktivitäten zunächst strukturiert und geordnet werden („*Gruppierungseffekt*" einer Typologie, Kluge 1999: 43). Durch die Informationsreduktion, die damit erreicht wird, sollen Ähnlichkeiten und Differenzen zwischen den einzelnen Networkingansätzen verdeutlicht werden.[55] Mit der Typologie soll nicht nur eine Ordnung erstellt werden. Es sollen auch die Sinnzusammenhänge rekonstruiert und erläutert werden, die hinter dieser Gruppierung liegen. Damit erhält die Networkingtypologie ihren *heuristischen Wert*. Außerdem soll die Typologie im Vorgriff auf weitere Theoriebildung und empirische Untersuchungen, die auf sie aufbauen, *weitere Erkenntnisse und Forschungsprobleme stimulieren* (vgl. Kluge 1999: 46; Kapitel V, Abschnitt 2.3.3).[56]

Die Metapher, die bildhaft hinter diesem Kapitel IV und der Arbeit insgesamt steht, ist die eines Weges, der mit den vorangegangenen Ausführungen nunmehr in seinem Ausgangspunkt und seinem Ziel umrissen ist. Die ausführliche Erörterung der Mittel, auf die zur Überbrückung der Strecke zwischen beiden Punkten zurückgegriffen wurde, ist Gegenstand des anschließenden Kapitels V. In ihm geht es um die Darstellung der methodologischen Konzeption und der praktischen Durchführung des Forschungsprojekts (vgl. Yin 1994: 28).

---

[55] Als ein Networkingansatz soll für die Arbeit jeweils ein auf eine Kernfinalität zurückgeführtes Insgesamt von Networkinghandlungen, sozialem Netzwerk und den damit verbundenen Folgen (Chancen und Risiken) eines Akteurs verstanden werden.

[56] Der mit der Untersuchung insgesamt erhobene Erklärungsanspruch richtet sich somit „nicht auf statistische Generalisierbarkeit und Häufigkeitsaussagen bezüglich der zu untersuchenden Phänomene. Im Gegensatz dazu geht es zunächst ganz allgemein darum, aus typischen oder extremen realen Fällen zu lernen. Dadurch sollen die Fragen nach dem Wie und Warum beantwortet, Ursachen und Wirkungen aufgedeckt, Muster erarbeitet und die so generierten Aussagen […] in den wissenschaftlichen Diskurs überführt werden" (Maurer 2003: 78).

V METHODISCHE KONZEPTION UND DURCHFÜHRUNG DER STUDIE

Als wissenschaftliche Untersuchung eines sozialen Phänomens wirft die empirische Erforschung der Networkingaktivitäten von Leitungskräften in beruflichen Anfangssituationen nach Atteslander (1993: 13) drei grundlegende Fragen auf: Zunächst ist es erforderlich, den Forschungsgegenstand und damit den jeweils interessierenden Ausschnitt der Realität zu spezifizieren (*„Was soll erfasst werden?"*). Unter anderem der Klärung dieses Aspekts dienten die Kapitel II und III dieser Arbeit. Die zweite grundlegende Problemstellung bezieht sich auf den Entstehungs- und Verwertungszusammenhang der Analyse und damit auf den der Forschung zu Grunde liegenden Zweck (*„Warum soll erfasst werden?"*). In der Einleitung und im voran gegangenen Kapitel IV wurden die Ziele vorgestellt, die mit der vorliegenden Studie erreicht werden sollen.

Die Beantwortung der dritten Grundfrage empirischer Sozialforschung hängt maßgeblich von den beiden erstgenannten Fragestellungen ab. Sie dreht sich um die Wahl der Methode zur Erfassung sozialer Realität (*„Wie soll erfasst werden?"*). Die Hintergründe der Auswahl einer bestimmten Methode sind ebenso transparent zu machen wie die konkreten Schritte der Untersuchung. Der erste Abschnitt dieses Kapitels beschäftigt sich daher mit der methodologischen Basis und dem Forschungsansatz der Arbeit. In Anknüpfung daran wird im zweiten Abschnitt das praktische Vorgehen während der Durchführung der Studie dokumentiert. Im abschließenden dritten Gliederungspunkt dieses Kapitels geht es um die Reflexion des Geltungs- und Qualitätsanspruchs der vorliegenden qualitativen Studie.

1 Methodologische Grundlagen und Forschungsansatz

Die Ausführungen des Abschnitts 1.1 begründen, weshalb die von Strauss und Corbin (1996) entwickelte Version der *Grounded Theory* eine geeignete methodologische Grundlage für die Untersuchung der Networkingaktivitäten von Leitungskräften in beruflichen Anfangssituationen darstellt.[57] Weitere Konkretisierung erfährt die *Grounded Theory* im Forschungsansatz der (vergleichenden) Untersuchung von Fallstudien, der in Abschnitt 1.2 thematisiert und auf die vorliegende Studie bezogen wird.

1.1 Die Grounded Theory als methodologische Basis

1.1.1 Methodologische Einordnung der Grounded Theory

„Ziel der Sozialforschung ist die möglichst unverfälschte Erfassung der sozialen Wirklichkeit."

---

[57] Im Anschluss werden der englische Ausdruck *Grounded Theory* und der deutsche Begriff der empirisch begründeten Theoriebildung (nach Kelle 1994) synonym verwendet.

Kapitel V – Methodische Konzeption und Durchführung der Studie

Diese Aussage Lamneks (1995a: 96) dürfte die Zustimmung aller empirischen Sozialforschenden finden. Allerdings wurden und werden kontroverse Diskussionen dazu geführt, auf welche Weise bzw. unter Verwendung welcher Methoden sich Sozialforschende ihrem Untersuchungsgegenstand nähern sollten. Ausgehend von antagonistischen Weltbildern lassen sich mit dem objektivistischen auf der einen und dem interpretativen Paradigma auf der anderen Seite zwei gegensätzliche Ansätze idealtypisch unterscheiden. Diese sind jeweils verbunden mit eindeutigen Präferenzen für bestimmte Methoden der empirischen Sozialforschung (vgl. Bortz & Döring 2002: 295ff).[58]

In dieser Debatte besetzt die in der vorliegenden Untersuchung eingesetzte Variante der *Grounded Theory* nach Strauss und Corbin (1996) eine Zwischenposition. Sie lässt sich weder der einen noch der anderen methodologischen Grundposition eindeutig zuordnen (vgl. Kelle 2001; Mayring 2001; Strauss & Corbin 2005: 274).

Einerseits wendet sich die empirisch begründete Theoriebildung in Abgrenzung vom dominierenden objektivistischen Paradigma gegen die in der quantitativen Sozialforschung gängige Praxis, sich dem Feld mittels vorformulierter Hypothesen zu nähern, die anschließend mit der Anwendung quantitativ-statistischer Methoden der Sozialforschung empirisch überprüft werden (vgl. Kelle et al. 1993: 8f). Für dieses Vorgehen sind Hypothesen erforderlich, die *a priori* aus allgemeinen übergeordneten Theorien *(grand theories)* abgeleitet werden müssen, um sie anschließend an und in der Realität zu testen. Aufgrund ihrer geringen Gegenstandsnähe ist den Hypothesen, die auf diesem Weg gebildet werden, von Anfang an das Risiko inhärent, die zu untersuchenden Phänomene nur unzureichend abbilden und erklären zu können (vgl. Kelle 1994: 285; Glaser & Strauss 1967: 11). Da zudem eine Rückkopplung der Empirie an die (statischen) Ausgangshypothesen meist nicht vorgesehen ist, bleibt die ursprüngliche Gegenstandsferne der Ausgangshypothesen den Forschenden in der Regel verborgen (vgl. Lamnek 2005: 145 und 164f).

Andererseits lehnt die *Grounded Theory* gleichzeitig auch eine Beschränkung auf die reine Deskription sozialer Welt im Sinne einer radikal subjektivistischen Position ab

---

[58]　Befürworter einer objektivistischen Grundposition argumentieren vor dem Hintergrund der positivistischen Annahme, dass soziale Realität objektiv gegeben sei. Die Elemente der realen Welt stehen für sie in beobachtbaren und messbaren Kausalzusammenhängen zueinander. Diese Weltsicht impliziert eine Präferenz statistisch-quantitativer Methoden für die Sozialforschung (vgl. Lamnek 2005: 271ff).

Vertretern des interpretativen Paradigmas zufolge kann dagegen nicht von einer objektiv gegebenen Realität ausgegangen werden. Vielmehr existiert lediglich ein von jedem Menschen individuell konstruiertes Bild der Realität (=Wirklichkeit), das sich aus der inneren Auseinandersetzung mit der sozialen und der gegenständlichen Umwelt und der fortwährenden Interpretation derselben ergibt. Da im Vergleich zur objektivistischen Position von anderen Grundvoraussetzungen ausgegangen wird, werden fundamental andere Konsequenzen für die Gestaltung empirischer Sozialforschung gezogen. Statistisch-quantitative Methoden werden weitgehend abgelehnt und kommunikative Verfahren bevorzugt (vgl. Bortz & Döring 2002: 295ff).

(vgl. Strauss & Corbin 1996: 6). Sozialwissenschaftliche Forschung auf Basis der *Grounded Theory* sollte nicht nur einen Einzelfall beschreiben, sondern auch einen erklärend-heuristischen Anspruch erheben. Das Ziel der Methodologie ist darin zu sehen, „auf einem höheren Abstraktionsniveau Kategorien zu bilden, Zusammenhänge aufzudecken und allgemeine Gesetzeszusammenhänge abzuleiten. Dadurch sollen gegenstandsbezogene und verständliche Theorien entdeckt und entwickelt werden, die als Vorstufe der letztlich angestrebten formalen Theorien mit hohem Abstraktionsgrad und mittlerer Reichweite gelten" (Maurer 2003: 76; vgl. Lamnek 2005: 102; Wiedemann 1991: 440).[59] Die *Grounded Theory* zielt explizit auf die empirisch fundierte Entwicklung eines theoretischen Aussagesystems ab (vgl. Mey 1998: 168; Kelle 1994: 53; Breuer 1996: 21f).

„Grounded theory is a general methodology for developing theory that is grounded in data systematically gathered and analyzed. Theory evolves during actual research, and it does this through continuous interplay between analysis and data collection." (Strauss & Corbin 2005: 273)

1.1.2 Gegenstandsangemessenheit der Grounded Theory

Die für eine empirische Untersuchung zu wählende Methode muss mit Lamnek (1995a: 154) das Kriterium der „Angemessenheit" erfüllen und zum Untersuchungsgegenstand und der verfolgten wissenschaftlichen Zielsetzung passen (vgl. Bortz & Döring 2002: 302; Lamnek 2005: 102ff und 144f). Der Bezug auf die *Grounded Theory* als methodologische Basis der vorliegenden Untersuchung ist mithin begründungspflichtig. Maurer (2003: 76f) stellt vier methodologische Charakteristika der *Grounded Theory* vor, anhand derer sich die Angemessenheit des Forschungsstils prüfen und belegen lässt.

(1) Der *theoriekonstruktive Charakter* der *Grounded Theory* erlaubt es – entsprechend der Zielsetzung der vorliegenden Untersuchung – aus dem Datenmaterial ein theoretisches Aussagesystem, wie z.B. eine Typologie des Networkings in Organisationen, zu entwickeln, das in seiner Erklärungskraft über die Ebene der Deskription und des nachvollziehenden Verstehens hinausgeht. Das Thema des Networkings in Organisationen ist gerade auf der Handlungsebene aus theoretischer Sicht als relativ unstrukturiertes und unerforschtes Feld zu beurteilen. Mittels einer empirisch begründeten Typologie des Networkings von Leitungskräften in beruflichen Anfangssituationen auf der methodologischen Basis der *Grounded Theory* sollen die komple-

---

[59] Glaser und Strauss (1967: 32f) differenzieren mit gegenstandsbezogenen und formalen Theorien zwei Typen von Theorien mittlerer Reichweite. Während sich gegenstandsbezogene Theorien auf einen „scharf umgrenzten Bereich sozialen Lebens" (Kelle 1994: 289) erstrecken, beziehen sich formale Theorien auf einen „konzeptuellen Bereich der Soziologie" (Kelle 1994: 290). „Both types of theory may be considered as `middle range´. That is, they fall between the `minor working hypotheses´ of everyday life and the all-inclusive grand theories" (Glaser & Strauss 1967: 32f; vgl. Maurer 2003: 76; Lamnek 2005: 103).

xen Realitäten und Sinnzusammenhänge mikropolitischen Netzwerkaufbaus verstanden *und* erklärt werden (vgl. Bohnsack 2003: 129ff und 144ff; Gerhardt 1991: 435f). Die Typologie soll darauf aufbauend ihrerseits zu weiterer Theorie bildender Forschung anregen.

(2) Der *explorative Charakter* der Methodologie eröffnet zweitens Wege, den Rahmen bestehender theoretischer Ansätze zu erweitern und zu verlassen. Dieses Kriterium erwies sich im Kontext der vorliegenden Studie vor allem in Zusammenhang mit theoretischen Ansätzen zum Sozialen Kapital als bedeutsam (vgl. Hollstein 2006: 20f; Kelle 1994: 307).[60]

(3) Der *interpretative Charakter* des Forschungsstils bietet Raum zur methodischen und theoretischen Einarbeitung auch tiefer liegender kognitiver Orientierungen und schwer zu beobachtender psychosozialer Prozesse. Letztere sind in sozialen Netzwerken von hoher Relevanz, lassen sich mittels quantifizierender Methoden jedoch kaum erfassen (vgl. Kilduff & Tsai 2003: 117ff; Hollstein 2006: 21).

(4) Der *handlungs- und prozessorientierte Charakter* der *Grounded Theory* ermöglicht es schließlich, Networkingaktivitäten als aufeinander bezogene Handlungsabfolge in ihrem je spezifischen Kontext und ihre Veränderungen im Zeitablauf zu untersuchen (vgl. Strauss & Corbin 1996: 23; Yin 1994: 11ff; Hollstein 2006: 21f).[61] Der Bezug auf diese methodologische Basis steht damit im Einklang mit entsprechenden Forderungen der mikropolitischen Literatur (vgl. Kapitel II, Abschnitt 4.2; Neuberger 2006: 120ff).[62]

In Ergänzung der vier bei Maurer (2003: 71ff) genannten Kriterien ließe sich noch der *theoriegeleitete Charakter* der *Grounded Theory* anführen. Speziell die hier verwendete Variante nach Strauss und Corbin (1996) sieht die Beschäftigung mit und den Einbezug von einschlägigen theoretischen Ansätze im Vorfeld explizit vor (vgl. Strauss & Corbin 1996: 25ff; Wiedemann 1991: 442). Während der Durchführung der Untersuchung konnten konzeptionelle Überlegungen zu Mikropolitik, Macht

---

[60] So ergab die Auswertung der Daten beispielsweise als zusätzlichen positiven (Informations-)Effekt sozialer Netzwerke die kommunikative Verstärkung von Botschaften der fokalen Person. Während in der Literatur zum Sozialen Kapital die verbesserte Versorgung des fokalen Akteurs mit *eingehenden* Informationen hervorgehoben wird, verweisen die Fallstudien der vorliegenden Untersuchung auf das in einer entsprechenden Netzwerkgestaltung ruhende Potenzial, über das Netzwerk Botschaften *auszusenden* und die Organisation auf diesem Weg symbolisch-kognitiv zu prägen.

[61] Die Prozesshaftigkeit der *Grounded Theory* ermöglicht die empirische Eruierung der – wie Sofsky und Paris (1994: 13) es ausdrücken – „Organisation der Macht". Es konnten und sollten nicht nur die „Machtorte im Fertighaus", sondern auch der „Auf- und Umbau sozialer Macht", die Bestandsreparaturen und [ihr] Zerfall" untersucht werden.

[62] So schließt das im Auswertungsverfahren der empirisch fundierten Theoriebildung nach Strauss und Corbin (1996: 78) vorgesehene Kodierparadigma die Beachtung zahlreicher handlungsrelevanter Faktoren wie ursächliche Bedingungen, Kontext, Handlungsfolgen und intervenierende Bedingungen explizit mit ein (vgl. Abschnitt 2.3.2).

Kapitel V – Methodische Konzeption und Durchführung der Studie

und Sozialem Kapital in verschiedenen Phasen und Funktionen bereichernd in die Untersuchung einfließen.[63]

1.2 Die vergleichende Fallstudie als Forschungsansatz

In Relation zum übergeordneten methodologischem Paradigma und der konkreten Erhebungstechnik belegt der „Forschungsansatz" (Lamnek 1995b: 4ff) eine Zwischenebene. Er dient dazu, „die theoretischen Vorgaben der Methodologie in praktische Handlungsanweisungen [umzusetzen], ohne selbst Erhebungstechnik zu sein" (Lamnek 1995b: 7). In dieser Untersuchung wurde der Forschungsansatz der (vergleichenden) Einzelfallstudie gewählt. Aufgrund seiner spezifischen methodologischen Wesenszüge erscheint er dem Untersuchungsgegenstand angemessen und geeignet, die Erreichung der Forschungsziele zu befördern und zu sichern (vgl. Stake 2005: 443ff; Hauptmanns & Rogalski 1992: 214ff; Lamnek 2005: 301ff).[64]

Bei der Durchführung von Fallstudien sind zwei grundlegende Aspekte zu klären (vgl. Maurer 2003: 79f). Neben der Festlegung des im Rahmen der Studie zu untersuchenden Falls (1) ist die Frage zu beantworten, wie viele Fälle erhoben und analysiert werden sollen (2).

(1) Mit einer Fallstudie wird aus der Gesamtheit aller Elemente der sozialen Welt ein interessierender Teilaspekt herausgegriffen (vgl. Stake 2005: 444). Dieser zu analysierende Teilaspekt konstituiert die Untersuchungseinheit der Erhebung, den Fall. Letzterer lässt sich somit definieren als ein spezifisches soziales Phänomen in einem abgrenzbaren Kontext (vgl. Maurer 2003: 78). Die Festlegung der Untersuchungseinheit einer Fallstudie sollte sich wiederum an Gegenstand und Zielsetzung des konkre-

---

[63] Die vorliegende Literatur zum Thema spielte in allen Untersuchungsphasen eine zentrale Rolle. Sie wurde für die erste Einarbeitung in das Feld, bei der Auswahl der Fälle, während der Auswertung und auch bei der abschließenden Diskussion der Ergebnisse herangezogen (vgl. Strauss & Corbin 1996: 33ff; Wiedemann 1991: 442).

[64] Der Beleg dieser Aussage weist enge argumentative Parallelen zur Begründung der Wahl der *Grounded Theory* als theoretische Basis auf (vgl. Abschnitt 1.1). Zur Vermeidung inhaltlicher Redundanz seien an dieser Stelle mit den Aspekten der *Offenheit* und *des theoriegenerierenden Potenzials* lediglich zwei methodisch besonders relevante Gesichtspunkte von Fallstudien herausgegriffen. (1) *Offenheit*: Fallstudien gelten als für die (erstmalige) Exploration eines weitgehend unerforschten Phänomens besonders geeignet (vgl. Stake 2005: 444ff; Yin 1994: 13ff), da sie eine voraussetzungslose Herangehensweise an das empirische Feld ermöglichen bzw. erfordern. Zwar wurde auch im Rahmen der vorliegenden Untersuchung die Fragestellung der Forschung vorab unter theoretischen Aspekten umrissen; allerdings gipfelte die theoretische (Vor-)Strukturierung nicht im Hypothesensatz (vgl. Hoffmann-Riem 1980: 343ff; Miles & Huberman 1994: 29ff; Flick 1995: 150ff). (2) *Theoriegenerierende Funktion*: Die „unbestrittene Stärke" (Hauptmanns & Rogalski 1992: 215) von Fallstudien liegt in ihrer Verwendung zur Generierung von Konzepten, Hypothesen und Theorien (vgl. Eisenhardt 1989). Mit Lamnek (1995b: 34) dürfen Fallstudien „nicht bei der reinen Reproduktion der Kommunikationsinhalte stehen bleiben; sie sollen interpretierend und typisierend sein." In dieser zuletzt genannten, typisierenden Funktion wurde in diesem Forschungsprojekt auf Fallstudien zurückgegriffen.

Kapitel V – Methodische Konzeption und Durchführung der Studie

ten Forschungsvorhabens orientieren (vgl. Yin 1993: 48). Als Untersuchungseinheiten der vorliegenden Studie gelten demgemäß die Networkingaktivitäten von Leitungspersonen in ihrer Einbettung in und ihrer strukturellen Auswirkung auf soziale Netzwerke. Die befragten Führungskräfte sind im Rahmen des vorliegenden Forschungsprojekts Untersuchungsobjekte.

(2) Im Extremfall beschränkt sich der Untersuchungsansatz der Fallstudie auf die Analyse eines einzigen Falles. Erst durch die Einbeziehung mehrerer Fälle in einer vergleichenden Fallstudie wird es jedoch möglich, Gegenüberstellungen vorzunehmen und auf diese Weise Ähnlichkeiten und Unterschiede zwischen den Fällen herauszuarbeiten sowie Aussagen von theoretischer Relevanz zu machen. (vgl. Stake 2005: 457). Wegen des Rückgriffs auf mehrere Fälle gelten die Ergebnisse vergleichender Fallstudien in Relation zur Einzelfallstudie im Allgemeinen als aussagekräftiger und belastbarer (vgl. Eisenhardt 1989: 542). Aus diesem Grund wurde für die Untersuchung der Ansatz der vergleichenden Fallstudie gewählt. Es wurden insgesamt 13 Fälle erhoben und analysiert.

2 Durchführung der Untersuchung

Die Ausführungen dieses Abschnitts dokumentieren die Phasen der empirischen Untersuchung. Die folgende Präsentation des Forschungsdesigns als lineare Abfolge einzelner Untersuchungsschritte verbirgt, dass sich die Untersuchungsschritte tatsächlich zeitlich und inhaltlich stark überlappen.[65] Diese Überschneidungen sind in der *Grounded Theory* angelegt und gelten als ein wesentliches Charakteristikum des Forschungsstils (vgl. Strauss & Corbin 1996: 148ff; Wiedemann 1991: 441ff; Eisenhardt 1989: 539). Überschneidungen bestehen insbesondere zwischen der Erhebungs- und der Auswertungsphase, die im Forschungsprozess iterativ-kumulativ durchlaufen werden.[66] Die anschließenden Erläuterungen zu Stichprobenbildung (vgl. Abschnitt 2.1), Erhebung (vgl. Abschnitt 2.2) und Auswertung (vgl. Abschnitt 2.3) der Untersuchung sollten vor diesem speziellen methodologischen Hintergrund gelesen werden.

---

[65] Die Auswertungslogik der *Grounded Theory* insgesamt lässt sich nicht als linearer Prozess auffassen. Es handelt sich um ein zirkuläres Vorgehen, in dessen Verlauf die Forschenden gedanklich um die empirischen Textdaten kreisen. Dabei gelangen sie spiralförmig auf ein immer höheres Abstraktions- und Erkenntnisniveau und entfernen sich sukzessive vom Material. Dieses zirkulierende Vorgehen soll am Ende in die Formulierung einer Theorie-(skizze) münden, die zwar in den empirischen Daten begründet (*grounded*) ist, aber dennoch über diese hinausweist und einem Erklärungsanspruch mittlerer Reichweite gerecht zu werden sucht (vgl. Truschkat et al. 2005: 26ff; Kelle 1994: 289ff).

[66] Dieser hierin nur angedeutete Prozess soll so lange durchlaufen werden bis ein Zustand theoretischer Sättigung erreicht wird. Dieser ist dadurch gekennzeichnet, dass durch den erneuten Durchlauf weiterer Erhebungs- bzw. Auswertungsschleifen keine zusätzlichen theoretischen Erkenntnisse mehr erreicht werden (vgl. Strauss 1991: 49; Strauss & Corbin 1996: 149ff; Truschkat et al. 2005: 42ff; Lamnek 2005: 109ff; Muckel 2001: 6; Abschnitt 3.2)

Kapitel V – Methodische Konzeption und Durchführung der Studie

2.1 Stichprobenbildung

Die *Grounded Theory* bezieht die Auswahl der zu untersuchenden Fälle explizit in das soeben angedeutete iterative Forschungsverfahren mit ein. Idealtypisch sehen Strauss und Corbin (1996: 148ff) vor, erst nach der Erhebung und Auswertung *eines* (Anker-)Falles das nächste zu erhebende und auszuwertende Material zu bestimmen (vgl. Mey 1998: 157f). Dieser Empfehlung wurde im Rahmen der vorliegenden Untersuchung nicht uneingeschränkt gefolgt. Vielmehr wurde nach Durchführung von zwei Pilotinterviews zur inhaltlichen Einstimmung und zur Entwicklung und Einübung der Interviewtechnik (vgl. Abschnitt 2.2) ein modifiziertes, zweistufiges Verfahren für die Stichprobenbildung gewählt.[67]

2.1.1 Erstinterviews

Der Einstieg in die Empirie erfolgte mittels des in Kapitel VI und im Anhang der Arbeit ausführlich vorgestellten Ankergesprächs mit Herrn Anton. Dieses wurde transkribiert und ausgewertet. Erst im Anschluss daran wurden mit 12 weiteren Leitungskräften Erstinterviews geführt. Die befragten Personen wurden nicht zufällig, sondern auf Grundlage eines „theoretischen Samplings" (Wiedemann 1991: 441) ausgewählt (vgl. Kelle et al 1993: 63; Lamnek 1995b: 92). Maßgeblich für die Auswahl in diesem ersten Untersuchungsschritt war das Bestreben, eine homogene Stichprobe zu bilden, in der „theoretisch bedeutsame Verzerrungen vermieden werden" (Kelle et al. 1993: 65). Die Tabelle 3 verdeutlicht, anhand welcher Kriterien die Partner für die Erstinterviews ausgewählt wurden.

---

[67] Für die hier vorgenommene Anpassung der *Grounded Theory* sprachen *theoretische* (1), *forschungsprogrammatische* (2) und *forschungspraktische* Aspekte (3). (1) Angesichts der Intransparenz des Untersuchungsgegenstands Networking für Außenstehende erschien es bei der Planung der Erhebung als sehr fraglich, ob und wie durch die Auswertung des Erstinterviews theoretische und von außen beobachtbare Merkmale entwickelt werden können, die eine zielgerichtete und begründete Auswahl eines zweiten – zum Beispiel möglichst kontrastreichen – Falls erlaubt hätten. (2) Auch forschungsprogrammatische Gründe sprachen für eine Modifikation des Verfahrens. So kritisiert etwa Mey (1998: 158) zu Recht, „dass sich im Laufe der Bearbeitungszeit der gewonnene Wissenszuwachs für die Forschenden sukzessive auch auf die Interviewstrategien und auf die auszulotenden Wissensaspekte auswirkt, so dass durch die veränderten Untersuchungsbedingungen die Inhalte des ersten Interviews nur schwerlich mit dem zuletzt geführten Interview vergleichbar" bleiben. Die Bedingungen für die Formulierung einer neuen Theorie werden somit verschlechtert. (3) Daneben hätten sich gerade für die vorliegende Untersuchung bei einer Übernahme der von Strauss und Corbin entworfenen Vorgehensweise forschungspraktische Schwierigkeiten ergeben. Die terminliche Situation auf Seiten der Gesprächspartner war teilweise problematisch. So lagen in einem Fall zwischen der Erstansprache und dem eigentlichen Gespräch mehrere Verschiebungen und ein Zeitraum von über einem halben Jahr. Der Untersuchungszeitraum hätte so auf unbestimmte Zeit ausgedehnt werden müssen (vgl. Mey 1998: 157ff).

Kapitel V – Methodische Konzeption und Durchführung der Studie

Auswahlkriterium	Ausprägung
Berufliche Anfangssituation	Zum Zeitpunkt des Erstinterviews maximal sechs Monate in der neuen Organisation
Hierarchische Position	Zweite oder dritte Führungsebene mit Personalverantwortung
Unternehmensgröße	Mittlere bis große Unternehmen mit mindestens 200 Angestellten
Geschlecht	Männlich

Tabelle 3: Auswahlkriterien für die Erstinterviews

Auf Ähnlichkeit hinsichtlich der in der Tabelle 3 aufgeführten Kriterien wurde Wert gelegt, um die strukturellen Ausgangsbedingungen in allen untersuchten Fällen vergleichbar zu halten und systematische Verzerrungen im Vorfeld so gering wie möglich zu halten.[68]

2.1.2 Zweitinterviews

Die Globalauswertungen des Ankerfalles und der zwölf zusätzlichen Erstinterviews bildeten im zweiten Schritt die Basis für den sukzessiven Auswertungsprozess entsprechend der methodischen Empfehlungen von Strauss und Corbin. Das bedeutet, dass zunächst ausgehend von den Ergebnissen der Auswertung des Ankerfalls als nächstes derjenige Fall für die Analyse herangezogen wurde, der für die Erfassung

---

[68] Für alle vier genannten Samplingkriterien gilt, dass sie in der Literatur als geeignet beschrieben werden, die Networkingaktivitäten und die daraus resultierenden Vernetzungen der fokalen Person strukturell beeinflussen zu können (vgl. Kelle et al. 1993: 65). So wurde für die hier vorgestellte Studie davon ausgegangen, dass die Networkingfinalität eines Akteurs dann besonders klar zu Tage tritt, wenn jemand noch nicht auf etablierte soziale Interaktionsformen zurückgreifen kann. Ähnlich wie beim Schach verraten die Eröffnungszüge viel darüber, was der Schachspieler beabsichtigt, und sie prägen das gesamte folgende Spiel. Um die Ausgangssituation vergleichbar zu halten, wurden nur Leitungskräfte interviewt, die gerade neu in eine Organisation eingetreten waren. Eine unterschiedlich lange Zugehörigkeit zum Unternehmen hätte eine systematische Verschiebung der Ausgangsvoraussetzungen bedeuten können (vgl. Krackhardt 1996). Analoges wäre für den Fall einer unterschiedlichen hierarchischen Positionierung anzunehmen, da von vornherein ein Ungleichgewicht bei der Verteilung strukturell-formaler Machtpotenziale herrschen würde. Mintzberg (1983: 10) argumentiert, dass auch die Größe einer Organisation die Strategien ihrer Mitglieder beeinflussen kann: Je größer ein Unternehmen ist und je mehr Angestellte es hat, desto mehr Raum ergibt sich für mikropolitisches Agieren. Unterschiedliche Geschlechtszugehörigkeit wird in der Literatur ebenfalls als eine mögliche Quelle systematischer Verzerrungen gesehen. Es ist angesichts der vorliegenden Forschungsergebnisse davon auszugehen, dass sich Frauen und Männer in ihrem Networkingverhalten unterscheiden (vgl. Forret & Dougherty 2004; Neuberger 1995: 118ff; Bolino & Turnley 2003).

Kapitel V – Methodische Konzeption und Durchführung der Studie

des Feldes und die Weiterentwicklung theoretischer Konzepte als am besten geeignet schien (vgl. Strauss & Corbin 1996: 148ff; Eisenhardt 1989: 537). Die Auswahl des dritten Falls (und aller weiterer Fälle) erfolgte anschließend immer auf Grundlage der Ergebnisse des jeweils zuvor ausführlich interpretierten Interviews.

Entgegen der auf Homogenität ausgelegten Strategie der ersten Samplingphase ging es in diesem zweiten Schritt der Stichprobenbildung wesentlich darum, eine möglichst große Vielfalt empirisch vorfindbarer Networkingstrategien und ihrer Konsequenzen zu untersuchen. Aus Gründen der Erhöhung der Güte des Forschungsprozesses und des intensivierten Einbezugs dynamischer Netzwerkaspekte wurden auf Grundlage der Auswertung der Ersterhebungen mit ausgewählten Gesprächspartnern etwa sechs Monate nach dem ersten Kontakt zusätzlich Zweitinterviews geführt.[69]

Die folgende Tabelle 4 enthält eine vollständige Übersicht der bearbeiteten Fälle. Die alphabetische Ordnung der Namen (Spalte 1) spiegelt die Reihenfolge der Darstellung innerhalb der Untersuchung wider (vgl. Kapitel VI und VII). Die zweite Spalte gibt an, an welcher Stelle in der zeitlichen Reihe der Erstinterviews die Gespräche standen, während in der dritten Spalte die Abfolge der Auswertung repräsentiert ist. Der vierten Spalte der Tabelle 4 kann entnommen werden, mit welchen Gesprächspartnern ein Zweitinterview geführt wurde.

Fall	Erstinterview	Auswertung	Zweitinterview
Anton	Nr. 1	Nr. 1	Ja
Bernhard	Nr. 4	Nr. 3	Ja
Cäsar	Nr. 6	Nr. 7	Ja
Dietrich	Nr. 11	Nr. 5	Ja
Emil	Nr. 7	Nr. 11	Ja
Friedrich	Nr. 8	Nr. 2	Ja
Gustav	Nr. 2	Nr. 4	Ja
Heinrich	Nr. 13	Nr. 9	Nein
Igor	Nr. 3	Nr. 8	Nein
Konrad	Nr. 12	Nr. 10	Nein
Ludwig	Nr. 9	Nr. 12	Nein
Michael	Nr. 5	Nr. 13	Nein
Norbert	Nr. 10	Nr. 6	Nein

Tabelle 4: Gesprächsübersicht zweite Samplingphase

---

[69] Zweitinterviews wurden in allen sechs Fällen (Anton, Bernhard, Cäsar, Dietrich, Emil und Friedrich) durchgeführt, die in den Kapiteln VI und VII als prototypische Fälle der in Kapitel VIII entwickelten Typologie vorgestellt werden.

Kapitel V – Methodische Konzeption und Durchführung der Studie

2.2 Erhebung

Die Ausführungen dieses Abschnitts widmen sich der in der Untersuchung eingesetzten Erhebungstechnik des problemzentrierten Interviews und der Schilderung der konkreten Durchführung der Erst- und Zweitgespräche.

2.2.1 Das problemzentrierte Interview als Erhebungstechnik

Der Forschungsansatz der vergleichenden Fallstudie ist methodenoffen und an keine bestimmte Erhebungstechnik geknüpft. Die Auswahl der konkreten Erhebungsmethode ist wiederum an der wissenschaftlichen Zielsetzung auszurichten. In diesem Zusammenhang wurde das problemzentrierte Interview nach Witzel (1985; 1996) als grundsätzlich geeignet und passend erachtet, wobei methodische Anpassungen an den Untersuchungsgegenstand vorgenommen wurden (vgl. Lamnek 1995b: 62ff).[70]

Beim problemzentrierten Interview handelt sich um eine qualitative Erhebungstechnik, die als semistrukturiert zu klassifizieren ist und mit Hilfe eines Leitfadens geführt wird. Es bezweckt, „den interessierenden Gegenstandsbereich in seiner Vollständigkeit abzutasten und kürzelhafte, stereotype oder widersprüchliche Explikationen der Interviewten zu entdecken und durch Nachfragen weiter zu explorieren" (Witzel 1985: 235). Das mit der Erhebungsmethode verbundene Erkenntnisinteresse erstreckt sich sowohl auf die im Zentrum einer Forschungsfrage stehenden Tatbestände als auch auf deren subjektive Verarbeitung (vgl. Mey 1998: 142).

Neben diesen allgemeinen Funktionen weist das problemzentrierte Interview weitere Charakteristika auf, die es als besonders passend für die Untersuchung mikropolitischer Networkingaktivitäten erscheinen lassen.

(1) In seiner *erklärungsexplorierenden* Funktion geht es über die Deskription von Erlebnissen hinaus und befördert in verstärktem Maße auch die Explizierung von Begründungen und Kausalzusammenhängen (vgl. Mey 1998: 142ff). Die Exploration von Sinnzusammenhängen (z.B. zu Bedingungen, Ursachen und Folgen spezifischer Vernetzungen) erhält so innerhalb dieser Interviewform einen hohen Stellenwert. Damit wird das problemzentrierte Interview in besonderer Weise den strategischen Aspekten und der Kontextbezogenheit mikropolitischen Handelns gerecht.

(2) Der betont *diskursiv-dialogische* Einsatz der Erhebungstechnik intensiviert und vervielfältigt den kommunikativen Austausch zwischen Befragten und Forschendem. Dem Interviewer kommt – z.B. in Relation zum narrativen Interview – eine wesentlich aktivere Rolle zu. Dadurch wird das wechselseitige Beziehungserleben auf bei-

---

[70] In der Folge werden nur diejenigen Aspekte ausgeführt, die sich auf die konkrete Erhebungstechnik des problemzentrierten Interviews beziehen. Nur am Rande werden dagegen allgemeine Kriterien angesprochen, die darauf hindeuten, dass diese Interviewform zentralen Prinzipien qualitativer Forschung (wie zum Beispiel Gegenstandsorientierung, Prozessorientierung, Interpretativität, Naturalistizität, Kommunikativität und Offenheit) folgt (vgl. Witzel 1982: 66ff; Lamnek 2005: 20ff und 363ff).

Kapitel V – Methodische Konzeption und Durchführung der Studie

den Seiten tendenziell verstärkt, was gerade für die vorliegende Studie einen wesentlichen und erwünschten Effekt darstellte (vgl. Mruck & Mey 1997; Lamnek 2005: 22f; Mruck et. al. 2003; Abschnitt 2.2.2).[71]

(3) Die aktive Rolle des Befragenden stärkt gleichzeitig auch die *theorieoffene* Gestalt der Gesprächsform. Sie sieht die Einführung sensibilisierender theoretischer Konzepte, wie sie im Rahmen dieser Studie vor allem in Zusammenhang mit Sozialem Kapital vorlagen, durch den Interviewenden ausdrücklich vor (vgl. Mey 1998: 142). Zwar obliegt im problemzentrierten Interview die Konzeptgenerierung grundsätzlich immer noch den Befragten; deren Äußerungen können und sollen jedoch bereits während des Gesprächs in den Kontext eines in groben Zügen bestehenden wissenschaftlichen Rahmens eingebettet werden (vgl. Maurer 2003: 95; Mey 1998: 150ff; Wiedemann 1991: 442).

(4) Der *vergleichssichernde Charakter* der Erhebungstechnik konkretisiert sich nicht nur in der Einbeziehung eines Leitfadens, sondern auch in der Möglichkeit, am Ende der Gespräche Adhoc-Fragen stellen zu können. Diese ließen sich insbesondere dazu nutzen, um Fragen und Konzepte aus der Theorie oder den Auswertungen anderer Fälle der Untersuchung unmittelbar anzusprechen und auf diesem Weg in das Interview einzubeziehen (vgl. Lamnek 2005: 104).

2.2.2 Aufbau der Interviews

Bei der Erhebung wurde in beiden empirischen Stufen auf problemzentrierte Interviews nach Witzel (1985) zurückgegriffen, deren ursprüngliche Konzeption jedoch speziell für die Untersuchung der Networkingaktivitäten von Leitungskräften modifiziert wurde.[72] Entgegen der ursprünglichen Variante wurde die einleitende Erzählphase nicht nur mit einem, sondern mit zwei erzählgenerierenden Impulsen gestaltet. So bezog sich eine erste gesprächsöffnende Frage in allen Erstgesprächen zunächst allgemein auf die Person und den bisherigen Karriereverlauf.[73] Erst danach erfolgte

---

[71] So konnten etwa in der dritten Phase der Gespräche („Spezifische Sondierungen") Anhaltspunkte dafür gewonnen werden, wie die betreffende Leitungskraft auf Konfrontation reagiert. Neben der dadurch erreichten und methodisch gewollten Verstärkung des Beziehungserlebens bezieht sich die Erwünschtheit auch auf die spezifische Erwartungshaltung bei der Befragung von Leitungskräften. Die Bereitschaft zur Teilnahme an der Studie wurde teilweise explizit an die Bedingung geknüpft, etwas über sich zu erfahren und Feedback zu erhalten.

[72] Die Modifikation der Erhebungstechnik ist ein Ergebnis der beiden Pilotinterviews, die noch vor dem Ankerinterview geführt wurden. In diesen Gesprächen wurde deutlich, dass der direkte inhaltliche Einstieg mit einer offenen erzählgenerierenden Frage zu einem intimen Thema wie Networking mit Risiken behaftet ist. Der (zu) direkte Gesprächseinstieg führte in einem Pilotinterview zu einer Störung der Beziehungsebene, die im Lauf des Gesprächs nicht mehr vollständig ausgeräumt werden konnte.

[73] Der erzählgenerierende Impuls in den Erstinterviews beinhaltete die Bitten nach einer Selbstvorstellung und einer Schilderung des beruflichen Werdegangs. Die Beantwortung dieser Fragen fiel den Interviewpartnern leicht und wurde sehr offen und bereitwillig vorgenommen. Da-

Kapitel V – Methodische Konzeption und Durchführung der Studie

der thematische Wechsel zum Networking, der mit einer spielerischen Übung einge-
leitet wurde: Die Interviewten wurden gebeten, ihre Kontakte in der Organisation
aufzulisten und zu sortieren, welche Person über wie viel Einfluss im Unternehmen
verfügt. Jedem Kontakt wurde eine Münze mit einer bestimmten Wertigkeit entsprechend des wahrgenommenen Einflusses symbolisch zugeordnet. Anschließend wurden die Interviewten gebeten, diese Münzen räumlich als Soziogramm ihrer Lage im
Unternehmen anzuordnen und die Beziehungen zwischen den Akteuren zu beschreiben (vgl. Minuchin 1979). Während des Ordnungsvorgangs sollten sie ihre Gedanken
und Handlungen frei assoziieren und kommentieren.[74]

Auch die Zweitgespräche, die jeweils etwa ein halbes Jahr nach dem Einstiegsinter-
view stattfanden, wurden als problemzentrierte Interviews gestaltet. Sie unterschieden sich von den Erstgesprächen hinsichtlich der einleitenden Frage, mit der auf der
zweiten Erhebungsstufe direkt die Veränderungen im Netzwerk der befragten Person
seit dem Erstgespräch angesprochen werden konnten.[75] Inhaltliche Abweichungen zu
den Erstgesprächen bestanden darüber hinaus in der besonderen Betonung der Folgen
von Networkinghandlungen.

---

durch gewannen sie Sicherheit und Vertrauen zur Situation und zu mir, was sich wiederum positiv auf ihre anschließenden Aussagen zu ihren Networkinghandlungen und Netzwerken aus-
wirkte. Abgesehen davon lieferten die Passagen, in denen sich die Leitungskräfte selbst vor-
stellten und mit mir in Kontakt brachten, wertvolle Anhaltspunkte für die Validierung der Interpretationsergebnisse am Material. Grundlage dieser Auswertungsstrategie ist die Annahme,
dass sich die befragten Personen im Erstkontakt mit mir ähnlich verhalten wie sie auch ihren
Interaktionspartnern in ihrem Netzwerk begegnen. Daher besaß die Reflexion des Beziehungserlebens eine zentrale Bedeutung (vgl. Abschnitt 3).

[74] Die weiteren Phasen der Gespräche entsprachen jenen des problemzentrierten Interviews nach
Witzel (1985; vgl. Lamnek 2005: 363). Im Anschluss an die Ersterzählungen folgte eine Phase
detailfördernden Nachfragens. Diese „allgemeinen Sondierungen" (Witzel 1985: 242) standen
immer noch im Dienst der Materialgenerierung und sollten dazu beitragen, „den roten Faden
der Problemsicht vom Untersuchten immanent aufzufächern" (Witzel 1985: 244). Dabei wurde
darauf geachtet, dass die Nachfragen in dieser Phase in den Kontext der offenen Erzählphase
integriert sind. Das bedeutete unter anderem, dass sich Nachfragen nur auf Netzwerkaspekte
und Personen bezogen, die der Gesprächspartner von sich aus angesprochen hatte. Die dritte
Phase der Gespräche diente der spezifischen Sondierung und besaß einen verständnisgenerie-
renden Fokus. Sie beinhaltete Verständnisfragen, Zurückspiegelungen und Konfrontationen, die
sich zum Beispiel auf wahrgenommene Widersprüche in der Einschätzung der Qualität der Beziehungen zu anderen Personen bezogen. Danach erfolgte der Wechsel in eine „Adhoc-Phase",
in der bisher nicht angesprochene, aber theoretisch relevante Aspekte thematisiert werden konnten. An dieser Stelle wurde zum Beispiel direkt nach unternehmensinternen Kontrahenten gefragt, sofern diese im bisherigen Verlauf der Gespräche noch nicht angesprochen worden war-
en.

[75] Die einleitende Formulierung für die Zweitinterviews lautete: „Ich möchte Sie bitten, an die
Zeit unseres ersten Gesprächs vor sechs Monaten zurückdenken. Wie hat sich seitdem Ihr
Netzwerk innerhalb der Organisation entwickelt?"

Kapitel V – Methodische Konzeption und Durchführung der Studie

2.2.3 Kontaktaufnahme und Durchführung der Interviews

Aufgrund der Methodik der *Grounded Theory* und des Längsschnittdesigns der vorliegenden Studie erstreckte sich die Phase der Datenerhebung über einen Zeitraum von etwa 20 Monaten. Zur Unterstützung bei der Suche nach Interviewpartnern konnte eine Personalberatung als Kooperationspartner gewonnen werden, die auf die professionelle Suche und Vermittlung von Leitungspersonen spezialisiert ist. Diese Firma stellte eine Liste mit Namen von kürzlich vermittelten Managern zur Verfügung, die den oben benannten Kriterien entsprachen, und stellte jeweils einen ersten Kontakt her. Alle auf diesem Weg identifizierten Personen erklärten sich zur Teilnahme bereit. Daneben wurden in drei Fällen Personen über private Kontakte direkt angesprochen.

Die Gespräche, die zwischen einer und zwei Stunden dauerten, fanden mit zwei Ausnahmen in den jeweiligen Büros der Leitungskräfte statt.[76] Dadurch wurde nicht nur der methodologischen Empfehlung nach Naturalistizität entsprochen; es bestand darüber hinaus auch die Möglichkeit, sich ein Bild vom Unternehmen und dem räumlichen und sozialen Umfeld der befragten Person zu machen. Die entstandenen Eindrücke wurden als Prä- bzw. Postskript zum Gespräch aufgezeichnet und in der Auswertung mit verarbeitet. Gegenstand dieser ergänzenden Aufzeichnungen und der späteren Auswertung waren zudem auch die Wahrnehmungen und Notizen des Interviewenden zum Beziehungserleben während der Gespräche.

Die inhaltliche Schwerpunktsetzung und Steuerung der Gespräche lag überwiegend in Händen der Befragten. Das bedeutete insbesondere, dass die von ihnen in den Erzählphasen eingeführten Themen Vorrang hatten vor den vorab im Leitfaden niedergelegten Inhalten.[77] Erst in den abschließenden Phasen der Interviews spielte der Leitfaden eine bedeutsamere Rolle, indem am Ende noch offene Themen unmittelbar angesprochen wurden. Die befragten Personen gaben nach Abschluss der Gespräche durchgehend an, insbesondere die Einbeziehung der soziografischen Übung als für sich freudvoll und erkenntnisreich erlebt zu haben. Aus der daraus entstandenen grundsätzlichen Aufgeschlossenheit für das Thema erklärt sich meines Erachtens die allgemein große Offenheit der Gesprächspartner während der Interviews, in denen auch vertrauliche und persönliche Themen zur Sprache kamen bzw. adressiert werden konnten.

---

[76] Ein Interview führte ich in den Privaträumen eines Managers, ein anderes in den Büros der Personalberatung, welche die Leitungskraft in seine neue Position vermittelt hatte.

[77] Der Stellenwert des Leitfadens entsprach damit dem bei Witzel (1985: 236), für den der Leitfaden nicht das „Skelett für einen strukturierten Fragebogen abgeben, sondern […] das Hintergrundwissen des Forschers thematisch organisieren" soll. Neue inhaltliche Schwerpunkte, die sich, wie zum Beispiel die Bedeutsamkeit sozialer Wahrnehmung in Netzwerken, erst während der Untersuchung herauskristallisierten, wurden flexibel in den Leitfaden aufgenommen (vgl. Maurer 2003: 95).

2.3 Auswertung

Der Prozess der Auswertung, in dessen Verlauf die Prä-, Trans-, und Postskripte der Interviews sowie weiteres empirisches Material sortiert, kategorisiert und abschließend zu theoretischen Aussagen verdichtet werden sollen, wird als methodologisch besonders kritische Phase im Verlauf qualitativer Forschungsprojekte gesehen (vgl. Lamnek 2005: 164ff und 199ff). Die Literatur zur qualitativen Sozialforschung hält keine rezeptartigen Auswertungsmethoden bereit, die erstens allgemein anerkannt und zweitens per se als geeignet zu beurteilen wären, den Forschenden zuverlässig vor Selbsttäuschung sowie unzuverlässigen und ungültigen Schlussfolgerungen zu schützen (vgl. Lamnek 2005: 199). Diese Problematik führt aus Gründen der Geltungssicherung qualitativer Arbeiten zur Notwendigkeit der Begründung und Offenlegung der gewählten Auswertungsverfahren und -schritte.

2.3.1 Erster Auswertungsschritt – Inhaltliche und emotionale Annäherung

Im Verlauf des dreistufigen Auswertungsverfahrens wurden unterschiedliche Analysemethoden kombiniert. Zur Erlangung eines ersten Überblicks über das Material wurden nach der vollständigen Transkription aller Gespräche und der Analyse des Ankerinterviews die zwölf weiteren Erstinterviews zunächst globalanalytisch ausgewertet (vgl. Böhm et al. 1992: 19ff; Bohnsack 2003: 134f). Neben der thematischen Erschließung, Gliederung und zusammenfassenden Nacherzählung der Texte beinhaltet diese Methode bereits die Erstellung von Memoranden, in denen erste weiterführende Ideen und Einschätzungen zum jeweiligen Fall festgehalten werden. In Ergänzung und Erweiterung dieses Verfahrens wurden in dieser Phase der Auswertung auch (Teil-)Methoden des Zirkulären Dekonstruierens nach Jaeggi, Faas und Mruck (1998) eingesetzt. Die drei Autorinnen regen an, für jeden Fall ein Motto zu formulieren, das im Kleid eines „subjektiv prägnanten Satzes" (Jaeggi et al. 1998: 7) einen metaphorischen Eindruck von der Textgestalt vermittelt. Diese Herangehensweise befördert die emotionale Auseinandersetzung mit dem Interview und lässt „durch die Hintertür" (Jaeggi et al. 1998: 7) eine Beziehung zum Text entstehen. Indem sie auf abstraktem und kondensiertem Niveau dazu einlädt, gedanklich und sprachlich weiter zu assoziieren, öffnet die Mottofindung die weitere Auswertung in emotionaler Hinsicht (vgl. Schmitt 2003; Miles & Huberman 1994: 250).[78]

---

[78] Für das Ankerinterview mit Herrn Anton wurde das Motto eines «sheriffs im Wilden Westen» gewählt. Es seien an dieser Stelle nur einige Assoziationen und Schlagworte genannt, die sich im Verlauf der weiteren Auswertung fruchtbar mit diesem Motto verbinden ließen: «claims abstecken», «wilder und zahmer Westen», «Duell», «show-down», «high-noon» «Hilfssheriffs», «branding», «Rauchende Colts», «fest im Sattel sitzen», «Drang zur territorialen Erweiterung und Eroberung», «Einsame Helden», «lonely ranger», «Kopfgeldjäger», «jemanden zur Strecke bringen», «den Skalp verlieren», «law and order», «Freiheit», «Gesetzlosigkeit», «Grenzenlosigkeit». Wichtige Kodes, die während der Auswertung entwickelt und in die Arbeit übernommen wurden, sind im Text durch französische Anführungszeichen («...») hervorgehoben. Bei

Kapitel V – Methodische Konzeption und Durchführung der Studie

Das konkrete Ergebnis dieses ersten Auswertungsschritts bestand neben der inhaltlichen Einordnung und Zusammenfassung in einer Vielzahl möglicher Interpretationsansätze, die inspiriert waren von einer reflektierten kommunikativen und emotionalen Aufladung der einzelnen Fälle.

2.3.2 Zweiter Auswertungsschritt – Analyse und Verdichtung

Die Interpretationsansätze und -ideen aus dem ersten Bearbeitungsschritt sind noch als generelle, intuitiv gewonnene Eindrücke und darauf aufbauende Reflexionen einzuordnen. Der sich anschließende zweite Bearbeitungsabschnitt zielt auf die systematische Auslegung des Textes und folgt methodisch in weiten Teilen der Interpretationslogik der *Grounded Theory* nach Strauss und Corbin (1996; 2005) mit den Teilschritten des offenen (1), des axialen (2) und des selektiven (3) Kodierens (vgl. Wiedemann 1991: 443; Kelle 1994: 322ff; Mey 1998: 167ff).

(1) Offenes Kodieren

Die Auswertungsansätze aus dem einleitenden Interpretationsschritt bilden den Einstieg in die Phase des offenen Kodierens. Dabei fungieren sie als gedankliche Startpunkte und interpretative Leitlinien zur Inspiration und Öffnung des weiteren Kodierprozesses. Sie geben eine erste Suchrichtung vor und besitzen damit einerseits grundlegenden Charakter; andererseits bleiben sie gleichzeitig auch immer nur vorläufig, indem auf den Text bezogen geprüft wird, „inwieweit diese Gedanken noch im Einklang mit der Textgestalt sind" (Jaeggi et al. 1998: 7).

Damit sind bereits wesentliche Aspekte des offenen Kodierens angesprochen, das sich mit Strauss und Corbin allgemein als Prozess des Aufbrechens, Untersuchens, Vergleichens, Konzeptualisierens und Kategorisierens der Textdaten beschreiben lässt:

> „Offenes Kodieren stellt in der *Grounded Theory* den analytischen Prozess dar, durch den Konzepte identifiziert und in Bezug auf ihre Eigenschaften und Dimensionen entwickelt werden. Die grundlegenden analytischen Verfahren, mit denen das erreicht wird, sind: das Stellen von Fragen an die Daten, und das Vergleichen hinsichtlich Ähnlichkeiten und Unterschieden zwischen jedem Ereignis, Vorfall und anderen Beispielen für Phänomene. Ähnliche Ereignisse werden benannt und zu Kategorien gruppiert." (Strauss & Corbin 1996: 54f)

Den im Material auftauchenden Phänomenen werden begrifflich-konzeptionelle Bezeichnungen (=Kodes) zugewiesen.[79] Die den einzelnen Wörtern, Zeilen, Sätzen,

---

[79] ihnen handelt es sich *nicht* um wörtliche Zitate aus den jeweiligen Interviews. Diese sind mit deutschen Anführungszeichen („...") markiert (vgl. Kapitel VI, Abschnitt 1.1). Der sequenzanalytische Prozess des offenen Kodierens erstreckt sich zunächst auf *eine* begründet ausgewählte Passage, wie zum Beispiel den Gesprächseinstieg. Eine ausführliche Doku-

Kapitel V – Methodische Konzeption und Durchführung der Studie

Sinneinheiten oder Abschnitten vorläufig zugeordneten Kodes, sollen jedoch nicht in eine rein beschreibende Zusammenstellung bzw. Paraphrasierung münden. Vielmehr wird beim offenen Kodieren die Zuweisung theoretisch relevanter und gehaltvoller Konzepte zu den im Untersuchungsfeld vorgefundenen Ereignissen und damit die unmittelbare Übertragung der Interpretation auf eine höhere Abstraktionsebene angestrebt.[80] Es geht darum, die Hinterbühne des vordergründig Gesagten und Wahrgenommenen zu erschließen und begrifflich auszuleuchten (vgl. Böhm et al. 1992: 29).[81]

Spezifische Fragetechniken führen in Verbindung mit freien Assoziationen der Auswertenden dazu, dass sich die Interpretierenden zunächst immer weiter vom Material entfernen und in stetig größer werdenden Kreisbahnen um den Ausgangstext zirkulieren.[82] Die dabei (zunächst) abnehmende Textnähe ist mit Jaeggi, Faas und Mruck (1998) keineswegs automatisch gleichzusetzen mit einer zunehmenden Entfernung vom Sinngehalt (vgl. auch Mey 1998: 182f). Um dieser Tendenz entgegenzutreten, propagieren die Autorinnen „eine Art Wellenbewegung" (Jaeggi et al. 1998: 183), in deren Verlauf die Interpretation zuweilen nahe am Text verläuft und sich in anderen Passagen – gestützt auf die Intuition der Forschenden – von diesem entfernt. Die

---

         mentation dieses Auswertungsschritts findet sich für den Ankerfall Anton im Anhang der Arbeit.

[80]   Insbesondere während des zweiten Auswertungsschritts wurde für das Kodieren der Texte auf die qualitative Auswertungssoftware MAX.QDA2 zurückgegriffen. Sie erlaubt es in pragmatischer Weise, Codes zu vergeben, die entsprechenden Textstellen wieder aufzufinden und anschließend mehrere Interviews miteinander zu vergleichen.

[81]   Dazu findet sich beispielsweise bei Böhm, Legewie und Muhr (1992: 33) eine Liste von W-Fragen, die das Aufbrechen des Textes erleichtern sollen: Was? / Welches Phänomen wird angesprochen?; Wer? / Welche Akteure werden benannt und welche Rollen werden ihnen zugewiesen?; Wann? / Wie lange? / Wo? / Welche Bedeutung kommt der räumlich-zeitlichen Dimension zu?; Warum? / Welche Begründungen werden gegeben oder sind erschließbar?; Womit? / Welche Strategien werden verwandt?; Wozu? / Welche Konsequenzen werden antizipiert und wahrgenommen? Es wird für jede Frage „eine doppelte Antwort [angenommen]: (1) im Text genannte Sinnzusammenhänge (Interpretation des Phänomens durch den Sprecher bzw. den Textproduzenten), (2) vom Interpreten aufgrund seines Hintergrundwissens vermutete oder erschlossene Sinnzusammenhänge."
Die im Kodierprozess gewählten konzeptionellen Bezeichnungen entspringen mehreren Quellen. In klarer Abgrenzung von eigenen früheren Veröffentlichungen empfiehlt Strauss in späteren Publikationen zur Generierung von Kodes den Rückgriff auf die einschlägige Literatur zum Gegenstandsbereich (vgl. Kelle 1994: 324; Strauss & Corbin 1996: 31ff). Für die vorliegende Arbeit konnte dabei vor allem auf die Literatur zum Sozialen Kapital Bezug genommen werden, die diverse Modelle und Kriterien zur Beschreibung von Netzwerken bereithält (vgl. Kapitel III und IV).

[82]   Sowohl für die Öffnung der Interpretation als auch für die Rückkopplung an das Material hat es sich wegen der damit verbundenen Perspektiventriangulierung als äußerst sinnvoll erwiesen, bei der Interpretation in Auswertungsgruppen zu arbeiten (vgl. Mruck & Mey 1997; Kelle et al. 1993: 47). Aus diesem Grund erfolgte die Interpretation des Ankerinterviews und aller Fälle aus der zweiten Samplingstufe in Auswertungsgruppen.

Kapitel V – Methodische Konzeption und Durchführung der Studie

Abwärtsbewegung der Welle beschreibt den Prozess der Rückkopplung des intuitiv-assoziativ Gewonnenen an den Gesamttext mittels Vergleichen und systematischer Verankerungen an mehreren Stellen im Material (vgl. Strauss & Corbin 1996: 109ff; Bortz & Döring 2002: 309f; Lamnek 2005 104ff; Kelle et al. 1993: 52f).[83]

Die aus den interpretierten Textsequenzen abgeleiteten und gleichzeitig in diesen verankerten Kodes bilden das erste Zwischenergebnis des offenen Kodierens (vgl. Böhm et al. 1992: 43). Sie werden im letzten Schritt kategorisiert, indem Kodes „auf Unterschiede und Ähnlichkeiten hin untersucht und auf der Grundlage [dieses Vergleichs; FR] zu Kategorien zusammen gefasst" (Kelle 1994: 324) werden (vgl. Strauss & Corbin 1996: 49ff). Eine Kategorie bezeichnet eine mit einem Oberbegriff versehene Klassifikation, die diejenigen Konzepte beinhalten soll, die sich auf ein ähnliches Phänomen beziehen (vgl. Strauss & Corbin 1996: 43).[84]

(2) Axiales Kodieren

Das im offenen Kodierprozess erarbeitete vorläufige Begriffsnetz wird im anschließenden Schritt des axialen Kodierens weiter verdichtet und verfeinert.[85] Zunächst

---

[83] Bleibt man beim Bild der Wellenbewegung, so verläuft diese im weiteren Gang der Auswertung mit abnehmenden Amplituden. Die Interpretation verfestigt sich langsam und die Radikalität der Interpretationsentwürfe nimmt im Prozess tendenziell ab. Ausgehend von der Interpretation zunächst einer einzigen Textsequenz führt dieses Vorgehen zu einer sukzessiven begrifflichen und theoretischen Verdichtung des Kodes. Sie gewinnen schließlich zu einer Gestalt, welche in den Augen der Forschenden eine relative Stabilität aufweist und die sie mit der Zeit in die Lage versetzt, die Auswertung mit zunehmender Geschwindigkeit vorzunehmen (vgl. Strauss & Corbin 1996: 43ff).

[84] Im Anhang dieser Arbeit findet sich eine ausführliche Dokumentation des offenen Kodierens des Ankerinterviews und der dabei gewonnen theoretischen Kodes und Kategorien.
Das von Strauss und Corbin (1996: 43) vorgeschlagene Kategorisierungsprinzip („Verweis auf ein gemeinsames Gleiches") erweist sich in der praktischen Auswertungsarbeit als wenig eindeutig und hilfreich. Die definitorische Unschärfe gerade hinsichtlich der Unterscheidung und Zuweisung von (Sub-)Kategorien, Merkmalen und Dimensionen wird an dieser Stelle des Forschungsprozesses besonders offensichtlich und irritiert (vgl. Mey 1998: 168ff; Kelle 1994: 291; Muckel 2001). Es ist daher erforderlich, sich von der unrealistischen Erwartung zu lösen, es gebe für die Daten nur eine einzige richtige Ordnung, die zudem noch gleichsam automatisch aus den Daten emergiere (vgl. Abschnitt 3). Vielmehr bleibt (auch) der Prozess des Kategorisierens einer, der wesentlich beeinflusst wird von Interpretationen, subjektiven Einschätzungen und Vorlieben der Forschenden, der Strukturierung durch theoretische Vorannahmen, den Untersuchungszielen und dem gedanklichen Vorgriff auf den folgenden Schritt des axialen Kodierens (vgl. Kluge 1999: 158).

[85] „Obgleich offenes und axiales Kodieren getrennte analytische Vorgehensweisen sind, wechselt der Forscher zwischen diesen beiden Modi hin und her, wenn er mit der Analyse beschäftigt ist" (Strauss & Corbin 1996: 77). Insofern dürfen die von Strauss und Corbin entwickelten und hier nacheinander vorgestellten Auswertungsschritte „weder als klar […] trennbare Vorgehensweisen noch als zeitlich eindeutig getrennte Phasen des Prozesses verstanden werden. Sie stellen vielmehr verschiedene Umgangsweisen mit textuellem Material dar, zwischen denen der Forscher bei Bedarf hin- und her springt und die er miteinander kombiniert" (Flick 1995: 197).

werden diejenigen Kategorien ausgewählt, die aufgrund der vorhergehenden Auswertungsschritte und vor dem Hintergrund der Zielsetzung der Untersuchung als „für die weitere Ausarbeitung lohnend" (Böhm et al 1992: 48) erachtet werden. Sie werden als Achsenkategorien definiert, hinsichtlich ihrer Subkategorien und Merkmale weiter ausgearbeitet und anschließend entlang der „Achse der entstehenden Theorie" (Kelle 1997: 329) angeordnet.[86] Letztere besitzt die Gestalt eines allgemeinen Handlungsschemas, das als „paradigmatisches Modell" nach Strauss & Corbin (1996: 78), eine heuristische Grundstruktur vorgibt, anhand der die Achsenkategorien zueinander positioniert werden (vgl. Bohnsack 2003: 135f). Es dient dazu, die Achsenkategorien mit den jeweils zugehörigen Merkmalen in Relation zueinander setzen zu können und Zusammenhänge herauszuarbeiten. Anhand des Kodierparadigmas sollen die Ursachen, Konsequenzen, Handlungen (Strategien, Taktiken) und die Kontextbedingungen des untersuchten Phänomenbereichs ermittelt und mittels Kategorien gefasst werden (vgl. Strauss & Corbin 1996: 78ff; Kelle 1994: 327ff).[87]

(3) Selektives Kodieren

Die Auswertungsprozedur der *Grounded Theory* nach Strauss und Corbin (1996) findet ihren Abschluss im selektiven Kodieren, das nicht mehr auf der Ebene der unmittelbaren Materialarbeit stattfindet. Es werden auf einem abstrakteren Niveau die Ergebnisse des axialen Kodierens aufgegriffen und zunächst unter eine „Kernkategorie" (Strauss & Corbin 1996: 95) subsumiert.

> „Die Integration all dieser [im Verlauf des axialen Kodierens erarbeiteten; FR] Kategorien zu einer Theorie erfordert als ersten Schritt die Ermittlung des für den Geltungsbereich zentralen Phänomens und die Benennung der diesem Phänomen entsprechenden Kernkategorie." (Böhm et al. 1992: 63)

---

[86] Die Ausarbeitung der Relationen zwischen Kategorien rekurriert auf ähnliche Verfahren wie das offene Kodieren („Vergleichen", „Stellen von Fragen") und verläuft als Pendelbewegung zwischen „induktivem und deduktivem Denken" als ein „konstantes Wechselspiel zwischen Aufstellen und Überprüfen" von Zusammenhängen zwischen den und innerhalb der Achsenkategorien (Strauss & Corbin 1996: 89).

[87] Als „Phänomen" bezeichnen Strauss & Corbin (1996: 75 und 78ff) die zentrale Idee, das Ereignis, das Geschehnis, den Vorfall, auf den eine Reihe von Handlungen (Strategien) oder Interaktionen gerichtet ist, um ihn zu kontrollieren oder zu bewältigen. Aus diesen Handlungen wiederum erwachsen Konsequenzen. Der Kontext stellt den besonderen Satz von Bedingungen dar, in dem die Handlungs- und Interaktionsstrategien stattfinden. Intervenierende Bedingungen erleichtern oder hemmen den Einsatz der Strategien innerhalb eines spezifischen Kontexts.
Bei der Auswertung des Ankerinterviews (vgl. Kapitel VI) wurden drei Achsenkategorien ermittelt und detailliert ausgearbeitet (vgl. Kapitel VI, Abschnitt 1.3). (1) Die erste (handlungsorientierte) Kategorie betrifft das Bestreben Herrn Antons, mittels «Networkings» seine Macht im Unternehmen zu erweitern. (2) Die zweite Hauptkategorie bezieht sich auf die Konsequenzen der Networkingaktivitäten auf der Ebene des entstehenden «Netzwerks». (3) In der dritten Achsenkategorie wurde schließlich zusammengefasst, welche «Netzwerkfolgen» aus der entstehenden sozialen Konfiguration für Herrn Anton erwachsen.

Kapitel V – Methodische Konzeption und Durchführung der Studie

Die Kernkategorie soll sich erstens durch ihre Bedeutung und einen besonderen Erklärungswert für den in Frage stehenden Phänomenbereich sowie zweitens durch eine „zentrale Stellung im Begriffnetz" (Böhm et al. 1992: 60), also durch vielfältige Relationen zu den anderen (Achsen-)Kategorien auszeichnen. Zu ihrer Ermittlung und Ausarbeitung erachten Strauss und Corbin (1996: 94ff) es als hilfreich, die Auswertungsergebnisse entlang einer (möglichst kurzen) Geschichte (*story line*) inhaltlich zu verdichten, deren roter Faden auf das mit der Kernkategorie benannte zentrale Phänomen verweist (vgl. Bohnsack 2003: 137ff).

Die von Strauss und Corbin (1996: 95ff) entwickelte formalistische Vorgehensweise zur Entdeckung und analytischen Verfeinerung der Kernkategorie birgt bei zu rigoroser Anwendung die Gefahr, zu technokratische und zu abgehobene Zusammenfassungen ohne Bezug zur realen Person und ihrer Erlebensgeschichte entstehen zu lassen (vgl. Mey 1998: 222f). In argumentativer Analogie zu den Ausführungen von Mey erschien es daher angebracht, ergänzend auch auf einen von Jaeggi, Faas und Mruck (1998) empfohlenen emotionalen Zugang zurückzugreifen.

„Die Benennung der Kernkategorie ist weniger als logischer Oberbegriff gemeint, denn als Versuch der Akzentuierung einer psychologischen Gestalt. Diese Gestalt skizzieren wir dadurch, dass wir uns empathisch von allen bisherigen Arbeitsschritten anmuten lassen. Diese Anmutungsqualität darf allerdings nicht auf der Ebene der Intuition verbleiben, sondern braucht die Rückkopplung […] zum Ausgangsmaterial, so dass die konkreten Personen lebendig bleiben" (Jaeggi et al. 1998: 15).

Die methodische Kombination beider Verfahren hat dazu geführt, die Networkinggeschichten und -handlungen der befragten Leitungskräfte hinsichtlich ihrer finalen Aspekte zu beschreiben und zu vergleichen (vgl. Strauss & Corbin 1996: 119ff; Eisenhardt 1989: 540). Die Kernkategorie der vorliegenden Untersuchung fokussiert somit die Frage, *mit welchem Ziel* die Leitungskräfte innerhalb ihrer jeweiligen Organisation Kontakte auf- und ausbauen. Die (jeweils unterschiedliche) Finalität des Networkings der befragten Führungskräfte wird insgesamt als roter Faden der einzelnen Networkingstrategien und ihrer Auswirkungen auf der Ebene der sich bildenden Netzwerke gesehen.[88] Sie prägt und integriert als zentrales Phänomen die anderen

---

[88] Andere Aspekte des Networkinghandelns treten damit in den Hintergrund. Als solche deskriptiven Elemente einer Handlung unterscheidet etwa Rescher (1977: 1f): (1) Handlungssubjekt (*Wer* hat es getan?), (2) Akt-Typ (*Was* hat er getan?), (3) Modalität der Handlung (*Wie* hat er es getan?), (4) Kontext der Handlung (*In welchem Kontext* hat er es getan?) und (5) Gründe und Ursachen der Handlung (*Warum* hat er es getan?). Den letzten Punkt unterteilt Rescher wiederum in kausale (*Was war die Ursache* dafür, dass er es getan hat?), intentionale (*In welchem geistigen Zustand* hat er es getan?) und eben finale Aspekte (*Mit welchem Ziel* hat er es getan?). Die Betonung finaler Elemente des Networkinghandelns von Leitungskräften entspricht der organisationstheoretischen Annahme eines strategisch-planvollen Akteurs, der sich zielgerichtet mikropolitisch betätigt (vgl. Kapitel II, Abschnitt 2.2).

theoretischen Kategorien. Insofern werden die in den Kapiteln VI und VII vorgestellten Ergebnisse der Auswertungen der Einzelfälle immer im gedanklichen Rückgriff auf diese Kernfinalität des Networkings beschrieben und auch die Entwicklung der empirisch begründeten Networkingtypologie in Kapitel VIII auf diese Differenzierung aufgebaut.[89]

2.3.3 Dritter Auswertungsschritt – Typenbildung

Der dritte und letzte Schritt der Auswertung der Daten baut inhaltlich auf den Ergebnissen der beiden vorangegangenen Bearbeitungsphasen auf, greift jedoch deutlich über die Ebene des Einzelfalls hinaus (vgl. Eisenhardt 1989: 540f). Mittels des systematischen Vergleichs der Fälle *untereinander* soll eine Typologie des Networkings von beruflichen Leitungskräften in Organisationen entwickelt werden (vgl. Kapitel VIII). Dazu werden an dieser Stelle zunächst die theoretischen Konzepte Typologie und Typus und ihre erkenntnistheoretische Funktion eingeführt, bevor das hier verwendete Verfahren der empirisch begründeten Typenbildung nach Kelle und Kluge (1999; Kluge 1999 und 2000) vorgestellt wird.

2.3.3.1 Typologie und Typus

Eine Typologie ist das Ergebnis eines Gruppierungprozesses, in dessen Verlauf ein interessierender Objektbereich anhand eines oder mehrerer Merkmale geordnet wird. Jene Elemente des Objektbereichs, die einander hinsichtlich dieser Merkmale eher entsprechen als andere, werden zu Typen zusammengefasst.[90] Die Einteilung sollte so gestaltet sein, dass sich die einem Typus zugeordneten Elemente möglichst ähnlich sind (*interne Homogenität*), während sich die Typen untereinander möglichst deutlich unterscheiden (*externe Heterogenität*; vgl. Kluge 2000: 1 und 1999: 26f). Entscheidend für das Vorliegen einer theoretisch gehaltvollen Typologie ist, dass sich *alle* Typen anhand der *gleichen* Merkmale (=Dimensionen) differenzieren lassen, sich also im gleichen Merkmalsraum positionieren lassen (vgl. Barton 1955: 40).[91] Die

---

[89]   Diese Networkingfinalität wurde im Fall Anton als «Networking zur Okkupation extremer Druck- und Machtpositionen» benannt. Ausgehend von dieser zentralen finalen Handlungskategorie lassen sich die einzelnen Schritte der Networkingstrategie von Herrn Anton und ihre Auswirkungen auf sein intraorganisationales Netzwerk entfalten.

[90]   Diese sehr allgemeine Vorstellung des Typuskonzepts unterschlägt, dass der Typusbegriff in der sozialwissenschaftlichen Literatur sehr viele Facetten aufweist. In ihrer umfassenden Aufstellung stellt Kluge (1999: 51ff) mehrere Arten von Typen vor. Sie unterscheidet unter anderem Realtypen, Idealtypen, Extremtypen und Durchschnittstypen.

[91]   Werden Typen anhand jeweils unterschiedlicher Merkmale konstruiert, handelt es sich nicht um eine Typologie im wissenschaftlichen Sinn. In diesem Fall ist es nämlich nicht möglich, die einzelnen Typen systematisch miteinander bzw. mit dem Stand der Forschung in Beziehung zu setzen (vgl. Lamnek 2005: 232). „Nur wenn empirische Analysen mit theoretischem (Vor)-Wissen verbunden werden, können [...] `empirisch begründete Typen´ gebildet werden" (Kluge 2000: 6; Hervorhebung im Original).

Kapitel V – Methodische Konzeption und Durchführung der Studie

Unterschiede zwischen den Typen einer Typologie beruhen dann allein auf den unterschiedlichen Merkmalsausprägungen innerhalb eines geteilten Merkmalsraums. Bei der Bildung einer Typologie ist grundsätzlich nicht davon auszugehen, dass sich die soziale Wirklichkeit eindeutig in klare Kategorien fassen lässt. Es sind vielmehr vielfältige Abstufungen und unscharfe Übergänge zwischen den Typen zu erwarten (vgl. Kluge 1999: 74).

2.3.3.2 Funktionen von Typologien

Mit der empirisch begründeten Bildung einer Typologie des Networkings in Organisationen verbinden sich zwei methodologische Zielsetzungen (vgl. Kluge 1999: 43ff). (1) Zunächst versprechen Typologien auf deskriptiver Ebene einen *Gruppierungseffekt*, indem sie die Realität (begrifflich) ordnen, strukturieren und damit greifbarer machen. (2) Zweitens besitzen Typologien einen *heuristischen Wert*. So wird mit der im Rahmen der vorliegenden Untersuchung entworfenen Typologie angestrebt, die zunächst noch rein formale Einteilung in verschiedene Gruppen dazu zu nutzen, den „Sinn der dahinter liegenden *inhaltlichen* Ordnung zu analysieren" (Kluge 1999: 46; Hervorhebung im Original). Hinter den vordergründigen, empirisch auffindbaren und geteilten Merkmalen eines Typus verbergen sich innere Sinnzusammenhänge. Diese für das Networking von Leitungskräften in beruflichen Anfangssituationen aufzudecken, zu verstehen und zu erklären, ist Ziel dieser Untersuchung. Es werden dazu in Kapitel VIII drei Idealtypen des Networkings entworfen, in denen diese hinter der deskriptiven Ebene liegenden Zusammenhänge analysiert werden. Die Typologie erhält eine erklärend-heuristische Funktion auch dadurch, dass sie Verallgemeinerungen auf Basis der empirischen Daten vornimmt und zur Generierung von Hypothesen beiträgt (vgl. Kluge 1999: 46).

> „Typologien sind ein Vorgriff auf explizite Theoriebildung: sie haben zunächst heuristischen Wert, d.h. sie stimulieren Erkenntnisse und Forschungsprobleme."
> (Friedrichs 1983: 89)

2.3.3.3 Empirisch begründete Typenbildung

Der hier vorgestellte dritte Auswertungsschritt mit dem Ziel einer Typologisierung von Networkinghandlungen folgt in methodischer Hinsicht dem Verfahren der empirisch begründeten Typenbildung nach Kelle und Kluge (vgl. Kluge 1999: 257ff; Kelle & Kluge 1999: 75ff; Kluge 2000). Es sieht ein vierstufiges Vorgehen mit den Teilschritten Erarbeitung relevanter Vergleichskriterien (1), Gruppierung der Fälle und Analyse empirischer Regelmäßigkeiten (2), Analyse der inhaltlichen Sinnzusammenhänge und Typenbildung (3) sowie Charakterisierung der gebildeten Typen (4) vor. In Analogie zu den anderen Analysephasen lässt sich auch dieses qualitative Auswertungsverfahren als zirkulär-iterativer Prozess beschreiben, in dessen Verlauf insbesondere die drei ersten Stufen als Interpretationsschleifen mehrmals durchlaufen werden. Dabei wird angestrebt, mit jedem erneuten Durchlauf eine weitere Validierung und Verfeinerung des sich entwickelnden theoretischen Aussagesystems zu erreichen.

Kapitel V – Methodische Konzeption und Durchführung der Studie

Die folgende Abbildung 4 veranschaulicht den iterativen Charakter des gewählten Verfahrens in grafischer Form.

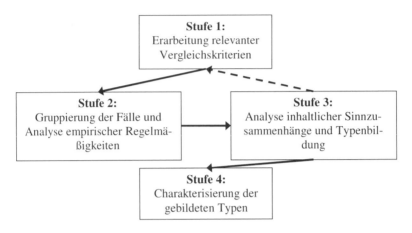

Abbildung 4: Stufenmodell empirisch begründeter Typenbildung
nach Kelle und Kluge (vgl. Kluge 2000: 11)

(1) Erarbeitung relevanter Vergleichskriterien

In den vorausgegangen Schritten der Datenauswertung wurden unterschiedliche, mit Networkingaktivitäten verbundene Finalitäten als Kernkategorien mikropolitischen Kontakthandelns spezifiziert. Die einzelnen Networkingfinalitäten wurden im Sinne von Strauss und Corbin (1996: 94ff) auf der Ebene des Einzelfalls als differenzierende Kernkategorien herausgearbeitet (vgl. Abschnitt 2.3.2). Sie wurden auch auf der darüber liegenden Ebene der in dieser Studie entfalteten Typologie als relevante Vergleichsdimensionen herangezogen.[92]

Der wiederholte systematische Vergleich der Finalitäten aller (Einzel-)Fälle führte letztlich zur Bildung eines dreidimensionalen Merkmalsraums. Dieser wird aufgespannt von den drei empirisch auffindbaren und konzeptionell abgegrenzten Networkingfinalitäten «Dominanz», «Solidarität» und *«Impression Management»* (vgl. Kapitel VIII, Abschnitt 3).

---

[92] In diesem Zusammenhang betont Kluge (1999: 74; Hervorhebung im Original), dass die Ausgestaltung des Merkmalsraums, der der Typologie zugrunde liegt, nicht auf rein induktivem Weg erfolgen kann. Vielmehr ist in dieser Phase „eine Reihe von *theoretisch fundierten* Entscheidungen erforderlich bzgl. der Auswahl der Merkmale, des Distanzmaßes [...] und bei der Auswahl einer der Fragestellung angemessenen Gruppierung." Die Frage, anhand welcher Merkmale eine Typologie gebildet wird, ist also letztlich eine, die nur die Forschenden selbst beantworten können. Sie werden diese Entscheidung von den vorliegenden Daten, dem theoretischen Vorwissen und dem Erkenntnisinteresse abhängig machen.

Kapitel V – Methodische Konzeption und Durchführung der Studie

(2) Gruppierung der Fälle und Analyse empirischer Regelmäßigkeiten

Im Anschluss daran wurden die Fälle hinsichtlich der genannten drei Vergleichsdimensionen (zunächst wiederum nur vorläufig) gruppiert. Diejenigen Fälle, die ähnlichen Positionen im Merkmalsraum zugeordnet werden konnten, wurden systematisch miteinander verglichen, um zu prüfen, ob und inwiefern sie einander im Sinne empirischer Regelmäßigkeiten entsprechen (interne Homogenität, vgl. Kluge 2000: 9; Bohnsack 2003: 137f). Fälle aus unterschiedlichen Gruppen wurden ebenfalls einer vergleichenden Analyse unterzogen, mit der geklärt werden sollte, ob auf der Ebene der vorläufigen Typologie genügend externe Heterogenität vorliegt und in welchen im Material auffindbaren Merkmalen sich diese manifestiert (vgl. Kluge 2000: 9; Gerhardt 1995: 438). Das diesen Schritt beschließende Ergebnis der vorliegenden Untersuchung besteht in der Einordnung aller Fälle in den dreidimensionalen Merkmalsraum der Networkingfinalitäten (vgl. Kapitel VIII, Abschnitt 2).

(3) Analyse der Sinnzusammenhänge und Typenbildung

Bezog sich der soeben dargelegte Schritt noch auf die Daten und die darin enthaltenen empirischen Muster, abstrahiert der dritte Schritt der Methode der empirisch begründeten Typenbildung in zunehmendem Maße vom Material. Auf dieser Stufe geht es darum, die inhaltlichen Sinnzusammenhänge zu eruieren, die den empirisch vorgefundenen Regelmäßigkeiten zugrunde liegen (vgl. Bohnsack 2003: 141f; Kluge 2000: 10f). Im Fokus stand dabei in dieser Untersuchung der Zusammenhang zwischen den mit den jeweiligen Networkingaktivitäten angestrebten Zielen und den im Lauf der Zeit hervorgerufenen (nicht) intendierten Folgen. Um diese Sinnzusammenhänge zu ermitteln, wurde auf die vorliegende Literatur zum Thema und den theoretischen Bezugsrahmen der Arbeit zurückgegriffen. (vgl. Kluge 1999: 71). So konnte beispielsweise bei der Herausarbeitung konzeptioneller Bezüge zwischen dem Vorhandensein organisationsinterner Gegner und den Kontaktstrategien der befragten Manager auf die Arbeit von Moerbeek und Need (2003) Bezug genommen werden.

(4) Charakterisierung der gebildeten Typen

Abschließend wurden die im beschriebenen zirkulären Verfahren geformten Typen anhand der zuvor erarbeiteten Sinnzusammenhänge und Vergleichsmerkmale verdichtend charakterisiert (vgl. Kluge 2000: 17; Kelle & Kluge 1999: 94ff). Die Charakterisierung der Typen bildet das Endergebnis der Auswertung und der Untersuchung insgesamt. Die entwickelten Typen sind aufzufassen als empirisch konstruierte Idealtypen und nehmen im Kontinuum zwischen (reinen) Real- und (reinen) Idealtypen einen mittlere Stellung ein (vgl. Kluge 1999: 68ff; Bohnsack 2003: 144). Entsprechend der methodologischen Basis der *Grounded Theory* sind sie einerseits im Datenmaterial verankert und erwachsen aus diesem; gleichzeitig besitzen sie aber auch eine heuristische Funktion. Sie weisen in ihrer Bedeutung und Anwendbarkeit über die Untersuchungspopulation hinaus, indem sie von konkreten situativen Faktoren (wie z.b. Raum, Zeit, sozialer Kontext) abstrahieren und allgemeine Aussagen begründen.

Bei der Darstellung der Ergebnisse in den Kapiteln VI bis VIII wurde den methodischen Vorschlägen von Kuckartz (1988: 221ff) gefolgt. Dieser empfiehlt, die Auswahl und Offenlegung prototypischer Fälle mit der Bildung idealtypischer Konstrukte zu verbinden. In den Kapiteln VI und VII werden dazu sechs Einzelfälle ausführlich vorgestellt und analysiert, die als „repräsentative Fallinterpretationen" (Kuckartz 1988: 222) prototypisch für verschiedene Ausprägungen der im Rahmen der vorliegenden Arbeit entworfenen Networkingtypologie stehen (vgl. Kapitel VIII). Letztere fasst diese Prototypen und alle weiteren Fälle zusammen und verallgemeinert diese. Aus dieser Verallgemeinerung entstehen typische Fälle im Sinne von „idealtypischen Konstrukten" (Kuckartz 1988: 223). Sie sind zu verstehen als über die Deskription hinaus gehende, ideal gedachte Fälle, die den jeweiligen Typus repräsentieren (vgl. Kelle & Kluge 1999: 95). Der letzte Schritt des Auswertungsverfahrens nach Kelle und Kluge wird damit zu einer Konstrukte und Hypothesen bildenden Arbeit des Sozialwissenschaftlers, der durch „Pointierung und Weglassen des `Unwesentlichen´ einen analytischen Orientierungsrahmen schafft, in dem die soziale Realität Gestalt annimmt" (Kuckartz 1988: 224).

3   Geltungsbegründung der Untersuchung

Die Frage nach der Geltungsbegründung qualitativer Forschung gehört zu den umstrittensten methodologischen Problemen in den Sozialwissenschaften überhaupt. Es werden mehrere Kriterien kontrovers diskutiert, anhand derer sich die Güte qualitativer wissenschaftlicher Untersuchungen beurteilen lässt (vgl. Mruck 2000: 30; Bortz & Döring 2002: 326ff; Mey 1998: 129ff; Legewie 1987: 144ff; Lamnek 2005: 142ff; Kelle et al. 1993).

In der vorliegenden Arbeit wird in dieser Debatte der Einschätzung von Lamnek (2005: 148ff) gefolgt. Er argumentiert, dass sich die im quantitativen Paradigma dominierenden Gütekriterien Objektivität, Reliabilität (Zuverlässigkeit), Gültigkeit (Validität) und Generalisierbarkeit nicht vollständig und vor allem nicht ohne tief greifende Anpassungen in den interpretativen Forschungskontext übernehmen lassen. Lamnek plädiert erstens für eine besondere Gewichtung der Kriterien und spricht sich zweitens für eine konzeptionelle Adaption der Kriterien für die qualitative Forschung aus. Hinsichtlich der Geltungsbegründung qualitativer Untersuchungen sollte der Schwerpunkt der Betrachtung nach Lamnek ganz eindeutig auf dem Aspekt der Gültigkeit liegen, welches er als das mit Abstand wichtigste Gütekriterium der Sozialwissenschaften insgesamt ansieht (vgl. Lamnek 2005: 153).[93] Dagegen erscheinen die

---

[93]   Das Gültigkeitskriterium besitzt „in der qualitativen und in der quantitativen Sozialforschung einen bevorzugten Status gegenüber anderen Gütekriterien" (Lamnek 2005: 153). Da eine qualitative Herangehensweise im Vergleich zum quantitativen Vorgehen zahlreiche Gültigkeitsrisi-

Kapitel V – Methodische Konzeption und Durchführung der Studie

Kriterien der Objektivität und der Reliabilität nicht in den qualitativen Bereich übertragbar. Die dazu erforderlichen konzeptionellen Anpassungen und Umformulierungen würden so weit gehen, dass die Kriterien in ihrem Wesensgehalt verletzt wären. Daher ist ihre Anwendbarkeit in der qualitativen Forschung grundsätzlich in Frage zu stellen (vgl. Lamnek 2005: 148ff; Maurer 2003: 102ff, Mey 1998: 131).[94]

Die anschließenden Ausführungen zur Geltungsbegründung der vorliegenden Studie folgen diesen Argumenten und bleiben daher auf die Gütekategorien Gültigkeit und Generalisierbarkeit beschränkt. Während des gesamten Untersuchungsverlaufs wurden diverse methodische Maßnahmen ergriffen, die die Güte des Forschungsprozesses im Sinne der beiden genannten Kriterien sichern sollten.

3.1 Gültigkeit

Das Kriterium der Gültigkeit verweist – allgemein ausgedrückt – auf die Frage, ob der interessierende Phänomenbereich, wie z.B. Networkingaktivitäten, mit dem gewählten Methodeninstrumentarium überhaupt erfasst werden kann (vgl. Mey 1998: 129; Yin 1994: 78ff). In der qualitativen Perspektive gilt dabei, dass sich der Charakter dieses Kriteriums weg von quantifizierend-messtechnischen hin zu interpretativ-kommunikativen Aspekten verändert (vgl. Lamnek 2005: 165). Dementsprechend spricht sich Legewie (1987: 144) dafür aus „kommunikationstheoretische Kri-

---

ken minimiert, sind die damit erzielten Ergebnisse insgesamt als „realitätsgerechter und gültiger" (Lamnek 2005: 165) anzusehen („Wissen aus erster Hand"). Die Vorteile qualitativer Forschung in Bezug auf die Gültigkeit der Ergebnisse hält Lamnek (2005: 171f) grundsätzlich für geeignet, die Nachteile insbesondere in Bezug auf die Reliabilität überzukompensieren, woraus sich für ihn die Notwendigkeit und Angemessenheit qualitativer Forschung insgesamt begründen.

[94] Das Kriterium der Reliabilität, (rein quantitativ) verstanden als Kennzeichen der Stabilität, der Genauigkeit und der Konstanz der Messverfahren und -bedingungen, lässt sich nach Lamnek (2005: 169) im qualitativen Kontext nicht sinnvoll anlegen. Für die qualitative Sozialforschung stellt Reliabilität kein erstrebenswertes Ziel dar, da sie ja „stets um die Integration subjektiver Anteile im kommunikativen Forschungsprozess bemüht ist." Das methodische Instrumentarium muss und soll abhängig von seinem Anwender bleiben.
Auch für das Kriterium der Objektivität spricht sich Lamnek (2005: 172ff) für eine veränderte Bedeutung aus. Der quantitative Anspruch auf (absolute) Unabhängigkeit der Ergebnisse von den sie ermittelnden Personen wird aufgegeben. An ihre Stelle tritt eine andere Art der Objektivität, die aus der Analyse der Subjektivität der Interaktionspartner entsteht („reflektierte Subjektivität des Verstehens", Legewie 1987: 144; vgl. Lamnek 2005: 180).
Lamnek plädiert für ein verändertes Verständnis von Zuverlässigkeit und Objektivität, dem man sich forschungspraktisch annähern kann, indem man die Variation der Perspektiven auf das Material erhöht und Möglichkeiten der intersubjektiven Nachvollziehbarkeit schafft (vgl. Lamnek 2005: 170 und 180; Maurer 2003: 105f). Daran wird auch deutlich, dass solchermaßen gewandelte Zuverlässigkeits- und Objektivitätskonzepte enge Parallelen zum Gültigkeitskriterium aufweisen (vgl. Mey 1998: 130; Lamnek 2005: 180).

terien" zur Gültigkeitsbeurteilung anzulegen.[95] Durch die Wahl geeigneter Maßnahmen zur Validierung ist Gültigkeit auf den Ebenen der Interviewäußerungen (vgl. Abschnitt 3.1.1) und der Interpretation (vgl. Abschnitt 3.1.2) sicher zu stellen.[96]

3.1.1 Gültigkeit der Interviewäußerungen

Auf dieser ersten Ebene geht es nicht nur um die Frage, ob „Interviewäußerungen authentisch und ehrlich" (Bortz & Döring 2002: 327) sind, sondern auch darum, ob die erhobenen Daten den lebensweltlichen Erfahrungen und Handlungen der befragten Personen tatsächlich nahe kommen (vgl. Lamnek 2005: 147; Flick 1995: 167ff). Die in diesem Zusammenhang wichtigste Validierungsstrategie Legewies (1987: 144ff) erstreckt sich auf die intensive Analyse des Interaktionsverlaufs zwischen Interviewtem und Interviewendem während der Gespräche. Dieser Empfehlung wurde in der vorliegenden Untersuchung gefolgt: Zu allen Fällen erfolgte eine ausführliche Reflexion des Beziehungserlebens und der Gegenübertragungen der Forschenden auf die befragte Person und den Fall insgesamt. Aus der damit möglichen Kontrastierung von Beziehungserleben (Form) und Schilderung (Inhalt) ergaben sich zahlreiche wertvolle Anhaltspunkte zur Validierung der Alltagsentsprechung der Interviewäußerungen (vgl. Muckel 1996: 73ff; Roth et al. 2002).[97]

Die für die qualitative Forschung geforderte Nähe zum Gegenstand konnte innerhalb der Studie weiter erhöht werden, indem fast alle Gespräche im alltagsnahen Umfeld der befragten Personen stattfanden. Gegenstandsnähe ergab sich auch aufgrund der Samplingkriterien und der damit einhergehenden speziellen Exponiertheit der beruflichen Situation der befragten Leitungskräfte (vgl. Lamnek 2005: 155; Kelle et al. 1993: 64ff). Für die in einer neuen Organisation tätigen befragten Führungskräfte konnte begründet erwartet werden, dass die Themen Networking und Netzwerke eine hohe Alltagsnähe und -aktualität aufweisen. Diese vor der Studie bestehende Annahme wurde während der Erhebung bestätigt, indem die Befragten z.B. darauf verwiesen, wie intensiv sie sich mit dieser Problematik auseinander setzen und als wie klärend sie teilweise die Übung empfunden haben, die in das Erstinterview integriert war.

---

[95] Legewie (1987: 144) vertritt dabei die Auffassung, dass mit diesen Kriterien gleichzeitig auch „Einzelaspekte der Objektivität und der Reliabilität" abgedeckt werden.
[96] Eine dritte, in dem Artikel von Legewie (1987) allerdings nur angedeutete Stufe, besteht in der Validierung der aus der Interpretation gezogenen Schlussfolgerungen. Sie werden im folgenden Abschnitt 2.3. unter dem Begriff der Generalisierbarkeit diskutiert.
[97] Die intensive Reflexion des Beziehungserlebens während der Auswertung eröffnete häufig erst den Blick auf die mikropolitische Hinterbühne. Die Reflexion des Beziehungserlebens erhielt die Funktion eines methodischen Schlüssels für die Erhebung mikropolitischer Networkingstrategien, die stets mit den Risiken selbstwertdienlich verzerrter oder sozial erwünschter Antworten behaftet ist.

Kapitel V – Methodische Konzeption und Durchführung der Studie

Als letzter, die Gültigkeit der Interviewaussagen stabilisierender Aspekt kann der lange Zeitraum von sechs Monaten (mit zwei Messpunkten) angeführt werden, über den sich die Erhebung eines Falls erstreckte (vgl. Lamnek 2005: 161; Freeman et al. 1987: 310f).

3.1.2 Gültigkeit der Interpretation der Äußerungen

Validität auf der Ebene der Interpretation bezieht sich auf die Gültigkeit der ermittelten Kausalzusammenhänge und damit vor allem auf deren intersubjektive Nachvollziehbarkeit (vgl. Bortz & Döring 2002: 335; Maurer 2003: 103). Durch die Vorstellung des Auswertungsprozesses innerhalb der Arbeit werden Interpretationen des Datenmaterials valider, weil sie für Außenstehende nachvollziehbar und glaubwürdiger werden (vgl. Legewie 1987: 145).

Zur Sicherung der Gültigkeit von Interpretationen sollten im Rahmen der vorliegenden Untersuchung sowohl die Regelgeleitetheit als auch die Vielfalt der verwendeten Auswertungsmethoden beitragen. Das systematische Stellen von Fragen und Vornehmen von Vergleichen formt den Kern der Methodik von Strauss und Corbin. Es findet auf verschiedenen Ebenen (z.B. innerhalb eines Falls, zwischen den Fällen) Verwendung und beruht darauf, zunächst immer nur als vorläufig anzunehmende Einschätzungen unmittelbar mit dem Material zu kontrastieren und durch die wiederholte Rückkopplung an die Daten zu verfestigen (vgl. Kelle et al. 1993: 52ff; Maurer 2003: 103). Dadurch erhöht sich sukzessive die Validität der getroffenen Aussagen (*„analytische Induktion"*, Lamnek 2005: 203f). Neben den Techniken des Fragens und Vergleichens kamen während der Auswertung auch andere Verfahren zum Einsatz, die die Methodik von Strauss und Corbin erweiterten. Sie luden zu einer emotionalisierten Auseinandersetzung mit den Fällen ein (z.B. Mottofindung, Benennung der psychologischen Gestalt). In einer solchen Kombination bzw. *Triangulation* einer Vielzahl von Auswertungsstrategien blenden sich mehrere Perspektiven auf das Material validierend übereinander (vgl. Miles & Huberman 1994: 266; Lamnek 2005: 159; Mruck & Mey 1997: 288ff).

Ein ähnlicher Effekt ergibt sich aus der in der vorliegenden Untersuchung ebenfalls erfolgten Triangulation der Perspektiven mehrerer Forschender in den Auswertungsgruppen (vgl. Abschnitt 2.3). Diese Maßnahme eröffnete die Chance zur *„konsensuellen Validierung"* (Mey 1998: 131) der Auswertungen. Dabei wurden die zunächst in Einzelarbeit gewonnenen Interpretationsansätze in einer anschließenden Gruppendiskussion einander gegenübergestellt, besprochen und gemeinsam weiterentwickelt (vgl. Mruck & Mey 1997; Mruck 2000: 32; Miles & Huberman 1994: 275; Eisenhardt 1989: 538).

Das für diese Studie gewählte Erhebungs- und Auswertungsdesign, in dem eine erneute Befragung der gleichen Interviewpartner vorgesehen war, ermöglichte es, die aus dem Erstinterview erzielten Interpretationsergebnisse an die befragten Personen zurückzumelden. Die Interpretationen konnten auf diesem Weg im Sinne einer

Kapitel V – Methodische Konzeption und Durchführung der Studie

„kommunikativen Validierung" (Lamnek 2005: 154ff) von den betroffenen Leitungskräften kommentiert und diskutiert werden (vgl. Flick 1995: 168; Kelle et al.
1993: 69f).

Die *„argumentative Validierung"* (Legewie 1987: 145) als weitere Taktik zur Sicherung von intersubjektiver Nachvollziehbarkeit und Gültigkeit bezieht sich weniger
auf den Interpretationsprozess an sich, als vor allem auf seine Dokumentation in der
schriftlichen Arbeit (vgl. Maurer 2003: 104; Lamnek 2005: 156f). Demgemäß wurden in den einleitenden Kapiteln II bis IV die grundlegenden theoretischen Vorannahmen unter Rückgriff auf die relevante Literatur vorgestellt, spezifiziert und begründet. Dieses Vorgehen entspricht der *Grounded Theory* in der hier verwendeten
Variante nach Strauss und Corbin, die den Einbezug theoretischer Konzepte während
des gesamten Forschungsprozesses explizit vorsieht (vgl. Strauss & Corbin
1996: 31ff).

Durch die damit verbesserte Transparenz (z.B. bezüglich der Quellen von Kodes
während der Kodierphasen) sollen die Zuordnungen und Interpretationen, die während der Auswertung gewählt wurden, verständlicher werden. Die argumentative Validierung der Interpretationsarbeit bedingt auch die umfassende Dokumentation des
Auswertungsverfahrens als Teil dieser Arbeit (vgl. Lamnek 2005: 157f). Aus diesem
Grund wurden beispielsweise eine vollständige Sequenzanalyse des Ankerinterviews
in den Anhang der Arbeit aufgenommen und die Darstellung der Einzelfälle mit zahlreichen Zitaten versehen, die den Leser in die Lage versetzen, sich zusätzlich auch
ein eigenes Urteil von der Dateninterpretation zu bilden.

3.2 Generalisierbarkeit

Das Kriterium der Generalisierbarkeit gibt Aufschluss darüber, ob und inwiefern ausgehend von der Untersuchung einiger weniger Fälle verallgemeinernde Aussagen
gemacht werden können (vgl. Legewie 1987: 144). In diesem Zusammenhang muss
allerdings berücksichtigt werden, „dass die in Fallstudien gewonnenen Aussagen auf
eine Generalisierbarkeit bezüglich theoretischer Propositionen und nicht Populatio-
nen zielen" (Maurer 2003: 105). Es geht also nicht um die Frage, wie oft die einzelnen, in dieser Untersuchung ermittelten Networkingstrategien in der Praxis eingesetzt
werden, sondern darum, welche unterschiedlichen Typen überhaupt empirisch vor-
findbar sind und wodurch sie sich voneinander differenzieren lassen (vgl. Bortz &
Döring 2002: 336; Lamnek 2005: 183; Kluge 2000; Kelle et al. 1993: 59ff).

Für eine solche „analytische Generalisierbarkeit" (Maurer 2003: 105) stehen die
Techniken und Argumente der Statistik nicht zur Verfügung (vgl. Kudera 1992). Als
entscheidende Vorbedingungen der Formulierung generalisierter Aussagen auf Basis
qualitativer Studien werden (1) die Zugrundelegung eines systematischen Vergleichs
mehrerer Fälle auf Basis einer nach theoretischen Gesichtspunkten zusammengestellten Stichprobe sowie (2) die Plausibilisierung der eigenen begrenzten Befunde im

Kapitel V – Methodische Konzeption und Durchführung der Studie

Kontext des insgesamt verfügbaren theoretischen und empirischen Wissensstandes genannt (vgl. Lamnek 2005: 184f; Maurer 2003: 105f; Bortz & Döring 2002: 336).

(1) Die Auswahl der Interviewpartner für die Erstgespräche erfolgte nicht zufällig, sondern auf Basis vorab definierter Kriterien, die den Geltungsbereich der Studie von vornherein definierten (vgl. Miles & Huberman 1994: 25). Die Bestimmung der Fälle für die Anschlussgespräche und die Entwicklung der Networkingtypologie nach der Auswertung der Einzelfälle orientierte sich an der theoretischen Relevanz des jeweiligen Falles für die daraus entwickelte Ordnung (vgl. Strauss & Corbin 1996: 148ff; Eisenhardt 1989: 537). Auf diese Weise wurden sukzessive und systematisch immer weitere Fälle in die Auswertung integriert.

(2) Als zweite Bedingung für die Generalisierbarkeit qualitativer Daten wird die Rückkopplung der ermittelten theoretischen Aussagen und Kategorien an bereits vorliegende wissenschaftliche Erkenntnisse gesehen (vgl. Eisenhardt 1989: 545f). Die Methode des ständigen systematischen Vergleichens wird damit auf eine übergeordnete Ebene übertragen, indem theoretische Bezüge zur Literatur, z.B. aus angrenzenden Wissensbereichen, hergestellt werden. Innerhalb der vorliegenden Studie erwies sich die entwickelte Typologie beispielsweise als anschlussfähig an Untersuchungen von Maccoby (1977), der in seinen empirischen Studien eine Managertypologie entworfen hat. Obwohl Maccobys Typologie allgemeiner Natur ist und sich nicht speziell auf das Thema des Networkings in Organisationen erstreckt, finden sich inhaltliche Entsprechungen und Parallelen, die geeignet erscheinen, die analytische Generalisierbarkeit der erzielten Ergebnisse zu stützen.

Die in den vorangegangenen Ausführungen dargelegten Maßnahmen wurden als Strategien beschrieben, mit denen die Glaubwürdigkeit und methodische Güte der Untersuchung gesichert werden sollte. Maurer (2003: 106) verweist darüber hinaus auf einen weiteren wichtigen Effekt der Validierungstechniken. Letztere tragen zusätzlich dazu bei, Vertrauen in die eigene Arbeit zu fassen. Damit schaffen sie eine wichtige Voraussetzung dafür, die Arbeit überhaupt abschließen und die erzielten Ergebnisse überzeugt vertreten zu können (vgl. Bortz & Döring 2002: 337). Das ist insofern entscheidend, als kein sozialwissenschaftliches Projekt einen „absoluten Wahrheitsanspruch geltend machen kann, so dass jeder empirische Befund nur vorläufig akzeptierbar erscheint" (Lamnek 2005: 174). Die Ergebnisse dieser Studie, die in den anschließenden Kapiteln zusammengefasst werden, sind daher zu verstehen als *ein* nützliches, plausibles und methodisch abgesichertes Resultat der Auswertung der erhobenen empirischer Daten (vgl. Wiedemann 1991: 440).

Das bedeutet jedoch explizit nicht, dass auf Basis der gleichen Daten nicht auch andere Aussagen, wie z. B. eine alternative typologische Ordnung, möglich gewesen wären (vgl. Maurer 2003: 106; Bohnsack 2003: 143; Lamnek 2005: 174f; Strauss & Corbin 2005: 279).[98]

---

[98] Die prinzipielle Unabschließbarkeit sozialwissenschaftlicher Forschung zeigt sich im methodischen Ansatz der *Grounded Theory* speziell anhand des Kriteriums der theoretischen Sättigung für den Abbruch des Einbezugs weiterer Fälle. Ebenso wie bei der Wahl und Ausarbeitung theoretischer Kategorien ist auch hier keineswegs von einer Emergenz des einen richtigen Ergebnisses auszugehen. Auch wenn die Entwickler der Methodik in ihren Schriften dem mehr oder weniger deutlich widersprechen (vgl. Strauss 1991: 49; Strauss & Corbin 1996: 149ff), stellt Sättigung im Rahmen empirisch begründeter Theoriebildung ein sehr subjektives Kriterium dar, in dem auch forschungspraktische Aspekte eine gewichtige Rolle spielen: Der Forschungsprozess wird in der Praxis an der Stelle unterbrochen und in Form einer schriftlichen Zusammenfassung interpunktiert, an der der Forschende aus seiner subjektiven Sicht aus dem vorhandenen Material keine neuen Gedanken mehr entwickeln kann. Vollständigkeit und Eindeutigkeit werden auf diesem Weg nicht erreicht. Zudem ist in diesem Zusammenhang auch bedeutsam, dass für jedes Forschungsprojekt nur ein begrenztes Maß an Zeit, Motivation und finanziellen Mitteln zur Verfügung steht, das den Zeitpunkt des Abbruchs der Auswertungsdurchläufe stets mit beeinflusst (vgl. Mey 1998: 158f).

VI AUSWERTUNG DES ANKERFALLS

Wie im vorangegangen Kapitel zu den methodischen Aspekten der Untersuchung ausgeführt, nimmt der erste untersuchte Fall in der Methodologie der *Grounded Theory* eine Sonderstellung ein. Der Fall Anton prägt als Ankerfall des Forschungsprojekts den Einstieg in die empirische Phase. Er gibt sowohl eine Suchrichtung für die weitere Datenerhebung und -auswertung als auch einen ersten Vergleichsmaßstab vor (vgl. Kapitel V, Abschnitt 2.3.1). Aufgrund dieser speziellen Bedeutung und um der Forderung nach intersubjektiver Nachvollziehbarkeit nachzukommen (vgl. Kapitel V, Abschnitt 3.1), soll der Fall Anton in dieser Arbeit auf etwas andere Weise dargelegt werden als die weiteren vorgestellten Einzelfälle (vgl. Kapitel VII).[99]

Für den Ankerfall wurde eine Darstellungsform gewählt, die den dreistufigen Prozess (offenes, axiales, selektives Kodieren) der Auswertung beider Interviews mit Andreas Anton transparent machen soll (vgl. Kapitel V, Abschnitt 2.3). Im Anhang der Arbeit findet sich dazu die vollständige *offene Kodierung* einer Sequenz aus dem Erstinterview mit Herrn Anton. Die Ergebnisse aus diesem ersten Auswertungsschritt wurden anschließend in der zweiten Phase des *axialen Kodierens* aufgegriffen und weiterentwickelt. Die wesentlichen Resultate aus dieser Interpretationsphase werden in den Abschnitten 1 (Erstgespräch) und 2 (Zweitgespräch) dieses Kapitels vorgestellt. Der Gliederungspunkt 3 dieses Kapitels entspricht schließlich dem Ergebnis der *selektiven Kodierung* des Ankerinterviews.[100]

Der Fall Anton wird – ebenso wie die fünf weiteren Fälle des Kapitels VII – als ein empirisch auffindbarer Prototyp der Networkingtypologie gesehen, die im achten Kapitel entfaltet wird. Diese insgesamt sechs Einzelfallstudien sind aus der Menge aller erhobenen Fälle unter der Prämisse ausgewählt worden, der Networkingtypologie eine anschauliche und möglichst breit gefächerte empirische Basis zu geben (vgl. Kuckartz 1988: 223f).

Bezeichnungen wie Einzelfallstudie in diesem und im folgenden Kapitel könnten zu dem Missverständnis Anlass geben, es handele sich um isolierte Fallbetrachtungen, die ohne Bezug zueinander durchgeführt wurden. Diese Sichtweise ist nicht zutreffend, denn durch die Verfahren der sukzessiven Auswertung und des permanenten

---

[99] Die Darstellung der Auswertungsergebnisse der anderen Fälle in Kapitel VII erfolgt sowohl in komprimierterer Form als auch in einer anderen Struktur. Diese sind *ausgehend vom Ergebnis* der Auswertung, also der jeweiligen Kernfinalität des Networkings, geschrieben. Dagegen führt die Darstellung des Falls Anton *auf dieses Ergebnis* hin.

[100] Obwohl mit dieser Vorgehensweise grundsätzlich eine möglichst hohe methodische Transparenz angestrebt wird, darf dabei nicht die Tatsache außer Acht gelassen werden, dass in allen hier vorgestellten Fällen immer nur verdichtete Resultate umfangreicher Auswertungsprozesse wiedergegeben werden können. Zwangsläufig nicht enthalten sind die meisten gedanklichen Sackgassen, die in der Rückschau überflüssigen Schleifen sowie alle vorläufigen Zwischenergebnisse, die auf dem Weg zum letztlich akzeptierten Ergebnis durchlaufen und wieder verworfen wurden.

Kapitel VI – Auswertung des Ankerfalls

Vergleichs, die in der Methodologie der empirisch begründeten Theoriebildung vorgesehen sind, sind die sechs Einzelfallstudien trotz der hier (zunächst) isolierten Vorstellung innerlich eng verwoben. Diese methodisch begründete Verflechtung wird weiter verstärkt durch den Bezug auf den konzeptionellen Rahmen der vorliegenden Untersuchung (vgl. Kapitel II bis IV), vor dessen Hintergrund alle Fälle interpretiert werden.

1 Auswertung des Erstgesprächs mit Andreas Anton

Die Auswertung des Erstgesprächs mit Herrn Anton wird mit einer Einführung in den Fall eröffnet (vgl. Abschnitt 1.1). Danach erfolgt eine knappe Reflexion des Beziehungserlebens während des Interviews mit Herrn Anton (vgl. Abschnitt 1.2; Kapitel V, Abschnitt 2.2.1). Die Gliederungspunkte 1.3 bis 1.5 fassen die Ergebnisse der axialen Kodierung des Ankerinterviews zusammen.

1.1 Einführung in den Fall Anton

Andreas Anton ist promovierter Chemiker und zum Zeitpunkt der Interviews 35 Jahre alt. Nachdem er während seiner Ausbildung und in seiner ersten Karrierestation bei der Firma Antondavor „sehr viel, sehr schnell" (A1) erreicht hatte, bewarb er sich eigeninitiativ „direkt beim Vorstand" (A1) der Firma Anton.[101] Die Position, die er

---

[101] An dieser Stelle erscheint es angebracht, einige klärende Anmerkungen zur Zitation empirischer Daten aus den Interviews im Text zu machen.
- Alle vorkommenden Namen von Personen und Organisationen sind anonymisiert und mit frei gewählten Namen (Anton, Bernhard, Cäsar etc.) versehen.
- Die Bezeichnung Firma Name bezieht sich immer auf den jeweiligen Fall und das Unternehmen, zu der die betreffende Leitungskraft gewechselt ist. So handelt es sich bei der Firma Anton um die Organisation, in die Herr Anton neu eingetreten ist. Die Firma Antondavor ist das Unternehmen, für das Herr Anton tätig war, bevor er zur Firma Anton gewechselt ist.
- Der Quellenhinweis A1 verweist auf das Erstgespräch mit Herrn Anton, A2 auf das zugehörige Folgeinterview. In analoger Weise wurden auch alle anderen Gespräche benannt.
- Die verbalen Äußerungen der Interviewpartner wurden aus Gründen einer verbesserten Lesbarkeit sprachlich überwiegend geglättet. So wurde beispielsweise ein Satz wie „So isch des richtig." zu „So ist das richtig." Derartige sprachliche Feinheiten wurden in der Auswertung allerdings durchaus berücksichtigt. Zu diesem Zweck wurde direkt auf die Originalaufnahmen und nicht auf eine möglichst naturalistische Transkription derselben zurückgegriffen.
- Nonverbale Äußerungen, wie beispielsweise Lachen, tiefes Durchatmen oder Pausen, sind in runden Klammern in die Zitate eingefügt.
- Grammatikalisch erforderliche Ergänzungen in den Fluss des Originaltextes sind jeweils in eckigen Klammern eingefügt. Auslassungen sind durch drei Punkte in eckigen Klammern ([…]) kenntlich gemacht.
- Zusätzliche, in die Textpassagen eingefügte, inhaltliche Erklärungen und Kommentare finden sich ebenfalls in eckigen Klammern mit dem Zusatz der Initialen des Verfassers ([FR]).
- Besonders betonte Stellen in den Zitaten sind durch *Kursivschreibung* hervorgehoben.

bei seinem neuen Arbeitgeber bekleidet, „gab es vorher gar nicht" (A1). Es handelt sich um eine für ihn neu eingerichtete Stelle als Marketingmanager, die dem Vertriebsbereich zugeordnet ist. Herrn Antons Hauptaufgabe besteht darin, die Zusammenarbeit des Vertriebsbereichs mit dem Bereich Produktion und Entwicklung zu gestalten. So muss er beispielsweise dafür sorgen, dass die chemischen Eigenschaften neuer Produkte, die vom Vertrieb aufgrund von Kundeninteressen gewünscht werden, in Entwicklung und Herstellung nicht zu teuer werden (=Entwicklungskostenkontrolle).

Der Abteilung, in der Herr Anton tätig ist, steht sein direkter Vorgesetzter, Herr Kettner, vor. Dessen Chef wiederum, Herr Weller, leitet den gesamten Vertriebsbereichs und ist Mitglied des Vorstandes der Firma Anton. Einen vereinfachten Überblick über die wesentlichen formalen Zusammenhänge im Fall Anton bietet der folgende Ausschnitt eines Organigramms der Firma Anton (Abbildung 5).

Abbildung 5: Organigramm der Firma Anton (Ausschnitt)

Herr Anton hat seine ersten Arbeitswochen dazu genutzt, „viele Interviews" (A1) zu führen, zwei Wochen in der Produktion mitzuarbeiten und die Leitung eines umfangreichen Projektes zur Entwicklungskostenkontrolle, seinem Fachgebiet, zu übernehmen. In der Firma Anton hatte es in der jüngeren Vergangenheit bereits zwei fehlgeschlagene Projekte zur Entwicklungskostenkontrolle gegeben, die jeweils an internen Widerständen gescheitert waren. Herr Anton hatte ein solches Projekt schon bei der Firma Antondavor geleitet und auch seine Promotion zu diesem Thema geschrieben. Das trägt dazu bei, dass er den Fortschritt des Projekts bereits zum Zeitpunkt des Erstinterviews als „recht weit" (A1) beurteilt.

- Theoretische Kodes und Kategorien, die während der Auswertung gewählt und weiterentwickelt wurden, sind in den Textfluss mit französischen Anführungszeichen («...») eingefügt. Bei ihnen handelt es sich *nicht* um wörtliche Zitate aus dem jeweiligen Interview, sondern um Konzepte, die von den Auswertenden *gewählt* wurden.

Mit dem Projekt greift Herr Anton – auf Wunsch und mit Billigung seiner beiden Vorgesetzten – direkt in den Verantwortungsbereich von Herrn Maier ein, der bei der Firma Anton als Leiter der Abteilung Produktentwicklung tätig ist (vgl. Abbildung 5). Aufgrund dieses Eingriffs in den Entwicklungsbereich entstehen Spannungen zwischen Herrn Anton und Herrn Maier.

Herrn Antons Schilderungen von seinen Erlebnissen in der Firma Anton sind an mehreren Stellen durchbrochen von Rückgriffen auf seine Tätigkeit bei der Firma Anton-davor. Er beschreibt, wie er dort in kurzer Zeit zu einer Führungskraft und in vielen zentralen Themen zum wichtigsten und oftmals alleinigen Wissensträger des Unternehmens wurde. Zu diesem Zweck beschäftigte er zeitweise bis zu 20 Studierende parallel, die für ihn in unterschiedlichen Themengebieten und Projekten tätig waren und ihn unterstützten. Seine ehemaligen Praktikanten konnte er nach den gemeinsamen Projekten regelmäßig innerhalb des Unternehmens erfolgreich vermitteln und dadurch die Basis für ein weit verzweigtes Beziehungsgeflecht bei der Firma Anton-davor legen.

1.2 Reflexion des Beziehungserlebens

Diese erste inhaltliche Einführung soll um eine knappe Reflexion des Beziehungserlebens während des Interviews sowie um einige Aspekte aus dem Prä- respektive Postskript des Gesprächs ergänzt werden. Der Erstkontakt zu Herrn Anton ergab sich anlässlich einer Vortragsreihe. Er trat bei einer Veranstaltung als Referent auf und berichtete über seine Erfahrungen zum Thema Berufseinstieg. Er war sofort bereit, sich an dem Forschungsvorhaben zu beteiligen, legte aber Wert darauf, das Interview recht bald nach seinem Eintritt in die Firma Anton zu führen, da es zu einem späteren Zeitpunkt „zu stressig" (Vorgespräch A) für ihn sein werde. Das Erstgespräch findet in seinem Büro statt. Auffällig an dem Büro ist, dass trotz sehr beengter räumlicher Verhältnisse zwei Arbeitsplätze eingerichtet sind. Das ist insofern bemerkenswert, als es sich um einen Raum handelt, den Herr Anton durchaus auch nur für sich allein nutzen könnte.

Die Interviewatmosphäre während des knapp zweistündigen Gesprächs lässt sich als gelöst charakterisieren.[102] In meinem Erleben findet in dem Interview insgesamt die Vortragssituation aus unserer ersten Begegnung ihre Fortsetzung: Herr Anton berichtet mir als einem weniger Erfahrenen offen, aber auch bestimmt, wie er seine Karriere erfolgreich vorantreibt. Das Gespräch ist geprägt davon, dass Herr Anton gegenüber mir als Experte auftritt, der der mir einen Einblick in die Erfolgsgeheimnisse seiner beruflichen Laufbahn gewährt. Diese Rolle erfüllt ihn in meiner Wahrnehmung mit

---

[102] Diese Einschätzung einer offenen und gelösten Stimmung gilt vor allem nach der Passage einer Schlüsselstelle im Interviewverlauf (vgl. die Sequenzanalyse im Anhang, Abschnitt 1).

Stolz und Freude, was sicherlich wesentlich zu der großen Aufgeschlossenheit von Herrn Anton beiträgt.[103]

Seine Aufgeschlossenheit und Zeigefreude spiegelt sich für mich auch darin, dass er mich nach dem Gespräch spontan dazu einlädt, mir das Werksgelände und insbesondere die chemische Produktion mit den Maschinen, an denen er selbst für einige Zeit in der Frühschicht gearbeitet hat, zu präsentieren. Sein nach dem Interview darüber hinaus unvermittelt geäußertes Angebot, ich könne und solle doch auch seinen Vorgesetzten Herrn Kettner befragen, verstärkt den Eindruck seiner großer Mitteilsamkeit mir gegenüber. Außerdem entnehme ich seinem Vorschlag, dass er sich in Einklang und engem Kontakt mit seinem Chef sieht, vor dem er nichts zu verbergen hat.

1.3 Ableitung von Achsenkategorien

Das empirische Material der vorliegenden Studie wurde in einem dreistufigen Verfahren ausgewertet (vgl. Kapitel V, Abschnitt 2.3). Die folgenden Ausführungen in den Abschnitten 1.4 und 1.5 entsprechen inhaltlich den Ergebnissen des zweiten Auswertungsschritts (=axiales Kodieren). Im Verlauf dieses Interpretationszyklus wurden aus dem Text drei *Achsenkategorien* gewonnen, anhand derer das Material geordnet und analysiert wurde.

Die erste Achsenkategorie «Networking» (vgl. Abschnitt 1.4) bezieht sich auf die Kontakthandlungen Herrn Antons, mit denen er anderen Akteuren in der Firma Anton begegnet. Innerhalb dieser Hauptkategorie werden zwei Subkategorien unterschieden: (1) Die erste Subkategorie betrifft das Bestreben Herrn Antons, seine Einflusszone im Unternehmen auszuweiten. In ihr sammeln sich die Networkingaktivitäten Herrn Antons, mit denen er die «Erweiterung seines Reviers» in der Organisation vorantreiben möchte. (2) Die zweite Unterkategorie («Kampf um Anerkennung in der Bezugsgruppe») verweist auf die Networkingaktivitäten, mittels derer er Anerkennung bei seinen beiden Vorgesetzten sucht.

Die zweite Achsenkategorie «Netzwerk» vereinigt empirisch vorfindbare Merkmale, die darauf hindeuten, wie der Fluss der Networkingaktivitäten Herrn Antons zu (ersten) sozialen Strukturen gerinnt. Diese zweite Achsenkategorie wird im Gliederungspunkt 1.5 mit der dritten konzeptionellen Hauptgruppe der «Netzwerkeffekte» direkt zusammengefasst. Als dritte Achsenkategorie umfasst sie die erwünschten und nicht intendierten Folgen, die sich für Herrn Anton aus der entstehenden sozialen Struktur ableiten lassen.

---

[103] Im Vorgriff auf die spätere Auswertung soll bereits an dieser Stelle angedeutet werden, dass ich die Gesprächssituation zwischen Herrn Anton und mir in Analogie zu der für Herrn Anton typischen Zusammenarbeit mit Studierenden sehe (vgl. die Sequenzanalyse im Anhang, Abschnitt 1).

1.4 Networking

Die Networkingstrategie von Herrn Anton ist insgesamt auf Expansion ausgelegt. Je nach hierarchischer Zielrichtung weist sie zwei unterschiedliche Zuschnitte auf.

(1) Die erste Form – «Erweiterung des Reviers» – betrifft das vor allem nach unten und lateral gerichtete Bestreben Herrn Antons, seine Einflusszone im Unternehmen ständig auszuweiten.[104] In diese Kategorie fallen Networkingaktivitäten, mit denen Herr Anton sukzessive immer größere organisationale Handlungsfelder thematisch und personell unter seine Kontrolle zu bringen und gegen den Zugriff anderer abzuschirmen sucht (vgl. Abschnitt 1.4.1).

(2) Die zweite Networkingrichtung – «Kampf um Anerkennung in der Bezugsgruppe» – verweist auf Kontakthandlungen in Richtung seiner beiden Vorgesetzten. Sie sind seine wichtigste Bezugsgruppe. Mittels Networking versucht er, Anerkennung bei Herrn Kettner und Herrn Weller zu erlangen (vgl. Abschnitt 1.4.2).

1.4.1 Erweiterung des Reviers

Die Vorgehensweise Herrn Antons zur Reviererweiterung lässt sich idealtypisch in die vier Schritte «Themen- und Projektwahl» (vgl. Abschnitt 1.4.1.1), «Partnerwahl zur Themenbesetzung» (vgl. Abschnitt 1.4.1.2), «Konfrontation» (vgl. Abschnitt 1.4.1.3) und «Abschirmung» (vgl. Abschnitt 1.4.1.4) einteilen. Anhand des Projekts zur Entwicklungskostenkontrolle, das er übernimmt, lassen sich die vier Phasen exemplarisch gut nachvollziehen.

1.4.1.1 Schritt 1 – Themen- und Projektwahl

Kleinste Einheit des strategischen Plans von Herrn Anton ist ein „Projekt" (A1), das sich auf bestimmte Aufgaben erstreckt, die im Unternehmen anfallen. Die Entscheidung, welches Handlungsfeld Herr Anton für seine Reviererweiterung wählt, ist von zwei Faktoren abhängig. Neben seiner eigenen professionellen Spezialisierung besteht das zweite wichtige Kriterium für ihn in der Frage, ob es ihm seiner Einschätzung nach möglich sein wird, in dem fraglichen Handlungsfeld in kurzer Zeit deutliche Fortschritte erreichen zu können.

---

[104] Das Konzept des «Reviers» beinhaltet mehrere Bedeutungsfacetten, die sich fruchtbar auf den Fall Anton beziehen lassen. Einerseits beschreibt ein Revier eine Polizeidienststelle oder einen Jagdbezirk, also einen Kontroll- und Verantwortungsbereich, in dem die Aufrechterhaltung der Ordnung einer übergeordneten Instanz obliegt (vgl. Duden 2006). Zum anderen werden im militärischen Kontext auch „von Truppen belegte Räume" (Duden 2006) als Revier bezeichnet. Der Ausdruck kann somit auch als Chiffre für Aspekte wie «Besetzung» oder «Okkupation» gelten. Zuletzt geht es um den klar abgegrenzten Lebensraum von Tieren, die zumeist keine anderen Exemplare der gleichen Gattung in ihrem Revier dulden und es gegen konkurrierende Artgenossen verteidigen (vgl. Duden 2006).

Kapitel VI – Auswertung des Ankerfalls

„Da [beim Projekt zur Entwicklungskostenkontrolle; FR] habe ich gesehen, das sind *low hanging fruits*. Da kann man wieder mit wenig Aufwand recht viel erreichen." (A1)

Zur Identifikation und Bewertung möglicher Handlungsfelder für die Reviererweiterung baut Herr Anton möglichst viele Erstkontakte in unterschiedliche Teilbereiche der Firma Anton auf. Dabei erweist sich die Art seiner Stelle in doppelter Hinsicht als bedeutsam: (1) Es wirkt sich zum einen begünstigend aus, dass die Position neu für Herrn Anton geschaffen wurde. Dementsprechend existiert noch keine informelle oder gar offiziell festgeschriebene Stellenbeschreibung. Das versetzt ihn in die Lage, die Grenzen seiner Aufgaben selbst zu definieren. (2) Zum zweiten ist seine Stelle im Marketingmanagement organisationsstrukturell hybriden Charakters und an der Nahtstelle zwischen den Bereichen Produktion, Vertrieb, Produktentwicklung und Marketing angesiedelt.

„Das ist als Marketingmanager schön, weil man so zwischen den Stühlen sitzt." (A1)

Obwohl ihm allein aufgrund einer solchen Schnittstellenpositionierung schon viele Handlungs- und Kontaktoptionen offen stehen, überschreitet er die bestehenden vagen Begrenzungen noch bei weitem. Zu diesem Zweck hat er bereits in der Firma Antondavor regelmäßig Projekte auch und gerade dort angesetzt, wo formal gesehen andere Personen im Unternehmen zuständig und verantwortlich waren.

„Ich habe immer so die Angewohnheit gehabt, dass, wenn ich was gesehen habe, was eigentlich gar nicht mein Bereich ist, dass ich mich darum auch kümmere." (A1)

Entsprechend hält Herr Anton es auch bei der Firma Anton, bei der er ebenfalls (weit) über formale Beschränkungen (Strukturen, Prozesse, Anweisungen etc.) hinaus geht und für sich selbst festlegt, in welchen Feldern er tätig werden möchte.

„Und dann mache ich mir eine *mind-map*, was ich nächstes Jahr alles machen will. So. Und dann mache ich es." (A1)

So hat Herr Anton beispielsweise auf eigenen Wunsch einige Wochen in der Frühschicht in der chemischen Produktion mitgearbeitet, um einerseits die Angestellten in der Fertigung kennen zu lernen und um andererseits zu erfahren, an welchen Stellen es „dort hakt" (A1). Auf diese Weise verschafft er sich schnell Einblick in die Problemfelder verschiedener Unternehmensbereiche. In der Folge lenkt er seine Aufmerksamkeit und expansive Energie auf die Themen, die er für noch „nicht so optimal" (A1) gelöst hält. Sein Zugang in die Handlungsfelder erfolgt über Projekte, in denen er sich mit den von ihm identifizierten Schwächen und möglichen Optimierungen auseinandersetzt.

Kapitel VI – Auswertung des Ankerfalls

„Da schaue ich mir jetzt alles an. Schaue, wie das jetzt funktioniert. Und dann
überlege ich mir, was fehlt." (A1)

Diese Strategie der Themenwahl findet auch bei dem Projekt zur Kontrolle der Entwicklungskosten Anwendung. In der Firma Anton ist diese Aufgabe aus Sicht des
Vorstands unbefriedigend gelöst. Vorangegangene Anläufe zur Änderung dieses Zu-
stands sind in der Vergangenheit regelmäßig gescheitert.

„Und so kann man da jetzt mit recht wenig Aufwand recht viel erreichen, weil
die Ausgangssituation natürlich […] viel Potenzial [hat]." (A1)

Herr Anton übernimmt die Leitung der Arbeitsgruppe. Über seine Erstkontakte findet
er rasch persönlichen und inhaltlichen Zugang zu dem Thema des Projekts, von dem
mehrere Unternehmensbereiche betroffen sind.

1.4.1.2 Schritt 2 – Partnerwahl zur Themenbesetzung

Zur Besetzung der Themen greift Herr Anton auf Helfer zurück. Dabei handelt es
sich um Praktikanten, die er in das Unternehmen hineinbringt (1), und um Mitarbeitende aus anderen Abteilungen, die schon bei der Firma Anton tätig sind (2).

(1) Herr Anton sucht sich für das Projekt mehrere studentische Praktikanten, denen
vornehmlich die Aufgabe zukommt, sich intensiv in die Details der jeweiligen Materie einzuarbeiten.[105] Für die Erfüllung dieser Funktion sind die Studierenden Herrn
Anton gleichermaßen persönlich zugeordnet: Er übernimmt persönlich die Auswahl
(„stelle ich ein", A1), deren Kriterien („einen Guten", A1) er selbst bestimmt, ohne
dass eine andere Instanz im Unternehmen (Personalabteilung, eigene Abteilung, Vorgesetzter) an diesem Prozess beteiligt wird. Herr Anton weist den Praktikanten Aufgaben zu und lässt sich von ihnen über ihre Arbeitsergebnisse Bericht erstatten. So
baut Herr Anton über die Praktikanten relevantes Fachwissen auf.

„Für mich sind die [die Praktikanten; FR] wichtig, weil, wenn ich mit denen gut
arbeiten kann, dann komme ich weiter. Die brauche ich da, um weiterzukommen
in den Themen, die ich machen will." (A1)

Die Zusammenarbeit mit den Praktikanten erfolgt häufig am gemeinsamen Schreibtisch. Dadurch kann Herr Anton sicher stellen, dass er erstens selbst inhaltlich stets
auf dem Laufenden bleibt, zweitens eng und unmittelbar kontrollieren kann sowie
drittens erster und wichtigster (einziger?) Ansprechpartner für die Studierenden
bleibt. Unter seiner Schirmherrschaft verläuft die gesamte betriebliche Sozialisation
der Studierenden.

---

[105]   Auf Rolle und Funktion der Studierenden wird im Rahmen der im Anhang enthaltenen Sequenzanalyse ausführlich eingegangen.

Kapitel VI – Auswertung des Ankerfalls

(2) Während seine Studierenden im Hintergrund arbeiten, bringt Herr Anton als Projektleiter die Akteure aus der Organisation zusammen, die für die Bearbeitung des Entwicklungskostenprojektes bedeutsam sind. Dabei handelt es sich um Mitarbeitende verschiedener Abteilungen. Herr Anton befasst sich selbst so lange mit den inhaltlichen Einzelheiten der Aufgaben der anderen Projektgruppenmitglieder, bis er diese im Detail durchdrungen hat. Dabei wendet er ebenfalls die Methode der Arbeit an einem gemeinsamen Schreibtisch an.

> „Und da setze ich mich dann wirklich hin mit ihm. Und ich als Projektleiter steige so tief ab, dass ich genau weiß, wie die Software funktioniert. Und welche Merkmale es für die Produkte gibt und welche Ausprägungen." (A1)

> „Und ich selber bringe am Anfang auch einen Löwenanteil der Arbeit mit ein und frage das Wissen ab." (A1)

Als Besonderheit der Zusammenarbeit im Projektteam ist zu beachten, dass Herr Anton besonderen Wert darauf legt, möglichst selten gemeinsame Projektgruppensitzungen mit allen Beteiligten durchzuführen.[106] Die meiste Arbeit wird von den Projektmitgliedern in Einzelarbeit oder aber in enger, direkter Kooperation mit Herrn Anton erbracht. Das führt dazu, dass die relevanten Informationen nur bei ihm vollständig zusammen laufen. Nur er wird dazu befähigt, das gesamte Bild zu überblicken. Diese Vorgehensweise ist zwar auf der einen Seite mit einem hohen Arbeitspensum verbunden; auf der anderen Seite ergeben sich allerdings schnell deutliche Lerneffekte, die Herrn Anton das Projektthema regelrecht besetzen lassen. Er monopolisiert in seiner Person das gesamte Wissen, das in der Organisation zum betreffenden Handlungsfeld vorhanden ist. Darauf aufbauend strebt er dann mit der inhaltlichen Unterstützung der Studierenden die Entwicklung einer Problemlösung an, die der Lösung, die bisher in der Organisation realisiert ist, eindeutig überlegen ist. So entwirft er beispielsweise für sein Einstiegsprojekt bei der Firma Anton einen Prozess für die Kontrolle der Entwicklungskosten, der bis ins letzte Detail durchdacht und optimiert ist.

1.4.1.3 Schritt 3 – Konfrontation

Sobald er sich inhaltlich „fest im Sattel" (A1) fühlt, tritt er mit dem neu entwickelten Ansatz an die Unternehmensöffentlichkeit. Mit seiner perfektionierten Lösung konfrontiert Herr Anton sowohl die Personen, die für diesen Bereich in der Firma formal zuständig sind, als auch all diejenigen, die von der Neufassung eines Prozesses mittelbar betroffen sein werden.

---

[106] Als Begründung für diese Vorgehensweise gibt Herr Anton an, den Arbeitsaufwand für die anderen Projektbeteiligten möglichst gering halten zu wollen: „Und ich mache das recht schlank und effektiv. Das heißt, wir treffen uns alle drei Wochen für eineinhalb Stunden. Zwischendrin wird gearbeitet und die Arbeit *triggere* ich dann mit den einzelnen Leuten an" (A1).

Nach diesem Muster verläuft es auch bei dem Entwicklungskostenprojekt, das er als „U-Boot" (A1) durchführt. „U-Boot" bedeutet, dass die Mitarbeitenden anderer Abteilungen im Projekt involviert sind, ohne dass die verantwortlichen Abteilungsleiter davon wissen. Taucht das „U-Boot" schließlich als wasserdichte Problemlösung aus dem Untergrund auf, bewirkt Herr Anton einen Überraschungseffekt.

> „[Es] gibt […] dann eine Vorstellungsrunde, wo wir das Konzept, was wir machen wollen, dann den anderen auch vorstellen. Dass es kein U-Boot mehr ist. Allerdings sitze ich dann inhaltlich schon so fest im Sattel, dass die da nichts mehr dran rütteln können." (A1)

Die gemäß Organigramm verantwortlichen Führungskräfte geraten unter Druck, den Plan, den Herr Anton erarbeitet hat, gemäß seinen Vorarbeiten zu implementieren. Er versucht, Fakten zu schaffen und andere vor vollendete Tatsachen zu stellen.

> „Kraft des Faktischen. Wenn man es schafft, was einzuführen, was funktioniert, dann ist das so." (A1)

Erfolgt die Umsetzung entsprechend seiner Vorüberlegungen und -stellungen, ist die Okkupation des Themas durch Herrn Anton erfolgreich abgeschlossen. Er ist dann derjenige im Unternehmen, der sich am besten in der Materie auskennt und wird im fraglichen Handlungsfeld zur dominierenden Person.

Widersetzen sich Dritte der Umsetzung seiner Pläne, wird die Intensität des Drucks weiter erhöht, indem – wie im Falle des Entwicklungskostenprojektes – die offene Auseinandersetzung gesucht wird.

> „Also den [Herrn Maier, Leiter Produktentwicklung; FR] habe ich dann zum Feind, wenn er mir wie bei den anderen Entwicklungskostenprojekten mir das zerschießt. Weil er sich nicht fügen will oder sich nicht (stockt) keine Einmischung erlaubt. Dann, dann ist da die Front." (A1)

1.4.1.4 Schritt 4 – Abschirmung

Herr Anton macht sich in allen Fragen zu den Handlungsfeldern, die er okkupieren möchte, zum kompetentesten Wissensträger im Unternehmen. Das entsprechende Thema mitsamt den darin involvierten Personen und Organisationseinheiten werden so zu einem Bestandteil seines Reviers. Sein Revier kontrolliert Herr Anton persönlich und engmaschig. Durch die Maßnahmen zur Rekrutierung, Weiterbeschäftigung und internen Vermittlung Studierender stellt Herr Anton revierintern eine kognitive und personelle Homogenität sicher. In seinem engeren Umfeld arbeiten ausschließlich Personen, die sich aus seiner Sicht in der engen (!) Zusammenarbeit mit ihm bewährt haben: Er selbst hat sie eingestellt und sie persönlich in die Firma hineinsozialisiert.

Allein durch die Zusammenarbeit mit ihm oder und vor allem durch seine Weiterempfehlung im Unternehmen bleiben andere Personen aus Sicht von Herrn Anton

„einem was schuldig letztlich" (A1). Anhand dieser Aussage wird plastisch, dass Herr Anton die betreffenden Personen als in seiner Schuld stehend und mithin als ihm zu- und untergeordnet ansieht. Damit erreicht Herr Anton in seinem Revier mittelfristig eine Position absoluter Überlegenheit. Es gelten seine Regeln und er kontrolliert ihre Einhaltung penibel und persönlich. Herr Anton hat im Revier das Sagen.

Nach außen gerichtet arbeitet Herr Anton darauf hin, seinen Machtbereich gegenüber Dritten abzuschirmen und insbesondere gegen Übergriffe zu immunisieren. So ignoriert er beispielsweise in der Firma Antondavor die formalen Vorgaben der Personalabteilung zur Beschäftigung von Studierenden so lange, bis diese ihm in seinem Bereich entnervt freie Hand gibt.

> „`Machen sie doch, was Sie wollen, aber lassen Sie uns in Ruhe!´" (A1)

Durch die Ausschaltung der Personalabteilung stellt er zusätzlich sicher, dass in seinem Bereich nur Personen tätig werden können, die er persönlich ausgewählt hat. Das erleichtert ihm die Kontrolle seines Reviers und er kann sich der weiteren thematischen und personellen Expansion zuwenden.[107]

1.4.2 Kampf um Anerkennung in der Bezugsgruppe

Die soeben beschriebene Strategie der Reviererweiterung und -absicherung erstreckt sich in erster Linie auf hierarchisch untergeordnete Personen (Studierende) oder (gleich- und höherrangige) Führungskräfte anderer Abteilungen. Dagegen beschreibt die Vorgehensweise des «Kampfs um Anerkennung in seiner Bezugsgruppe» Kontaktstrategien in Richtung seiner beiden direkten Chefs. Dabei handelt es sich um seinen Abteilungsleiter, Herrn Kettner, und dessen Vorgesetzten, Herrn Weller (Vorstand der Firma Anton).

Die Beziehungsetablierung zu den beiden genannten Personen besitzt eine hohe Dringlichkeit und Wichtigkeit für Herrn Anton.

> „Das sind die Prio-Themen. Das heißt momentan ist mir wichtig, mich bei den beiden gut zu positionieren." (A1)

Herr Anton strebt bei den Vorgesetzten eine „Positionierung durch Leistung" (A1) an. Er möchte deutlich und schnell beweisen, dass seine Arbeit im Unternehmen tatsächlich „wertschöpfend" (A1) ist. Er sucht Akzeptanz als jemand, der selber „was schafft" (A1).[108]

---

[107] Kennzeichnend für die Expansionsstrategie ist weiterhin noch, dass Herr Anton gleichzeitig zahlreiche Parallelprojekte startet. Die Erweiterung seines Reviers erfolgt sternförmig in mehrere Richtungen.

[108] Seine Mitarbeit in der Produktion spielt auch vor diesem Hintergrund eine Rolle: „Dass ich in der Produktion war, um mir die Hände schmutzig zu machen und so, das kam auch recht gut an, meiner Meinung nach" (A1).

Kapitel VI – Auswertung des Ankerfalls

„Und ich will, zeigen: `Mhm, das war gut, dass wir den Anton eingestellt haben.
Der performt. Da kommt was bei raus.´" (A1)

Es geht ihm, wie er es konsistent an mehreren Stellen im Interview selbst nennt, um
„Anerkennung" (A1) von Seiten der Vorgesetzten. Für Herrn Anton sind dabei drei
spezifische Facetten von Anerkennung gleichermaßen bedeutsam: Zunächst soll seine
Leistung gewürdigt werden. Das bedeutet, dass die Bezugsgruppe, bestehend aus seinen Chefs, die Resultate seiner Arbeit wahrnehmen und positiv beurteilen soll.

„Dass man Anerkennung kriegt für das, was man tut." (A1)

Die Anerkennung soll allerdings nicht auf die Ergebnisse seiner Aktivitäten beschränkt bleiben, sondern in zweiter Linie auch den Prozess bzw. die Wahl seiner
Mittel betreffen. Er sucht Rückendeckung und aktive Unterstützung für seine expansive Strategie der Reviererweiterung, die seine Vorgesetzten etwa durch die Bereitstellung von Ressourcen (Räume, Computer, Budget etc.) fördern sollen. In dritter
Konsequenz bedeutet Anerkennung für Herrn Anton, dass ihm von seinen Vorgesetzten ein hoher Status attestiert wird. Dieser leitet sich aus Sicht von Herrn Anton vor
allem daraus ab, dass er für das Unternehmen wichtige Funktionen erfüllt (Reviere
kontrolliert) und in dieser Rolle schwer zu ersetzen ist.

„Dass man da ist und dass es gut ist, dass man da ist. Und dass es nicht so gut
wäre, wenn man nicht da ist." (A1)

„Es ist halt wichtig, dass die [seine beiden Vorgesetzten; FR] der Meinung sind,
dass es wichtig ist, dass ich da bin." (A1)

Die Anerkennung seiner für die Organisation bedeutsamen Stellung dient Herrn Anton als Droh-, Forderungs- und Druckpotenzial auch gegenüber den Vorgesetzten,
wenn es etwa darum geht, weitere Unterstützung einzufordern oder auch Gehaltsverhandlungen zu führen.

„Weil umso mehr rauskommt, umso mehr kriege ich auch wieder und umso mehr
kann ich auch fordern." (A1)

Daran wird deutlich, dass es Herr Anton (in Analogie zur Außenwelt) auch innerhalb
der Bezugsgruppe darauf anlegt, andere Personen von sich abhängig zu machen, um
Druck ausüben zu können. Dabei gilt aus seiner Sicht: Je größer das von ihm besetzte
Revier, umso höher sein Status bei seinen Vorgesetzten. Der eingeschlagene Weg zur
Anerkennung innerhalb der Bezugsgruppe ist somit kein harmonischer, sondern wiederum ein im Wesentlichen kämpferischer Pfad. Dieser verläuft weitgehend im Kon-
kurrenzmodus und soll aus Sicht von Herrn Anton in einen (vorübergehenden?) Waf-
fenstillstand auf Basis wechselseitig anerkannter und respektierter Machtpotenziale
münden.

Kapitel VI – Auswertung des Ankerfalls

Wenn sowohl im Innen- als auch Außenverhältnis die Beziehungsgestaltung über Druck und die Herstellung von Abhängigkeiten zu erfolgen scheint, stellt sich die Frage, worin der Unterschied zwischen den Networkingstrategien im Verhältnis zur Bezugsgruppe und in den von Herrn Anton beherrschten Revieren besteht. Eine Differenzierung ist mit der Akzentuierung *wechselseitig anerkannter* und sich gegenseitig austarierender Abhängigkeiten bereits getroffen. Im Außenverhältnis strebt Herr Anton unmittelbar eine dominante Rolle an, während er bei seinen Chefs zunächst Akzeptanz sucht. Er möchte einer von ihnen sein, will mit ihnen auf Augenhöhe agieren, ohne zunächst ein Beziehungsgefälle herzustellen. Darüber hinaus betont Herr Anton die bestehende (bzw. sich abzeichnende) Zielharmonie zwischen ihm und seinem Vorgesetzten („mein Chef ist der Gleiche", A1).

Bemerkenswert ist außerdem ein weiterer Aspekt in Zusammenhang mit der Bezugsgruppe: Herr Anton ist bereit, einen Eintrittspreis für die Aufnahme in diesen Kreis zu entrichten. Er vermutet einen latenten Konflikt zwischen dem Vorstand Weller und dem bereits erwähnten Herrn Maier (vgl. Abbildung 5).

„Die haben Schwierigkeiten." (A1)

Herr Maier hat sich bei den vergangenen Versuchen zur Einführung eines Prozesses zur Entwicklungskostenkontrolle quer gestellt und so eine Implementierung verhindert. Ein solcher neuer Prozess hätte seinen Einflussbereich beschnitten. Herr Anton geht nun auf Idee und Angebot Wellers und Kettners ein, das Projekt im Geheimen und ohne Mitwissen von Herrn Maier, aber unter Einbeziehung von dessen Mitarbeitern vorzubereiten („U-Boot").

Herr Anton: „Darum haben sie mich ja auch das Entwicklungskostenprojekt machen lassen."

FR: „Dass du den harten Knochen Maier knackst?"

Herr Anton: „Genau. Darum mache ich das Entwicklungskostenmanagement auch mit lauter Mitarbeitern vom Maier." (A1)

Herr Anton lässt sich von seinen Vorgesetzten bewusst dazu instrumentalisieren, gegen Herrn Maier vorzugehen, ohne diesen persönlich zu kennen. Schnell und ohne zu Zögern übernimmt er die Sichtweise der Mitglieder der Bezugsgruppe, um sich als loyal und zur Gemeinschaft gehörig zu erweisen. Von seiner Bereitschaft, sich an einer solchen geheimen Operation zu beteiligen und sich in diesem Sinne mitschuldig zu machen, erhofft sich Herr Anton eine Verbesserung seines Status bei den Vorgesetzten. Die Durchführung des Projekts als U-Boot ist für ihn nur mit geringen Risiken verbunden, denn sie ist von oben initiiert und gedeckt.

1.5 Netzwerk und Netzwerkfolgen

Für die vorliegende Untersuchung wird angenommen, dass sich die Networkingaktivitäten der Führungskräfte, die neu in ein Unternehmen eintreten, allmählich zu dauerhafteren sozialen Strukturen verfestigen. Es bleibt nicht alles so offen und im permanenten Fluss wie zu Beginn. Aus den (mikropolitischen) Handlungen der Akteure erwachsen mit der Zeit typische Interaktions- und Beziehungsmuster, die eine relative Stabilität erlangen und sich schließlich als soziales Netzwerk einer Person erfassen und beschreiben lassen. Im Sinne des Kodierparadigmas der *Grounded Theory* nach Strauss und Corbin (1996) lassen sich soziale Netzwerke somit als Konsequenzen von Handlungsstrategien einordnen. Die im Folgenden für den Fall Anton entwickelte zweite Achsenkategorie beschreibt die Konsequenzen des Networkings auf der Ebene des Netzwerks.

Zum Zeitpunkt des Erstinterviews ist Herr Anton erst seit fünf Wochen bei seinem neuen Arbeitgeber tätig. Insofern kann in diesem Stadium noch nicht von einem etablierten Netzwerk hoher Stabilität die Rede sein. Dennoch liefert das Datenmaterial aus dem Erstinterview deutliche erste Hinweise darauf, welche Gestalt sein Netzwerk einzunehmen beginnt und wie es sich im weiteren Zeitablauf entwickeln könnte. Dadurch, dass Herr Anton seine Networking so bestimmt, prägnant und intensiv betreibt, und von Anfang an einen klaren und in allen Details festgelegten mikropolitischen Plan verfolgt, lässt sich schon zu diesem frühen Zeitpunkt eine fundierte Prognose auf Grundlage der Daten erstellen.[109]

Das entstehende Netzwerk von Herrn Anton weist eine Zweiteilung auf, welche der zuvor beschriebenen Differenzierung der beiden handlungsorientierten Achsenkategorien entspricht. Beide Netzwerkteile entspringen jeweils unterschiedlichen Handlungslogiken. Sie weisen voneinander abweichende Strukturen in den Dimensionen auf, die zum Vergleich von Netzwerken als besonders wesentlich erachtet werden (vgl. Kapitel III und IV). Insofern spaltet Herr Anton die Organisation in die zwei Teile «außerhalb» (1.5.1) und «innerhalb» (1.5.2) der Bezugsgruppe.

1.5.1 Außerhalb der Bezugsgruppe

1.5.1.1 Netzwerk

(1) Strukturelle Netzwerkdimension

Die Strategie der Reviererweiterung führt dazu, dass Herr Anton bereits nach wenigen Wochen über eine Vielzahl von Erstkontakten verfügt, welche die Basis für ein

---

[109] Wegen des frühen Zeitpunkts des Interviews musste bei der Rekonstruktion des Netzwerks von Herrn Anton auf Basis des Erstgesprächs dennoch verstärkt auf Interpretation und analytische Schlüsse zurückgegriffen werden. Die auf diesem Weg gewonnenen Strukturmerkmale konnten anhand des Materials aus dem Zweitgespräch, das ein knappes Jahr später stattfand, validiert, verfeinert und erweitert werden (vgl. Abschnitt 2).

ausgedehntes Netzwerk bilden können. Die Kontaktpartner kommen aus unterschiedlichen Bereichen des Unternehmens und beschränken sich keineswegs nur auf den unmittelbaren Kollegenkreis von Herrn Anton. Herr Anton hat erste Projekte und Eigeninitiativen, wie etwa seine Mitarbeit in der Produktion, dazu genutzt, eine heterogene Beziehungsstruktur zu etablieren. Er hat Zugang in sehr unterschiedliche Organisationsbereiche (z.b. Produktion, Personal, mehrere Fachabteilungen) gewonnen.

Vor allem für das Entwicklungskostenprojekt gilt dabei als Besonderheit, dass auf sein aktives Betreiben hin die anderen Beteiligten am Projekt nur über ihn oder in seiner Gegenwart miteinander Kontakt haben. Die Dauer und Anzahl gemeinsamer Projektgruppensitzungen wird möglichst gering gehalten. Damit macht sich Herr Anton auf struktureller Ebene zum einzigen Bindeglied zwischen ansonsten unverbundenen Akteuren und Einheiten. Er kann auf diese Weise von den Vorteilen der Überbrückung struktureller Löcher profitieren. Als Folge erlangt er eine privilegierte Stellung, die sich vor allem daraus ableitet, dass ihm allein die Gesamtheit der Informationen aus den unterschiedlichen Unternehmensbereichen zur Verfügung steht.

In den Handlungsfeldern, die er erfolgreich okkupiert hat, wirkt Herr Anton als omnipräsenter Alleinherrscher, an dem kein Weg vorbeiführt. Er selbst hat die Regeln, die in seinem Revier gelten, etabliert und ist mit ihnen vollständig vertraut. Kehrt man zum Bild des (Jagd-)Reviers zurück, so ist Herr Anton als Hüter seines Reviers der Einzige, der in der Lage ist, sich kompetent und sicher in diesem Revier zu bewegen. Durch sein umfassendes Insiderwissen wird es ihm zudem möglich, seinen Einflussbereich nach außen hin abzuschirmen. Als *gatekeeper* kann er den Zugang zu den von ihm monopolisierten Themenbereichen allein und gemäß seiner Interessen gestalten und regeln: Er positioniert sich in seinem Netzwerk als einzige Schnittstelle zur Außenwelt.

(2) Relationale Netzwerkdimension

Auf der relationalen Ebene des Netzwerks lassen sich die bisher entstandenen Beziehungen zunächst nicht eindeutig als starke (*strong ties*) oder als schwache Beziehungen (*weak ties*) einordnen. Für die erstgenannte Charakterisierung würde auf den ersten Blick sprechen, dass gerade die Beziehungen zu den Kollegen, mit denen Herr Anton in seinen Projekten zu tun hat, eine hohe Interaktionsfrequenz aufweisen. Sie sind geprägt von ausführlichen (Fach-)Diskussionen. Sie scheinen aus Sicht von Herrn Anton auch in dem Sinne verlässlich zu sein, als sich seine Kollegen an der Projektarbeit beteiligen und insbesondere ihr Fachwissen einbringen. Allerdings entwickelt Herr Anton keine typischen starken Beziehungen, da sie nicht – wie in der netzwerktheoretischen Literatur für starke Beziehungen angenommen – auf emotionaler Intensität und gegenseitigem Vertrauen beruhen.

Herr Anton strebt an, Verlässlichkeit und Berechenbarkeit herzustellen, indem er den sozialen Beziehungen in seinem Revier einen betont zweckbezogen-transaktionalen Charakter verleiht.

„Mir kann nichts Besseres passieren, wie wenn ein Student zu mir kommt und sagt, er will mehr Geld. Dann sage ich: `Dann darfst Du aber auch mehr *performen*. Dann bekommst Du mehr.´ Und das ist dann so ein Kreislauf, der unheimlich gut ist. Weil umso mehr ich bezahle, umso mehr kann ich auch wieder verlangen. Und er fühlt sich durch das bisschen Geld wesentlich geschätzter auch wieder. Das ist eine Anerkennung. Eine einfache." (A1)

Das euphemistische Dürfen im vorangegangenen Zitat kaschiert ein Müssen. Die Beziehungen im Revier sind maßgeblich geprägt von engmaschiger Kontrolle, Druck, (negativen) Sanktionen, Verpflichtung und persönlicher Schuld. Wenn sich Kollegen seinen Plänen widersetzen, entsteht eine „Front" (A1). Der Kampf um die Klärung der Herrschaft im Revier wird mit großer Härte und Aggressivität (offen) ausgefochten. Als Illustration dafür können zwei Episoden dienen, die Herr Anton aus der Firma Antondavor berichtet, an deren Beginn jeweils der Widerstand anderer Führungskräfte gegen Konzepte stand, die Herr Anton erarbeitet hatte:

„Das war so ein Vertriebsleiter, den sie neu eingestellt hatten bei der Firma Antondavor. Das war halt einfach ein Trottel. Und der wollte nichts machen. Und wir haben ein neues Vertriebskonzept für Schmierstoffe vorgestellt. Und da hat er gesagt: `Das wird der Kunde nie akzeptieren!´ Und hat nur bombardiert. War sogar dagegen. Dann, dann bin ich halt selber nach Aue gefahren. Zum Leiter der Produktion dort. Unser größter Kunde für Schmierstoffe. Und der hat gesagt: `Bitte macht mir doch die Schmierstoffe so! Bitte! Bitte!´ Und damit habe ich den praktisch dann wieder voll ausgehoben. War aber auch so, dass ich den von allen Seiten bombardiert habe. Das heißt, ich habe eine Präsentation gemacht, da stand drin, wie die *performance* bei uns im Nachmarkt ist. Richtig so krass mit vielen extremen Beispielen und habe die an den Chef von dem – wie hieß denn der gleich wieder? – ist egal, von dem Chef von dem Schmierstoffvertriebsleiter von dem geschickt, der auch wieder einer war, mit dem ich besser konnte. (kurze Pause) Genau und so wurde der halt unter Beschuss genommen. (kurze Pause) Der hätte das nie verhindern können, dass so etwas eingeführt wird, weil ich am Hebel saß. (Längere Pause) Und das war oft so, dass wir Sachen durchgesetzt haben mit dem Rücken zur Wand." (A1)

„`Du kriegst jetzt noch sechs Lieferungen von den alten. Die reichen Dir noch drei Monate. Und danach liefern wir endlich das neue oder gar nichts mehr. (lacht) Und es werden einfach keine neuen bestellt. Und jetzt bring das dem Kunden bitte bei!´ So auf die Art haben wir recht viel umgesetzt." (A1)

Vor diesem Hintergrund muss es für weite Teile des Reviernetzwerks als zweifelhaft gelten, dass sich unter diesen Bedingungen wirkliche Vertrauensverhältnisse ausbilden, die dazu führen würden, dass die Netzwerkpartner von Herrn Anton auch ohne dessen permanenten Antrieb, Druck und Kontrolle – gerne und freiwillig – etwas für ihn tun.

1.5.1.2 Netzwerkfolgen

In einer solchen Netzwerkkonfiguration wird der Aspekt der Dominanz besonders hervorgehoben. Sofern es Herrn Anton gelingt, die Abhängigkeiten seiner Netzwerkpartner wie geplant herzustellen, nimmt er schnell zu verschiedenen, für das Unternehmen zentralen Themen eine Hauptrolle ein, die ihm nur schwer streitig zu machen sein wird. Innerhalb seines Reviers verfügt er wie kein anderer über das strukturelle Potenzial, seine Interessen verwirklichen zu können, auch wenn deren Realisierung vom Handeln anderer Organisationsmitglieder abhängt.

Eine wichtige Machtbasis stellt für Herrn Anton die Ressource Information dar. Der Informationsgewinn aus dem Außennetzwerk ist für Herrn Anton jedoch differenziert zu sehen. Einerseits ist der Informationsgewinn hinsichtlich der sachlich-fachlichen Details sicherlich immens, baut Herr Anton doch bei Eroberung und Okkupation seines Reviers genau auf diese Komponente. Andererseits lässt seine Art der Beziehungsgestaltung den Fluss nichtfachlicher Informationen (wie z.B. offenes persönliches Feedback) als nahezu ausgeschlossen erscheinen.

Damit ist bereits angedeutet, dass andere positive Folgen sozialer Netzwerke, die sich unter Stichworten wie Zusammenhalt, Gemeinschaft oder Solidarität subsumieren lassen, in dieser Art von Netzwerkstruktur ausbleiben. Wegen der druckvollen Vorgehensweise von Herrn Anton, die teilweise auch als aggressiv zu bezeichnen ist, können diese Aspekte nicht zur Geltung kommen. Sie werden von ihm letztlich als zweitrangig und entbehrlich eingestuft und daher auch gar nicht angestrebt. Durch seine klare Fokussierung auf Dominanzeffekte entledigt sich Herr Anton von vornherein der möglichen hohen Kosten dichter, solidarischer Strukturen und bleibt – losgelöst von langfristigen und auf Gegenseitigkeit beruhenden Verpflichtungen – in seiner Expansionsstrategie (Partnerwahl, Themenwahl etc.) flexibel.

Auf der Kostenseite dieses Netzwerkteils von Herrn Anton steht vor allem, dass der gewählte Mechanismus zur Errichtung und Kontrolle seiner Machtbereiche ausgesprochen aufwendig ist und bleiben wird. Die tiefgehende fachliche Expertise in *allen* von ihm beeinflussten Themen- und Handlungsfeldern, das permanente Aufbauen und Aufrechterhalten von Druck sowie die persönliche Kontrolle auch kleinster Details sind kraftraubend. Die genannten Strategien werden für Herrn Anton im Zuge der fortgesetzten Revierexpansion noch komplexer und anstrengender. Es ist davon auszugehen, dass die Expansionsstrategie Herrn Anton schnell an seine persönliche Belastbarkeitsgrenze führen wird, da er kaum Verantwortung an sein Umfeld abgibt. Die Umsetzung der Strategie erlaubt außerdem keine Unaufmerksamkeiten oder gar Schwächen: Herr Anton kann angesichts seines druckvollen Auftretens in der Firma Anton nicht mit der Rücksicht oder gar der aktiven Unterstützung seiner Interaktionspartner rechnen.

1.5.2 Innerhalb der Bezugsgruppe

Die Netzwerkstruktur innerhalb der Bezugsgruppe soll gemäß der mikropolitischen Strategie von Herrn Anton in vielen zentralen Charakteristiken eine Gestalt annehmen, die jener der Außenkontakte gegensätzlich ist.

1.5.2.1 Netzwerk

(1) Strukturelle Netzwerkdimension

Im Gegensatz zu den etwa 20 Kontakten außerhalb der Bezugsgruppe besteht letztere aus lediglich zwei weiteren Personen. Dieser Netzwerkteil ist also wesentlich kleiner. Ein weiteres strukturelles Merkmal entsteht direkt aus der hier geltenden Networkinglogik, die aus Sicht von Herrn Anton nicht der Überbrückung ansonsten nicht verbundener, heterogener Unternehmensbereiche (*bridging*) dienen, sondern die Abgeschlossenheit einer eng kooperierenden Gruppe (*bonding*) herstellen soll. Während sich Herr Anton bei seinem unmittelbaren Vorgesetzten Herrn Kettner sicher ist, dass mit diesem ein solchermaßen intensiver informeller Austausch zum Zweck der Erreichung gemeinsamer Ziele möglich und wahrscheinlich ist, besteht bezüglich des Vorstands Weller zum Zeitpunkt des Erstgesprächs noch Unsicherheit.

(2) Relationale Netzwerkdimension

Verbal strebt Herr Anton zwar „enge und vertrauliche Beziehungen" (A1) innerhalb der Bezugsgruppe an; allerdings wählt er auch in diesem Kontext auf der relationalen Ebene wiederum einen betont zweckbezogen-transaktionalen Zugang. Dieser ist wesentlich geprägt von seinem Bestreben, für die beiden anderen aufgrund der Größe des von ihm beherrschten Reviers schwer ersetzbar zu werden (vgl. Abschnitt 1.4.2). Als Faustpfand und Drohpotenzial bringt Herr Anton sein Revier in den Ressourcenpool der Bezugsgruppe ein. Dadurch wird die Entstehung wahrhaftig solidarischer Beziehungen, die in ihrer Bindungswirkung über die einer rationalen Zweckgemeinschaft hinausgehen, erschwert, wenn nicht ausgeschlossen. Das gilt insbesondere dann, wenn man sich vor Augen führt, dass er beabsichtigt, gegenüber seinen Vorgesetzten auch weiterhin zweckbezogen-transaktionale Beziehungsangebote zu machen.

> „`Wenn ich noch einen Raum kriege, mache ich Dir die Projekte noch.´ So ungefähr." (A1)

Diese, prospektiv in die Zeit nach dem Erstgespräch gerichtete, Aussage vergegenwärtigt, dass die Bezugsgruppe eher den Charakter einer Interessengemeinschaft aufweist und diesen vermutlich auch behalten wird. Es handelt sich zumindest für Herrn Anton um einen Zusammenschluss rationaler Akteure, die sich – ihre jeweilige Macht respektierend (fürchtend?) – zur gemeinschaftlichen Zielerreichung verbünden. In dieser Gemeinschaft spielen positive affektive Beziehungsmomente eine untergeordnete Rolle. In der Gesamtschau entsteht das Bild eines oberflächlichen Pseudo-*bondings*, das nur so lange erfolgreich und relativ stabil sein wird, wie alle Beteiligten annehmen, dass sich ihre Investitionen in das Sozial Kapital der Gruppe rentieren und an keiner anderen Stelle im Unternehmen höhere Erträge versprechen.

1.5.2.2 Netzwerkfolgen

Die positiven Effekte, die Herr Anton für sich aus der Mitgliedschaft in dieser Gruppe ziehen kann, sind wiederum in erster Linie in Dominanzeffekten zu sehen. Solange sich die drei Akteure untereinander einig sind und gegenseitig decken, wird ihre Koalition trotz der kurzen Betriebszugehörigkeit ihrer Mitglieder einen bedeutsamen Machtfaktor im Gefüge der Organisation darstellen.

Klar im Hintergrund der zu erwartenden Auswirkungen stehen auch hier Effekte, die sich mit Konzepten wie Vertrauen oder Zusammenhalt verbinden. Es gilt und entsteht in der Bezugsgruppe um Herrn Anton nicht jene selbstverständlich-unbedingte Solidarität, wie sie z.b. für Freundschaften oder – in noch weiter gesteigerter Form – für Familien prägend ist. Die Gruppenkohäsion bleibt zuvorderst dem taktischen Kalkül der Mitglieder der Bezugsgruppe unterworfen und somit insgesamt limitiert. Es ist fraglich, ob sich die Gruppe angesichts der weiteren Expansionsziele und -pläne Herrn Antons noch in dieser Richtung entwickeln kann. Wesentlich wahrscheinlicher erscheint zum Zeitpunkt des Erstgesprächs ein fortgesetztes Verharren im Modus der Zweckgemeinschaft.[110]

2 Auswertung des Zweitgesprächs mit Andreas Anton

Die Auswertungsmethodik, die für die vorliegende Untersuchung gewählt wurde, wurde in den vorangegangenen Abschnitten für und anhand des Erstgesprächs mit Andreas Anton umfassend erläutert. In der Hoffnung, dass dabei und in Verbindung mit der Sequenzanalyse im Anhang Vorgehensweise und Ergebnisse hinreichend transparent wurden, soll nun die Vorstellung der Interpretation des Zweitgesprächs knapper ausfallen. Dazu wird das Anschlussinterview in den Kategorien des Erstgesprächs analysiert. Das ist gleichzeitig möglich und sinnvoll, weil sich alle maßgeblichen theoretischen Konzepte aus dem ersten Interview auch im zweiten Treffen mit Herrn Anton reproduzieren. Es finden sich nicht nur teils wortgleiche Wiederholungen in zentralen Passagen des Texts, sondern auch die gleichen Argumentationen und Vorgehensweisen, die schon für das Erstgespräch maßgeblich waren.

Das zweite Interview mit Herrn Anton findet etwa knappes Jahr nach dem ersten Gespräch wiederum in der Firma Anton statt. Herr Anton berichtet von seinen (Networking-)Erlebnissen und Erfahrungen seit dem ersten Treffen. Er ist insgesamt sehr zu-

---

[110] Analoge Überlegungen wie für die zu erwartenden Solidaritätseffekte gelten auch hinsichtlich der Informationsweitergabe innerhalb der Gruppe. Auch sie dürfte nicht gekennzeichnet sein von vollkommener Offenheit, sondern ebenfalls überlagert werden von taktischen Überlegungen und Abwägungen.

frieden mit der Entwicklung seines Netzwerks zwischen dem Erst- und dem Zweitgespräch.

2.1 Networking

2.1.1 Erweiterung des Reviers

Die organisationsstrukturell hybride Positionierung in der Stabsstelle im Marketingmanagement zwischen zentralen Funktionen wie Einkauf, Entwicklung, Vertrieb und Produktion hat Herrn Anton immer neue Anknüpfungspunkte geboten, die er zum Ausbau eines weit verzweigten Netzwerks genutzt hat. Zu diesem zählen mittlerweile ca. 30 Kontakte. Er hat sein Aufgabenspektrum erheblich ausgeweitet und auf allen Unternehmensebenen Ansprechpartner in zahlreichen verschiedenen und wichtigen Firmenteilen gefunden. Mit ihnen arbeitet er zum Zeitpunkt des Zweitgesprächs in mehreren neuen Projekten in der beschriebenen Weise eng zusammen. Über die Projekte konnte er sich zu diversen Themen ein breit gefächertes und dennoch tief gehendes Fachwissen erarbeiten. Damit vereinigt er nun in seiner Person gleichzeitig profunde Fachkenntnisse und „auch das Wissen, das die Bereichsleiter haben, das strategische" (A2). Diese Kombination versetzt ihn insgesamt im Unternehmen in seiner Einschätzung „natürlich in eine Position, die extrem interessant ist" (A2). Zudem arbeiten mittlerweile fünf Studierende für ihn. Sieben neue Stellen sollen ihm direkt unterstellt werden, von denen er zum Zeitpunkt des Gesprächs schon eine mit einem ehemaligen Praktikanten besetzt hat.[111]

Im Netzwerk der Organisation sieht sich Herr Anton vor allem in Zusammenhang mit dem Entwicklungskostenprojekt als „bereichsneutrale" (A2) Stelle, die über Abteilungsgrenzen hinweg „moderiert" (A2), „das Sinnvolle vom Unsinnvollen trennt und aber auch jedem ein bisschen auf die Finger schaut" (A2). Er konnte seine Vorstellungen umsetzen und die betroffenen Abteilungen und Personen verhalten sich „alle sehr diszipliniert" (A2). Herr Anton hat also die angestrebte Kontrollposition eingenommen und dominiert dieses organisationale Handlungsfeld uneingeschränkt.

Die Okkupation des Reviers verläuft in der Konfrontationsphase seiner Expansionsstrategie nicht konfliktfrei. Der bisher dafür zuständige Leiter der Produktentwicklung, Herr Maier, stemmt sich wie erwartet gegen die Vorgaben von Herrn Anton und möchte keine Eingriffe in seinen Zuständigkeitsbereich hinnehmen.

---

[111]   Bei einer weiteren Personalentscheidung konnte er einen Bekannten erfolgreich vermitteln. Einer seiner früheren Studierenden übernimmt die Assistenz eines neuen Vorstandsmitglieds, das von der übergeordneten Holding in den Vorstand der Firma Anton entsandt wurde. Interessant ist angesichts der im Folgenden beschriebenen Auseinandersetzung mit dem Entwicklungsleiter zudem, dass die vier Stellen, die Herrn Anton zugeordnet werden, explizit im Entwicklungsbereich angesiedelt sind. Herr Anton weitet damit seine Einflusszone bereits auch auf den Entwicklungsbereich aus.

„Drum kommt ihm [Herrn Maier; FR] das irgendwie quer, dass einer in seinen Entwicklungsbereich hineinsteuert in Hinblick auf Weiterentwicklung und Kostenbewusstsein. […] Das hat ihn gestört. Auch dass da einer von außerhalb von seinem Bereich kommt und dann da die ganzen Schwächen aufzeigt, die gerade in seinem Bereich vonstatten gehen." (A2)

Die Schwächen im Bereich des Entwicklungsleiters markieren die Stelle, an der Herr Anton ansetzt. Er befasst sich nochmals detailliert mit den Konstruktionsplänen mehrerer Produktgruppen im Entwicklungsbereich, berechnet mögliche Einsparungen und macht schließlich den für Produktentwicklung zuständigen Vorstand, Herrn Bühner (vgl. Abbildung 5), auf das Verbesserungspotenzial in diesem Bereich aufmerksam. Durch seine akribische Vorbereitung und Analyse kann er den Vorstand, welcher der direkte Vorgesetzte des Entwicklungsleiters ist, für seinen Ansatz gewinnen. Herr Bühner hat Herrn Maier im Anschluss an die Intervention durch Herrn Anton „so oft eins vor den Deckel gegeben, dass er [Herr Maier; FR] sich jetzt nicht mehr traut, Widerstand zu leisten" (A2). Der Entwicklungsleiter muss sich Herrn Anton „fügen" (A2).

„Der tut so, also würde er mit mir können und wehrt sich nicht mehr." (A2)

2.1.2 Anerkennung durch die Vorgesetzten

Die Unterstützung, die ihm von Seiten Herrn Bühners in der Auseinandersetzung mit dem Entwicklungsleiter entgegen gebracht wird, wertet Herr Anton als ein wichtiges Indiz dafür, dass er vom Vorstand der Firma Anton geschätzt und anerkannt wird. Die gleiche Anerkennung empfindet er auch bei den beiden Bezugsgruppenmitgliedern, Herrn Weller und Herrn Kettner. Beide gewähren Herrn Anton viel Freiraum für seine Expansionsstrategie und halten ihm den Rücken frei. Herr Kettner spornt Herrn Anton zu einer Fortsetzung seiner aggressiven Vorgehensweise an.

„`Hauen Sie ruhig drauf! Ich kehre hinter Ihnen die Scherben schon zusammen'" (A2).

Die zitierte Stelle markiert für mich eine Schlüsselstelle für das Verständnis der Rolle von Herrn Anton innerhalb der Bezugsgruppe. Während sich Herr Kettner und Herr Weller in der Öffentlichkeit eher zurückhalten, arbeitet Herr Anton an der „Front" (A1), legt sich „mit den Leuten an" (A2) und schafft „Problem[e] aus der Welt" (A2). Wohlwollend betrachten und unterstützen die Vorgesetzten sein Tun. Aus dem Hintergrund treiben sie ihn an, ohne selbst tatsächlich (und für Dritte sichtbar) einzugreifen. Damit leihen und benutzen sie seine Aggressivität, verfügen aber zu jeder Zeit über die Option, ihre Gunst zurückzuziehen und sich (dann auch öffentlich) von den Vorgehensweisen Herrn Antons zu distanzieren.

2.2 Netzwerk und Netzwerkfolgen

Die Bezugsgruppe, bestehend aus Herrn Anton, Herrn Kettner und Herrn Weller, bleibt damit auch zum Zeitpunkt des Zweitgesprächs eindeutig noch in jenem Modus eines zweckbezogen-transaktionalen Kalküls verhaftet, der sie schon im Erstgespräch ausgezeichnet hat. Der Zusammenhalt zwischen den Akteuren speist sich lediglich aus einem (fragilen) Gleichgewicht mikropolitischer Kräfte. Die Akteure halten sich wechselseitig in Schach und belauern einander.[112] Nur solange Herr Anton mit seiner Expansionsstrategie auch im Sinne der Gruppe erfolgreich bleibt und nur solange es den Vorgesetzten opportun erscheint, werden sie seine aggressive Vorgehensweise im Unternehmen weiter decken, dulden und fördern.[113]

Hinsichtlich der weiteren Folgen auf der Ebene des entstandenen Netzwerks von Herrn Anton ist zu sagen, dass sich die Erwartungen, die auf Grundlage des Erstgesprächs formuliert wurden (vgl. Abschnitt 1.5), überwiegend erfüllt haben: Herr Anton spaltet das Unternehmen: Auf der einen Seite stehen seine Reviere, in denen er allein dominiert. Auf der anderen Seite stehen die Beziehungen zu seinen Vorgesetzten, deren Anerkennung er anstrebt und mit denen er eine Zweckgemeinschaft eingeht. Das verbindende Element ist einerseits die zweckbezogen-transaktionale Quali-

---

[112] Die Beziehungen in der Bezugsgruppe bleiben weiterhin ohne emotionale Nähe und Vertrauen. Das wird unter anderem daran ersichtlich, dass Herr Anton der Tatsache, dass gerade sein Vorstand Herr Weller (und nicht einer von zwei anderen möglichen Kandidaten) neuer Vorsitzender des Vorstands der Firma Anton werden soll, keine besondere Bedeutung beimisst: „Das wäre wurscht, wer von denen […] Vorsitzender wird. Ich weiß, wie man mit solchen Leuten spricht und was die hören wollen" (A2).

[113] In den Augen von Herrn Anton besteht zum Zeitpunkt des Zweitgesprächs kein Risiko, dass ihm die Unterstützung durch die beiden Vorgesetzten entzogen werden könnte. Untersucht man allerdings den Interviewtext intensiv auf Anzeichen in dieser Richtung, ergeben sich durchaus Indizien für einen anstehenden Bruch der Koalition:

- Herr Kettner ist zwar formal der Vorgesetzte von Herrn Anton, aber informell fühlt sich dieser jenem latent überlegen. Herr Anton beschreibt Herrn Kettner im Zweitgespräch als wesentlich weniger forsch und fordernd als sich selbst. Er ist also nicht (mehr) „der Gleiche" (A1), für den er ihn im Erstgespräch offenbar noch gehalten hat.

- Auf einer symbolischen Ebene hat sich der Status interessanter Weise bereits gewendet, denn sie haben die Büros getauscht: Herr Kettner hat sein geräumigeres Büro Herrn Anton überlassen, damit dieser mehr Raum für Arbeitsplätze und Studierende zur Verfügung hat. Die (Fremd- bzw.) Selbstbeschreibung Herrn Kettners als derjenige, der hinter Herrn Anton die Scherben wegfegt, weist in eine ähnliche Richtung: Kehren ist eine niedere Tätigkeit und keinesfalls eine Führungsaufgabe. Während das junge, hochbegabte und extrem einsatzfreudige Talent Herr Anton das Unternehmen nach seinen Vorstellungen umkrempelt und immer neue Einflusszonen erobert, bleibt Herr Kettner weitgehend blass.

- Ein letztes Indiz für eine latente oder entstehende Konfliktlinie zwischen Herrn Anton und Herrn Kettner zeigt sich anhand der laufenden Gehaltsverhandlungen von Herrn Anton. Als Beispiel für eine eigentlich „unverständliche" (A2), aber dennoch unumstößliche Gesetzmäßigkeit fällt Herrn Anton (ausgerechnet) ein, dass er wohl kaum mehr verdienen könne als sein direkter Vorgesetzter.

tät der Kontakte zu den anderen Personen. Vertrauen, Solidarität oder gar emotionale Nähe spielen eine untergeordnete Rolle. Die andere Gemeinsamkeit besteht darin, dass Herr Anton in allen Beziehungen eine Hierarchisierung zu seinen Gunsten intendiert. Seine Networkingstrategie ist auf Dominanz und auf (Allein-)Herrschaft ausgerichtet.

Die transaktional-hierarchische Beziehungsgestaltung verhindert wie erwartet den Fluss nichtfachlicher Informationen (z.B. persönliches Feedback). Damit erfährt Herr Anton beispielsweise auch wenig dazu, wie er im Unternehmen von anderen gesehen wird. Auf entsprechende Nachfragen im zweiten Interview reagiert er ausweichend oder äußert Selbsteinschätzungen (vgl. Abschnitt 2.1.1), die vor dem Hintergrund seiner Beziehungsgestaltung als unplausibel zu bezeichnen sind. Innerhalb des okkupierten Handlungsfeldes Entwicklungskosten ist er alles andere als eine „neutrale Instanz" (A2) oder ein Moderator. Herr Anton ist vielmehr die beherrschende Figur in diesem Feld.

3 Fall Anton: Networking zur Okkupation extremer Macht- und Druckpositionen

Die Auswertung des Ankerfalles ist ebenso wie die der weiteren Fälle (vgl. Kapitel VII) darauf ausgelegt, die finalen Aspekte des Networkings der jeweiligen Leitungskraft besonders herauszuarbeiten und als „Kernkategorie" (Strauss & Corbin 1996: 95) zum zentralen Phänomen der Untersuchung zu machen. Dementsprechend steht auch bei der Auswertung des Ankerfalls im abschließenden Schritt des selektiven Kodierens (vgl. Kapitel VI, Abschnitt 2.3.2) im Vordergrund, welche Ziele Herr Anton mit seinem Networkingansatz verfolgt.

Als durchgehender roter Faden, als zentrales finales Phänomen der Networkinggeschichte von Herrn Anton fällt auf, dass sich seine Beziehungsintention auf die «Okkupation extremer Macht- und Druckpositionen» zu richten scheint. Herr Anton strebt den Aufbau und die ständige Erweiterung seines Netzwerkes an. Sein Networkingansatz soll ihn in eine „extreme Machtposition" (A1) versetzen, aus der heraus er andere massiv unter Druck setzen kann.

Diese Interpretation deckt sich mit der emotionalen Anmutung des Erhebungsprozesses im Fall Anton (vgl. Jaeggi et al. 1998: 15). Mein Beziehungserleben während der Interviews (vgl. Abschnitt 1.2) weist ebenso in diese Richtung wie die emotionalen Reaktionen auf das Vorgehen Herr Antons in den Auswertungsgruppen.[114] Die „psychologische Gestalt" (Jaeggi et al. 1998: 15) des Networkings von Herrn Anton ist die eines Eroberers, der die Okkupation (also Eroberung und anschließende Kontrolle) immer neuer und größerer organisationaler Territorien («Reviere») anstrebt, in denen er dominiert. Sein Machtideal ist getragen von den Autarkiefantasien einer

---

[114] So benannte die Teilnehmerin einer Auswertungsgruppe angesichts der im Anhang interpretierten Ankerpassage ihre Kernkategorie spontan als „Wehrmachtsmodell des Networkings".

möglichst vollkommenen Unabhängigkeit und Immunität gegenüber anderen Organisationsmitgliedern und deren Beeinflussungsversuchen.

> „So. Grundsätzlich ist Macht, Dinge zu entscheiden, ohne jemanden zu fragen." (A1)

Herr Anton besteht unbedingt darauf, gerade in seinem Revier derjenige zu sein, der die Regeln bestimmt und der zu fragen ist, wenn etwas entschieden wird. Ist dieser Zustand erreicht, okkupiert er das betreffende organisationale Handlungsfeld. Er regelt und kontrolliert engmaschig und persönlich alle Abläufe und verteidigt seinen Bereich gegen Übergriffe von außen.

Die im Gesamten auf Okkupation und Unterwerfung gerichtete Networkingstrategie Herrn Antons findet innerhalb der einzelnen Beziehungen Ausdruck darin, dass es für ihn keine (dauerhafte) Gleichrangigkeit im Verhältnis zu anderen zu geben scheint. Er strebt unmittelbar eine Hierarchisierung aller Beziehungen, den Aufbau eines relationalen Gefälles zu seinen Gunsten an. Andere sollen seine Machtposition anerkennen und von ihm abhängig sein. Das gilt letztlich auch für seine beiden Vorgesetzten, denen er nur vorübergehend und lediglich oberflächlich anders begegnet. Auch in der Beziehung zu ihnen trachtet er danach, „primär mal so die Anerkennung zu bekommen, dass es für die kritisch wird, wenn ich sage: `Ich suche mir was anderes´" (A2).

VII AUSWERTUNG WEITERER EINZELFÄLLE

Nach der detailreichen Dokumentation des Auswertungsprozesses für den Ankerfall im vorangegangenen Kapitel und im Anhang der Arbeit werden im Anschluss fünf weitere ausgewählte Einzelfälle ausführlich analysiert. Die Struktur der Darstellung der Fallstudien weicht von der des Ankerfalls ab. Die Fälle Bernhard, Cäsar, Dietrich, Emil und Friedrich werden nunmehr *ausgehend* von der jeweiligen Kernfinalität des Networkings entwickelt.

1 Fall Bernhard: Networking zur Herrschaft auf Distanz

1.1 Einführung in den Fall Bernhard

Das erste Gespräch mit dem 43-jährigen Herrn Bernhard findet fünf Monate nach seinem Eintritt in die Firma Bernhard statt. Weitere sechs Monate später wird das Zweitinterview geführt.

Nachdem Herr Bernhard im Anschluss an eine zwölfjährige Offizierslaufbahn mit integriertem Technikstudium bei der Bundeswehr bereits mehrere berufliche Stationen bei vier Arbeitgebern durchlaufen hatte, war er durch eine Personalberatung in das Unternehmen Bernhard vermittelt worden. Seine Karriere vor dem Einstieg bei der Firma Bernhard war davon geprägt, dass er nur jeweils zwei bis drei Jahre in einer Organisation in zeitlich befristeten Projekten gearbeitet und dann die Stellung gewechselt hat. Die von ihm geleiteten Projekte haben im Lauf der Zeit immer mehr an Bedeutung für die jeweiligen Unternehmen gewonnen. Außerdem haben sie sich inhaltlich zunehmend weg von der Technik hin zur Betriebswirtschaft verlagert, so dass er hinsichtlich seiner Aufgabe „immer hybrider" (B1) geworden ist. Die Fortsetzung seiner Karriere bei der Firma Bernhard beschreibt er selbst als „Extrapolierung" (B1) seines Lebenslaufs, für den in seinen Augen charakteristisch ist, dass er „super kritische Projekte" (B1) geleitet hat, an deren „Ende jeweils schwarz-weiß Projekterfolg" (B1) stand. In der Firma Bernhard hat Herr Bernhard wiederum die Leitung eines Projekts übernommen, dessen Relevanz für die Zukunft der Firma Bernhard er mit der Metapher einer Herztransplantation umschreibt. Das Projekt besitzt organisatorische Berührungspunkte mit vielen wichtigen Unternehmensteilen, untersteht hierarchisch direkt dem Unternehmensvorstand und soll eine geplante Laufzeit von 20 Monaten haben.

Seine Anfangszeit im Unternehmen beurteilt Herr Bernhard selbst als „absolut verheerend" (B1). Diese Einschätzung bezieht er in erster Linie darauf, dass er zunächst nicht die angestrebten Fortschritte in seiner Projektaufgabe erzielen konnte. Er sah sich immer wieder konfrontiert mit Widerständen, mit „kleineren Gefechten" (B1) und „Störungen" (B1) von Seiten der Führungskräfte der IT-Abteilungen („Technik-Fürsten", B1). Letztere hätten ihn unterstützen und ihm im Projekt zuarbeiten sollen, ohne dass sie Herrn Bernhard jedoch formal unterstellt waren. Nach etwa drei Monaten hat Herr Bernhard im Leitungsausschuss des Projekts, in dem neben mehreren anderen hochrangigen Führungskräften auch der Vorstandsvorsitzende der Firma Bernhard sitzt, „dieses Ding aufgemacht" (B1). In diesem Forum hat er seiner „Ohnmacht" (B1) gegenüber den Widerständen im Projekt Ausdruck verliehen. Durch die „hammerharte Ansage" (B1) Herrn Hubers, des Vorstandsvorsitzenden der Firma Bernhard, werden Herrn Bernhard die Leitungspersonen des Technikbereichs formal unterstellt. Das führt zu einer „schweren Niederlage" (B1) des Technikvorstands. Dieser hatte sich vor besagte „Technik-Fürsten" (B1) gestellt, muss sich im Leitungsgremium des Projekts allerdings dem Machtwort des Vorstandsvorsitzenden beugen. Herr Bernhard konnte sich auf diesem Weg „gegen einen 700 Mann IT-Laden durchsetzen" (B2).

> „Das war ein Muss. Also jetzt, rückblickend, würde ich sagen: `Ich hätte es früher und härter spielen sollen.´" (B2)

1.2 Networking zur Herrschaft auf Distanz

Die Finalität der Networkingaktivitäten Herrn Bernhards lässt sich mit dem Konzept des «Networkings zur Herrschaft auf Distanz» metaphorisch fassen. Der Begriff Herrschaft soll dabei im Sinne Webers (1972 zuerst 1922: 28) verstanden werden, also als „Chance, für einen Befehl bestimmten Inhalts bei angebbaren Personen Gehorsam zu finden." Die Networkingstrategie von Herrn Bernhard orientiert sich weniger an den informellen mikropolitischen Machtprozessen der Organisation, als vielmehr an formalen Machtquellen (wie Rang, Hierarchie, Stellenbeschreibung, Weisungsbefugnisse, formale Entscheidungsrechte). Er strebt in der Organisation eine hierarchisch abgesicherte Position an, die ihn dazu bemächtigt, anderen Weisungen zu erteilen. Sein Ziel ist, die dazu erforderliche Legitimation und formale Herrschaftsmacht von den hierarchisch am höchsten stehenden Führungskräften offiziell verliehen zu bekommen.

Dieses Bestreben prägt seine Kontakthandlungen nachhaltig: Herr Bernhard distanziert sich. Er legt es aktiv und bewusst darauf an, möglichst keine (informellen) Kontakte zu anderen Organisationsmitgliedern entstehen zu lassen. Obwohl seine Aufgabe bei der Firma Bernhard potenziell besonders viele Anknüpfungspunkte zu anderen Personen bereithalten würde, beschränkt Herr Bernhard Beziehungsaufnahme und -pflege ausschließlich auf Kontakte, die sich unmittelbar aus dem Aufgabenkontext ergeben. Herr Bernhard zieht sich im Unternehmen so weit wie möglich zurück. So erklärt es sich, dass er seinem Projekt ein kontaktreiches Eigenleben zuweist, während er sich selbst innerhalb der Organisation als isoliert, als „nicht integriert" (B1) beschreibt.

> „Das Projekt, das Programm hat mit sehr vielen Leuten zu tun, ja. (kurze Pause) Heißt nicht unmittelbar, dass ich mit so vielen Leuten zu tun habe." (B1)

Kapitel VII – Auswertung weiterer Einzelfälle

Die Ausbildung informeller Netze und Beziehungen zwischen Organisationsmitgliedern bewertet Herr Bernhard als „Zeitdiebstahl" (B1). Sie sind für ihn nichts anderes als ein inakzeptables „Anklammern" (B1), das von der vordringlichen Erfüllung der Aufgabe ablenkt und somit kontraproduktiv ist. Die Sicherung des Projekterfolgs mit allen Mitteln erzwingt aus seiner Sicht den Verzicht auf informelle Beziehungen. Sein Weg ist die vollkommene Fokussierung des „ganzen *mindsets*" (B1) auf die Aufgabe.[115]

> „Halbe Sachen, bisschen Projekt und parallel sich irgendwo anklammern und irgendetwas anderes machen, das geht nicht. Alles oder nichts." (B1)

Anhand des Beispiels eines älteren Kollegen wird plastisch, wie weit Herr Bernhard in seiner Distanzierung anderer gehen würde. Dieser Kollege leitet bei der Firma Bernhard eine technische Abteilung. Herr Bernhard äußert sich fasziniert von der Art und Weise, wie er seinen Bereich führt.

> „Er hat Mechanismen aufgebaut, mit denen er achthundert Mann – das ist ein großer Laden, das ist ein richtig großer Laden – die zu führen. Hierarchisch durchgetaktet durch Meetings, Vorbereitungen, durch sein ganzes System, wie er diesen Laden führt. Das sauge ich ab." (B1)

Eine Struktur dieser Art entspricht dem Netzwerkideal von Herrn Bernhard, denn in diesem System findet keine persönliche Begegnung statt. Alles läuft streng im Takt der Hierarchie, ohne dass dabei sozial, emotional oder mikropolitisch bedingte Reibungsverluste entstehen. Es handelt sich um eine vollkommene Bürokratie im Sinne Webers, in der alles formal geregelt ist. Die Distanz des Leiters der Bürokratie zu seinen Mitarbeitenden und seine Herrschaft sind maximal.

Die soeben skizzierte Grundfinalität der «Herrschaft auf Distanz» durchwebt als roter Faden die Networkingaktivitäten (vgl. Abschnitt 1.3) und das Netzwerk (vgl. Abschnitt 1.4) mit seinen Folgen (vgl. Abschnitt 1.5).

1.3 Networking

Die erste Kernkategorie «Networking» ist auf der Handlungsebene angesiedelt. Sie umfasst die mikropolitisch-strategischen Aspekte in den Kontakthandlungen Herrn Bernhards. Ähnlich wie bei der Interpretation des Ankerfalles ist es auch in diesem Fall sinnvoll, eine Differenzierung des Networkings in Abhängigkeit von der relativen hierarchischen Positionierung der Kontaktpartner vorzunehmen: Je nachdem, ob

---

[115] Seine distanzierende Haltung übertrug sich während der Interviews auch auf mich. Trotz seiner großen inhaltlichen Offenheit blieb er in meinem Erleben persönlich unnahbar. Meine Interpretation der Interviewsituation geht dahin, dass er die Gespräche mit mir in den gleichen (Erfolgs-)Kategorien beurteilt wie sein Projekt. In beiden Fällen geht es in erster Linie darum, (mit allen Mitteln) ein Ergebnis zu erzielen – und erst in zweiter Linie um eine persönliche Beziehung.

es sich um einen Vorgesetzten oder einen rangniedrigeren Kontaktpartner handelt, greift Herr Bernhard auf zwei unterschiedliche Substrategien seines Networkings zurück. Nach oben gerichtet opfert er sich für sein Projekt auf (vgl. Abschnitt 1.3.1). Nach unten gerichtet unterwirft er seine Mitarbeitenden unnachgiebig seinem Kommando (vgl. Abschnitt 1.3.2).

1.3.1 Aufopferung nach oben

Der Networkingansatz von Herrn Bernhard orientiert sich überwiegend an formalen Machtquellen. Damit kommt den obersten Führungskräften der Firma Bernhard in der Networkingstrategie von Herrn Bernhard eine überragende Bedeutung zu. Sie allein sind in der Lage, ihn mit der angestrebten offiziellen Positionsmacht ausstatten zu können. Seine Haltung gegenüber den Mitgliedern der Unternehmensleitung hat in der Auswertung christlich-religiöse Assoziationen evoziert. So bezeichnet er beispielsweise seine beiden direkten Vorgesetzten als „Väter" (B1). Noch plastischer wird diese Tendenz in den Interviews immer dann, wenn vom Vorstandsvorsitzenden der Firma Bernhard, Stefan Huber, die Rede ist. Er wird von Herrn Bernhard unter anderem als *„ultra summus inter pares"* (B1) bezeichnet. Herr Bernhard schreibt ihm maximale Einflussmöglichkeiten im Unternehmen und auf seine Person zu.

> „Wenn ich dem im Aufzug aus Versehen etwas Falsches sage, bin ich weg. Das ist der Oberboss. Er ist der König." (B1)

Der Vorstandsvorsitzende wird als omnipotent wahrgenommen. Er erhält zudem Züge von Unsterblichkeit, wenn er im Erleben von Herrn Bernhard „so weit oben steht, dass er alles überstehen wird" (B1). Herr Huber besitzt für Herrn Bernhard Immunität gegenüber allen Einflüssen von außen, wie z.B. kritischen Entwicklungen im Unternehmen, bei der Muttergesellschaft der Firma Bernhard oder im Markt. In dieser olympischen Position bewegt sich der Vorstandsvorsitzende jenseits [„*ultra*" (!)] der Kontaktreichweite von Herrn Bernhard.

> „Ich kann nicht von Beziehung da sprechen. Das ist (stockt) Das ist, ja (stockt) Gott." (B1)

> „Ich akzeptiere, dass er mich sicherlich irgendwo beobachtet, aber dass ich natürlich keinen persönlichen Zugang zu ihm habe." (B1)

Trotz der deutlichen Abgehobenheit Herrn Hubers wird Herrn Bernhard Aufmerksamkeit von Seiten des Vorstandsvorsitzenden zuteil. Letzterer hat sich gemeinsam mit seinen beiden Vorstandskollegen „gegenüber dem ganz großen Boss *committet* dafür, dass das [Projekt unter der Leitung von Herrn Bernhard; FR] ein Erfolg wird" (B1). Die sich daraus ergebende *„top management attention"* (B2) für seine Person und seine Aktivitäten stellen ein zentrales Motiv im Handeln Herrn Bernhards dar. Er genießt es, nicht nur „einer von vielen" (B1) zu sein, die nur „vor sich hinwursteln" (B1), sondern eines der „für das Unternehmen existenziellsten Projekte" (B1) zu leiten. Dabei verspürt er die Aufmerksamkeit und die Rückendeckung der obersten Manager des Unternehmens.

Rückendeckung und Aufmerksamkeit werden für Herrn Bernhard besonders deutlich, als der Vorstandsvorsitzende in der Situation, die in der Einführung zum Fall beschrieben wurde, das Machtwort zu seinen Gunsten spricht. Dieses Machtwort markiert für Herrn Bernhard nach seinem „absolut verheerend" (B1) verlaufenen Start in seiner neuen Funktion einen Wendepunkt.[116]

> „Also wir wollten auch diese Situation bereinigen. Das war angestrebt und das erfolgte dann auch Mitte Februar mit einer klaren Ansage von Stefan Huber [Vorstandsvorsitzender der Firma Bernhard; FR]. Also hammerharte Ansage, in der die IT-*player* mir wirklich auch unterstellt wurden. Und dann war es geschehen." (B1)

Die lange ersehnte und schließlich auch eingetretene (öffentliche) Bestärkung durch den allmächtigen Vorstandsvorsitzenden beflügelt ihn und seine Arbeit.

> „Und da in letzter Instanz hat der Stefan Huber, hat in letzter Instanz mit einem Machtwort und hat gesagt: `Ich will dieses Projekt! Ich will es! Macht es!´ Mit diesem einen Satz hat er das ganze Programm wieder um zig Stundenkilometer beschleunigt und aus der Gefahrenzone rausgeholt." (B1)

Bei aller Verehrung für die Mitglieder der Unternehmensleitung, die Herr Bernhard empfindet, bleibt er doch stets auf Distanz zu diesem Kreis («Herrschaft auf Distanz»). Während Herr Anton gegenüber den Vorgesetzten kaum Zurückhaltung erkennen lässt, zieht Herr Bernhard eine klare Grenze zwischen sich und den Mitgliedern des Vorstands. Herr Bernhard kommt ihnen bewusst nicht nahe. Er zeigt sich als jemand, der die Grenzen der Hierarchie akzeptiert. Er zeigt sich als jemand, dem bewusst ist, dass die Götter größer sind als er und dass ihm von ihnen eine bestimmte Rolle – das Projekt – zugedacht ist, die er in ihrem Sinne auszuführen sucht. Auch dadurch entstehen wiederum Assoziationen zum katholischen Glauben: Der Platz, der ihm zugewiesen ist, wird von Herrn Bernhard akzeptiert. Im Gegensatz zu Herrn Anton beschränkt er sich auf diese vorgegebene Aufgabe und versucht, sie ganz im Sinne der Vorgaben von oben auszufüllen.

Seine Bereitschaft, sich für das Projekt einzusetzen, ist vollkommen. Sie scheint keine Grenzen zu kennen. Seine psychische und physische Hingabe geht so weit, dass

---

[116] In einer weiteren Übertragung ins Religiöse lässt sich bei der im Text oben anschließend zitierten Passage von einer Art Gottesbeweis sprechen. Mit dem Machtwort sind die Existenz, die durchschlagende Macht und die Aufmerksamkeit Gottes für Herrn Bernhard belegt. Gott erweist sich gegenüber Herrn Bernhard als gnädig und er blickt wohlwollend auf ihn. Herr Bernhard wird durch das Machtwort offiziell legitimiert und bestätigt (gesegnet?). Es handelt sich damit nicht nur um einen Wendepunkt für das Projekt, sondern auch für Herrn Bernhard in seinem Verhältnis zur Unternehmensleitung.

Kapitel VII – Auswertung weiterer Einzelfälle

man von einer Aufopferung für das Projekt sprechen muss.[117] Das Projekt wird ihm zur Mission und er ist uneingeschränkt bereit, dafür Opfer, wie etwa lange Arbeitszeiten, klaglos in Kauf zu nehmen.

> „55, 60 Stunden. Aber auch mal Samstag, Sonntag, wo ich mal zwei Stündchen irgendwelche Unterlagen durchlese. Aber das zähle ich nicht." (B1)

In seiner Selbstkasteiung beschränkt Herr Bernhard sein Networking gegenüber höherrangigen Leitungskräften ausschließlich auf Kontakte, die rein sachlich geboten sind. Alles, was aus seiner Sicht nicht unmittelbar der Erfüllung der Aufgabe dient, wird von ihm unterlassen und abgelehnt.[118]

1.3.2 Kommandos, Unnahbarkeit und Eskalation nach unten

In Kontakt zu seinen direkten Mitarbeitenden gestattet (sich) Herr Bernhard ebenfalls keine Nähe. Er trachtet auch in den Beziehungen zu Personen, die ihm hierarchisch untergeben sind, nach einer möglichst großen Distanz. Persönliche Kontakte werden von ihm auf ein Minimum reduziert.

Kommando über kämpfende Truppe

In den Auswertungsrunden zum Fall Bernhard entstand das Bild einer «kämpfenden Truppe» unter dem «Kommando» von Herrn Bernhard. Herrn Bernhard kommt die Rolle eines Generals zu, der seine Soldaten mittels formaler Anweisungen und rigider Vorgaben steuert. Herr Bernhard befiehlt und übt Druck aus. Als dominanter Projekt-

---

[117] Herr Bernhard verweist in beiden Gesprächen darauf, dass und wie das Projekt von ihm geradezu körperlich Besitz ergreift. Exemplarisch hierfür sei ein Zitat angeführt, in dem er eine Episode aus einem Vorstellungsgespräch bei der Firma Bernhard schildert. Die Fixierung darauf, kritische Projekte unter allen Umständen zum Erfolg zu führen, schildert er darin als „Syndrom" (B1), das ihm an den Augen abzulesen sei. Darauf führt er auch zurück, dass ihm von Herrn Huber die Aufgabe der Projektleitung übertragen wurde: „Es war ihm klar, dass genau dieses Syndrom, genau dieses Gebaren da ist. Was Neues, was schafft (stockt) man hat es schon mehrfach versucht, es hat bisher keiner hinbekommen. Super gefährdet, super dringend, super wichtig. Und das hat er irgendwie nach einer halben Stunde aus meinem Lebenslauf, aus meinen Augen rausgefiltert. Und *dann* war es geschehen" (B1).

[118] Herr Bernhard hält diese vollkommene Reduktion aller Networkinghandlungen auf die Erfüllung seiner Aufgabe für gottgefällig und somit für uneingeschränkt legitim. Damit hat er nie das Gefühl, vor anderen etwas verbergen zu müssen oder angreifbar zu sein. Das gilt für andere Organisationsmitglieder ebenso wie für die Interviewsituation. So lässt sich meines Erachtens auch die auffällige Einstiegspassage des Erstinterviews erklären, als er, noch bevor ich die erste Frage gestellt habe, ankündigt, „komplett offen" (B1) und „komplett authentisch" (B1) sein zu wollen.
Eine weitere Illustration der «Reduktion auf die Sache» erfährt der Fall Bernhard auch durch das Büro von Herrn Bernhard, in dem die beiden Interviews stattgefunden haben. Es weist eine sterile Nüchternheit („Sauberkeit", B1) auf, die gemäß einer Selbsteinschätzung „typisch" (B1) für ihn ist.

leiter „steht [er] auf dem Druckmittel cc: mit drauf" (B1). Dadurch ist er vollständig darüber im Bilde, was im Projekt geschieht. Bei ihm in der Kommandozentrale bündeln sich alle maßgeblichen Informationen zu einem sinnvollen Insgesamt. Herr Bernhard erlebt sich und die Truppe seiner Mitarbeitenden permanent als „im Krieg" (B1) befindlich. Von anderen Organisationsmitgliedern, wie z.b. den anderen Bereichsleitern der Technik-Abteilung, wird er „unter Beschuss" (B1) bzw. „unter Feuer" (B1) genommen. Pausenlos ist er in „Gefechte" (B1) verstrickt.

> „Krieg musste ich führen mit Leuten, die versucht haben, gegen mein und damit das Projektinteresse zu handeln." (B2)

In seiner Wahrnehmung bewegt sich Herr Bernhard stets auf Messers Schneide. Für ihn gibt es keinen Frieden. Es herrscht ein dauernder Alarmzustand. Unter den Extrembedingungen des Krieges kann Networking im Sinne eines Aufbaus vertiefter (informeller) Beziehungen zu seinen Untergeben nicht stattfinden. Es fehlt Herrn Bernhard dazu an Zeit, Gelegenheit und Legitimation:

> „Ich war unter Druck. Ich musste das Ding durchbringen. Und in der Zeit macht man natürlich auch kein Networking." (B2)

Durch die kritischen Umstände sieht er sich fortlaufend dazu gezwungen, seinen Mitarbeitenden und Kollegen mit großer Härte und mit massivem Druck zu begegnen.[119] Besonders heftig fallen seine Reaktionen gegenüber anderen immer dann aus, wenn Herr Bernhard die Umsetzung seiner Mission in Gefahr sieht.

> „Wenn es (kurze Pause) Widerstände sind, die auch vehement werden und auch mein Projekt gefährden, dann muss ich die Dampfwalze rausholen." (B1)

Als Kommandant der Truppe entscheidet Herr Bernhard autark. Er lässt niemanden an sich heran, zeigt unnachgiebige Stärke und gibt sich völlig unnahbar. Genauso wie Herr Huber für ihn eine abgehobene Position einnimmt, die keine Nähe erlaubt, bleibt Herr Bernhard auf Distanz zu seinen Mitarbeitenden. Zu dieser distanzierenden und distanzierten Herangehensweise bestehen aus seiner Sicht keine Alternativen. Herr Bernhard beschreibt sich als eine Leitungskraft, die in die Einsamkeit ihrer Kommandorolle getrieben ist, die auf die Notwendigkeiten der Kriegssituation reagieren muss. Er leitet wahlweise ein „rohes", „massives" oder „derbes" (jeweils B1) Technikprojekt, das von ihm und von allen Beteiligten Opferbereitschaft fordert und keinen Spielraum, z.B. für eine stärker mitarbeiterorientierte Führung, lässt.

---

[119] Den Druck, den Herr Bernhard im Unternehmen ausübt, überträgt er während der Erhebung immer wieder auch auf mich. Seine Bereitschaft, sich an der Studie zu beteiligen, knüpft er beispielsweise von vornherein an die Bedingung, von der Teilnahme „profitieren" (Vorgespräch B) zu wollen. Während der Interviews weist er mich wiederholt darauf hin, dass ich den Zeitrahmen der Gespräche unbedingt einhalten muss.

Die Bedürfnisse seiner Projektmitarbeitenden nach informellem, zwanglosem Austausch müssen und werden aus Sicht von Herrn Bernhard bis auf weiteres unerfüllt bleiben. Den Wunsch danach vernimmt er zwar; er vermeidet es aber, ihn zu erfüllen.

> „So, jetzt habe ich mich mal entschlossen und habe mich mal in so eine Teamrunde rein gesetzt. Ich bin einfach mal dazu gekommen. Ich kam rein, habe den Leuten so erzählt, was ich so tue, was ansteht. Die haben ein bisschen erzählt. Ich habe danach ein gigantisches Feedback gekriegt. Die haben gesagt: `Wow! Klasse! Bitte öfter!´ Ich glaube, ich habe in der einen Stunde, die ich mir rausgeschnitten habe, etwas gemacht, was nicht meinen Grundsätzen der Führung entspricht: In ein Team eindringen. Aber ich habe Vertrauen gezeigt, habe Persönlichkeit gezeigt, habe mich gezeigt, habe Nähe gezeigt den Leuten und habe mit Sicherheit viel Nutzen damit erzielt." (B1)

Die Formulierung vom Rausschneiden im vorangegangenen Zitat unterstreicht einerseits die bereits angesprochene Aufopferungsthematik und verdeutlicht andererseits auch nochmals, wie sehr es ihm widerstrebt, in eine zunächst zweckfreie, distanzlosere Interaktion einzusteigen. Der das Zitat abschließende, legitimierend zu verstehende Hinweis, dass er durch sein Verhalten letztlich doch wieder „Nutzen damit erzielt" (also im Sinne des göttlichen Auftrags gehandelt) habe, verstärkt diese Einschätzung zusätzlich. Herr Bernhard herrscht auf Distanz. Er lässt keine Nähe zu.[120]

Fortgesetzte Eskalation der Lage

Herr Bernhard beschreibt das Projekt als letzte Chance, die das Unternehmen noch hat. Nachdem zuvor drei Anläufe unter der Leitung von Führungskräften des Technikbereichs gescheitert waren, ist der Druck auf alle Beteiligten nun immens hoch.

> „Den Technik-Leuten hat man es nicht mehr zugetraut, weil die haben es drei Mal versaut. Es ist nur noch ein Schuss frei. Wirklich. Es ist so. Es ist jetzt nicht so dahin gesagt, um mich wichtig zu machen. Es ist berechenbar, dass nur noch ein Schuss frei ist." (B1)

Situationen wie die Teamsitzung, an der Herr Bernhard sich entgegen seiner sonstigen Gewohnheit beteiligt hat, müssen vor diesem Hintergrund Episoden mit Ausnahmecharakter bleiben. Die kritischen Umstände erfordern von allen Beteiligten die vollkommene Fokussierung auf das Ziel und die Zurückstellung persönlicher Befindlichkeiten. Es besteht kein Raum, auf etwaige Einwände, Bedürfnisse, Forderungen oder auch auf Widerstände einzugehen. Ihre Behandlung wird mangels Priorität auf

---

[120] Distanzierend wirkt zusätzlich auch die latent abwertende Haltung, in der Herrn Bernhard der „jungen, feiernden Mannschaft" (B1) bei Firma Bernhard gegenüber tritt. Seine Kollegen und Mitarbeitenden sind ihm seiner Ansicht nach hinsichtlich Erfahrung und professioneller Abgeklärtheit nicht ebenbürtig. Zum Kreis derer, denen er sich überlegen fühlt, zählt auch sein direkter Vorgesetzter. Dieser ist „so ein kleiner Geschäftsführer, kein g'scheiter, ein kleiner Geschäftsführer. Ein recht junger noch" (B1).

unbestimmte Zeit vertagt.[121] Herr Bernhard erwartet, dass seine Mitarbeitenden sich den Notwendigkeiten seiner Mission beugen. Andere müssen die gleiche Opferbereitschaft und Härte zeigen, die er vorlebt und mit Verweis auf die Wichtigkeit des Projekts und die Ernsthaftigkeit der Lage zum allgemein verbindlichen Standard macht.

Seine Interaktionspartner müssen auch Demütigungen, die er ihnen zugefügt hat, einfach wegstecken und sich schnell wieder in das Projekt eingliedern. Die Verletzungen, die er im Verlauf der Auseinandersetzung „irgendwelchen Opponenten" (B1) zufügt, werden nach dem Kampf verharmlost. Die „schwere öffentliche Niederlage" (B1) des anderen wird so zur bagatellisierten Kleinigkeit.

„Es hat sicherlich ein paar Brandflecken hinterlassen, weil wenn man sich schlägt, dann bleibt halt mal ein blauer Fleck übrig." (B1)

Herr Bernhard stützt seine Herrschaft auf Notstandsverordnungen, da sich für ihn zeitaufwendigere demokratischere Entscheidungsprozesse verbieten. Im Kriegsgetümmel agiert er „kurz, knackig, einfach" (B1). Sein Führungsstil lässt sich als autoritär klassifizieren und steht damit im Gegensatz zur Unternehmenskultur der Firma Bernhard. Die Betonung der Ausnahmesituation – verbunden mit der Absegnung seiner Praktiken durch die Unternehmensspitze – verleiht seinem Vorgehen jedoch auch in diesem Umfeld Legitimität. Dabei gilt: Je extremer die Situation, desto radikaler kann Herr Bernhard agieren, ohne dabei Gefahr zu laufen, den Rückhalt seiner Vorgesetzten zu verlieren. Daraus leitet sich sein Bestreben ab, immer außerhalb der „Komfortzone" (B2) zu bleiben und die ohnehin schon kritische Lage weiter zuzuspitzen. Er hat ein Interesse daran, seine Mission unter Hochspannung zu halten.

Dessen eingedenk überrascht es nur vordergründig, dass Herr Bernhard im Zweitgespräch davon berichtet, dass er ein Beratungsunternehmen, das als externer Partner für das Projekt extrem wichtig ist, ausgetauscht hat. Dieser Wechsel hat für das Projekt gewaltige Kostensteigerungen und zusätzliche terminliche Verzögerungen zur Folge: Interne Mitarbeitende, die auf Vorleistungen des Externen angewiesen sind, müssen gezwungenermaßen Urlaub nehmen. Aufträge an andere externe Firmen und Kooperationspartner müssen unter hohen Kosten widerrufen werden. Zudem ist Herrn Bernhards persönliche Arbeitskraft über Monate vollkommen absorbiert davon, die Verhandlungen mit dem alten und dem neuen Partner zu führen.

Dass Herr Bernhard den Wechsel des Partnerunternehmens dennoch vornimmt, hat mit seiner mikropolitischen Strategie zu tun. Er setzt auf eine fortgesetzte «Eskalation der Lage». Der terminliche Rückstand, der mit dem Wechsel zwangsläufig einhergeht, erhöht den Druck auf das Projekt insgesamt noch weiter. Herr Bernhard nutzt das dazu, den gesteigerten Druck unmittelbar an die anderen Projektbeteiligten wei-

---

[121] Betrachtet man den bisherigen Karriereverlauf von Herrn Bernhard, so drängt sich für die aktuelle berufliche Position die Frage auf, ob Herr Bernhard nicht schon wieder eine Station weiter sein wird, wenn die Kollegen auf Aufarbeitung oder Nachholung drängen könnten.

terzugeben. Herr Bernhard sieht und sucht für sich, um ein Zitat von ihm aus einem anderen Zusammenhang zu übertragen, „Chancen im Grenzbereich" (B1).

Herr Bernhard setzt das Projekt durch den Wechsel des Partners unter extremen Termindruck. Dadurch übt er indirekt auch Herrschaft über die Unternehmensleitung aus. Die Mitglieder des Vorstands geraten unter Zugzwang, ihm Rückendeckung zu geben. Ihnen bleibt keine andere Wahl mehr, als auf ihn als Projektleiter zu setzen. Auf die Frage, wie sicher er sich der Unterstützung durch die obersten Führungskräfte ist, antwortet er.

> „Sehr. Sehr bis absolut. Weil ich wusste, wie kritisch das Projekt ist. Weil ich wusste, dass man mir Recht geben muss. *Muss*! Weil man nicht die Möglichkeit hatte, jetzt noch mal meine Position zu tauschen. Ist nicht." (B1)

Herr Bernhard hat sich unersetzlich gemacht. Die Eskalation der Lage erlaubt es ihm, weiterhin im bevorzugten Modus des Kampfes bleiben zu können. Er pflügt die mikropolitische Arena der Organisation in einer Weise um, die seine Stärken uneingeschränkt zur Entfaltung kommen lässt.

1.4 Netzwerk

> „Ich bin noch nicht richtig integriert. Die brauchen mich, ich brauche sie, das ist so ein Symbioseverhalten, aber es ist nicht so, dass ich es geschafft hätte (kurze Pause) ich weiß nicht, ob ich es brauche, aber ich habe es noch nicht geschafft, wirklich ein gutes persönliches Netz aufzubauen." (B1)

Diese, dem Erstinterview entnommene, Einschätzung Herrn Bernhards zu seinem Netzwerk besitzt auch nach dem Zweitgespräch noch Gültigkeit. Sein Networking hat Folgen: Herr Bernhard bleibt weitgehend isoliert. Das manifestiert sich nicht nur auf der von ihm im Zitat angesprochenen relationalen Ebene (vgl. Abschnitt 1.4.2), sondern äußert sich auch in struktureller Hinsicht (vgl. Abschnitt 1.4.1).

1.4.1 Strukturelle Ebene

Einer der zentralen Aspekte bei der strukturellen Betrachtung von Netzwerken besteht in der Frage, ob die Fokalperson mittels ihrer Kontakte strukturelle Löcher im Netzwerk überbrückt. Die Analyse der Gespräche mit Herrn Bernhard liefert keinen Hinweis darauf, dass Herr Bernhard in seinem Netzwerk organisationale Akteure (dauerhaft) zusammen führt, die ansonsten nicht miteinander verbunden wären. Obwohl seine Aufgabe prädestiniert dazu wäre („ich habe überall *touch-points*", B1), strukturell vorteilhafte Konfigurationen zu realisieren, verzichtet Herr Bernhard auf die Wahrnehmung dieser Gelegenheiten. Er lässt dieses Potenzial weitgehend ungenutzt.

Herr Bernhard begibt und befindet sich in einer Art Kontaktquarantäne. Er gehört nirgends dazu, positioniert sich zwischen Linie und Projekt, zwischen Technik und

Betriebswirtschaft, zwischen Ernst der Aufgabe und Lockerheit der Unternehmens-kultur, zwischen oben und unten. Dieses hybride Dazwischenstehen nimmt er für sich jedoch nicht wie Herr Anton als chancenreiche Ausgangsplattform wahr, sondern es markiert den angestrebten Endpunkt. Er hat einen Graben um sich gezogen, der die anderen Mitglieder der Organisation auf Distanz hält. Sofern sich aus der Aufgabe heraus ein Kontaktanlass ergibt, erfährt er keine Vertiefung und bleibt nicht von Dauer.

Die strukturelle Konsequenz ist, dass sein Netzwerk nicht nur keine Löcher über-spannt, sondern auch, dass er innerhalb der Organisation über wenige Kontakte ver-fügt. Seine zuvor ausführlich besprochene Finalität des «Networkings zur Herrschaft auf Distanz» findet hier direkten Niederschlag: Er kennt innerhalb des Unternehmens nur wenige Personen.

1.4.2 Relationale Ebene

Seine distanzierende Art im Umgang mit anderen hinterlässt auch in relationaler Hin-sicht Spuren. Die obersten Vorgesetzten sind so „abgehoben" (B1), dass keine per-sönliche Beziehung entstehen kann. Seinen Kollegen im Projekt begegnet er mit Druck, Härte und ohne persönliche Nähe.[122] Bezeichnend ist hierbei seine Wortwahl, mit der er etwa seine Vorhaben umschreibt, Zugang zu Kollegen aus dem Technik-Bereich zu finden oder den Zusammenhang unter seinen direkten Mitarbeitende stär-ken zu wollen.

„Das ist ein Eis, das muss gebrochen werden." (B1)

„Zu meinen *direct reports*, die möchte ich als Team zusammengeschweißt haben. Das ist momentan noch ein bisschen zusammengewürfelt. Die müssen brummen dann." (B1)

---

[122] Sein In-Kontakt-Gehen wurde für mich im Beziehungserleben in den Interviews mit Herrn Bernhard emotional nachvollziehbar. Obwohl ich während und in der Analyse der Gespräche ganz überwiegend den Eindruck gewann, dass Herr Bernhard seine eingangs gemachte Ankün-digung, sich vollkommen offen und authentisch geben zu wollen, umsetzt, entspringt aus dieser Offenheit keine menschliche Nähe oder gar Sympathie. Unsere Beziehung lässt sich mit den Attributen «kritisch», «misstrauisch» und «distanziert» charakterisieren. Zwei irritierende Beo-bachtungen aus den Gesprächen möchte ich anfügen, die zu dieser emotionalen Distanz mit beigetragen haben: (1) Herr Bernhard wechselt immer wieder ausweichend auf eine kommuni-kative Metaebene, auf der er meine Fragetechnik analysiert, einordnet und kritisiert. Er vermit-telt mir so während der Interviews das Gefühl, mich ständig genau zu überprüfen. (2) Herr Bernhard zeigt ein auffälliges kommunikatives Muster. Es äußert sich dadurch, dass er beson-ders radikale und zum Teil auch gewalttätige Passagen seines Redens mit lautstarkem Lachen verbindet. Das Auseinanderfallen von Inhalt (zum Beispiel „Plattmachen einer Stadt", B2) und begleitender Form (Lachen) verstört und lässt mich emotional in vorsichtiger Distanz bleiben.

Tatsächlich bleibt es auch nach dem Zweitgespräch dabei, dass Herr Bernhard im Unternehmen keinen engeren Vertrauten hat. Das strebt er auch nicht wirklich an. Über „ein gutes persönliches Netz" (B1) innerhalb des Unternehmens verfügt er somit nicht. Er ist umgeben von Transaktionspartnern.

Die Wirkung seines Networkings geht über die direkten Kontakte hinaus. Seine Vorgehensweise führt indirekt dazu, dass im Unternehmen über ihn gesprochen wird. Gefragt nach seinem Ruf in der Organisation, nennt er als Fremdbild der anderen von ihm das eines „Söldner[s], der das Ding durchzieht" (B1). Im Duden (2006) wird ein „Söldner" definiert „als eine Person, die an einem bewaffneten Konflikt aus Streben nach persönlichem Gewinn teilnimmt. Der Söldner zeichnet sich dadurch aus, dass er nur für seinen Sold kämpft und von demjenigen angeheuert werden kann, der ihm am meisten bietet. Söldner kämpfen daher nicht aus Loyalität, Patriotismus, politischen Motiven oder moralischen Prinzipien." Legt man diese Charakterisierung zugrunde, schwingen im vermuteten Fremdbild Herrn Bernhards mehrere bereits vorgestellte Konzepte und Themen mit, wie unter anderem «Bindungslosigkeit», «Ortlosigkeit», «Dazwischenstehen», «Kampf», «Militär», «Härte».[123] Mit einer problematischen Figur wie der des Söldners geht man möglichst vorsichtig um und schätzt ihn insbesondere als nicht vertrauenswürdig ein.

Das Bild des Söldners, das aus seinem Networking erwächst, wirkt auch auf diejenigen, mit denen Herr Bernhard persönlich direkt noch gar nicht oder wenig zu tun hatte. Man tritt ihm generell im Unternehmen mit Skepsis gegenüber. Damit dürfte auch zusammenhängen, dass sein Versuch, den Konflikt mit dem Leiter des Technikbereichs im persönlichen Gespräch zu lösen, gescheitert ist. Angesichts der dominanten Vorgehensweise von Herrn Bernhard konnte kein Grundvertrauen auf der anderen Seite bestehen, das Voraussetzung für eine einvernehmliche Lösung gewesen wäre. Nach einigen Fehlschlägen im Dialog zu einem Ergebnis zu kommen, sieht sich Herr Bernhard (wiederum) dazu gezwungen, mit Härte zu reagieren und auf das schon mehrfach angesprochene Machtwort des Vorstandsvorsitzenden hinzuwirken.

---

[123]   Für Herrn Bernhard ergibt sich sein Ruf im Unternehmen aus seiner Aufgabe und den Rahmenbedingungen, unter denen er im Unternehmen angetreten ist: „Man baut einen Bereich auf und man holt (stockt) man kauft über einen *headhunter* (stockt) man schickt einen Jäger los und gibt dem Jäger eine Tasche voll Geld mit, holt jemanden rein, bindet ihn irgendwie und sagt ihm: `Mach` das!´ Das ist Söldnertum. Also irgendwie ist es sogar vom Unternehmen so, so provoziert. Dass dann in meinem Kopf das sich so ein bisschen darstellt, ist glaube ich selbstverständlich, hat aber am Ende was mit der Aufgabe zu tun. Mit der Aufgabe *change management*. Und ein Söldnerheer, das irgendwo rein geht und eine Stadt platt macht (lacht), das ist ja auch in gewisser Weise *change management*. Also derber Vergleich jetzt. Aber ganz am Ende ist es ja auch so. Ein Projekt ist derbstes *change management*. Ein Projekt dieser Art. Ich baue jetzt ja nicht irgendetwas oben drauf. Ich tausche aus. Das ist schon heftig" (B2).

Kapitel VII – Auswertung weiterer Einzelfälle

„Ich habe es versucht. Ich bin aber immer, immer wieder, wenn ich gedacht habe: `Ich habe ihn jetzt!´ – habe ich einen Rückschlag erlitten. Und dann habe ich gedacht (schlägt mit der Faust auf den Tisch): `So! Jetzt ist Schluss. Jetzt haue ich drauf.´" (B1)

Seine (seltenen und verhaltenen) Beziehungsangebote stoßen bei den anderen Organisationsmitgliedern, wie in diesem Beispiel, auf große Zurückhaltung und Skepsis. Letztere wird durch auffällige kommunikative Muster sowie durch eine relationale Ambivalenz, die von ihm ausgeht, weiter verstärkt.

Diese Ambivalenz besteht in der Tendenz Herr Bernhards, seine innere Haltung von seinen Handlungen zu entkoppeln. Es entsteht das Bild eines Mannes, der in den Beziehungen und Interaktionen mit anderen Akteuren *eigentlich* oft etwas anderes tun will, als das, wozu er sich aufgrund der Umstände gezwungen sieht. Die Spaltung von Innerlichkeit und Äußerlichkeit zieht sich als roter Faden durch beide Interviews und äußert sich in zahlreichen Passagen, von denen an dieser Stelle nur eine angeführt sein soll.

„Der Pfeffer, das ist der, mit dem ich mich geschlagen habe, den ich *eigentlich* sogar mag. Ich arbeite sogar gerne mit dem zusammen. Hochintelligenter, analytisch klarer Mann. Nur irgendeinen Schlag an der Birne, den ich noch nicht ganz (kurze Pause) mit dem ich noch nicht ganz umgehen kann." (B1)

Er schlägt sich bis zum „Gesichtsverlust" (B1) des anderen mit einem Kollegen, den er persönlich und fachlich „eigentlich" schätzt. Es muss als ausgeschlossen angesehen werden, dass diese nur innere Haltung angesichts des sonstigen Kontaktansatzes und der Handlungsprägnanz von Herrn Bernhard ins Bewusstsein der anderen Organisationsmitglieder dringt. Seine vorhandenen, aber wohl nur im geschützten Rahmen der Interviews geäußerten inneren Wünsche, Einstellungen und Bedürfnisse (z.B. nach Austausch und Nähe) verblassen im harten Projektalltag angesichts der Dominanz und Sachlichkeit Herrn Bernhards.

„Ich hätte es gerne anders. Ich glaube aber, es geht gar nicht anders. Ich glaube, so ein Ding kann man nicht anders machen." (B2)

Es steht zu erwarten, dass das Auseinanderfallen von tatsächlichem Handeln und (nur) innerem Empfinden seinen negativen Ruf im Unternehmen weiter speist. Nach dem vom ihm herbeigeführten Gesichtsverlust geht Herr Bernhard, bildlich gesprochen, (wieder) mit offenen Armen auf seinen einstigen Gegner zu. Dies dürfte angesichts der Schwere der Niederlage erstens misslingen und zweitens zu noch mehr Unverständnis führen, da sein Verhalten nun nicht mehr nur als hart, sondern zudem auch noch als inkonsistent und unberechenbar wahrgenommen wird. Damit entstehen erneut Parallelen zur zuvor angeführten Definition des Söldners, dem nicht nur eine schlechte, sondern überhaupt keine Ethik zugesprochen wird. In dieser Unberechenbarkeit bedeutet er für die anderen eine unkalkulierbare Gefahr und wird möglicherweise sogar zu einer Quelle von Angst. Somit korrespondiert die strukturelle Isolierung Herrn Bernhards mit der relationalen und umgekehrt.

1.5 Netzwerkfolgen

Nachdem die vorangegangenen Textpassagen der Beschreibung der Netzwerkkonfiguration im Fall Bernhard gewidmet waren, geht es im Anschluss um Effekte, die sich aus dieser Konfiguration für Herrn Bernhard ergeben.

Ähnlich wie bei Herrn Anton stehen auch bei und für Herrn Bernhard Dominanzaspekte an erster Stelle. Seine Kontaktstrategie und in der Konsequenz auch sein Netzwerk sind primär darauf ausgelegt, andere Organisationsmitglieder mittels Druck und Befehlen anzuleiten. Von den obersten Führungskräften mit der notwendigen Legitimität und Rückendeckung versehen, gelingt es ihm bis zum zweiten Interview, seinen Führungsanspruch gegenüber den mit ihm im Projekt verbundenen Personen auszuüben und auszubauen. Er setzt sich durch, zwingt die 700 Mitarbeitende zählende Technikabteilung mitsamt den dazugehörigen Führungskräften unter sein (formales) Kommando. Auch das hochriskante und -brisante Auswechseln des externen Projektpartners kommt auf sein Bestreben hin zustande. Er bringt die gesamte Organisation dazu, ihm auch darin zu folgen. Insofern trägt das Netzwerk den Herrschaftsanspruch Herrn Bernhards zum Zeitpunkt des Zweitgesprächs uneingeschränkt.

Der relationale Graben, den Herr Bernhard um sich zieht, schirmt ihn ab. Er verfügt über keine informellen Beziehungen im Unternehmen und hält sich auch aus den Details der Arbeit seiner Kollegen und direkten Mitarbeitenden heraus. Die Kontrolle, die Herr Bernhard ausüben kann, ist rigide und effizient: Sie funktioniert über die Vorgabe anspruchsvoller und genau definierter Ziele an die jeweiligen Verantwortlichen, deren Einhaltung Herr Bernhard ohne Rücksichten einfordert. Per Email steuert er das Projekt von seinem Schreibtisch aus. Direkte Kontakte sind eher selten und bleiben sowohl räumlich als auch persönlich distanziert.

Die Gestalt des Netzwerks reduziert die Informationen, die zu ihm durchdringen, auf projektrelevante Daten. Herr Bernhard erhält keine (mikropolitischen) Hintergrundinformationen aus dem Unternehmen. Er verfügt auch über niemanden, der ihn in die Organisation einführt. Damit fehlen ihm das organisationale Gespür und die Grundlage dafür, Dinge „auch mal *smart*" (B2) zu lösen. Diesem Mangel begegnet er durch eine noch stärkere Akzentuierung der Herrschaftsfacette im Netzwerk.

Eine weitere Nebenfolge seines Networkings besteht in der großen Abhängigkeit von den obersten Führungskräften. Da er nach unten und zur Seite gar keine Verankerungen hat, ist er voll auf die Rückendeckung durch den Vorstand angewiesen. Nur wenn seine Praktiken auf dieser Ebene weiterhin uneingeschränkte Akzeptanz und Unterstützung erfahren, kann er den Druck im Projekt und auf seine Mitarbeitenden im gewünschten Maße aufrecht erhalten. Wenn sie ihm entzogen wird, verfügt er über keinen Halt mehr im Unternehmen.

Die Diskussion seiner Funktion und seines Rufs als Söldner im Abschnitt zuvor illustriert, dass Solidaritätseffekte bei Herrn Bernhard eine untergeordnete Rolle einnehmen. Herr Bernhard kann angesichts seiner distanzierten und distanzierenden Vorgehensweise nicht erwarten, von anderen Organisationsmitgliedern gestützt zu werden. Dafür hat er sich schon zu viele Gegner geschaffen. Seiner Isolierung ist sich Herr Bernhard bewusst. Er legt es auch nicht darauf an, von anderen persönlich geschätzt zu werden. Herr Bernhard verzichtet auf Zusammenhalt und die damit einhergehenden Vorteile. So kann er auch die Kosten vermeiden, die mit einer entsprechenden Netzwerkkonfiguration einhergehen würden. Er minimiert mit seinem Ansatz sowohl die Investitionskosten des Netzwerkaufbaus als auch den Aufwand für die folgenden Schritte (Pflege, Kontrolle, Konfliktmanagement etc.). Er verpflichtet sich niemandem und bleibt dadurch vollkommen unabhängig. Dass sich aufgrund seiner Vorgehensweise gerade bei seinen Mitarbeitenden mit der Zeit Verletzungen und Zurücksetzungen akkumulieren (und gegebenenfalls eskalieren) könnten, dass sich in der Projekthektik vieles aufstaut, spielt in seinem Kalkül eine untergeordnete Rolle. Sein Zeithorizont ist kurzfristiger und er geht schon im Zweitgespräch davon aus, nach dem Abschluss des Projekts in einer anderen Funktion (bzw. Organisation) tätig zu sein.

> „Ich habe noch nie gehört von einem Projektmanager, der so ein Ding gemacht hat, der danach geblieben ist. Also in meinem Umfeld noch keiner." (B2)

Aus Sicht der Organisation hat Herr Bernhard dann seine Schuldigkeit getan und kann gehen. Oder er muss im Unternehmen ein neues Projekt in einem neuen Umfeld suchen, in dem seine radikale Vorgehensweise (kurzfristig) wieder Akzeptanz findet und erfolgreich ist. Da ihm zudem auch entsprechende Aufgaben von Personalberatungen angetragen werden, erhält seine Karriere eine Eigendynamik, aus der er sich bisher noch nicht befreien konnte. Seine vorhandenen, bisher stets zurückgestellten und mit zunehmendem Alter evtl. noch weiter wachsenden Bedürfnisse nach Austausch und intensiveren Kontakten innerhalb seines Unternehmens kommen so weiterhin zu kurz.

Die folgende Abschlusspassage des Erstgesprächs unterstreicht nochmals die vorhandene Sehnsucht Herrn Bernhards nach engeren, vertrauensvollen Kontakten innerhalb des Unternehmens.

> „Das ist mein Ziel. Da mehr Zeit zu investieren, um mehr an die Leute ranzukommen. Einerseits für das Projekt, andererseits für mein persönliches Wohlbefinden." (B1)

Paradoxer Weise bezieht Herr Bernhard seinen Wunsch nach mehr Nähe gerade auf die Technikabteilung, gegen die er besonders hart vorgegangen ist. Herr Bernhard deutet in beiden Gesprächen mehrmals an, Schritte in Richtung einer Annäherung gehen zu wollen oder, um es in seinen Worten zu sagen, „da investieren zu wollen" (B1). Angesichts seiner Networkingstrategie und der entstandenen Netzkwer-konfiguration erscheinen Veränderungen in dieser Richtung jedoch ausgeschlossen. Diesen Spielraum hält sein Netzwerk für ihn nicht mehr bereit. Herr Bernhard wird somit zum Gefangenen seines Networkingansatzes. Dieser ist so einseitig auf den Erfolg des Projekts ausgerichtet, dass er keinerlei Flexibilität mehr hat. Er bleibt dauerhaft festgelegt auf die Rolle des organisationalen Einpeitschers für Krisenzeiten, aus der er auch nach dem Abschluss seiner Projekte nicht mehr herauskommt.[124]

2 Fall Cäsar: Networking zur Demonstration von Eigenständigkeit

2.1 Einführung in den Fall Cäsar

Christian Cäsar ist zum Zeitpunkt des Erstgesprächs 52 Jahre alt. Er hat Pharmazie und Chemie (mit Promotion) studiert. Bei der Firma Cäsar, einem Unternehmen der pharmazeutischen Industrie, ist er für die Steuerung und Koordination globaler Arzneimittelprojekte von der Medikamentenentwicklung bis zum Vertrieb zuständig. In vergleichbaren Funktionen war er im Verlauf seiner Karriere bereits in mehreren anderen Pharmaunternehmen tätig. Er beschreibt sich selbst als sehr erfahrenen und kompetenten Projektmanagementexperten im Pharmaumfeld. Organisatorisch gehört er zu einer Stabsabteilung mit etwa zehn Mitarbeitenden, die in der Firmenzentrale angesiedelt ist. Die Abteilung wird von seiner direkten Vorgesetzten, der etwa 40-jährigen Frau Kutscher geleitet. Die Firma Cäsar ist Teil des Konzerns Firma Cäsar – Firma Verbund.

Im Erstgespräch berichtet Herr Cäsar von seinen Erfahrungen aus den ersten drei Monaten bei der neuen Firma. Mit seinem Start in der Firma Cäsar zeigt er sich während des Erstinterviews insgesamt sehr zufrieden. Als besonders positiv hebt er neben den interessanten Arbeitsinhalten hervor, dass es ihm nach seinem Einstieg schnell gelungen sei, vor allem bei den Mitarbeitenden der Firma Verbund „durchaus ein gutes Akzeptanzniveau" (C1) erreicht zu haben. Das ist wegen seiner integrativ-koordinierenden Tätigkeit einerseits wichtig für seine Aufgabe; andererseits ist es nicht selbstverständlich, da an der Nahtstelle des Konzerns zwischen der Firma Cäsar und der Firma Verbund eine „historisch gewachsene Frontstellung" (C1) verläuft. Seine Positionierung in diesem Spannungsfeld beschreibt er als die eines neutralen (und bis dato erfolgreichen) Vermittlers. Herr Cäsar betont, besonders großen Wert

---

[124] Er versucht, diese Einschränkung zu kompensieren, indem er langfristigere, empathischere Beziehungen *außerhalb* seiner Organisation aufbaut. So erwähnt er im zweiten Interview, in einem externen Partner aus einer früheren Karrierephase einen engen Vertrauten gefunden zu haben. Dagegen bestehen keine Kontakte mehr zu ehemaligen Mitarbeitenden und Kollegen. Dieses Muster findet auch bei der Firma Bernhard seine Fortsetzung. In der schwierigen Anfangszeit vertraut er sich bei der Firma Bernhard keinem seiner internen Kollegen an. Am offensten bespricht er seine kritische Lage mit einem externen Strategieberater, der zu dieser Zeit im Unternehmen Bernhard tätig ist.

darauf zu legen, seine eigene Linie zu verfolgen, sich stark auf die Sacharbeit zu konzentrieren und die „Politik außen vor zu lassen" (C1). In einer ähnlich integrativen
Rolle wie zwischen den Konzernteilen sieht er sich auch im Verhältnis zu den internationalen Niederlassungen der Firma Cäsar, die stets nach einer möglichst weitrei-
chenden Unabhängigkeit von der Zentrale streben. Auch bei diesen konnte er bis zum
Zeitpunkt des Erstinterviews ein „hohes Akzeptanzniveau" (C1) erlangen.

Eher allgemein und vergleichsweise vage bleiben seine Ausführungen zu den Beziehungen zu seinen direkten Kollegen in seiner Abteilung. Das gilt speziell auch für
den Kontakt zu seiner unmittelbaren Chefin, Frau Kutscher. Diese verhält sich ihm
gegenüber distanziert, weshalb er sich bezüglich ihrer Einschätzung seiner Person
unsicher ist. Ein in dieser Hinsicht klärendes Gespräch mit der Vorgesetzten ist für
den Tag nach dem Erstinterview terminiert. Dabei wird Herrn Cäsar zu seinem Ers-
taunen eröffnet, dass sein Vertrag nicht über die noch laufende Probezeit hinaus ver-
längert und er mit sofortiger Wirkung freigestellt wird.

Diese für ihn äußerst überraschende Wendung des Falles („Das war ein Schock!",
C2) und die Gründe für seine Entlassung sind Gegenstand des zweiten Interviews mit
Herrn Cäsar, das wiederum drei Monate nach seinem Gespräch mit Frau Kutscher
stattgefunden hat.

2.2 Networking zur Demonstration von Eigenständigkeit

In Fortführung der bisherigen Auswertungsstrategie wurde auch für Herrn Cäsar aus
dem Material eine Kernkategorie in Gestalt einer grundlegenden Handlungsfinalität
abgeleitet, um die herum sich sein Networkingansatz beschreiben und anordnen lässt.
Das Ergebnis der Analyse der Interviewtexte lässt sich im Fall Cäsar begrifflich im
Grundmotiv vom «Networking zur Demonstration von Eigenständigkeit» fassen.

Das Konzept der «Eigenständigkeit» blendet mehrere für den Fall Cäsar relevante
Bedeutungsfacetten übereinander. Zunächst bezieht es sich auf das Bestreben Herrn
Cäsars, sich möglichst nicht in die bestehenden komplexen mikropolitischen Konstellationen der Firma Cäsar verwickeln zu lassen. So vermeidet er es z.B. bewusst, sich
im schwelenden Konflikt zwischen den beiden Konzernteilen auf eine Seite zu schlagen. Anstatt (schnell) eindeutige Koalitionen einzugehen (wie z.B. Herr Anton) versucht Herr Cäsar, im Beziehungsnetz der Organisation (auch langfristig) eigenständig, also unabhängig und „neutral" (C1) zu bleiben.

> „Ich suche jetzt nicht unbedingt die Nähe zum einen oder anderen." (C1)

Er strebt für sich selbst im konfliktreichen Gefüge der Organisation eine vermittelnde
Position an. Seine Aufgabe sieht er vor allem dadurch gekennzeichnet, „dieses
Schisma [zwischen den beiden Konzernteilen; FR] da [zu] überwinde[n]" (C1). Im
Kontrast zur allgemein im Unternehmen vorhandenen Politikversessenheit setzt er

darauf, die „Politik außen vor" (C1) zu lassen und sein Handeln nicht an mikropoliti-schen Zusammenhängen auszurichten.

> „Ich denke also nicht ständig darüber nach bei dem, was ich tue, ob das jetzt poli-tisch opportun ist." (C1)

In dieser Weise definiert und wählt er für sich in der Organisation die Sonderrolle des politikvergessenen sachorientierten Vermittlers, die ansonsten im Unternehmen nicht besetzt zu sein scheint. Die Eigenständigkeit seiner Rollenbeschreibung hebt ihn be-reits für sich genommen von anderen ab. Weiter verstärkt wird diese Tendenz zur Abgrenzung durch sein eher distanzierendes und distanziertes Verhalten gegenüber seinen Kollegen. Dieses Verhalten soll dazu beitragen, gar nicht erst den Verdacht einer Nähe zu einer der mikropolitischen Konfliktparteien entstehen zu lassen.[125]

Charakteristisch für die Finalität des Networkingansatzes von Herrn Cäsar ist neben der «Eigenständigkeit» das Konzept der «Demonstration». Es bezieht sich auf die angestrebte Signalwirkung, die er mit seinen Kontakthandlungen erzeugen will. Wäh-rend Herr Anton und Herr Bernhard diesem Moment mikropolitischen Handelns aus unterschiedlichen Gründen vergleichsweise wenig Beachtung schenken, betont ihn Herr Cäsar in beiden Gesprächen wiederholt und pointiert. Er demonstriert das soe-ben skizzierte Rollenbild des sachorientierten, neutralen Vermittlers im Unternehmen aktiv und mit Nachdruck. Er ist bemüht, in der eben beschriebenen Weise gesehen zu werden und entsprechende „starke Botschaften" (C1) zu senden.

Die Finalität vom Networking zur «Demonstration von Eigenständigkeit» durchwirkt als Grundthema die Networkingaktivitäten (vgl. Abschnitt 2.3) und das Netzwerk (vgl. Abschnitt 2.4) mit seinen Folgen für Herrn Cäsar (vgl. Abschnitt 2.5).

2.3 Networking

Im Unterschied zu Herrn Anton, der sich nach seinem Eintritt – bildlich gesprochen – unmittelbar in den mikropolitischen Dschungel der Organisation begibt, und Herrn Bernhard, der bestrebt ist, distanziert zu herrschen, versucht Herr Cäsar, in der Ge-stalt eines politisch neutralen Vermittlers aufzutreten.

2.3.1 Auftritt als neutraler Vermittler

Herr Cäsar lässt in seiner Selbsteinschätzung die „Politik außen vor" (C1). Machtas-pekte besitzen für ihn in seinem Handeln eine klar untergeordnete Bedeutung. De-mentsprechend strebt er nach eigener Aussage auch nicht nach dem „Mittel der hie-rarchischen Disziplinierung" (C1).

---

[125] Diese eher distanzierte Herangehensweise spiegelt sich in meinem Beziehungserleben im Ge-spräch mit Herrn Cäsar, der für mich im Vergleich aller Fälle am schwersten persönlich zu-gänglich war.

„Aber ich strebe jetzt nicht unbedingt an eine Position, die mir jetzt sehr viel, also sehr viele Unterstellungen gibt. Das ist mir wirklich egal." (C1)

Stattdessen gibt er an, sich in klarer Abgrenzung („Ich bin halt anders.", C1) zu den sonst im Unternehmen auftretenden „genuinen Machtmenschen" (C1) eigenständig als neutral-unparteiische Instanz und als in erster Linie an der „Sache" (C2) interessiert positionieren zu wollen.

„Dass ich eben nicht sage: `Ich bin hier in dem einen *camp* und ich mache hier Politik.´ (kurze Pause) Sondern ich arbeite sachorientiert und zielorientiert." (C1)

„Als ich das gemerkt habe – und das habe ich innerhalb der ersten zwei Wochen gemerkt, dass das [der Konflikt zwischen den Konzernteilen; FR] so läuft – diesbezüglich (stockt) dass ich klare Botschaften gemacht habe und gesagt habe: `Mit mir nicht.´" (C1)

Die latente Spannung zwischen den beiden Konzernteilen, der Firma Cäsar und der Firma Verbund, blendet Herr Cäsar in seinem Kontakthandeln weitgehend aus. Er versucht, dieser Spaltung seine demonstrative und vollkommene Konzentration auf die Sachebene entgegenzusetzen. Von keiner der beiden Parteien möchte er sich mikropolitisch vereinnahmen lassen.

„Die Tatsache, dass ich jetzt mal zufällig den Firma Cäsar-Hut aufhabe und nicht den Firma Verbund-Hut ist für mich vollkommen (Pause) also noch nicht mal sekundär. Das hat für mich (Pause) spielt für mich keine Rolle. *Ich* arbeite aufgaben- und zielorientiert." (C1)

Gegenüber den anderen Mitgliedern der Organisation möchte er sich in der Rolle des apolitischen Vermittlers präsentieren. Den Eindruck eigener Hegemonialinteressen bei anderen will er von Anfang an zerstreuen. Er will unternehmensweit wahrgenommen werden als jemand, der sich mikropolitisch neutral verhält.[126]

---

[126] Eine weitere Passage aus dem Erstgespräch illustriert die besondere Berücksichtigung der Außenwirkung des Verhaltens bei Herrn Cäsar und speziell sein Interesse daran, im Unternehmen als neutrale, apolitische Instanz wahrgenommen zu werden. „Die Hauptsache ist, ich kann in einem Netzwerk möglichst viele Leute beeinflussen. (Pause) Also aufgrund meiner Ideen, meiner Persönlichkeit. Was weiß ich was" (C1). Meine Interpretation der Sequenz geht dahin, dass Herrn Cäsar während der Pause im Redefluss gewahr wird, dass ich den der Pause vorangegangenen Satz im Sinne eines Dominanzstrebens auffassen könnte. Er ist darauf bedacht, diesen Eindruck möglichst schnell wieder abzuschwächen und beeilt sich, andere – weniger dominant akzentuierte – Einflussstrategien zu ergänzen. Sein Ziel ist auch im Kontakt zu mir, ein Bild von sich zu zeichnen, das ihn als mikropolitisch desinteressiert erscheinen lässt.
Im Begriff der Demonstration schwingt bei Herrn Cäsar neben dem bereits angesprochenen Aspekt des «Zeigens» auch die schon in Zusammenhang mit der «Eigenständigkeit» angedeutete Unangepasstheit Herrn Cäsars mit. In der Gesamtschau beider Interviews legt sie konzeptionelle Assoziationen wie «Unbeirrbarkeit», «Trotz» bis hin zur «Sturheit» nahe.

2.3.2 Kontaktreduktion auf die Sachebene

Die Wahl seiner Kontaktpartner bei der Firma Cäsar ist wesentlich geprägt von den Inhalten seiner Aufgabe und von einer tendenziell distanzierten inneren Haltung, mit der er sich anderen Organisationsmitgliedern nähert. Herr Cäsar sucht nicht nach Anknüpfungspunkten zu Personen, zu denen kein unmittelbarer Aufgabenbezug besteht. Im Gegensatz zu Herrn Anton greift Herr Cäsar damit kaum über die Grenzen seiner Stellenbeschreibung hinaus. Aus seiner Sicht macht der spezielle Charakter seiner Aufgabe „das auch erforderlich und einer der wesentlichen Punkte, die ich versuche, ist eben, dass ich Leute aus *der* Ecke und aus *der* Ecke in Teams versuche zusammenzukriegen." (C1). Ausschließlich auf solchermaßen „erforderlich[e]" (C1) Kontakte richtet Herr Cäsar sein Augenmerk. Er bemüht sich „über die Sachebene" (C1), mittels klarer Botschaften seiner Neutralität und seiner Vermittlerrolle, „Akzeptanz" (C1) bei der Firma Verbund und bei den Auslandsgesellschaften des Unternehmens zu erlangen.

Der Begriff der Akzeptanz lässt sich so interpretieren, dass es ihm vor allem darum geht, in der Rolle, die er mit seiner Außendarstellung betont, akzeptiert zu werden. Seine „Antrittsbesuche" (C1) bei den jeweiligen Personen versucht er entsprechend dazu zu nutzen, seine Kontaktpartner von der Neutralität und Unabhängigkeit seiner Positionierung zwischen den Konzernfronten zu überzeugen. Teil der Demonstrationsstrategie ist es, die entstehenden Beziehungen auf den aufgabenerforderlichen Informationsaustausch zu beschränken. Seinen Gesprächspartnern in der Organisation begegnet er (wie auch mir in den beiden Gesprächen) betont sachlich und emotional distanziert. Weitergehende Interessen verfolgt er in seinen Kontakten zu anderen Akteuren des Unternehmens nicht.

> „Und damit bin ich zufrieden und so und damit ist meine persönliche Agenda eigentlich abgearbeitet, ja." (C1)

Die Wendung von der abgearbeiteten, also inhaltlich bewältigten, „persönliche[n] Agenda" im vorangegangenen Zitat illustriert die Tendenz der Rückführung der Kontakte auf ihre aufgabenrelevante Funktion.[127] Seine „persönliche Agenda" im Unternehmen ist in Wahrheit keine persönliche. Ähnlich wie auch bei Herrn Bernhard sollen die Aufgabe und der Austausch notwendiger Sachinformationen im Fokus des Networkings stehen. Entwickeln sich mit der Zeit persönliche Nähe und Vertrauen, lehnt dies Herr Cäsar im Gegensatz zu Herrn Bernhard zwar nicht grundsätzlich ab; allerdings sieht er darin auch keine notwendige Bedingung für die Zusammenarbeit. So akzeptiert er (im Erstgespräch) beispielsweise den distanzierten Charakter der Beziehung zu seiner unmittelbaren Vorgesetzten, Frau Kutscher.

---

[127] Unterstützung findet diese Interpretation unter anderem in der Form, in der Herr Cäsar die anderen Personen seines engeren Umfelds vorstellt. Er greift dabei nur selten auf persönliche Charakterisierungen zurück; er qualifiziert andere in erster Linie anhand funktionaler Stellen- und Aufgabenbeschreibungen, bei denen er dann zum Teil tief in die Details geht.

„Das ist schon in Ordnung so, das ist schon in Ordnung." (C1)

Vergleichbares gilt auch in Bezug auf die direkten Kollegen in seiner Abteilung.

2.4 Netzwerk

Insgesamt war Herr Cäsar nur etwa drei Monate für die Firma Cäsar tätig. Da er einen Tag nach dem Erstinterview die Firma Cäsar verlassen musste, konnte es im zweiten Gespräch nicht im gleichen intensiven Maß wie bei den anderen untersuchten Fällen darum gehen, die sich verfestigende Netzwerkstruktur zu erfragen und zu erforschen. Die eingeschränkte Datenbasis zum Netzwerk Herrn Cäsars bedingt, dass die Ergebnisse zu dieser Kategorie weniger umfassend ausfallen. Dennoch lassen sich schon aus dem Erstgespräch begründete Schlussfolgerungen zur Entwicklung des Netzwerks ziehen.

2.4.1 Strukturelle Ebene

Aus dem globalen und integrierenden Charakter der Aufgabe von Herrn Cäsar ergibt sich, dass er nach wenigen Monaten bereits mit vielen Personen (etwa 25) aus unterschiedlichen Bereichen und Ländergesellschaften des Unternehmens zu tun hat. Das deutet strukturell auf eine Netzwerkkonfiguration hin, die ihn in eine Lage versetzt, bestehende Löcher in der Beziehungsmatrix der Organisation zu überbrücken. Innerhalb Deutschlands kann er zudem als neutraler Vermittler zwischen den beiden ansonsten kaum verbundenen Konzernteilen agieren.

> „Obwohl sie [die zwei Konzernteile; FR] immer zu einem Verbund gehört haben (Pause) das waren immer sehr eigenständige Firmen, die auch nicht sehr viel Vertrauen zueinander hatten und eigentlich in komplett unterschiedlichen Welten gelebt haben, ja." (C1)

> „Das sind zwei Welten, die hier zusammen kommen und ich sitze halt an der Nahtstelle." (C1)

Genau diese privilegierte Stellung als eine als neutral wahrgenommene Integrationsinstanz sucht er in seinem Networking. Über den Personalberater, der ihn in die Firma Cäsar vermittelt hat, erfährt er schon in der ersten Zeit nach seinem Einstieg Bestätigung dafür, auf dem Weg zu sein, in exakt dieser Rolle akzeptiert zu werden.

> „Und er [der Personalberater; FR] gibt mir dann auch so ein bisschen so ein Feedback aus dem, was er aus dem Unternehmen hört, was ganz interessant ist. Und danach habe ich auch auf dieser Seite hier [bei der Firma Verbund; FR] […] durchaus ein gutes Akzeptanzniveau erreicht." (C1)

Weitere Bestätigung für sein Vorgehen und zu seinem guten „Akzeptanzniveau" erfährt Herr Cäsar aus den starken Landesgesellschaften des Konzerns. Deren Vertreter, mit denen Herr Cäsar kooperiert, äußern sich ausgesprochen positiv über den Einstieg in die Zusammenarbeit. Insofern beginnt das intraorganisationale Netzwerk Herrn Cäsars, sich auf der strukturellen Ebene in der gewünschten Weise zu entwickeln.

2.4.2 Relationale Ebene

Letzteres gilt auch bei einer relationalen Betrachtung. Die Qualität der entstandenen Beziehungen, die als zweckbezogen-distanziert einzuordnen ist, entspricht der Intensität, die Herr Cäsar bevorzugt. In seinem Netzwerk herrscht zum Zeitpunkt des Erstgesprächs überwiegend eine mittlere Beziehungsintensität. Von dieser nimmt Herr Cäsar an, dass sie geeignet ist, die von ihm gewünschte Wirkung seiner Person innerhalb der Organisation zu erzeugen. Das darauf hin, dass Herr Cäsar auch bei längerer Firmenzugehörigkeit wohl keine weitere Vertiefung der Beziehungen angestrebt hätte.

Diese Einschätzung erfährt weitere Unterstützung durch Erfahrungen aus vorangegangenen beruflichen Stationen, von denen Herr Cäsar während der Interviews berichtet. Demnach hat er in seinem Berufsleben den Eindruck gewonnen, selbst wenig dazu beitragen zu können, dass Kollegen zu ihm „wirklich Vertrauen […] schöpfen können" (C1). Anhand dieser und vergleichbarer Wendungen wird greifbar, dass es beim Aufbau von Vertrauensverhältnissen aus seiner Sicht eher die anderen sind, die aktiv werden müssten. Er selbst bleibt in dieser Hinsicht in einer abwartend-passiven Haltung und geht wenig auf andere zu. In seinem Anspruch, sich ganz auf die Inhaltsebene konzentrieren zu wollen, versucht Herr Cäsar – ähnlich wie Herr Bernhard – Gefühle außen vor zu lassen und vor allem „fachlich gute Entscheidungen" (C2) zu treffen. Er möchte in erster Linie seine Sache gut machen und sich von keiner der verfeindeten Konzernteile im Sinne starker Beziehungen emotional vereinnahmen lassen. Auf der Beziehungsebene sucht Herr Cäsar lediglich Akzeptanz und Verlässlichkeit. Der Kontakt zu anderen Organisationsmitgliedern reduziert sich auf simplexe Verbindungen über die jeweiligen beruflichen Rollen.

2.5 Netzwerkfolgen

Auch die Betrachtung der Effekte, die Herr Cäsar aus seinem Netzwerk erwarten kann, findet für diesen Fall unter der einschränkenden Bedingung einer äußerst kurzen Organisationszugehörigkeit statt. Die strukturelle und relationale Ausprägung seines (entstehenden) Netzwerks begründet allerdings dennoch die Erwartung, dass er dabei war, eine strukturelle Position zu erlangen, die ihm einen besonders privilegierten Zugriff auf Informationen erlaubt: Er verfügt über zahlreiche Kontakte in der Organisation und seine Aufgabe besteht im Kern genau darin, Informationen aus heterogenen Quellen zusammen zu tragen. Aus dieser Mittlerfunktion heraus erhält nur er Einblick in beide Unternehmensteile und kann so beide Seiten in seinem Sinne zusammenführen. Da es ihm zudem auf der relationalen Ebene gelingt, in Teilen der

Organisation als neutrale Instanz akzeptiert zu werden, besetzt er eine potenziell starke Stellung im sozialen Gefüge des Unternehmens.

Diese Position ist im Unternehmen zwar einzigartig und damit wertvoll; sie ist allerdings nie wirklich stabil und bleibt latent gefährdet: Herr Cäsar muss immer auf der Hut sein, um jeden Eindruck von Parteilichkeit für eine der beiden Seiten zu vermeiden. Würde er nämlich in der Einschätzung der beteiligten Personen das Gebot der Neutralität verletzen, liefe er schnell Gefahr, diese für ihn so bedeutsame Machtbasis zu verlieren. Die enttäuschte Gegenpartei würde ihm in diesem Fall das Verhandlungsmandat sofort entziehen und seine Vermittlerrolle verhindern.

Um nicht in diesen Verdacht zu geraten, hat er auf intensivere Kontakte verzichtet, sich im Verhältnis zu anderen Akteuren äquidistant und tendenziell distanziert gezeigt. Das gilt auch in Bezug auf seine Chefin, die sich ihm gegenüber unnahbar gibt. Herr Cäsar hat es auch deshalb vermieden, offener auf sie zugehen, um seine neutrale Vermittlerrolle im Unternehmen nicht zu gefährden: Seine Vorgesetzte, Frau Kutscher, agiert im Konflikt mit der Firma Verbund als eine der Protagonistinnen und grenzt sich besonders deutlich von der anderen Seite ab. Ihr ist offenbar nicht entgangen, dass Herr Cäsar bei ihrer Hauptkonkurrentin aus der Firma Verbund sowie deren Mitarbeitenden ein hervorragendes Ansehen genießt und über gute Kontakte in das andere Lager verfügt. Diesem Brückenschlag steht Frau Kutscher ablehnend gegenüber, vor allem weil Herr Cäsar unter ihren Mitarbeitenden (also seinen direkten Kollegen) noch vergleichsweise wenig vernetzt ist. Offenbar hat Frau Kutscher die Grenzüberschreitung Herrn Cäsars in Richtung der Firma Verbund als Illoyalität bewertet. Deswegen trennt sie sich noch während der Probezeit und ohne Vorwarnung von ihm. In ihren Augen nimmt Herr Cäsar keine mikropolitisch neutrale Rolle ein, sondern hat sich vielmehr der anderen Seite gegenüber zu offen und zu verbindlich zugewandt.

> „'Den [Herrn Cäsar; FR] haben die bei der Firma Cäsar wohl rausgeschmissen, weil er zu gut mit uns, also mit der Firma Verbund umgegangen ist.´ Das war der Kommentar von Herrn Flohe [Geschäftsführer der Firma Verbund; FR]." (C2)

Mit dem Beziehungsaufbau zur Firma Verbund begeht Herr Cäsar in den Augen seiner Vorgesetzten einen Tabubruch.

Das Verhältnis zu Frau Kutscher erfährt eine weitere Zuspitzung dadurch, dass sie Herrn Cäsar möglicherweise als persönlichen Konkurrenten und Gefährdung für ihre (starke) Stellung im Unternehmen angesehen hat.

> „Es gibt auch eine Position, das ist eine Spekulation, die ich mir nicht unbedingt zu eigen machen will (Pause) vielleicht ist auch bisschen was dran: Frau Kutscher ist deutlich jünger als ich und hat naturgemäß dadurch auch weniger Erfahrung und es gibt Leute die sagen: `Die hat vielleicht Dich auch irgendwo als Bedrohung gesehen.´" (C2)

Kapitel VII – Auswertung weiterer Einzelfälle

Für die Richtigkeit dieser Interpretation spricht die Tatsache, dass Herr Cäsar in seiner die Konzernteile integrierenden Vorgehensweise die neue strategische Ausrichtung des Konzerns befördert hat. Die Eigentümer des Konzerns hatten nämlich vorgegeben, die intensive Vernetzung der zuvor weitgehend getrennten Firmenteile weiter voran zu treiben und beispielsweise erstmals auch gemeinsame Forschungsprojekte durchzuführen. Frau Kutscher, die selbst über exzellente, historisch gewachsene Kontakte zu den Eigentümern verfügt, hat sich gegen diese Neuausrichtung von Anfang an gesträubt. Sie hat versucht, sie zu verhindern und zu sabotieren. Die Zusammenfassung von bisher getrennten Funktionen und Prozessen bedeutet aus Sicht von Frau Kutscher und der Firma Cäsar nämlich, dass Verantwortung und Kompetenzen an die Firma Verbund abgegeben werden müssen. Zur Umsetzung dieser strategischen Vorgabe wurde unter anderem die Stelle von Herrn Cäsar geschaffen.

Das von Herrn Cäsar sachlich und politisch neutral intendierte Networking wird vor diesem Hintergrund für Frau Kutscher mikropolitisch brisant. Sie interpretiert sein Vorgehen nicht – wie von ihm vorgesehen – auf der Sachebene, sondern ausschließlich in politischen Kategorien als Machtstreben Herrn Cäsars. Diese Einschätzung findet ihre Entsprechung im Kündigungsgespräch, in dem Herrn Cäsar durch die Vorgesetzte Sachkompetenz („fachlich […] alles in Ordnung", C2) attestiert wird, während man auf der persönlichen Ebene „einfach nicht zueinander gepasst" (C2) habe.

In der Beziehung zu Frau Kutscher treten die Nebenwirkungen der relationalen Gestalt des Netzwerks von Herrn Cäsar deutlich zu Tage: Dieser verfügt im Unternehmen nicht über Kontakte, die intensiv genug wären, ihm die kritische Wirkung seines Verhaltens auf seine Vorgesetzte zu spiegeln. Herr Cäsar nimmt die Spaltung im Konzern und die starke Position seiner Chefin zwar wahr – aber er nimmt sie nicht wirklich ernst. Herr Cäsar setzt sich mit seiner Rollenwahl als neutraler Vermittler über die Mikropolitik der Organisation hinweg. Dementsprechend schätzt er auch seine Lage noch zum Zeitpunkt des Erstgesprächs, also einen (!) Tag vor der Kündigung, als stabil und ungefährdet ein. Herr Cäsar erhält keine korrigierenden politischen Warnsignale von anderen, die ihm zu einer mikropolitisch richtigen Bewertung seiner eigenen – grundsätzlich durchaus zutreffenden – Beobachtungen verhelfen würden. Ihm fehlt es an Anbindung an andere, die ihn warnen. In Betonung seiner Eigenständigkeit ist er zu sehr konzentriert darauf, hervorragende Beziehungen zu den Ländergesellschaften in Übersee aufzubauen, während er den Beziehungsaufbau in seinem unmittelbaren Umfeld völlig vernachlässigt. Seine „starken Botschaften" (C1), die den Eindruck von Neutralität vermitteln sollen, verkehren sich ins Gegenteil und werden in der Wahrnehmung von Frau Kutscher zu Botschaften von Stärke.[128] Das Selbstbild Herrn Cäsars zu sich und zu seiner Position in der politi-

---

[128]   Bestärkt wird diese Deutung durch die Reflexion meines Beziehungserlebens und aus der vertieften Auswertung einzelner Textpassagen, in denen bei Herrn Cäsar immer wieder unvermit-

schen Landschaft der Firma Cäsar findet wegen dieser fehlenden Vernetzung keine ausreichende Deckung mit dem Fremdbild, das Frau Kutscher von ihm gewonnen hat.

Die Erfahrung, sich solchermaßen in seiner Selbsteinschätzung zu täuschen und von anderen als wesentlich bestimmender wahrgenommen zu werden als von ihm erwünscht, hat Herr Cäsar bereits mehrfach in seiner Laufbahn gemacht.

> „Jetzt kommt da der Christian mit seiner Power und macht uns alle nieder, obwohl ich es gar nicht will, ja." (C1)

> „Durchaus auch in der Tendenz zur Dominanz – unbeabsichtigt von mir aus – aber so empfunden, so erfahren." (C1)

3 Fall Dietrich: Networking zur Signalisierung von Verbundenheit und Souveränität

3.1 Einführung in den Fall Dietrich

David Dietrich ist zum Zeitpunkt des Erstgesprächs 46 Jahre alt und seit etwa drei Monaten in der Firma Dietrich, einem Unternehmen der Pharmabranche, tätig. In seiner neuen Funktion als Bereichsleiter ist er verantwortlich für die gesamte Marketingstrategie und den Vertrieb mehrerer Produktsparten (Indikationsfelder). Seine ersten Erfahrungen bei und Eindrücke von seinem neuen Arbeitgeber stellt Herr Dietrich als überaus positiv dar. Die Anfangsphase im Unternehmen ist aus seiner Sicht hervorragend verlaufen.

> „Es geht mir einfach saugut!" (D1)

Vor allem „menschlich getriggert" (D1) fühlt er sich wohl in seinem neuen Umfeld, das Herr Dietrich als wesentlich kollegialer und weniger formalistisch erlebt als die Kultur der Unternehmen, bei denen er zuvor tätig war. Herr Dietrich schätzt die entspannte und offene Atmosphäre bei der Firma Dietrich und betont besonders den guten persönlichen Zugang, den er von Anfang an zum Vorstandsvorsitzenden, Herrn Waske, sowie zum Personalvorstand, Herrn Ehrmann, gefunden hat.

Auf gleicher hierarchischer Ebene und in vergleichbarer Funktion wie Herr Dietrich arbeiten noch zwei weitere Bereichsleiter, Frau Rühl und Herr Lange. Während er mit Herrn Lange bis zum Zeitpunkt des ersten Interviews noch „nicht so viel zu tun" (D1) hatte, gilt das Gegenteil für Sandra Rühl. Eine komplizierte organisatorische Überlappung in den Verantwortungsbereichen von Herrn Dietrich und Frau Rühl liefert regelmäßig Anlass dazu, sich „aneinander [...] zu reiben" (D1).

---

telt oberflächlich verborgene Dominanzakzente vor die Fassade von Distanziertheit, Neutralität und Sachlichkeit treten.

Kapitel VII – Auswertung weiterer Einzelfälle

„So richtig wohl fühle ich mich in dieser Beziehung da nicht so." (D1)

Er nimmt Frau Rühl als „starke Person" (D1) wahr, die aber gleichzeitig aus seiner Sicht in ihrem Verantwortungsbereich „nicht richtig durchgreift" (D1). Zwar ist sie ihm „sehr sympathisch" (D1) und er tauscht sich auch regelmäßig und ausführlich mit ihr aus; allerdings akzeptiert Herr Dietrich Frau Rühl nicht in ihrer Rolle als Führungskraft.

> „Ich akzeptiere sie nicht so als direkte Kollegin, weil ich glaube, dass sie mit ihrer Art, wie sie ist, nicht gut führt. Das ist, das spüre ich in mir selber, dass ich sie da nicht hundertprozentig akzeptiere." (D1)

3.2 Networking zur Signalisierung von Verbundenheit und Souveränität

Die finalen Aspekte des Networkinghandelns von Herrn Dietrich lassen sich als auf die «Signalisierung von Verbundenheit und Souveränität» gerichtet beschreiben.

Signalisierung

Herr Dietrich will mit seinem Networking Signale setzen. Seine Networkinghandlungen orientieren sich überwiegend an der erwarteten Wirkung auf die Wahrnehmung seiner Person durch die anderen Akteure. Die Frage, welches Bild von ihm im Unternehmen entsteht, fungiert als Richtschnur, anhand der er seine mikropolitischen Aktivitäten dosiert und justiert. Die Methode der Signalisierung verläuft in zwei Stufen.

(1) Im ersten Schritt ist Herr Dietrich darauf bedacht, in seinem Umfeld eine für ihn vorteilhafte Wahrnehmung seiner Person zu verankern. Er will im „rechten Licht" (D1) gesehen werden, indem er konsequent, konsistent und positiv über sich (und andere) spricht und sich sehr verbindlich zeigt.

(2) Auf der zweiten Stufe geht es Herrn Dietrich darum, dass nicht nur er selbst, sondern auch Dritte dazu beitragen sollen, sein Bild in der Organisation weiter zu tragen und zu verstärken. Er gestaltet seine Kontakte innerhalb der Organisation in der Absicht, sein Netzwerk zum Resonanzkörper seiner Botschaften zu machen. Auf diese Weise möchte er im Unternehmen positiv im Gespräch bleiben, damit in entscheidenden Momenten, wie z.B. bei Beförderungen oder Stellenneubesetzungen, an ihn gedacht und sein Name genannt wird.

> „Dass sie zum richtigen Zeitpunkt sagen: `Da gibt es einen. Nämlich genau den David Dietrich.´" (D1)

Verbundenheit

Welche Botschaften will Herr Dietrich in die Organisation tragen? An erster Stelle ist hier das Signal der (selbstverständlichen) Verbundenheit zu nennen. Es geht ihm um die Demonstration seiner Verbundenheit mit einem im Unternehmen sehr einflussreichen Kreis. Diesem Kreis gehören die Führungskräfte, die in der Organisation hierarchisch am höchsten stehen, und deren engste Vertraute an. Herr Dietrich möchte innerhalb *und* außerhalb – also auch für Dritte sichtbar – dieses Zirkels als jemand gesehen werden, der ganz selbstverständlich dazu gehört. Seine Zugehörigkeit zu dieser Runde soll in der Organisation nicht in Frage gestellt werden. Sie soll allgemein und dauerhaft als selbstverständlich gegeben wahrgenommen werden. Die wechselseitige Verbundenheit soll nicht formal-positionsmächtig fundiert sein, sondern auf Beziehungsmerkmalen wie emotionale Zugewandtheit, Höflichkeit, Respekt, Diskretion und Sympathie zwischen den beteiligten Personen beruhen. Seine angestrebte Idealvorstellung ist die eines (informellen) „vertraulichen Gesprächs" (D1), eines kontinuierlichen, offenen, auch humorvollen Dialogs auf Augenhöhe mit seinen eng und persönlich verbundenen Interaktionspartnern. Er legt Wert darauf, „dass man zu denen einen menschlichen Zugang hat" (D1).

„Das ist (Pause) das ist toll, wenn er einen mag". (D1)

Souveränität

Das Konzept der «Souveränität» ist neben dem der «Verbundenheit» das zweite Signal, dass von den Networkingaktivitäten Herrn Dietrichs ausgehen soll. «Souveränität» spielt im Networkingansatz von Herrn Dietrich in zwei verwandten Sinnvarianten eine Rolle, die jeweils mit der soeben eingeführten Idee der Verbundenheit korrespondieren.

(1) Von den beiden Vorstandsmitgliedern Waske (Vorsitzender) und Ehrmann (Personal) möchte Herr Dietrich gerade im Vergleich zu den zwei anderen Bereichsleitern (Frau Rühl und Herr Lange) als souveräne, kompetente und starke Führungskraft wahrgenommen werden.

„Und da möchte ich eigentlich auch gegenüber der Geschäftsleitung das Gefühl vermitteln: `Der hat seinen Laden im Griff und er ist möglicherweise auch Ideengeber oder Treiber für andere Aktionen.´" (D1)

In dieser Bedeutungsvariante meint «Souveränität» das Ziel Herrn Dietrichs, in der Gruppe der Bereichsleiter als *primus inter pares* gesehen zu werden.

(2) In Anknüpfung daran lässt sich die zweite Bedeutungsfacette des Souveränitätskonzepts bei Herrn Dietrich ableiten. Er ist bestrebt, in seinem Führungsstil gegenüber Vorgesetzten und Mitarbeitenden Ruhe und Entspanntheit auszustrahlen. In Abgrenzung von anderen, die – wie etwa Frau Rühl – „mit hoher Umdrehungszahl" (D2) agieren und dabei andere „überrennen und überrollen" (D1), trachtet er danach, gelassen und „nicht so wuselig" (D1) aufzutreten. In der Gedankenwelt der Beteiligten soll dadurch das Bild eines Managers entstehen, der auch in turbulenten Zeiten und unter hohem Zeit- und Ergebnisdruck klaren Kopf bewahrt und in der Hektik des Alltags nicht den Kontakt zu den Mitarbeitenden verliert. Souverän soll sein Handeln auch in dem Sinne wirken, dass er sich im Unternehmen als abgeklärte

Spitzenführungskraft zeigt, die nicht für jedes Detail verantwortlich ist. Er überträgt seinen Mitarbeitenden Verantwortung und gewährt ihnen Freiheiten.

> „Ich sage: `Herr Huber, es ist Ihr Geschäft. Ich möchte informiert sein, aber ich will gerne auch gefragt werden.´ Aber die Sachen, was gemacht wird, liegt in seiner Verantwortung." (D1)

Indem er sich öffentlich als für Detailfragen des Alltagsgeschäfts nicht zuständig präsentiert, möchte er den Eindruck entstehen lassen, dass er sich um Wichtigeres, wie z.b. marketingstrategische Fragen, kümmern muss und kann.

Die Kernfinalität vom Networking zur «Signalisierung von Verbundenheit und Souveränität» beschreibt die strategische Grundlinie der Networkingaktivitäten von Herrn Dietrich (vgl. Abschnitt 3.3). Diese prägen wiederum das Netzwerk (vgl. Abschnitt 3.4) mit seinen Folgen (vgl. Abschnitt 3.5).

3.3 Networking

3.3.1 Von sich reden (machen)

In den einleitenden Passagen des Erstinterviews stellt sich Herr Dietrich mir vor. Im Unterschied zu Herrn Cäsar, der vor allem von seinen Aufgaben und – häufig in relativierender Form – von seinen Erfolgen als Manager berichtet, erzählt Herr Dietrich erstens mehr über sich als Person und zweitens in ausschließlich und eindeutig positiver Form. Während er auf der Beziehungsebene auf mich auch in diesen Abschnitten sympathisch, entspannt und nicht überheblich wirkt, lässt er inhaltlich keinen Zweifel an der Außergewöhnlichkeit seiner Persönlichkeit, seiner „profunden Kenntnisse" (D1) sowie seines Karrierepfades. Sprachlich auffällig ist in diesem Zusammenhang die Eigenart Herrn Dietrichs, die von ihm benannten (biografischen) Tatsachen unmittelbar um eine positiv bewertende Interpretation zu ergänzen. Diese flicht er häufig mit der Wendung „das heißt" in seine Selbstvorstellung mit ein.

> „Das heißt, hier war ich für das Marketing zuständig." (D1)

> „Das heißt, ich habe dort eine große Außenorganisation geleitet bei Firma Dietrichdavor." (D1)

> „Das heißt, die Vorgesetzten haben mich als förderungswürdig erkannt […]. Und das ist einfach das Signal, dass ich erfolgreich war und bin." (D1)

Herr Dietrich nimmt mit diesem rhetorischen Trick in Situationen, in denen er über sich selbst spricht, steuernden Einfluss auf seine Fremdwahrnehmung durch die Kontaktpartner. Seine Gesprächstechnik, die Interpretation der referierten Fakten gleich mitzuliefern, lässt den Zuhörenden kaum noch Spielraum, zu anderen Deutungen zu kommen.

Kapitel VII – Auswertung weiterer Einzelfälle

Diese erste Erfahrung des Gesprächserlebens mit Herrn Dietrich deckt sich vollständig mit den sonstigen Analyseergebnissen zu den beiden Interviews zu diesem Fall. Herr Dietrich schenkt der Frage, welche Botschaften vom ihm über sich selbst ausgehen, größte Beachtung. So legt er anlässlich einer Tagung, die er gemeinsam mit Frau Rühl leitet, Wert darauf, persönlich die Abschlussworte sprechen zu können. Er möchte den abschließenden Eindruck auf die Zuhörenden machen, der in seiner Einschätzung besonders nachhaltig ist.

> „Da sage ich: `Ja, ich kann gerne verabschieden.´ Das hätte ich sowieso gern lieber gemacht, weil man da noch ein paar Maßgaben mit auf den Nachhauseweg gibt und die hätte gerne *ich* gesagt." (D1)

Herr Dietrich will im Gespräch bleiben. Über ihn soll im Unternehmen kommuniziert werden. Seine Kontakte innerhalb des Unternehmens nutzt er für die direkte sprachliche Vermittlung seiner Signale, indem er sich Bühnen sucht und positiv über sich selbst spricht. Bei Gelegenheiten wie jene der Tagung achtet Herr Dietrich darauf, die Signale, die von ihm zu seiner Person ausgehen, konsistent zu halten. Er legt Wert darauf darauf, inhaltlich immer die gleichen Botschaften (=Verbundenheit und Souveränität) zu senden.[129] Daraus entsteht im Laufe der Zeit eine einheitliche Wahrnehmung seiner Person durch die anderen Akteure. Deren Einschätzungen von Herrn Dietrich decken und bestätigen sich gegenseitig. Die Reputation von Herrn Dietrich soll auf diesem Weg mit der Zeit zu einer besonders hohen Verbreitung und Glaubwürdigkeit im Unternehmen führen.

3.3.2 Vertraulich und vertraut sprechen

Herr Dietrich zeichnet sich dadurch aus, zu anderen Personen schnell vertrauliche Beziehungen aufbauen zu können. Sein Geschick beim Aufbau intensiver Kontakte schätzt und benennt (!) er selbst als eine seiner persönlichen Stärken.[130]

> „Aber mir fällt es halt auch grundsätzlich leicht, Beziehungen zu anderen Menschen aufzubauen." (D1)

> „Ich […] bin offenbar auch ein Typ […], der sagen wir mal, mehr Sympathie, Sympathie verbreitet, den Zugang zu anderen Menschen leichter habe." (D1)

---

[129] Eine Metapher, die in einer Auswertungsgruppe zur Signalisierungsfinalität von Herrn Dietrich entstand, ist die eines ruhigen Sees, in den Herr Dietrich mit zeitlichem Abstand, aber immer wieder an genau der gleichen Stelle, Steine (=Botschaften) wirft. Es entstehen so konzentrische (=konsistente) Kreise, die der angestrebten Wahrnehmung Herrn Dietrichs in der Organisation entsprechen. Sie schlagen Wellen, verbreiten und verstärken sich und bedecken mit der Zeit die Wasseroberfläche (=die gesamte Organisation) vollständig.

[130] Die im Anschluss im Text zitierten Passagen lassen sich auch als weiterer Beleg für die zuvor angesprochene Strategie der positiven verbalen Selbstdarstellung interpretieren.

Den engsten Umgang pflegt Herr Dietrich in der Firma Dietrich mit dem Personalvorstand des Unternehmens, Herrn Ehrmann, und dessen langjähriger Sekretärin,
Frau Besler. Anhand dieser Beziehungen lässt sich exemplarisch nachvollziehen, wie
Herr Dietrich mit anderen in Kontakt geht und Kontakt hält. Sein Bestreben beim Beziehungsaufbau geht dahin, „den Menschen, die für mich dort wichtig sind oder auch
wichtig werden, auch menschlich zu begegnen. Das heißt, aufzunehmen, wo sind
denn seine Bedürfnisse, ja, um überhaupt Zugang zu dem zu haben" (D1). Dass Herr
Ehrmann seine eigenen Bedürfnisse und Interessen im Gespräch mit Herrn Dietrich
selbst früh und vertrauensvoll offen legt, nimmt Herr Dietrich gerne zum Anlass, diese aufzugreifen, gemeinsam zu besprechen und damit die Beziehung zu initiieren.

> „Der Personalchef hätte ja nach den ersten paar Minuten, wo man sich gerade
> kennen gelernt hat, hätte mir ja nicht seine Baustellen erzählen müssen. Also sei-
> ne Problemfelder, die wir dann einfach so diskutiert haben." (D1)

Ausgehend von diesem ersten vertraulichen Gespräch baut Herr Dietrich eine enge
Beziehung zu Herrn Ehrmann auf. Herr Dietrich bekräftigt die zunächst noch lose
Verbindung zu Herrn Ehrmann und seiner engsten Mitarbeiterin, Frau Besler, indem
er „anlasslos" (D1) Kontakt sucht.

> „Und mit denen, sage ich mal, treffe ich mich zwar nicht täglich, aber da gehe
> ich auch immer mal so vorbei." (D1)

> „Da gehe ich halt morgens immer so vorbei. Machen wir so bisschen ein paar
> Sprüche hin und her. Und wenn wir etwas zu besprechen haben, setzten wir uns
> an den Tisch und reden. Mit Frau Besler oder mit Ehrmann. Wir machen auch
> viel mit allen dreien. Das ist auch so, dass wir plötzlich den Schalter umlegen
> und nur Quatsch reden (lacht). Und ich glaube, das genießen die auch und ich
> glaube, da passe ich auch ganz gut rein." (D1)

Er achtet darauf, dass die informellen Zusammenkünfte in entspannter Atmosphäre
und guter Stimmung stattfinden. Die Zugehörigkeit zu dieser Gruppe („wir") wird
symbolisch-rituell untermalt, indem neben dem Austausch von Sprüchen und „tollen
Geschichten" (D1) gemeinsam geraucht wird.[131] Das gelassene Klima dieses Kreises

---

[131] Die Selbsteinschätzung von Herrn Dietrich als Sympathie verbreitende, zugängliche und hu-
morvolle Person deckt sich mit meinem Beziehungserleben aus den Interviews. Er spricht in
entspannter, aufgeräumter Laune ohne Zeitdruck sehr offen und frei. Während der Gespräche
lacht er oft. Als ich das erste Gespräch eigentlich beenden will, bittet er mich, rauchen zu dürfen und erzählt noch eine halbe Stunde von sich aus, was ihm „noch zu diesem Thema ein-
fällt" (D1).
Zusätzlich vertrauensbildend dürfte sich gerade bei den Interaktionspartnern, die seit langem im
Unternehmen sind, auswirken, dass Herr Dietrich ohne Geringschätzung oder gar Abwertung
von seiner neuen Firma spricht, obwohl er dort durchaus Schwachstellen und Problemfelder
sieht.

nutzt Herr Dietrich, um gegenüber dem Vorstand seine Interessen und Wünsche vertraulich anzusprechen.

> „Da sage ich ihm dann gerne auch, dass und warum ich das gerne bitte so hätte (lacht)." (D1)

Gelegenheiten und Beziehungen wie diese geben Herrn Dietrich eine Ausgangsbasis dafür, Sachthemen, die er im Unternehmen durchsetzen möchte, gegenüber verschiedenen Personen und Unternehmensteilen im informellen Austausch (immer wieder) ins Gespräch zu bringen.

3.3.3 Den Nutzen für andere formulieren

So spricht er beispielsweise gegenüber Herrn Ehrmann und anderen maßgeblichen Personen des Unternehmens zu verschiedenen Anlässen an, dass er den Aufbau eines Traineeprogramms für Nachwuchsführungskräfte für wünschenswert hält.[132] Seine Herangehensweise zur Überzeugung anderer Akteure entspricht für ihn einer Vertriebstätigkeit.

> „Da sind die Menschen hier nichts anderes als Kunden auch. Ich muss denen das (Pause) wenn ich etwas durchsetze, muss irgendetwas für den anderen dabei raus springen. Ja. [...] Im Kundengespräch sagen wir: `Aussage, Nutzen, Beweis.´" (D1)

Seine „Nutzenformulierung" (D1) zur Beförderung des Traineeprogramms spiegelt seine zuvor bereits dargelegte Strategie der kommunikativen Positionierung als zugehörige und souveräne Führungskraft. Herr Dietrich stellt sich die Kernfrage nach dem Bild, das in der Organisation entsteht, hier aus der Perspektive der anderen Akteure. Er macht Ehrmann und eine weitere neue Mitarbeiterin seiner Abteilung darauf aufmerksam, in welcher Weise die Einführung eines Traineeprogramms der Personalabteilung eine Chance eröffnet, sich innerhalb des Unternehmens zu „profilieren" (D1). So würde ein Traineeprogramm der Firma Dietrich erlauben, intern zu rekrutieren, anstatt Mitarbeitende – dann weitgehend ohne Beteiligung der Personalabteilung – auf dem externen Markt zu suchen.

---

[132] „Dann bin ich einfach am nächsten Morgen [...] (Pause) oder eine Woche später habe ich ihm [Herrn Ehrmann; FR] die Anzeige [für ein Traineeprogramm bei der Firma Konkurrenz; FR] auf den Tisch gelegt. `Hier, kuck Dir das mal an! Das meine ich. Die Firma Konkurrenz macht das.´ Da haben wir beide geschmunzelt." (D1)

„Also das ist, wenn Sie wollen, das war eine Nutzenformulierung, die etwas ist, wo man sagt: `Ok, das ist meine Aufgabe. Hier habe ich die Möglichkeit, etwas zu beeinflussen.´ Denn Produktmanager von extern einkaufen, da hat die Personalabteilung nicht viel mit zu tun. Die sind vielleicht bei Bewerbungsgesprächen mit dabei, ja. Und wenn es ein Traineeprogramm gibt, dann ist das eine Sache, wo (Pause) das ist dann ein Ding der Personalabteilung." (D1)

In der vorangegangenen Passage legt Herr Dietrich (analog zur Situation der Selbstvorstellung) seinem Gesprächspartner Ehrmann die Argumente bereits in seinen Worten („meine Aufgabe") zurecht. Damit gewinnt er Unterstützung für das Traineeprogramm. Seine Strategie zum Auf- und Ausbau seines Kontaktnetzwerks und seiner Macht in der Organisation beruht somit wiederum auf der Idee der Steuerung der Wahrnehmung anderer Akteure, wobei er in diesem Fall darauf achtet, seine Vertrauten im Unternehmen gut aussehen zu lassen.[133]

3.3.4 (Sich in) Relationen verstehen

Die Episode in Zusammenhang mit seinem (letztlich erfolgreichen) Einsatz für das Traineeprogramm verdeutlicht das Interesse und die Fähigkeit Herrn Dietrichs, mikropolitische Relationen zu verstehen und diese Perspektive in seine eigenen Handlungen mit einfließen zu lassen. Wo Herr Cäsars Blick in den Zusammenhängen des Organigramms verhaftet bleibt, Herr Bernhard sich unmittelbar distanziert und Herr Anton Widerstände erwartet, erkennt Herr Dietrich soziale Konstellationen in erster Linie als Bühnen, die für ihn vielfältige Chancen zur Signalisierung bereithalten.

Herr Dietrich setzt und sieht sich selbst permanent in Relation zu anderen Akteuren des Unternehmens, wenn er seine Lage in der Organisation einschätzt oder beschreibt. Er achtet genau darauf, wie er von anderen – insbesondere vom Vorstandsvorsitzenden – im Vergleich, z.B. zu seinen Kollegen auf gleicher Ebene (Frau Rühl und Herr Lange), gesehen wird. Die mikropolitische Konkurrenz der Akteure innerhalb des Unternehmens ist für Herrn Dietrich vor allem eine um „Visibilität" (D2) und um Wertschätzung bei den entscheidenden Personen.

„Wenn der Waske erwartet, dieses oder jenes umzusetzen, habe ich das gleich glatt umgesetzt und bei den anderen läuft es nicht so. Das hat ja viel auch damit zu tun, was für eine Macht ich hier (Pause) habe ich jetzt hier in dem Haus." (D1)

Herrn Dietrich geht es um die Anregung des Netzwerks durch Erfolgssignale. Sie sollen von den wichtigen Akteuren in der richtigen Weise verstanden werden. Zur Si-

---

[133] Bereits zum Zeitpunkt des Erstgesprächs verdichten sich die Anzeichen, dass ein Traineeprogramm eingerichtet wird. Im zweiten Gespräch berichtet Herr Dietrich dann davon, dass im Vorstand tatsächlich die Entscheidung gefallen ist, ein solches Rekrutierungsmodell im Unternehmen zu etablieren.

cherung dieses Vorhabens nimmt er die Wahrnehmungsperspektive und - gewohnheiten seiner Vorgesetzten ein. Er versucht, deren „Raster" (D1) zu erkennen, um seine Signale entsprechend abgestimmt setzen und deren Signale richtig deuten zu können.

Sein Einfluss in der Organisation und die Lage anderer Akteure wird von ihm in erster Linie danach beurteilt, wie er im Vergleich zu anderen gesehen wird.[134] Aus diesem Grund sucht Herr Dietrich ständig aktiv nach Informationen, die ihm Aufschluss darüber geben können, wie er innerhalb der Organisation positioniert ist.[135]

3.4 Netzwerk

3.4.1 Strukturelle Ebene

Das sich entfaltende Netzwerk Herrn Dietrichs bleibt in struktureller Hinsicht auf Basis der Daten aus dem ersten Interview insgesamt nur schwer greifbar. Diese Feststellung lässt sich als eine Folge seines Networkingansatzes auslegen: Herr Dietrich differenziert seine Kontaktstrategie kaum. Er scheint allen Interaktionspartnern (z.B. unabhängig von der hierarchischen Ebene) auf sehr ähnliche Weise zu begegnen. Damit entstehen zu zahlreichen Personen der Firma Dietrich positive (Kommunikations-)Beziehungen unterschiedlicher Intensität, ohne dass diese Beziehungen ein wirklich prägnantes Bild eines Netzwerks entstehen lassen würden. Gerade zum Zeit-

---

[134] Irritierend und „gefährlich" (D1) wirkt es auf Herrn Dietrich immer dann, wenn er entweder widersprüchliche Signale wahrnimmt (1) oder ein Risiko sieht, dass Signale seine Wahrnehmung im Unternehmen negativ beeinflussen könnten (2). Beide Irritationen liegen in meiner Interpretation dem latenten Konflikt mit Frau Rühl zugrunde:
(1) Herr Dietrich hält Frau Rühl für „keine gute Führungskraft" (D2). Dennoch wird sie von Waske und Ehrmann gefördert. Dieser Widerspruch gibt ihm zu denken, denn er kann sich ihr hohes Ansehen im Vorstand nicht plausibel erklären. „Weil ich sie nicht so gut einordnen kann, ist sie für mich noch gefährlich" (D1). Herr Dietrich fasst diesen Widerspruch in seiner Wahrnehmung als Warnhinweis dafür auf, dass er das Wahrnehmungs- und Bewertungsmuster von Waske noch nicht vollständig durchschaut hat.
(2) Da Herr Dietrich Frau Rühl für keine gute Führungskraft hält, ist es für ihn problematisch, dass in der Produktsparte Alzheimer eine organisatorische Überlappung besteht. Frau Rühl und Herr Dietrich sind in diesem Geschäft gemeinsam verantwortlich. Aus dieser unklaren Zuständigkeit können sich für Herrn Dietrich Entwicklungen ergeben, die seinen Ruf im Unternehmen negativ beeinflussen. Um dem entgegenzuwirken, greift er massiv und persönlich in den geteilten Geschäftsbereich ein und sendet Gegen-Signale, um zu zeigen, dass er über die Richtlinienkompetenz auf diesem Gebiet verfügt.
[135] So nutzt Herr Dietrich seine vertraulichen Kontakte im Unternehmen dazu, Hintergrundinformationen zum Unternehmen zu erhalten. Diese benötigt er, um „den ganzen Laden so einzuschätzen" (D1), Beziehungen zu beurteilen und „Menschen einzuordnen" (D1). Dazu passt auch der von Herrn Dietrich ausdrücklich geäußerte Wunsch nach meinem Feedback aus den beiden Interviews, der ihn in seiner Deutlichkeit und Zielgerichtetheit von den anderen Gesprächspartnern abhebt.

punkt des Erstgesprächs scheint das Netzwerk Herrn Dietrichs von einer besonderen Leichtigkeit, Offenheit und Durchlässigkeit. Er hat sich in seinen Beziehungen mit Ausnahme der Kontakte zu Ehrmann und Besler noch nicht festgelegt und bleibt flexibel und aufgeschlossen.

Erst im Zweitgespräch erfährt das Netzwerk eine etwas stärkere Konkretisierung mit klareren Konturen. Strukturell besetzt Herr Dietrich nun einen wichtigen Knotenpunkt im Kommunikationsnetz der Organisation. Seine Meinung ist zu allen relevanten Themen im Unternehmen gefragt. Er gehört (gemeinsam mit Ehrmann) zum engsten Kreis derjenigen Leitungskräfte, die Herrn Waske während eines längeren krankheitsbedingten Ausfalls nach innen und außen offiziell vertreten. Das ist darauf zurückzuführen, dass Herr Dietrich im Informationsstrom der Firma Dietrich schon nach wenigen Wochen eine zentrale Position gewonnen hat. Er wirkt als Schleusenwärter des Informationsflusses, der Informationen aus den unterschiedlichen Unternehmensteilen bündelt, kanalisiert und umleitet. Diese Metapher für seine strukturelle Position unterstreicht gleichzeitig, dass in seinem Netzwerk auch zum Zeitpunkt des Zweitgesprächs noch vieles im Fluss bleibt.

3.4.2 Relationale Ebene

Auch in relationaler Hinsicht gewinnt das Netzwerk zwischen den beiden Erhebungspunkten an Prägnanz. Herr Dietrich findet durch sein Networking zunehmend Anknüpfungspunkte zu anderen Organisationsmitgliedern, die eine positive Valenz aufweisen. Neben den bereits genannten Personen (Besler, Ehrmann, Waske) gilt das auch für weitere Akteure, zu denen z.B. seine direkten Mitarbeitenden zu zählen sind. Diese starken Beziehungen sind zum Teil auch multiplexer Natur. Die Arbeitsebene wird bestärkend überlagert von privaten Verbindungen, die sich in gemeinsamen Freizeitaktivitäten und gegenseitigen Einladungen manifestieren.

„Neue Kontakte und vertiefende Kontakte [sind] dadurch zustande gekommen, dass man sich privat verabredet hat." (D2)

Die Kontakte entstehen und „entwickeln sich anlasslos" (D2), also ohne unmittelbaren Aufgabenbezug, gleichsam aus sich selbst heraus. Zum engeren Kreis um Herrn Dietrich zählt bald auch der Vorstandsvorsitzende. Man besucht sich informell und tauscht sich untereinander regelmäßig aus.

„Und dadurch, dass ich jederzeit – und das habe ich schon öfter praktiziert – zu meinem Chef – also Chef von allem hier – rein kann und wir über alles sprechen und umgekehrt der auch mal einfach zu mir ins Büro aufschlägt. Oder auch der Personalchef hier einfach aufschlägt (Pause) ist das eine Sache, die schon einen sehr informellen Charakter hat." (D2)

„Dass die mich dann auch mögen oder dass die mich in dem, was ich auch mache, auch schätzen." (D2)

Kapitel VII – Auswertung weiterer Einzelfälle

Die beiderseitige Verbundenheit wird anlässlich solcher informeller Treffen durch die wechselseitige Offenlegung kritischer Themen im eigenen Verantwortungsbereich bekräftigt.

> „Die Leute geben mir halt ein Gefühl über Dinge zu sprechen, über die sie nicht hätten sprechen müssen mit mir." (D2)

In Zusammenhang mit diesen Zusammenkünften betont Herr Dietrich neben der kommunikativen vor allem die symbolische Funktion, die gerade die Treffen mit dem Personalchef und dem Vorstandsvorsitzenden besitzen.

> „Die Art, wie wir miteinander umgehen, zeigt einfach, dass ich hier voll integriert bin." (D2)

Die Signalwirkung („zeigt") der Zusammenkünfte geht in zwei Richtungen. Neben der symbolischen Bedeutung für sich selbst sieht Herr Dietrich auch eine starke Wirkung in das Unternehmen hinein. Die ritualisierten Treffen werden zwischen Erst- und Zweitgespräch fortgesetzt und weiter intensiviert. Dadurch wird er in der Organisation „visibel" (D2) und genießt unternehmensweit eine hervorragende Reputation.

> „Das [seine enge Anbindung an die Unternehmensleitung; FR] wird hier jetzt so gesehen." (D2)

3.5 Netzwerkfolgen

Geschmeidige Macht

Ein Effekt dieser Art der Beziehungsgestaltung und der Netzwerkkonfiguration, die sich daraus ergibt, ist, dass Herr Dietrich von den anderen Akteuren als sympathisch erlebt wird. Er befindet sich im vertraulichen Gespräch mit den relevanten Personen. Dadurch ist er in der Lage, die Meinungen und Wahrnehmungen anderer im Hintergrund und bereits frühzeitig auf sehr geschmeidige Art und Weise zu beeinflussen. Herr Dietrich minimiert geschickt und frühzeitig Widerstände in der Organisation und provoziert keine direkte oder gar öffentliche Gegnerschaft. So kommt er selbst im Rückblick auf seine eigene bisherige Karriere zu dem Schluss, dass sich vieles scheinbar von selbst ergeben hat.

> „Es ist mir eher zugeflogen, muss ich sagen. [...] Durch die Karriere, die ich hatte, war ich, könnte man so fatalistisch sagen, gerade immer zum richtigen Zeitpunkt am richtigen Ort." (D2)

Die Vermeidung offener Auseinandersetzungen bindet seine Kräfte nicht, lässt ihn flexibel und für viele Optionen (Gelegenheiten, Personen, Ziele etc.) offen bleiben. Er verfügt dank seiner Vorgehensweise bei der Vernetzung im Unternehmen stets über eine große „Spielmasse" (D2) und bleibt nicht auf eine soziale Konstellation festgelegt.

Verbindlichkeit

Trotz der gerade beschriebenen Flexibilität gibt es auch Aspekte von Verbindlichkeit im Netzwerk von Herrn Dietrich. Er zeigt sich „beeindruckt von dem menschlichen Klima, wie es hier ist" (D2) und genießt diese für ihn neue Erfahrung sehr. Die Vertrautheit und Offenheit des Umgangs mit seinen Partnern aus der Geschäftsführung geben ihm Sicherheit, binden ihn und erzeugen Loyalität. Verbindliches Verhalten führt zu verbindlichen Kontakten.

> „Das [der vertrauensvolle Umgang miteinander bei der Firma Dietrich; FR] ist eine sehr angenehme Geschichte, die auch mich verpflichtet, nicht gegen diese Leute irgendwo vorzugehen." (D2)

Die wechselseitige Verbindlichkeit bringt die Netzwerkpartner dazu, sich untereinander loyal und nicht etwa aggressiv oder opportunistisch zu verhalten. Das äußert sich in der Firma Dietrich anlässlich der Erkrankung des Vorstandsvorsitzenden, Herrn Waskes, zum Zeitpunkt des Zweitgesprächs. Unter den eng miteinander verwobenen Leitungskräften herrscht Zurückhaltung und Einigkeit im Umgang mit dieser kritischen Situation.

> „Wir gehen damit vorbildlich um. Darauf achte ich auch." (D2)

Im Informationsfluss

Aufgrund seiner Positionierung im sozialen Gefüge des Unternehmens verfügt Herr Dietrich über einen bevorzugten Zugriff auf unterschiedliche Arten von Informationen. Er erhält aus dem Kreis seiner Vertrauten in der Geschäftsleitung nicht nur alle erforderlichen Sachinformationen, sondern darüber hinaus auch über die informellen (mikropolitischen) Zusammenhänge. Bereits nach wenigen Wochen weiß er nach eigener Einschätzung, wie das Unternehmen funktioniert und kann seine Signale auch in Richtung der Konzernzentrale im Ausland setzen. Herr Dietrich ist selbst innerhalb kurzer Zeit in der Firma Dietrich zum *„target"* (D2) für andere geworden. Damit meint er, dass er in der Organisation als besonders einflussreich und gut vernetzt gilt und nun seinerseits zahlreiche Beziehungsangebote aus unterschiedlichen Unternehmensteilen erhält.

Das sieht offenbar auch Frau Rühl so, die seine Vormachtstellung anerkannt hat und ihn zu wesentlichen Fragestellungen aus ihrem Verantwortungsbereich um seinen Rat fragt. Der Konflikt mit ihr ist damit aus Sicht von Herrn Dietrich „einfach so verschwunden" (D2). Er hat sich mittels seiner Strategie der Signalisierung als Anknüpfungspunkt letztlich auch für Frau Rühl interessant und unentbehrlich gemacht. Dieser herausgehobene Status im Unternehmen war Ziel seines Networkings.

> „Das genieße ich. Das spiele ich jetzt einfach." (D2)

4 Fall Emil: Networking zur Anerkennung als Mitspieler

4.1 Einführung in den Fall Emil

Zum Zeitpunkt des Erstgesprächs ist der promovierte Maschinenbauingenieur Eberhard Emil 38 Jahre alt. Er ist in einer operativen Linienfunktion in der IT-Abteilung der Firma Emil tätig. Davor arbeitete er für den Mutterkonzern der Firma Emil in einer strategisch ausgelegten Stabsstelle, die auf Konzernebene IT-Konzepte entwickelt. Seine Aufgabe bei der Firma Emil beinhaltet die Durchführung mehrerer IT-Projekte, in denen ihm Mitarbeitende verschiedener Unterabteilungen unterstellt sind.

Die Organisationskultur seines neuen beruflichen Umfelds bezeichnet Herr Emil als „sehr stark karriereorientiert" (E1). Regelmäßig werden auf „rein auf politischer Ebene […] Themen entschieden" (E1). Gerade in größeren Runden und unternehmensöffentlichen Situationen erlebt er das herrschende Klima als konkurrenzgetrieben und anspannend. Es geht aus seiner Sicht, z.B. bei Arbeitstreffen, ganz wesentlich darum, von sich behaupten zu können, „dem Gegenüber kräftig auf den Schlips getreten" (E1) zu sein oder ihm „sauber eins ausgewischt" (E1) zu haben. Sein Eindruck ist, dass durch solche kraftraubende mikropolitische Auseinandersetzungen, die „Firma […] nicht voran gebracht wird" (E1). Das enttäuscht und frustriert ihn, was dazu beiträgt, dass er mit seinem professionellen Umfeld nicht uneingeschränkt zufrieden ist.

Dazu kommt außerdem, dass Herr Emil sich in seiner neuen Position noch nicht für vollständig akzeptiert hält. Er begründet dies mit seiner beruflichen Herkunft aus der zentralen Stabsabteilung im Mutterkonzern der Firma Emil, als deren Vertreter er von seinen neuen Kollegen auch nach einem knappen halben Jahr noch immer betrachtet wird. Diese Sichtweise seiner Person ist insofern für ihn problematisch, als die Stabsabteilung in einem latenten Konfliktverhältnis mit den operativen IT-Einheiten der Konzerntöchter steht.

Neben diesem strukturellen Dilemma erlebt Herr Emil sich auch in einem inneren Zwiespalt in Bezug auf seine zukünftige berufliche Orientierung. Es steht aus seiner Sicht die Entscheidung an, die fachliche Arbeit (vollständig) aufzugeben und eine (reine) Managementlaufbahn einzuschlagen. Zum Zeitpunkt des Interviews befindet Herr Emil sich in einer hybriden Position, in der er sowohl inhaltlich als Fachexperte als auch als Manager tätig ist.

> „Und jetzt ist natürlich die Frage aktuell: `Wo will ich eigentlich hin in Zukunft´?" (E1)

> „Irgendwann ist da halt mal so ein Punkt erreicht, wo man sagt: `Ist es das? Will ich das? Will ich da mein Leben verbringen?´" (E2)

Einige Monate nach dem Erstgespräch findet Herr Emil eine Antwort auf seine Fragen. Er verlässt die Firma Emil und übernimmt eine Professur für Wirtschaftsinformatik an einer Fachhochschule.

4.2 Networking zur Anerkennung als Mitspieler

Die Finalität des Networkings von Herrn Emil lässt sich begrifflich verdichten in der Formel vom «Networking zur Anerkennung als Mitspieler». In dieser Metapher fließen zwei finale Strömungen ineinander.

(1) Die erste Strömung ist gekennzeichnet durch den Wunsch nach intensiver und unverstellter Begegnung. Menschliche Nähe, die er für sich vor allem in der Zusammenarbeit mit anderen an fachlichen Themen erlebt, beflügelt und motiviert ihn. Prestige und Geld wirken dagegen aus seiner Sicht nur kurzfristig.

> „[Motivierender] ist eigentlich die positive Anerkennung der Mitarbeiter und der
> Führungskollegen. Das ist eigentlich ein weit größerer Motivationsfaktor." (E1)

Diese Form der Anerkennung sucht Herr Emil im Kreis seiner Kollegen. Das erweist sich allerdings regelmäßig als problematisch, denn besonders im Managementkontext „kommt man auf diese zweite Ebene, diese öffentliche Bühne" (E1). Dort wird für ihn plötzlich das „Miteinander schwierig" (E1). Eine Beziehung, die er zuvor im direkten privaten Kontakt noch als vertrauensvoll und authentisch erlebt hat, erhält im grellen Scheinwerferlicht der öffentlichen Vorderbühne unvermittelt eine konträre Färbung.

> „Dann kann plötzlich aus diesem zunächst lockeren Meeting zu zweit in so einer
> Runde eigentlich ein Gegeneinander werden, das eigentlich eher destruktiv ge-
> führt ist als konstruktiv." (E1)

(2) Auf der unternehmensöffentlichen Bühne geht es ihm – wie auch zu Beginn des Erstinterviews mit mir – in erster Linie darum, von anderen als mikropolitisch kompetenter Akteur wahrgenommen zu werden.[136] In diesem Kontext sucht er im Sinne

---

[136] Das Erleben des Kontakts zu Herrn Emil erfährt im Verlauf des ersten Interviews eine bemerkenswerte Wandlung. Sein Verhalten zu Beginn des Gesprächs wurde in der Auswertungsgruppe mit dem Konzept der «vorsichtigen Offenheit» kodiert. Er gibt sich freundlich und humorvoll, bleibt aber dennoch gleichzeitig zurückhaltend. Dadurch entsteht ein zwiespältiger Eindruck von seiner Person. In dieser Gesprächsphase scheint es, als präsentiere er nur einen Teil seiner selbst, als halte er immer noch etwas zurück. Dieser Eindruck verliert sich jedoch bis Ende des Gesprächs vollständig. Herr Emil gibt seine anfängliche Zurückhaltung auf und öffnet sich zunehmend. Er wechselt im Gespräch mit mir immer stärker in einen anderen Kontaktmodus: So fragt er intensiv nach und erkundigt sich nach mir und meiner Einschätzung seiner Situation. Dadurch gewinnt das Interview gegen Ende annähernd den Charakter eines Beratungsgesprächs. Im Vorgriff auf die weitere Auswertung lässt sich sagen, dass die Qualität unseres Austauschs in der späten Gesprächsphase seinen vertrauensvollen Beziehungen auf der

eines *Impression Managements* mit seinem Networking die Anerkennung als einflussreicher Mitspieler. Diese zweite Finalität stellt für ihn eine notwendige Reaktion auf die herrschenden Umstände dar. Herr Emil hält es für ausgeschlossen, auch im öffentlichen Rahmen einen offenen und vertrauensvollen Austausch anzustreben, denn „die Meetings laufen so ab, da kann man sagen, was man will" (E1). Er fühlt sich dazu gedrängt, sich als Mitspieler eines Spiels zu präsentieren, an dem er sich im Grunde gar nicht beteiligen möchte. Auf der Ebene des politischen Spiels geht nämlich in seiner Wahrnehmung automatisch die menschliche Zugewandtheit verloren, die er bei seinen Fachkollegen findet. Auf diese Beziehungen möchte er nicht verzichten und diese starken Beziehungen sind es auch, die ihm nach seinem Wechsel an die Hochschule am meisten fehlen.

„Und das ist natürlich schade, so was zu verlieren." (E2)

„Wenn man so ein Netzwerk hat von Leuten im Unternehmen, die man eigentlich schon sehr, sehr gut kennt, dann ist es (Pause) dann verliert man halt letztendlich *das*, wenn man wechselt." (E2)

Die beiden finalen Strömungen seines Networkingansatzes laufen einander entgegen und erweisen sich für ihn in seinem täglichen Kontakthandeln als kaum vereinbar. Er beschreibt seine Lage in der Firma Emil als eine, in der er sich am Scheideweg sieht und die von ihm eine Entscheidung zu seinem weiteren Vorgehen im Unternehmen und seiner Karriere insgesamt fordert.[137]

„Aber 50 Jahre lang den Kompromiss zu fahren, 50 Prozent fachlich, 50 Prozent Management zu fahren, das funktioniert nicht. Da muss man sich entscheiden." (E1)

Hinterbühne des Unternehmens entspricht.
Das Zweitgespräch verläuft in einer sehr aufgeräumten Atmosphäre. Herr Emil verhält sich durchgehend entspannt und berichtet von sich selbst im Rückblick auf seine frühere Stelle und Rolle in der Industrie mit Selbstironie und Offenheit.

[137] In verdichteter Form finden sich die beiden widerstrebenden Strömungen im folgenden Auszug aus der Mitte des Erstinterviews wieder: „Das Soziale ist mir sehr wichtig. Das kann natürlich auf der anderen Seite heißen, ich bin mit jedem gut Freund, komme aber trotzdem nicht voran. Ich glaube aber schon, dass ich in meiner Natur so einen Teil habe und mit allen – legen Sie das jetzt nicht auf die Goldwaage! – ein einigermaßen gutes Verhältnis habe. Ich habe Respekt vor den anderen" (E1). Während der Inhalt der zitierten Passage insgesamt den Wunsch nach guten und vertrauensvollen Kontakten zum Ausdruck bringt, folgt der Einschub in Gedankenstrichen („Goldwaage") final der Logik eines *Impression Managements*: Mit diesem zusätzlichen Signal soll meine Wahrnehmung seiner Person gesteuert werden. Er möchte verhindern, dass ich ihn als übertrieben harmoniebedürftig und nicht managementkompatibel ansehe.

4.3 Networking

Das (oberflächliche) Streben nach Anerkennung als mikropolitischer Mitspieler verdeckt den (tiefer liegenden) Wunsch nach menschlicher Anerkennung. Das zuletzt genannte Bedürfnis bleibt zumindest in Situationen größerer Öffentlichkeit auf der Strecke. Will man nämlich im Unternehmen dazugehören, „muss man in diesen politischen Spielchen mitspielen, ansonsten sitzt man eigentlich an der Ecke des Tisches und denkt sich: `Ja, schön, über was reden die da eigentlich?´" (E1). Indem Herr Emil die intraorganisationalen Auseinandersetzungen zu „politische Spielchen" verkleinert, wertet er diese ab und distanziert sich gleichzeitig innerlich von ihnen.

> „Entweder man spielt da mit und hat seinen Spaß damit, aber dann ist es eher ein Spiel mit den anderen. Oder man kann das nicht und dann verliert man auch einfach auf der Ebene." (E1)

Herr Emil verortet sich damit selbst als außen stehend, als nicht zugehörig. In der Runde der anderen Akteure („da") spielt er nur oberflächlich und ohne uneingeschränkte innere Überzeugung mit. Er ist nicht voll und ganz dabei und fühlt sich in dieser hybriden Rolle nicht wohl. Dass in der vorangegangenen Passage von „Spaß" die Rede ist, interpretiere ich als wesentlichen Teil seiner Selbstpräsentation zu Beginn des Gesprächs. Im weiteren Verlauf des Interviews tritt das Gegenteil immer deutlicher zu Tage. Die Beteiligung an mikropolitischen „Spielchen" (E1) bleibt für ihn letztlich unbefriedigend, wirkt eher belastend. Der Begriff Spaß soll vordergründig genau die Zwanglosigkeit und das Spielerische vermitteln, die er innerlich in diesen Situationen *nicht* empfindet.

Der Networkingansatz von Herrn Emil spielt somit immer auf zwei Ebenen: Auf der öffentlichen Vorderbühne geht es ihm darum, symbolisch Zeichen zu setzen, die ihn als Mitspieler ausweisen (vgl. Abschnitt 4.3.1). Auf der Hinterbühne verfolgt er dagegen sein Interesse an starken und vertrauensvollen Beziehungen. Das gelingt ihm am ehesten dann, wenn er sich gemeinsam mit anderen zu fachlichen Themen intensiv auseinander setzt (vgl. Abschnitt 4.3.2).

4.3.1 Auf der Vorderbühne: Zeichen setzen

Ausgangsbasis des Networkings von Herrn Emil auf der Vorderbühne ist seine äußerst differenzierte innere Landkarte von der komplexen mikropolitischen Lage bei der Firma Emil. Er nimmt unterschwellige Zusammenhänge, Konflikte und Widersprüche wahr. Außerdem wird die subtile Logik der Entkopplung von Vorder- und Hinterbühne von ihm genau durchschaut. An diese Bedingungen versucht er sein Kontakthandeln anzupassen. Im Unterschied etwa zu Herrn Anton oder Herrn Cäsar verfolgt Herr Emil keinen revolutionären Ansatz. Er ist bemüht, sich an die in der Organisation herrschenden Verhältnisse anzulehnen und sich unter Ausnutzung bestehender Strömungen durch das Unternehmen zu bewegen.

Kapitel VII – Auswertung weiterer Einzelfälle

Zu diesem Zweck dient ihm das Setzen symbolischer Zeichen oder Signale, mit denen die Wahrnehmung seiner Person durch die anderen Akteure strategisch beeinflusst werden soll. Im Kontakt zu anderen achtet er sehr darauf, als wirkungsvoll, erfolgreich, kompetent und führungsstark gesehen zu werden. Die folgenden beiden Sequenzen aus der Anfangsphase des Erstgesprächs sollen exemplarisch verdeutlichen, dass und mit welchen sprachlichen Mitteln er sich selbst darstellt.

„Man muss natürlich schon zeigen: `Ich bin der Bessere!´ oder `Ich weiß mehr als Du!´" (E1)

„Es darf jetzt aber nicht dieses falsche Bild […] entstehen. Was natürlich meine Aufgabe ist, ist diese ganzen fachlichen Themen nicht fachlich zu detailliert zu analysieren und zu bearbeiten, sondern […] die fachliche Koordination zu übernehmen." (E1)

Mit dem zuletzt zitierten Auszug versucht er, seine Affinität zu einer (Leitungs-)Rolle im Management zu signalisieren. Es soll von ihm nicht das „falsche", sondern das erwünschte Bild eines Managers entstehen, der bereits über den „ganzen fachlichen Themen" steht und damit seinen Führungsanspruch vermittelt.

In einer weiteren Passage, in der er sich über seinen Vorgesetzten, Herrn Decker, äußert, sollen zusätzlich seine Härte, seine Kampfbereitschaft und sein Machtpotenzial in der politischen Arena herausgestellt werden.

„Es geht schon um seinen Kopf. […] Wenn man sich die machtpolitische Situation da anschaut, dann muss man sagen, ich habe genug Munition im Kasten, um […] dem Decker an den Karren zu fahren, wenn nicht, ihn abzuschießen. Das wäre kein Problem." (E1)

Das Zeichen, das er in der eben zitierten Sequenz an mich (=nach außen) senden möchte, ist, dass er bereit, kompetent und abgebrüht genug ist, im rauen Klima der Firma Emil eine Managementaufgabe zu übernehmen. Der gleichen Logik entspringt auch der anschließende Auszug, in dem Herr Emil mir gegenüber seine mikropolitische Kompetenz hervorhebt, seine Arbeitstreffen im Vorfeld sorgfältig vorbereiten und auf diesem Weg alle Beteiligten beeinflussen zu können.

„Letztendlich muss man *sein* Meeting, *sein* großes Meeting in dem Sinn vorbereiten, dass man mit jedem, der an diesem Meeting teilnimmt, vorher diskutiert und versucht, seine Sicht der Dinge den Leuten mitzugeben." (E1)

Mit seiner Botschaft mikropolitischer Kompetenz richtet sich Herr Emil direkt (und vermittelt über Dritte) in erster Line an die Vorgesetzten seines unmittelbaren Chefs, Herrn Thuma. Dieser zählt im Unternehmen zu „den stärksten Spielern" (E1).

Anders als beispielsweise Herr Bernhard geht Herr Emil keineswegs bedingungslos oder gar rücksichtslos vor. Er ist vorsichtig und behält im Sinne seiner Signalstrategie stets im Auge, dass und wie er auf der politischen Bühne unter der Dauerbeobachtung durch die anderen Akteure steht. Er macht sich beispielsweise darüber Gedanken, wie Herr Thuma es bewerten würde, sollte er tatsächlich sein oben beschriebenes Machtpotenzial gegenüber Herrn Decker umsetzen.

> „Wenn ich den Decker absäge, weiß ich nicht, ob das Verhältnis zu Thuma besser wird (Pause). Weil ich war immer loyal (Pause). Wenn er [Herr Thuma; FR] das dann sieht, dann fragt er sich wahrscheinlich auch, was er mir noch sagen kann." (E1)

4.3.2 Auf der Hinterbühne: Zusammensetzen

> „Das Fachliche macht mir nach wie vor Spaß. Ich glaube, das haben Sie inzwischen verstanden." (E1)

Hinter dieser Aussage verbirgt sich der innere Spagat, der in diesem Networkingansatz enthalten ist: Öffentlich signalisiert Herr Emil seinen Willen und seine Potenz, auf der Managementebene politisch mitzuspielen, innerlich hängt er jedoch „nach wie vor" an seiner fachlichen Arbeit. „Das Fachliche" oder „die fachliche Arbeit" (E1) lassen sich im Licht der Gesamtinterpretation des Textes als Metaphern für jene vertrauensvollen und offenen Beziehungen interpretieren, die Herr Emil sich (auch) wünscht (vgl. Abschnitt 4.2).[138] Wenn er in einer anderen Passage emphatisch von seiner „Liebe für die fachliche Arbeit" (E1) spricht, bezieht er sich damit indirekt auch auf die Kontaktmöglichkeiten, die aus der gemeinsamen Arbeit an fachlichen Fragen entstehen.

Der Rahmen der fachlichen Arbeit ermöglicht für ihn eine Klärung oder auch Reinigung der Beziehung. Erst, wenn „man sich mal so richtig gezofft hat, also [...] mal die Punkte auf den Tisch gebracht hat und dann diskutiert hat bis zur Eskalation" (E1), wird für ihn wirklich klar, „wo der andere so sitzt" (E1). Herr Emil sieht diese Diskussionen, in denen er sich mit anderen räumlich und sozial eng zusammensetzt, als wertvolle und seltene Gelegenheiten. Sie erlauben es, endlich „mal" (E1) nicht (mit-)spielen zu müssen und anderen unverstellt, also ohne mikropolitische Maske und Rolle, begegnen zu können.

Auf der Vorderbühne käme eine solche Offenheit dem Bruch eines Tabus gleich. Herr Emil bemüht sich in diesen vertrauensvollen Kontakten als eine Art Mentor, an-

---

[138] Den Prozess des Aufbaus vertrauensvoller (Erst-)Kontakte über die fachliche Arbeit illustriert der folgende Interviewauszug: „Machen wir's mal am Beispiel vielleicht deutlich. Also es gibt sagen wir mal einen Herrn Maier. So. Der Herr Maier, der ist von einer anderen Business-Group und, sagen wir mal, macht auch dort operative IT, also genau das, was ich hier mache. So. Jetzt kann man, in Gesprächen mit ihm, wenn ich ihn anrufe oder die Meetings mit ihm persönlich absolviere, wie wir zwei jetzt [!], ist da ein gutes Auskommen. Man diskutiert über gewisse Themen sehr offen und findet im Allgemeinen Entscheidungen. Wo man sagt: `Hey! Da können wir beide mit leben und es ist konstruktiv gelaufen'" (E1).

Kapitel VII – Auswertung weiterer Einzelfälle

dere, die in ihrer Konzentration auf fachliche Fragen die politischen Zusammenhänge nicht in dem Maße durchschauen wie er, politisch zu sensibilisieren und zu integrieren.

> „Wenn ich jetzt ein Meeting vorzubereiten hab, wo eben über ein fachliches Thema entschieden wird, dann können wir gerne eine halbe Stunde über das Fachliche sprechen. Das muss man auch, um das vorzubereiten und alles. Es muss aber auch eine halbe Stunde oder die Hälfte des Meetings darüber gesprochen werden: `Na ja, wie kann man die Entscheidungen voran bringen?´" (E1)

Auffallend heftig ablehnend und abwertend fallen seine Reaktion gegenüber denjenigen Akteuren aus, die sich trotz seiner sensibilisierenden Unterstützung politisch nicht integrieren lassen und sich auf dieser Ebene nicht engagieren.

> „Leute […], die nicht mitspielen […] da kann man fast sagen, die ignorier ich. Die existieren nicht. Exis – Entschuldigung – existieren ja, aber ich (stockt) ich versuche sie zu meiden." (E1)

Herr Emil meidet apolitische Akteure und verleugnet ihre Existenz aus mehreren Gründen. Erstens stellen sie aus seiner Sicht keine ernst zu nehmenden Mitspieler dar, von denen er sich nennenswerte politische Unterstützung erwarten kann. Zudem würde zweitens ein dauerhafter und öffentlich wahrgenommener Kontakt mit schwachen Außenseitern sein Bild in der Organisation beschädigen.[139]

4.4 Netzwerk

Ähnlich wie für den Networkingansatz von David Dietrich fällt auch im Material aus den beiden Gesprächen mit Herrn Emil auf, dass das Bild des Netzwerks von Herrn Emil in weiten Teilen unkonkret bleibt. Obwohl Herr Emil – wie alle anderen befragten Personen – ebenfalls um eine Visualisierung und Kommentierung seiner Kontakte innerhalb der Firma Emil gebeten wurde, scheint eine Art Schleier über den Daten zu liegen. Sowohl in struktureller als auch in relationaler Hinsicht entsteht nur ein relativ diffuses Bild seines Beziehungsnetzwerks.

4.4.1 Strukturelle Ebene

Dieser Eindruck betrifft, wie auch im Fall Dietrich, in besonderem Maße die strukturelle Ebene. Auf die Frage nach seinen Kontakten innerhalb der Organisation, die für ihn mikropolitisch bedeutsam sind, nennt er die Namen von über zwanzig Akteuren. Die jeweiligen Schilderungen zu den meisten Akteuren bleiben jedoch trotz meiner

---

[139] Einen weiteren Grund für sein klar ausgrenzendes Verhalten sehe ich in einer Projektion seines eigenen inneren Zwiespalts: Er selbst erkennt sich in den Personen, die nicht mitspielen wollen oder können wieder, was ihm jedoch unangenehm ist. Seine Ablehnung und die Missbilligung dieses Verhaltens fallen daher umso heftiger aus.

Nachfragen weitgehend vage. Das ändert sich nur in den Passagen, in denen er von einem kleinen inneren Kreis dicht verwobener Personen berichtet, mit denen er im Alltag sehr intensiv interagiert. Diese Akteure beschreibt er farbiger. Dabei handelt sich um seine direkten Mitarbeitenden, einen unternehmensexternen Berater, einen Manager einer anderen Abteilung, seinen unmittelbaren Vorgesetzten (Herrn Decker) und dessen Chef (Herrn Thuma).

Alle anderen Personencharakterisierungen bleiben blass. In gedanklichem Rückgriff auf die Theatermetapher lassen sich diese kaum spezifizierten Personen als Publikum seiner Auftritte auf der (Vorder-)Bühne auffassen. Herrn Emils Signale und Botschaften richten sich in erster Linie an diesen heterogenen Außenkreis weitgehend gesichtsloser und anonymer Zuschauer (v.a. Leitungskräfte seines und anderer Bereiche, einen Konzernvorstand sowie gleichrangige Kollegen). Zu diesen Personen bestehen keine intensiven Beziehungen. Strukturell zeichnet sich so insgesamt eine Zweiteilung der Kontaktlandschaft ab.[140]

4.4.2 Relationale Ebene

Die strukturelle Spaltung des Netzwerks findet Entsprechung auf der relationalen Ebene. Es bestehen einerseits starke Verbindungen und andererseits oberflächliche, kulissenartige Beziehungen zu (imaginierten) Zuschauern. Herr Emil differenziert fein zwischen den mikropolitisch unverstellten Beziehungen eines Innenkreises mit hoher Intensität (1) und den eher losen Kontakten eines Außenkreises, die lediglich eine signalstrategische Funktion besitzen (2).

(1) Die erste Gruppe beinhaltet Personen, zu denen er „ein engeres Netzwerk geknüpft" (E1) hat. Mit ihnen kann er nicht nur offen und „sehr gut […] zusammenarbeiten" (E1), sondern auch beispielsweise anlässlich eines Tennisturniers bei der Firma Emil „gut *offside*" (E1) sprechen und „ein Bier trinken gehen" (E1). Der Verweis auf die enge Zusammenarbeit im vorangegangenen Satz unterstreicht zusätzlich die hohe Bedeutung der fachlichen Kooperation für Herrn Emil. Dadurch entstehen, wie sein Hinweis auf gemeinsame sportliche und gesellige Aktivitäten vermuten lässt, auch multiplexe Beziehungen. Innerhalb der Organisation über Kontakte dieser Qualität zu verfügen, ist ihm wichtig.

> „Das schlechteste Netzwerk ist das, in dem man keine vertrauensvollen Kontakte mehr haben kann." (E1)

---

[140] Die Charakterisierung des Heterogenitätsgrads des Netzwerks entspricht der bereits angesprochenen und daher hier nur kurz angedeuteten hybriden intraorganisationalen Positionierung Herrn Emils. Aufgrund seines Karriereverlaufs ist er zwischen seiner früheren (Stabs-)Abteilung und seiner aktuellen Organisationseinheit positioniert und steht, bezogen auf seine Abteilung, zwischen der Ebene der Mitarbeitenden und der Ebene der Leitungskräfte.

Kapitel VII – Auswertung weiterer Einzelfälle

Der Wunsch nach intensiven Kontakten bezieht sich primär auf sein engeres Arbeitsumfeld, also seine Mitarbeitenden und seine Vorgesetzten.

> „Jeder verbringt hier einen Großteil seiner Lebenszeit in diesem Unternehmen. Deshalb ist das so wichtig, dass man auch zu seinen Mitarbeitern ein gutes Verhältnis hat. (Pause) Nicht auch, sondern vor allem." (E1)

Im diesem engeren Rahmen entstehen die von Herrn Emil geschätzten Gelegenheiten des vertraulichen Austauschs. Er kann beispielsweise gegenüber dem Vorgesetzten „im Zweiergespräch" (E1) – also im Gegensatz zum öffentlichen Meeting – die „Karten offen auf den Tisch" (E1) legen und Schwächen des anderen thematisieren.

> „Mit dem Christian [Decker, sein Chef; FR] bin ich sehr persönlich. Ich habe ein sehr offenes Verhältnis. Ich sage ihm geradeheraus, was ich von ihm denke." (E1)

> „Zum Beispiel gibt es eine klare Führungsschwäche beim Christian Decker. Der Christian ist jemand, der einen kooperativen Führungsstil eher bevorzugt. Er erkennt Themen, spricht diese auch an bei seinen Leuten, die er aber nicht konsequent verfolgt. Das habe ich dem Christian auch gesagt." (E1)

> „Dass ich dem Christian offen und ehrlich sage, was meine Meinung ist zu dem Laden. Wo ich Schwächen sehe. Was ich anders machen würde. Sage ich ihm offen und ehrlich." (E1)

In Beziehungen dieser Qualität werden (mikropolitische) Hintergrundinformationen ausgetauscht und man unterstützt sich gegenseitig, ohne beispielsweise persönliche oder fachliche Defizite zum eigenen Vorteil auszuschlachten.[141]

(2) In die zweite Gruppe strategischer Kontakte fallen für Herrn Emil Personen, die man sich danach auswählt, „wie die politischen Verhältnisse im Unternehmen sind" (E1).

> „Aber es gibt dann eben auch eine Kategorie von Leuten, die man akzeptiert. Die man versucht (Pause) also mit denen man versucht, ein positives Verhältnis zu haben, mit denen ich jetzt aber, sagen wir mal, kein Bier trinken würde." (E1)

Die strategischen Beziehungen bleiben oberflächlich und auf ihre mikropolitische Signalfunktion beschränkt. Auf dieser Ebene bleibt – zumal auf öffentlicher Bühne –

---

[141] Im Kontakt zu seinem Vorgesetzten gilt für Herrn Emil ein „Ehrenkodex" (E1). Obwohl Herr Emil sich selbst durchaus als potenzieller Nachfolger Herrn Deckers sieht, äußert er sich bei Herrn Thuma, dem Vorgesetzten seines Chefs, nicht negativ über „persönliche Sachen" (E1), die Herrn Decker in einem schlechten Licht erscheinen lassen könnten. Allerdings kommt trotz dieser „Schallmauer" (E1) dennoch seine Signalisierungsstrategie zum Einsatz, indem Herr Emil gegenüber Thuma zu verstehen gibt, dass er die internen Probleme der Abteilung wahrnimmt, ohne jedoch detaillierte personenbezogene Angaben dazu zu machen.

immer vieles verborgen, denn es wird wechselseitig nur das politisch opportune Gesicht oder *Image* präsentiert. So kann keine Gewissheit darüber entstehen, woran man beim anderen wirklich ist, was tatsächlich hinter den Kulissen des Meetings läuft.

Die Beziehungsmotivation, die den strategischen Kontakten zugrunde liegt, speist sich allein aus ihrer mikropolitischen Bedeutung. Sie bestehen nur, weil sich beide Seiten von ihnen persönliche Vorteile versprechen. In diese Kategorie fällt im Fall von Herrn Emil eine Beziehung zu einem Vorstand der Firma Emil. Von diesem erhofft er sich, dass er ihn als sein persönlicher „Sponsor" (E1) in relevante Gremien des Unternehmens bringen und seine Karriere befördern möge.

> „Der wird noch mein Joker werden." (E1)

Im Gegenzug macht Herr Emil „für ihn Projekte" (E1). Diese simplexe Beziehung bleibt letztlich durch nichts anderes begründet als durch ein mikropolitisches *do ut des*, einen Austausch von Machtressourcen auf der Basis von Reziprozität.

Insgesamt gilt für das Netzwerk von Herrn Emil, dass – trotz des im Zweierkontakt herrschenden Vertrauens – insgesamt nicht die umfassende emotionale Intensität und relationale Dichte entsteht wie im folgenden Fall Friedrich. Das führe ich neben der Organisationskultur im Wesentlichen darauf zurück, dass Herr Emil in seine Kontakthandlungen immer noch eine zusätzliche strategische Ebene einzieht. Er lässt sich nicht uneingeschränkt, d.h. ohne Rückzugsmöglichkeit, auf seine Interaktionspartner ein. Aufgrund dieser Verschleierung bleibt immer ein undurchsichtiger Rest. Seine Loyalität und sein Vertrauen gegenüber seinen Kontaktpartnern gelten nicht ohne Einschränkungen. Diese Einschränkungen werden auch für andere (wie für mich im Erstinterview) spürbar. Herr Emil verfügt daher innerhalb der Organisation über vertrauliche Beziehungen, aber in diesen herrscht „jetzt nicht unbedingt blindes Vertrauen" (E1). Sie sind „aber schon so, dass wenn man da was ausmacht, dann vertritt jeder der beiden Parteien das auch unbedingt nach außen" (E1). Daran wird deutlich, dass es noch eine Steigerung der Kontaktintensität gäbe, die er jedoch innerhalb der Firma Emil nicht erreicht. Interessanterweise bewertet Herr Emil als seinen intensivsten beruflichen Kontakt die Verbindung zu einem unternehmens*externen* Berater, mit dem er in Projekten zusammenarbeitet. Dieser berät ihn mikropolitisch darin, „wie man in solchen Firmen vorankommt" (E1).

> „Wir diskutieren, wie wir Entscheidungen in Gremien platzieren. Er gibt mir Tipps, an welchen Stellen ich drehen sollte. Er sagt mir, was der nächste gute Kontakt sein könnte. Der kennt die *ganzen* Machtspielchen." (E1)[142]

---

[142] Drei Kontakte, die von Herrn Emil im Erstinterview im Soziogramm als besonders vertraulich gekennzeichnet wurden, erweisen sich auch nach seinem Weggang an die Hochschule als beständig. Mit Herrn Thuma, Herrn Decker und dem gerade angesprochenen Berater befindet er sich auch nach dem Ende seiner Zeit bei der Firma Emil „in regem Austausch" (E2) zu fachli-

4.5 Netzwerkfolgen

Der zuletzt zitierte Auszug aus dem Erstinterview schlägt die Brücke zu den Effekten, die sich aus dem Networking und der Beziehungskonfiguration Herrn Emils ableiten lassen. Aus Kontakten wie jenem zu dem externen Berater gewinnt Herr Emil ein sehr differenziertes Bild von der mikropolitischen Landschaft des Unternehmens. Diese nimmt er in all ihren Untiefen, Stolperfallen und weißen Flecken wahr und kann seine Handlungen entsprechend ausrichten. Er weiß, „wer mit wem kann" (E1). Bei der Vorbereitung von Arbeitstreffen erhält er so eine Vorstellung davon, „wer [...] wahrscheinlich mit wem im Vorfeld sprechen [wird], um dann zu sehen oder abprüfen zu können, in welcher Weise [er] [...] an ein Thema rangehen" (E1) muss. Sein – auch aufgrund seiner hybriden Stellung – weit verzweigtes Netzwerk mikropolitischer Hintergrundinformanten versorgt ihn mit den Neuigkeiten und Tendenzen aus der Organisation, die er für seine aufwendige Signalstrategie benötigt. In der Berücksichtigung dieser Strömungen liegt für Herrn Emil ein Schlüssel des Erfolgs.

> „Und dann [=wenn man Zugang zu diesen Informationen hat; FR] funktioniert es." (E1)

Parallel dazu verfügt er auch über ein Kompetenznetzwerk früherer und aktueller Kollegen, mit denen er sich zu fachlichen Fragen austauscht. Dadurch ergibt sich – ähnlich wie in Bezug auf die politische Landschaft – eine umfassende und integrierte Perspektive.

> „Ich arbeite ja fachlich. Das ist immer so ein Thema. [...] Ich mein, ich kann nicht alles wissen. Deswegen brauch ich immer wieder Leute, die ich über die Firma Emil an irgendwelchen Stellen kenne, die ich dann kurz anrufen kann: `Du, wie ist das und das und das?´ Da kriegt man seine Informationen, daraus ergibt sich das Gesamtbild." (E1)

Vor dem Hintergrund dieses ausdifferenzierten Gesamtbilds kommt Herr Emil gerade nach dem Erstgespräch „gut vorwärts" (E2). Vor allem in der Beziehung zu Herrn Thuma stellen sich die angestrebten Signaleffekte ein: Es gelingt Herrn Emil mittels seiner Verbindungen im Unternehmen über mehrere Kanäle konsistente und positive Informationen zu seiner Person an Herrn Thuma heranzutragen, der ihn persönlich und fachlich immer mehr zu schätzen weiß. Dank der Unterstützung des Vorstands gelingt es ihm schließlich außerdem, Zugang zum Nachwuchsführungskreis, dem „Goldfischpool" (E2) des Unternehmens zu finden.

Dennoch stößt Herr Emil im Unternehmen an Grenzen. Das gilt speziell für den von ihm bevorzugten kollegialen Führungsstil gegenüber seinen Mitarbeitenden, den er im Kontext seiner Organisation als begrenzt karrierekompatibel erlebt. In seiner

chen Fragen und teilt gemeinsame private Aktivitäten. „Also daher, glaube ich, hat sich das dann gut entwickelt" (E2).

Selbstwahrnehmung verfügt er nicht in ausreichendem Maße über die Bereitschaft, gegenüber Untergebenen dominant und bisweilen auch rücksichtslos aufzutreten.

„Es gibt Sachen, die mache ich einfach nicht. Das sind einfach starke Prinzipien, denen ich folge." (E2)

„Da habe ich schon erkannt, auf diese freundliche, nette Art – ist schon wichtig, dass man es macht, aber irgendwann stößt man damit an Grenzen." (E2)

Angesichts druckvoll auftretender intraorganisationaler Konkurrenten, die „nur strategisch" (E1) agieren, entsteht bei Herrn Emil das Gefühl, beschränkt zu sein und zunehmend ins Hintertreffen zu geraten.

Ein weiterer bedeutsamer Effekt seines von Zielkonflikten geprägten Networkingansatzes besteht darin, dass Herr Emil beginnt, im Verborgenen geheime Zweierkontakte aufzubauen. Diese bestehen zu Personen, die er persönlich schätzt und mit denen er sich offen austauschen kann. Sie gelten jedoch im Unternehmen als Außenseiter, weshalb sie offiziell und in der Öffentlichkeit zu meiden sind. Herr Emil unterhält bewusst auch Beziehungen in nicht ausbalancierten Dreiecken. Das bedeutet, dass er versucht, jeweils positive Beziehungen zu zwei verfeindeten Akteuren zu unterhalten. Das Bühnenbild, vor dem Herr Emil auftritt, verkompliziert sich zusehends. Durch den Doppelcharakter seines Networkingansatzes sieht sich Herr Emil genötigt, in der Organisation immer neue Kulissen aufzufahren und ineinander zu verschachteln. Mit dem Aufbau dieser komplexen Strukturen will Herr Emil die Spannungen in seinem Netzwerk ausgleichen und den Spagat zwischen fachlicher Arbeit und Managementkarriere weiter aufrecht erhalten.

Allerdings scheint ihm zwischen Erst- und Zweiterhebung immer deutlicher bewusst zu werden, dass sich diese fragile und für ihn aufreibende Konstruktion seines Netzwerks auf Dauer nicht stabilisieren lässt. Seine Erwartung in Zusammenhang mit einer Karriere im Management der Firma Emil ist die, dass sich sein Vertrauensnetzwerk weiter ausdünnen wird, während er die Anzahl der strategischen Kontakte immer weiter erhöhen muss.

Für seine Karriere wünscht er sich daher schon im ersten Interview eine (weiterhin) etwas außen stehende Sonderrolle, die nicht dem klassischen Karrierepfad im Management entspricht. Die Stelle eines Abteilungsleiters erscheint ihm persönlich beispielsweise als nicht erstrebenswert. Seine Befürchtung geht dahin, dass er in einer solchen Rolle „dadurch, dass der aber hier im *headquarter* angesiedelt ist, […] unheimlich stark zu kämpfen [hätte] mit vielen, vielen verschiedenen Kräften die an ihm ziehen" (E1). Die Aussicht auf derartige mikropolitische Auseinandersetzungen und Spannungen lassen ihn zurückschrecken und werfen bei ihm grundsätzliche Fragen auf.

Kapitel VII – Auswertung weiterer Einzelfälle

Der problematische Ausblick auf seine Zukunft bei der Firma Emil macht ihm inner-lich bereits zum Zeitpunkt unserer ersten Begegnung zu schaffen, auch wenn es ihm da noch nicht leicht fällt, Gedanken in dieser Richtung offen auszusprechen.

FR: „Ist es auch so ein Wunsch, aus dem rauszukommen, aus diesem politischen Haifischbecken?"

Herr Emil: (Pause) „Ja und Nein. Ja klar, weil letztendlich keiner führt (Pause) ich entscheide selber, was zu machen und zu tun ist, was ich zu machen habe. Zum anderen ist aber (Pause) eigentlich ist es das, klar." (E1)

5   Fall Friedrich: Networking zur Integration in Gemeinschaft

5.1   Einführung in den Fall Friedrich

Das erste Interview mit dem 42-jährigen Diplombetriebswirt Florian Friedrich findet etwa drei Monate nach seinem Eintritt in die Firma Friedrich statt; das zweite nach einem weiteren halben Jahr. Die Firma Friedrich ist ein international tätiges Unter-nehmen der Konsumgüterindustrie.

Herr Friedrich wurde über eine Personalberatung in die Firma Friedrich vermittelt, nachdem er bei der Firma Friedrichdavor keine berufliche Zukunft mehr für sich ge-sehen hatte. Er ist in der Zentrale der Firma Friedrich im Personalbereich zuständig für die Koordination der Personalentwicklung im Inland sowie in den etwa 30 Län-dergesellschaften, die die Produkte des Unternehmens im Ausland vertreiben. Seine Tätigkeit ist wesentlich geprägt von einem manifesten Konflikt zwischen seinem di-rekten Vorgesetzten, dem Personalvorstand, Herrn Simonoir, und dem einflussrei-chen internationalen Vertriebsvorstand, Herrn Sanchez. Beide reden nicht mehr mi-teinander und „wenn, dann kriegen sie sich sofort in die Haare" (F1). Die Aufgaben von Herrn Friedrich erfordern allerdings die enge Zusammenarbeit mit beiden. Er sieht sich daher „mittendrin" (F1) in dem Spannungsfeld zwischen den beiden Vor-ständen.

5.2   Networking zur Integration in Gemeinschaft

Die Finalität der Networkingstrategie Herrn Friedrichs lässt sich mit dem Konzept des «Networkings zur Integration in Gemeinschaft» begrifflich verdichten. Gefragt nach seiner Rolle im Unternehmen, beschreibt er sich selbst als „ein bisschen Zuhö-rer, also erst mal verstehen (Pause) und dann sehr stark Vermittler" (F1). Die Bezie-hungsgestaltung Herrn Friedrichs ist darauf ausgerichtet, möglichst viele Stimmun-gen und Meinungen, die bei den anderen Akteuren der Organisation vorhanden sind, aufzunehmen und diese vielfältigen Strömungen in sein Kontakthandeln zu integrie-ren. Divergenzen und entstehenden Konflikten zwischen Personen in seinem Umfeld schenkt er höchste Aufmerksamkeit. Zeichnen sich Spannungen ab, bemüht er sich um Deeskalation und Vermittlung. Es geht ihm in seinem Networking um die Zusammenführung der Akteure mit ihren divergierenden Standpunkten sowie um den Aufbau einer kollegialen Gemeinschaft durch den klärenden Dialog und den Ausgleich der Interessen.

Sein Netzwerkideal ist das des „Zusammenspiels" (F1) innerhalb einer loyalen, möglichst eng verflochtenen Einheit. Die Akteure dieser Gemeinschaft sollen im Einklang miteinander agieren, alle an einem Strang ziehen, sich wechselseitig unterstützen und sich nicht von kurzfristigen mikropolitischen Partikularinteressen leiten lassen. Herr Friedrich empfindet und bezeichnet diese Art des Networkings und das Gefühl einer engen emotionalen Verbundenheit mit den anderen Mitgliedern der Gemeinschaft, das daraus entsteht, für sich als menschliche „Grundbedingung" (F1).

> „Ohne Networking das ist ja dann so ein bisschen Sozialautismus, ja. Da stelle ich mir immer die Frage, wenn Menschen es nicht machen, wie können sie sich dann eigentlich wohl fühlen also in dem Umfeld, in dem sie sich bewegen." (F1)

5.3 Networking

Die gerade vorgestellte Finalität prägt den Networkingansatz Herrn Friedrichs, der sich in zwei Phasen einteilen lässt. In der ersten Stufe geht es ihm darum, ein möglichst umfassendes Bild von der sozialen und emotionalen Situation der gesamten Organisation aufzunehmen (vgl. Abschnitt 5.3.1). In der zweiten Phase, die sich im Fall Friedrich deutlich erst im Folgegespräch offenbart, strebt er danach, in seinen intraorganisationalen Beziehungen Stabilität und Verbindlichkeit zu entwickeln (vgl. Abschnitt 5.3.2).

5.3.1 Aufnehmen

Speziell in den Wochen und Monaten unmittelbar nach seinem Eintritt in die Firma Friedrich trachtet Herr Friedrich danach, das Unternehmen in seiner Gesamtheit und in seinen Feinheiten vollständig zu erfassen. Den herrschenden *„underlying structures"* (F1) schenkt er im Bemühen, die sozialen und politischen Zusammenhänge zu verstehen, größte Aufmerksamkeit. Wie ein emotionaler Seismograph der Organisation registriert und reagiert er auf geringste Schwingungen und Zwischentöne bei seinen Interaktionspartnern. Im „Dialog" (F1) begegnet er seinen Kontaktpartnern – wie in den Interviews auch mir – aufgeschlossen und interessiert.[143] „Positiv" (F1) geht er auf andere zu und erkundigt sich nach deren Sichtweisen und Ideen. Er lacht häufig und fragt viel nach. In Relation zu den zuvor besprochenen Fällen fällt seine Art auf, andere direkt um Rückmeldung zu seiner Person zu bitten. Bereits zum Zeitpunkt des Erstgesprächs hat Herr Friedrich neben dem Personalchef auch den Vorstandsvorsit-

---

[143] Die Qualität der Beziehung während der Interviews mit Herrn Friedrich wurde in den Auswertungsgruppen mit Attributen wie «Sympathie», «Wärme», «Offenheit», «Humor» und «menschliches Interesse» charakterisiert und kodiert.

zenden und „logischer Weise" (F1) auch seinen direkten Vorgesetzten nach ihrer Einschätzung seiner Anfangszeit im Unternehmen gefragt und um Feedback gebeten.[144]

> „Und unseren Personalleiter, den hatte ich drauf angesprochen, weil der bei der Einstellungsgeschichte mit dabei war und dann waren so die ersten hundert Tage rum und ich hatte sowieso einen Termin mit ihm. Und dann habe ich ihn gefragt: `Sie kriegen ja doch viel mit in der Organisation. Was hören Sie denn so?´" (F1)

Aus Kontakten wie diesen gewinnt er Informationen, die er zu seinem „Meinungsbild" (F1) von der Organisation, dem sozialen „Gesamtkontext" (F1), verdichtet. In diesem Kontext bewegt er sich mit großer Um- und Vorsicht. Sein Umgang mit anderen Personen und sein Verhalten in Bezug auf die sozialen Zusammenhänge des Unternehmens sind geprägt von Behutsamkeit, Langsamkeit und Rücksichtnahme. Das gilt sowohl im Kontakt mit einzelnen Kollegen als auch hinsichtlich der Projekte, die er bearbeitet und leitet.

Seine Einstiegsphase in das Unternehmen gestaltet er auf diesem Weg offen. In der Anfangsphase legt er sich (noch) nicht fest auf einzelne Themen oder Personen, sondern bewahrt sich seine Flexibilität. Im Gespräch mit Herrn Friedrich äußern sich diese anfängliche Rücksichtnahme, Vagheit und Unbestimmtheit auch in sprachlicher Hinsicht. Dafür steht die folgende Passage, deren Inhalt eigentlich verdeutlichen soll, dass er (allein) in der Lage ist, gegenüber seinem Vorgesetzten auch abweichende Meinungen zu vertreten. Sie ist jedoch durchzogen von Relativierungen und Einschränkungen. Daneben illustriert sie auch, dass und wie er sein Vorgehen immer vor dem Hintergrund eines größeren Gesamtkontexts sieht.

> „Und dass ich vielleicht auch jemand bin, was man in der einen oder anderen Situation jetzt schon mal gemerkt hat, dass ich mit dem Finanzvorstand dann durchaus auch kontrovers diskutiere und sage: `Ich fände es schon sinnvoll, wenn wir jetzt diesen Weg gehen. Und nicht nur ich fände das sinnvoll, sondern auch die anderen acht Bereiche, die involviert sind.´" (F1)

In dieser Haltung und mit dieser Vorgehensweise macht Herr Friedrich seine „Vorstellungsrunde" (F1) im Unternehmen. Dabei geht es ihm im Bestreben „einfach andere Menschen kennen zu lernen" (F1) nicht primär darum, „selbst viel zu reden" (F1). Er unternimmt diese Runde, damit er „was erfährt, eigentlich mehr nur so zuhört, was da los ist" (F1).

---

[144] Bestätigt wird diese Tendenz auch durch das Zweitgespräch, an dessen Ende Herr Friedrich mich um meine ausführliche Einschätzung seiner Person und Vorgehensweise gebeten hat.

5.3.2 Vertrautheit schaffen

Nach dieser Einleitungs- und Einstimmungsperiode wechselt Herr Friedrich in der anschließenden Phase in einen anderen Modus, in dem er sich darum bemüht, einzelne ausgewählte Beziehungen zu vertiefen und sie dauerhaft zu stabilisieren. Er will in einem engen Zirkel um sich herum Vertrautheit und Vertrauen schaffen. Prägend ist dabei für ihn das Ideal des harmonischen „Zusammenspiels" (F1). Letzteres ist aus seiner Sicht dadurch gekennzeichnet, dass Kollegen einander schätzen, vertrauen und sich als Kollektiv empfinden. Zur Partnerwahl sucht sich Herr Friedrich möglichst viele Themen, „kleinere Projekte" (F1), in denen er mit verschiedenen Kollegen zusammenarbeitet. Im Gegensatz etwa zu Herrn Anton zielt er dabei allerdings zunächst nicht darauf an, sofort Ergebnisse und umfassende Veränderungen zu erzielen. Im Vordergrund stehen für ihn die Kontakte, die sich daraus ergeben, sowie die *gemeinsame* Bearbeitung und Lösung von Schwierigkeiten in einem „fairen und partnerschaftlichen" (F2) Klima.

> „Das heißt, man geht mal eben zu Kollegen nebenan und sagt: `Hier, ich habe gerade das und das Problem.´" (F1)

Die zitierte Passage macht deutlich, dass Herr Friedrich – wiederum im Gegensatz zur Strategie von Herrn Anton – Probleme, die Kollegen an ihn herantragen, nicht als Zeichen von Schwäche und Chance zur Eroberung auffasst. Er sieht sie eher als Beziehungsangebote an. Signale dieser Qualität greift er auf, indem er sich auf die inhaltlichen und emotionalen Bedürfnisse der anderen einlässt.

Schwierigkeiten verbleiben als Interna im Kollegenkreis, werden also z.B. nicht gegenüber der nächsten Führungsebene offenbart oder sogar aktiv an diese herangetragen. Fällt ihm ein Fehler bei einem Kollegen auf, wird er ihn nicht „in die Pfanne hauen" (F1) oder beim Vorstand „auflaufen" (F1) lassen. Vielmehr nutzt Herr Friedrich Gelegenheiten wie diese, um sie einer gemeinschaftlich-solidarischen Lösung zuzuführen. Er sucht die weitere Vertiefung der Beziehung, indem er sich seinerseits – zunächst behutsam – öffnet. Der Grad seiner Offenheit wird anschließend in Abhängigkeit von der Reaktion des Kontaktpartners gesteigert. Ab einem bestimmten Punkt gilt die Beziehung als vertrauensvoll und ist dauerhaft etabliert.

> „Das ist doch klar, dass Sie da nicht gleich am Anfang alles rauslassen. Ich bin bei Keller [ein Kollege; FR] ganz vorsichtig vorgegangen und das hat sich dann Stück für Stück entwickelt. […] Und heute arbeiten wir ganz eng zusammen. Wir verstehen uns einfach gut." (F2)

Entsteht trotz des vorsichtigen Vorgehens in seinem Umfeld eine „Belastung" (F1) in Form von Missverständnissen oder Konflikten, wählt Herr Friedrich für sich unmittelbar eine integrierend-ausgleichende Rolle. Diese sucht er dazu zu nutzen, widerstrebende Interessen und Personen „unter einen Hut" (F2) zu bringen. Dabei gilt, dass die Konfliktlösung möglichst „geräuschlos und ohne Donnergrollen ganz oben" (F2) erfolgen soll. Den solidarischen Zusammenhalt zwischen ihm und seinen Verbündeten – gerade gegenüber dem Vorstand – sieht er als wichtiges Zeichen, als Bekräftigung der Gemeinschaft.

In diese Phase der Kontaktstabilisierung gehört auch, dass Herr Friedrich den anderen Mitgliedern der Organisation und ihren bisherigen Leistungen und Vorgehensweisen weiterhin mit Respekt und Rücksicht begegnet. Er setzt „nicht etwas mit Brachialgewalt" (F1) durch. Herr Friedrich berücksichtigt stets die soziale Landkarte des Unternehmens und setzt „mehr so auf die *softe* Schiene" (F1) im Umgang mit diesen Themen. Etablierte Spielregeln der Organisation finden „logischer Weise" (F1) seine Beachtung.

5.4 Netzwerk

Die Networkinghandlungen Herrn Friedrichs lassen sich insgesamt als integrierend und am Zusammenhalt der Gemeinschaft orientiert beschreiben. Aus ihnen entsteht eine strukturelle und relationale Netzwerkkonfiguration, die diese Handlungstendenzen deutlich widerspiegelt.

5.4.1 Strukturelle Ebene

Die strukturelle Betrachtung der Netzwerkkonfiguration von Herrn Friedrich belegt seine bereits erwähnte integrierende Funktion in der Firma Friedrich. Auf einer übergeordneten Ebene strebt er an, „organisatorisch ein Bindeglied zwischen den Ländern und den Organisationen dort und der Zentrale zu sein und auf der zweiten Schiene dann wiederum das Bindeglied zur Mutter nach Frankreich" (F1). Zu diesem Zweck bereist er regelmäßig die einzelnen Ländergesellschaften der Firma Friedrich, besucht Konferenzen und verfügt so rasch über eine Reihe von Kontakten zu sehr unterschiedlichen Personen und Organisationsteilen. Über diese Kontakte sammelt er entsprechend der oben vorgestellten ersten Networkingphase Informationen, Eindrücke und Stimmungen, die er bei seinen Entscheidungen während der Alltagsarbeit in der Zentrale mit einfließen lässt. Dieser gute Einblick in das Unternehmen sowie die sozialen und politischen Zusammenhänge helfen ihm dabei, sich zwischen Erst- und Zweitgespräch in den Ländergesellschaften eine hohe Akzeptanz zu sichern.

Seine Tätigkeit in der Zentrale steht von Anfang an unter dem deutlichen Einfluss der „relativ starken atmosphärischen Störung zwischen den zwei Vorständen" (F1). Zwischen ihnen findet keine direkte persönliche Kommunikation mehr statt. Auch auf dieser Ebene überbrückt Herr Friedrich als Unterhändler widerstreitende Positionen. Er sieht sich in der Verantwortung, „einfach auf der Arbeitsebene, meiner Ebene, meiner Mitarbeiter und denen unten drunter, ein vernünftiges Zusammenspiel zu gewährleisten, weil letztendlich sitzen wir alle in einem Boot" (F1). Zwischen Erst- und Zweiterhebung gelingt es ihm, eine stabile Vertrauensbeziehung zu einem direkten Mitarbeiter des Vorstands der Auslandsabteilung aufzubauen. Im nunmehr „sehr engen Austausch" (F1) mit diesem wirkt er im „Bermudadreieck" (F1) zwischen den verfeindeten Vorständen als Vermittler, der den Informationsfluss sichert. Herr Friedrich wirkt als Katalysator der Zusammenarbeit zwischen den Bereichen. Gleichzeitig stellt er damit in gewissen Umfang die Einbindung seines Vorgesetzten, Herrn Simonoirs, sicher. Dieser scheint ansonsten im Unternehmen, mit Ausnahme exzellenter Beziehungen zum französischen Mutterkonzern, weitgehend verbindungslos zu sein. Herr Friedrich wird zum wichtigsten Bindeglied seines Vorgesetzten in das Unternehmen hinein.

5.4.2 Relationale Ebene

Die Beziehungen, die bis zum zweiten Kontakt mit Herrn Friederich entstanden sind, lassen sich gerade für den engeren Kollegen- und Mitarbeitendenkreis als *strong ties* charakterisieren. Sie sind von großer emotionaler Intensität und geprägt von hoher Loyalität und Verlässlichkeit. Damit haben sie sich in der von Herr Friedrich gewünschten Weise weiterentwickelt und stabilisiert.

> „Eigentlich aus meiner Sicht sehr positiv, wie wir uns da ergänzen. Eigentlich sehr fair und partnerschaftlich, wie wir damit umgehen." (F2)

Das Verhältnis zu den Mitarbeitenden und Kollegen beruht auf der von vornherein angestrebten „Grundvertrauensbasis" (F2). Sein engeres Umfeld empfindet Herr Friedrich zum Zeitpunkt des Folgeinterviews als Gemeinschaft mit hohem Zusammenhalt, in der eine sehr positive Grundstimmung herrscht. Die Kommunikation zwischen den Kollegen verläuft in zunehmend unprätentiöser, lockerer und direkter Form.

> „Auch da jetzt nicht einen Riesenemail- und internen Verkehr kreiert, sondern sich zusammensetzt und kuckt: `Wie kriegen wir das ins Lot? Und was müssen wir machen und was nicht?´" (F1)

> „Dass wir versuchen, gemeinschaftlich versuchen, unseren Chef ab und zu in die richtige Richtung zu bewegen." (F2)

Vor allem in Kontakt zu seinem Kollegen Keller, der selbst noch nicht lange im Unternehmen tätig ist, intensiviert sich die Beziehung in einer Weise, die Herrn Friedrich das Gefühl vermittelt, tatsächlich sein „Herz ausschütten" (F1) zu können.

> „Bis zu dem Fall, Sie gehen zu dem, machen die Tür hinter sich zu und: `Absolute Scheiße! So ist es und was soll ich denn nun machen?´ Wo Sie aber wissen, das bleibt in diesem Raum und Sie haben auch ein Vertrauen gegenüber dieser Person und schätzen auch diese Person." (F1)

Im Verhältnis zu den Vorständen erlebt Herr Friedrich nur geringe Statusunterschiede. Er beschreibt die Beziehungen als symmetrisch. Auch im Verhältnis zum Vorstandsvorsitzenden herrscht eine „*open-door-policy"* (F1), die von beiden Seiten geschätzt wird.

> „Da war unser Vorstandsvorsitzender bei mir im Büro, weil ich habe hier auch so ein Glas mit Lakritz und Gummibärchen stehen und der kuckt halt mal vorbei (lacht)." (F1)

Die Beziehung zu seinem Chef, Herrn Simonoir, ist dagegen wesentlich reservierter. Dieser zieht sich häufig zurück und ist generell „nicht im Haus präsent, was eigentlich schon allen Leuten auffällt" (F1). Obwohl Herr Simonoir in der Organisation ein Außenseiter bleibt und „persönlich [...] eigentlich sehr weit weg" (F2) ist, bemüht sich Herr Friedrich dennoch auch in dieser Beziehung intensiv um Integration, Ausgleich und Einbindung.

5.5 Netzwerkfolgen

Als wichtigste positive Folge seines Networkingansatzes hebt Herr Friedrich die gerade beschriebenen relationalen Effekte hervor. In der Firma Friedrich fühlt er sich „wohl" (F1), also auch emotional und menschlich angesprochen und aufgenommen. Herr Friedrich zieht aus seinem Netzwerk vor allem Unterstützungseffekte. Er hat einen Kreis von Vertrauten um sich versammelt. Man hilft einander, ohne dass unmittelbar persönliche Vorteile aus dieser Solidarität erwartet werden. Die Gemeinschaftsmitglieder verfolgen nicht „ohne Rücksicht auf Verluste" (F1) kurzfristige Eigeninteressen. Sie agieren im Vertrauen auf die Vorteilhaftigkeit einer solidarischen Haltung und gemeinschaftsorientierter Verhaltensweisen. Die Mitglieder des Kreises um Herrn Friedrich decken sich gegenseitig nach außen hin. Das passiert speziell im Verhältnis zu den beiden Vorständen, die sich weiterhin offen befehden. Ihnen gegenüber sichert man sich wechselseitig ab und bestärkt einander.

Dank seiner Kontaktstrategie und seiner Einbettung in diesen Kreis erhält Herr Friedrich im Lauf der Zeit zunehmend Informationen, die über die Sachebene weit hinausgehen. Er sucht, bekommt und schätzt das „tägliche Feedback" (F1) sowie die „Resonanz aus dem Team" (F1). Beides motiviert und bestärkt ihn.

> „Dass ich wirklich bestimmt jetzt schon von zehn, fünfzehn Kollegen über alle Ebenen hinweg so einfach mal im Dialog gesagt bekommen habe: `Es ist echt super, dass Sie jetzt da sind.´" (F1)

> „Dass der eine Kollege kommt und sagt: `Ich muss Ihnen jetzt mal sagen: Echt super, dass Sie an Bord sind und das ist ein echter Zugewinn.´ Das ist also, glaube ich so, das ehrlichste Feedback." (F2)

Die Gestalt seiner Kontaktmatrix erlaubt es Herr Friedrich so insgesamt, „einfach Punkte auszutauschen, einfach festzustellen, man ist mit seiner Meinung doch nicht so alleine, wie man oft denkt" (F1). Herr Friedrich erhält aus dem Kollegenkreis emotionalen Rückhalt.

Abgesehen von den genannten positiven Effekten ergeben sich aus dem Material auch Hinweise auf mögliche unintendierte abträgliche Nebenfolgen und Risiken der Netzwerkkonfiguration im Fall Friedrich. Die enge Verbindung mit, das enge Andocken an seine Interaktionspartner lässt sich aus einer anderen Perspektive nicht nur als Soziales Kapital, sondern auch als soziale Hypothek auffassen. Das bezieht sich nicht nur auf die hohen Aufbau- und Erhaltungsinvestitionen zur Errichtung und Pflege seines Netzwerkes. Kritisch zu sehen ist auch auf die latente Gefahr einer Übereingebettetheit, wenn sich beispielsweise die Verhältnisse im Unternehmen schnell und radikal ändern. So war es Herrn Friedrich in der vorangegangenen beruflichen Station widerfahren. In der Firma Friedrichdavor bestand eine enge persönliche Verknüpfung zum Vorstandsvorsitzenden, der jedoch anlässlich einer wirtschaftlichen Krise des Unternehmens die Organisation verlassen musste. Herr Friedrich wurde in der Folge in der Organisation sozial isoliert und „hat sich einfach vollkommen abgeschnitten gefühlt" (F1).

> „Ich habe an den Vorstandsvorsitzenden [der Firma Friedrichdavor; FR] berichtet. Der musste das Unternehmen verlassen. Und, ja, dann schwimmt man so in dem Dunstkreis mit und muss dann so die Schlüsse draus ziehen." (F1)

Herr Friedrich wurde „dann für gewisse Sachen einfach mit verantwortlich" (F1) gemacht und musste deswegen letzen Endes die Organisation ebenfalls verlassen. In diesem Fall hat sich seine enge Anbindung an eine Person für ihn nachteilig ausgewirkt.

Der Konflikt zwischen seinem Vorgesetzten, Herrn Simonoir, und dem internationalen Vertriebsvorstand, Herrn Sanchez, öffnet Herrn Friedrich einerseits die oben beschriebenen Maklergelegenheiten. Während des Zweitgesprächs wird allerdings andererseits auch klar, welchen Sprengstoff diese „schizophrene" (F2) Konstellation hat: Herr Friedrich muss permanent vermitteln und gleichzeitig das „Bermudadreieck" (F1), also die emotionale und wahrgenommene Äquidistanz zu beiden Vorständen aufrechterhalten. Diese Situation erlebt er selbst als permanenten Gang auf dem „Trapezseil" (F1) und mithin als herausfordernd und bedrohlich. Kippt er zur einen Seite, wird er vom Vertriebsvorstand nicht mehr als neutral-integrativ bewertet. Kippt er zur anderen Seite, besteht die Gefahr, dass sein Vorgesetzter ihn als nicht mehr loyal einschätzt. Diesem Eindruck muss er andauernd entgegen wirken.

> „Er [Herr Simonoir; FR] sieht er natürlich immer die Gefahr, dass ich da zu sehr in den anderen Bereich hineinrutsche. Und da versuche ich ihm natürlich schon zu vermitteln, dass ich weiß, wo das Rückgrat bei mir ist und zu welchem Bereich ich gehöre." (F1)

Wegen der (fortschreitenden) Isolation des Vorgesetzten und seiner geringen Präsenz im Unternehmen wird es für Herrn Friedrich zur Dauerherausforderung, Herrn Simonoir immer wieder einzubinden. Im Zweitgespräch schildert er anhand einer Begebenheit jedoch ausführlich, dass ihm dieser Ausgleich offenbar gelingt. Er hat „das

Kapitel VII – Auswertung weiterer Einzelfälle

Vertrauen und das Ohr" (F1) seines Chefs und genießt dennoch auch hohes Ansehen bei Herrn Sanchez, dem schärfsten Widersacher von Herrn Simonoir: In einem eskalierenden Konflikt mit dem einflussreichen Vorsitzenden einer der Ländergesellschaften hat der dominante Vorstand Herr Sanchez klar für Herrn Friedrich Partei ergriffen und „quasi dann seinem eigenen Länderchef dann brutal paar vor den Bug geschossen" (F1). Seine Beziehung zu Herrn Sanchez scheint also gefestigt und drückt in seiner Wahrnehmung „irgendwo das hohe Vertrauen und Zufriedenheit aus mit meiner Funktion jetzt" (F2).

VIII EMPIRISCH BEGRÜNDETE TYPEN DES NETWORKINGS IN ORGANISATIONEN

Die Methodologie der *Grounded Theory* und mit ihr die vorliegende Studie zielen darauf ab, über die Ebene der (verdichteten und theoretisch reflektierten) Beschreibung hinauszugreifen. Jenseits deskriptiver Aspekte sollen – ausgehend von den empirischen Daten – auf einem höheren Abstraktionsniveau theoretische Kategorien und Aussagen generiert werden, die von erklärend-heuristischer Qualität sind (vgl. Kapitel V, Abschnitt 1.1). Die in der Folge entworfene Typologie des Networkings in Organisationen als empirisch begründetes Aussagesystem stellt das theoriekonstruktive Ergebnis der Untersuchung dar.[145] Wie bereits im Methodenteil ausführlich dargelegt, wurde zur Entwicklung der Networkingtypologie auf das Verfahren der empirischen Typenbildung nach Kelle und Kluge (1999) zurückgegriffen.

1   Networkingfinalität als relevantes Vergleichskriterium

Bei der Auswertung der sukzessiv in die Interpretation einbezogenen Einzelfälle wurde den finalen Aspekten in den Networkinghandlungen der befragten Personen besondere Beachtung geschenkt. Die Frage, *mit welchem Ziel* die Führungskräfte innerhalb der Organisation Kontakte auf- und ausbauen, fungierte als Leitschnur für die Beschreibung und Unterscheidung der jeweiligen Networkingaktivitäten und ihrer Folgen. Die Finalität der Kontakthandlungen, die in den Kapiteln VI und VII jeweils als Kernkategorie ausgearbeitet wurde, prägt als integrierendes Motiv die anderen theoretischen Kategorien (Networking, Netzwerk, Netzwerkfolgen) entscheidend. Anhand ihrer jeweiligen Kernkategorien lassen sich die untersuchten Fälle auf dieser übergeordneten Ebene gut miteinander in Beziehung setzen und voneinander differenzieren. Die Networkingfinalität wurde daher auch als relevante Vergleichsdimension für den systematischen Vergleich der Fälle zum Zwecke der Bildung von Networkingtypen herangezogen.

Aus den Daten wurden zur Vergleichsdimension der Networkingfinalität drei Kategorien typologisch erarbeitet und voneinander differenziert. Sie sind als empirisch auffindbare strategische Linien zu verstehen, denen die befragten Führungskräfte in ihrem Kontakthandeln folgen. Ihnen wurden die konzeptionellen Bezeichnungen «Dominanz» (1), «Solidarität» (2) sowie *Impression Management*» (3) zugeordnet.

(1) Der Handlungstypus der «Dominanz» bezieht sich auf Networkinghandlungen, die dazu führen sollen, unmittelbar eine bestimmte Funktion gegenüber intraorganisationalen Kontaktpartnern zu erlangen. Sie werden vom fokalen Akteur mit dem Ziel eingesetzt, eine eindeutige Hierarchisierung der Beziehung zu seinen Gunsten

---

[145] Für eine Darstellung der methodologischen Funktionen von Typologien vgl. Kluge (1999: 43ff) sowie Abschnitt 2.3.3. in Kapitel V.

Kapitel VIII – Empirisch begründete Typen des Networkings in Organisationen

herzustellen oder besonders zu betonen. Der dominanzbezogene Networkingansatz steht assoziativ mikropolitischen Taktiken nahe, die in der Übersicht nach Yukl (vgl. Kapitel II, Abschnitt 4.2) als Maßnahmen zum Aufbau von Druck (*„pressure"*) enthalten sind.

(2) Dagegen wird mit Networkinghandlungen im Kontaktmodus der «Solidarität» versucht, im Umgang mit ausgewählten Kollegen ein gemeinschaftliches Miteinander auf der Basis von Sympathie und Vertrauen zu entwickeln. Es geht um gegenseitige Unterstützung und um die Erreichung gemeinsamer Ziele. Konzeptionell verwandte Taktiken aus der Aufstellung von Yukl wären etwa Zusammenarbeit (*„collaboration"*) oder auch Appelle an Loyalität und Freundschaft (*„personal appeals"*).

(3) Die dritte finale Ausprägung – Networking als «*Impression Management*» – verweist auf einen mikropolitischen Ansatz, der dazu dienen soll, innerhalb der Organisation in einem vorteilhaften Licht zu erscheinen. Soziale Netzwerke werden im Sinne dieser strategischen Ausrichtung zum Medium positiver Eigenbotschaften. Die Kontaktpartner sollen diese Botschaften nicht nur für sich aufnehmen, sondern auch innerhalb der Organisation weitertragen und verstärken. Parallelen zu Yukl lassen sich bei dieser Kategorie nicht unmittelbar erkennen; am nächsten kommen dieser Verhaltensdimension noch einschmeichlerische Taktiken (*„ingratiation"*).

2 Gruppierung der Fälle anhand der Networkingfinalität

Die drei finalen Handlungskategorien des Networkings spannen einen dreidimensionalen Merkmalsraum auf, in dem sich die einzelnen Fälle in Relation zueinander platzieren lassen. Maßgeblich für die Einordnung eines Falls in diesen konzeptionellen Raum ist die Frage, ob sich die als typisch herausgearbeiteten Merkmale einer Kategorie im empirischen Material auffinden lassen oder nicht. Diese binäre Einteilung (Ja oder Nein) der Fälle spiegelt sich in Aufbau und Inhalt der Tabelle 5 wider, welche die Zuordnung der Networkingansätze zu den drei Kategorien der Vergleichsdimension veranschaulicht. In der Übersicht markiert ein Pluszeichen (+), dass sich ein Fall der betreffenden Kategorie zuordnen ließ. Eine Null (0) kennzeichnet, dass der jeweilige Fall nicht zu der entsprechenden Kategorie passt.

	Fall Anton	Fall Bernhard	Fall Cäsar	Fall Dietrich	Fall Emil	Fall Friedrich	Fall Gustav	Fall Heinrich	Fall Igor	Fall Konrad	Fall Ludwig	Fall Michael	Fall Norbert
Dominanz	+	+	+	0	0	0	+	+	0	0	+	0	0
Solidarität	+	0	0	0	+	+	+	0	+	+	0	+	+
Impression Management	0	0	+	+	+	0	0	+	0	+	+	+	+

Tabelle 5: Übersicht der Gruppierung aller Einzelfälle anhand der drei Networkingfinalitäten

Kapitel VIII – Empirisch begründete Typen des Networkings in Organisationen

Anhand der Tabelle 5 wird ersichtlich, dass keine exklusive Zuordnung der Fälle in die drei Kategorien vorgenommen wurde. Ein Fall konnte mehreren kontaktstrategischen Handlungstypen zugeordnet werden. Die Auswertung des Materials hat für die vorliegende Stichprobe ergeben, dass pro Fall höchstens zwei prägende Networkingfinalitäten aufzufinden waren (vgl. Kluge 1999: 264ff).

Die Informationen aus der Tabelle 5 lassen sich in die folgende räumlich-grafische Gruppierung der Fälle in Abbildung 6 überführen, welche die relative Positionierung und Ähnlichkeit der Fälle zueinander verdeutlichen soll.

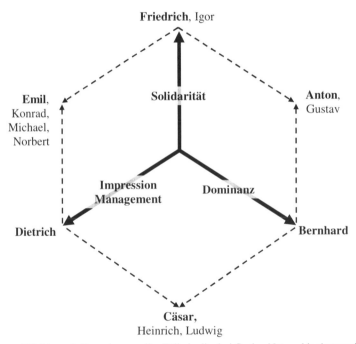

Abbildung 6: Gruppierung aller Fälle in die drei finalen Networkingkategorien

Die Abbildung 6 fasst das Ergebnis des zweiten Auswertungsschritts im Typologisierungsverfahren nach Kelle und Kluge (vgl. Kapitel V, Abschnitt 2.3.3) grafisch zusammen. In ihr sind alle Fälle anhand der Kategorien der für die Typologie maßgeblichen Vergleichsdimension gruppiert. Im Zentrum der würfelförmigen Abbildung 6 stehen die binär kodierten Achsen mit den drei finalen Kategorien des Networkings («Dominanz», «Solidarität», «Impression Management»). Der Nullpunkt der Achsen liegt jeweils in ihrem gemeinsamen Kreuzungspunkt. Die drei Achsen bilden ein dreidimensionales Koordinatensystem, in dem die Einzelfälle der Untersuchung an-

Kapitel VIII – Empirisch begründete Typen des Networkings in Organisationen

geordnet sind: Fälle am Ende einer Achse sind als nur der jeweiligen Finalität zugehörig aufzufassen. So wurde etwa der Fall Bernhard ausschließlich der finalen Kategorie der Dominanz zugeordnet.

Die in die räumlichen Dimensionen des Würfels nach oben und unten bzw. links und rechts versetzten Fälle ließen sich zwei Kategorien zuordnen und stellen daher Mischformen dar. Der Fall Emil lässt sich somit beispielsweise gleichzeitig den finalen Kategorien *Impression Management* und Solidarität (aber nicht der dritten Kategorie der Dominanz) zuordnen.[146]

3 Eine empirisch begründete Typologie des Networkings in Organisationen

Die Anordnung der Fälle im Koordinatensystem der Abbildung 6 strukturiert die folgenden Ausführungen, in denen eine Typologie des Networkings in Organisationen erarbeitet wird. Dazu werden die gebildeten Typen anhand ihrer typischen Merkmalskombinationen und der Sinnzusammenhänge, die zwischen den Einzelmerkmalen des Typus bestehen, charakterisiert. In diesem Schritt findet das Auswertungsverfahren der empirisch begründeten Typenbildung seinen Abschluss.

Wie bereits an anderer Stelle der Arbeit dargelegt (vgl. Kapitel V, Abschnitt 2.3.3), handelt es sich bei den drei Networkingtypen, die in der Folge entworfen werden, um „idealtypische Konstrukte" (Kuckartz 1988: 223). Sie sind zu verstehen als verallgemeinernde Kompositionen all derjenigen Fälle, die dem jeweiligen Typus zugeordnet wurden (vgl. Kelle & Kluge 1999: 95). So wurde beispielsweise bei der Ausarbeitung des Dominanztypus neben dem prototypischen Fall Bernhard auch auf die – bezogen auf ihre Networkingfinalität – benachbarten Fälle Anton, Cäsar, Gustav, Heinrich und Ludwig zurückgegriffen (vgl. Abbildung 6).

Die Gliederung der anschließenden Charakterisierung der empirisch begründeten Idealtypen entspricht dem Aufbau der Interpretationen der Einzelfälle in Kapitel VII: Nach einer einleitenden konzeptionellen Abgrenzung der zentralen Handlungsfinalität wird jedem Typus zunächst eine tabellarische Übersicht typischer Merkmale vorangestellt. Die hier noch unverbunden aufgeführten Merkmale werden danach zueinander in Beziehung gesetzt. Sinnzusammenhänge zwischen den Merkmalen werden sowohl innerhalb der drei schon bekannten Kategorien «Networking», «Netzwerk» und «Netzwerkfolgen» als auch zwischen diesen herausgearbeitet (vgl. Kluge 1999: 277ff).

---

[146] Die grafisch-räumliche Einordnung der Fälle in Abbildung 6 soll auch verdeutlichen, weshalb die Wahl auf die Fälle gefallen ist, die in den Kapiteln VI und VII präsentiert wurden: Die dort ausführlich analysierten Fälle Anton, Bernhard, Cäsar, Dietrich, Emil und Friedrich besetzen jeweils unterschiedliche Positionen der Typologie. Sie sind in der Tabelle 5 grau schraffiert. Die Vorstellung speziell dieser Fälle illustriert prototypisch das gesamte im Sample aufgefundene Spektrum an Networkingfinalitäten (vgl. Kuckartz 1988: 223). Die Reihenfolge der Analyse der Fälle in Kapitel VII entspricht der Darstellung in der Abbildung 6. Ausgehend vom Ankerinterview Anton rechts oben wurde diese im Uhrzeigersinn durchlaufen.

Kapitel VIII – Empirisch begründete Typen des Networkings in Organisationen

3.1 Typ 1: Networking als Streben nach Dominanz

Die Fälle, die zu dieser ersten finalen Networkingkategorie gehören, vereinen in sich das in den Networkingaktivitäten ausgedrückte Bestreben, in den jeweiligen sozialen Zusammenhängen Dominanz und Herrschaft über andere zu gewinnen und auszuüben.[147] Networking als Streben nach Dominanz lässt sich charakterisieren als Beziehungshandeln, das von dem fokalen Akteur eingesetzt wird, um unmittelbar eine eindeutige Hierarchisierung der Beziehung zu seinen Gunsten herzustellen. Es geht um die Etablierung eines Machtgefälles, das als befähigende Voraussetzung dafür gesehen wird, im Kontakt mit anderen handlungsbestimmende Vorgaben machen zu können.

Die Institutionalisierung eines Status der Dominanz innerhalb einer Beziehung soll es ermöglichen, die eigenen Interessen sehr direkt gegenüber anderen durchzusetzen. Eine solchermaßen hierarchische soziale Konfiguration wird als idealer Ausgangspunkt dafür gesehen, die Verhältnisse im Unternehmen im eigenen Sinne radikal umzugestalten.

„Und dann kommen Sie, entdecken Sie sehr schnell: `Das [die Neugestaltung eines Unternehmensbereichs; FR] kriegen Sie selbstverständlich nur hin, wenn, wenn Sie auch Chef von dem Ganzen sind.´" (L1)

In Anwendung der in Kapitel II (Abschnitt 3.1) vorgestellten Machttypologie nach Lukes (1976) lässt sich sagen, dass die Kontakthandlungen in diesem Networkingmodus dem ersten Mechanismus der Macht im Sinne einer „Sanktionsmacht" (Baumann 1993: 17) entsprechen: Der Mächtigere kann sich gegen den minder Mächtigen dadurch behaupten, dass er in der direkten und typischer Weise offenen Auseinandersetzung über (eindeutig) überlegene Möglichkeiten verfügt, (sanktionsbewehrte) Anweisungen zu geben und den anderen dadurch auf seine Linie zu zwingen. Ego wirkt mit Nachdruck auf Alter ein, um ihn dazu zu bringen, Verhalten an den Tag zu legen, das den Interessen von Ego entspricht.

Die typischen Merkmale eines dominanzorientierten Networkings sind in der folgenden Tabelle 6 zunächst noch unverbunden aufgelistet. Die zwischen den einzelnen Merkmalen und Kategorien bestehenden Sinnzusammenhänge werden in den anschließenden Abschnitten herausgearbeitet.

---

[147] Prototypisch für diesen Typus steht der Networkingansatz im Fall Bernhard (vgl. Kapitel VII, Abschnitt 1). Als hinsichtlich ihrer Networkingfinalität verwandte Fälle lassen sich die Fälle Anton, Cäsar, Gustav, Heinrich und Ludwig (in Teilen) ebenfalls diesem Typus zuordnen.

Kapitel VIII – Empirisch begründete Typen des Networkings in Organisationen

Networking als Streben nach Dominanz	
Finalität	• Eroberung einer dominanten Rolle im sozialen Gefüge der Organisation • Erlangen einer bestimmenden Funktion gegenüber intraorganisationalen Kontaktpartnern • Eindeutige Hierarchisierung der Beziehung zu eigenen Gunsten

Networking	• Orientierung der Networkingaktivitäten an vereinfachenden, dichotomen Ordnungen bzw. Etablierung solcher Ordnungen mittels der Kontakthandlungen
	• «Richtig vs. falsch»
	  o Betonung sachrationaler Anteile im eigenen Handeln
	  o Ablehnung mikropolitischer Aktivitäten
	  o Primat der Aufgabe (z.B. bei der Auswahl von Kontaktpartnern)
	  o Überzeugung, selbst das Richtige zu tun / im Recht zu sein
	  o Umsetzung eines stringenten, vorab definierten mikropolitischen Plans
	• «Störende vs. konforme Organisationsmitglieder»
	  o Zweiteilung des Netzwerks in Gegner und Unterstützer
	  o Kontaktangebote, die zur Positionierung zwingen
	  o Offen aggressives Vorgehen gegenüber Gegnern
	  o Gefolgschaftserwartung gegenüber konformen Organisationsmitgliedern
	• «Oben vs. unten»
	  o Differenzierung der Networkinghandlungen je nach hierarchischer Position
	  o Dominantes Auftreten gegenüber Untergebenen (Anweisungen, Befehle, Kontrolle)
	  o Rivalität im Verhältnis zu Gleichgestellten (Schwachstellenanalyse, Aggression)
	  o (Latente) Dominanzorientierung auch gegenüber hierarchisch höher gestellten Personen

Netzwerk	• Strukturelle Netzwerkmerkmale
	  o Kleines Netzwerk
	  o Homogene Kontaktstruktur, wenig strukturelle Löcher
	• Relationale Netzwerkmerkmale
	  o Kontakte mit hoher Frequenz
	  o Keine Vertrauensbeziehungen
	  o Geringe emotionale Intensität
	  o Simplexe Arbeitsbeziehungen zweckbezogen-transaktionaler Qualität
	  o Viele Kontakte mit negativer Valenz
	  o Hierarchische Asymmetrie der Kontakte

Kapitel VIII – Empirisch begründete Typen des Networkings in Organisationen

Netzwerk-folgen	• Druck
	   ○ Hohe Handlungsenergie
	   ○ Rückwirkung des Drucks auf die Leitungskraft selbst
	   ○ Aggression wider Willen
	   ○ Hohe psychische und physische Kosten des Druckaufbaus
	   ○ Beschränkte der Reichweite der Strategie
	• Fokussierung
	   ○ Fokussierung auf das Hier und Jetzt / die aktuelle Auseinandersetzung
	   ○ Ausblendung der öffentlichen Wirkung ihrer Handlungen
	   ○ Rückzug der anderen Akteure
	   ○ Provokation von verborgenem Widerstand
	• Beschleunigung
	   ○ Keine vertraulichen Hintergrundinformationen
	   ○ Handlungsbeschleunigung
	   ○ Große Anfangserfolge bei der Erreichung ehrgeiziger Ziele

Tabelle 6: Merkmale des Networkingtypus Dominanz

3.1.1 Networking

Mittels dominanzorientierter Networkingaktivitäten wird versucht, in der sozialen Welt der Organisation in vielerlei Hinsicht dichotome Ordnungen herzustellen, die klare Unterscheidungen erlauben und für Orientierung sorgen. Als wesentliche Unterscheidungen und Eckpunkte dieser Form des Kontakthandelns haben sich bei der Auswertung der betrachteten Fälle die Unterteilungen «richtig vs. falsch» (1), «störende vs. konforme Organisationsmitglieder» (2) und «oben vs. unten» (3) erwiesen. Strukturationstheoretisch ausgedrückt besitzen die genannten Dichotomien für den Typus des dominanzgeprägten Networkings eine doppelte Funktion: Sie markieren erstens einen Ausgangspunkt und geben den Kontakthandlungen kognitive Leitlinien. Zweitens stellen die Dichotomien auch ein (angestrebtes) Ergebnis dar: Durch Networkingaktivitäten soll eine soziale Struktur hergestellt werden, die sich anhand der drei bezeichneten Kategorien eindeutig fassen lässt.

(1) Richtig vs. falsch

Fragt man sie nach den Beweggründen ihres Handelns, geben die Leitungskräfte in diesem Networkingmodus an, ihr Verhalten in der Organisation in erster Linie an sachlichen Gegebenheiten und Zielen auszurichten. Es werden zwar (bei anderen) Verhaltensweisen beobachtet und kritisiert, die mit mikropolitischen Motiven assoziiert werden; für sich selbst nehmen dominant auftretende Leitungskräfte allerdings in Anspruch, sich ganz überwiegend mit den sachlich erforderlichen Themen und Personen zu befassen. Dementsprechend werden in den Interviews die sachlich-rationalen Aspekte organisationalen Handelns positiv betont, während politische Machenschaften in teils deutlichen Worten („Krebsgeschwür", L1) abgelehnt werden.

Kapitel VIII – Empirisch begründete Typen des Networkings in Organisationen

„Ja, weil ich das [Mikropolitik; FR] nicht mag. Ich mag das ausgesprochen un-
gern, wenn es nach der Politik geht. Ich möchte ja in einem Unternehmen arbeiten, wo man am besten keine Politik machen müsste." (L1)

Die befragten Führungskräfte geben für sich selbst an, ihre Kontaktangebote nur an
diejenigen Organisationsmitglieder zu richten, zu denen ein Arbeitsbezug besteht.
Nur diese Form des Networkings – entlang des formalen Organigramms und des Ar-
beitsprozesses – wird für angemessen und richtig gehalten. Dagegen gilt der „anlass-
lose" (D1) Beziehungsaufbau in sachlich unverbundene Unternehmensteile hinein als
unzulässig.

Ihrer Aufgabe widmen sich die betreffenden Personen mit großer Gewissenhaftigkeit
und hohem Einsatz. Das erschwert es, die eigene Tätigkeit auch mit Abstand oder
Humor zu betrachten. Es besteht auch wenig Spielraum für den Aufbau intraorganisationaler Netzwerke. Networkings im Modus der Dominanz steht klar unter dem einschränkenden Primat der jeweiligen Aufgabe.

In dieses Bild der Ernsthaftigkeit und der Aufgabenfokussierung passt die folgende
Aussage von Herrn Ludwig, für den auch Vertrauensbeziehungen zu anderen „letztendlich nur über Fakten" (L1) entstehen.

„Vertrauen kriegt man ja nun nicht durch Laberei, sondern durch Fakten. Man
muss also kucken, dass man durch Fakten überzeugt." (L1)

Als Begründung und Legitimation für das dominante Auftreten innerhalb der Organisation werden die eigenen beruflichen Erfahrungen und (Fach-)Kompetenzen gesehen, die als überlegen beurteilt werden. Im Kontakt mit anderen wird davon ausgegangen, das für die Organisation Richtige und Wichtige zu tun. Mit der Überzeugung
im Recht zu sein, geht einher, dass von vornherein eine besonders präzise Vorstellung davon existiert, was genau im neuen Unternehmen in welcher Weise zu ändern
ist.[148]

„Das habe ich geplant. Also wirklich, also, genau mir überlegt, wie auch zeit-
planmäßig, nicht wahr, was ich mir da so vornehm. Wie ich das alles mache. Mit
to-do-Liste und wirklich. […] Da muss man sich drüber vorher im Klaren sein,
da muss man sozusagen einen *master-plan* in der Tasche haben. Anders geht das
nicht. Sonst sind Sie, verstehen Sie, da sind Sie hin und her gerissen. Da wissen
Sie überhaupt nicht mehr, was Sache [!] ist." (L1)

---

[148] Beispielhaft sei an dieser Stelle nochmals auf die Fälle Anton («Masterplan») und Bernhard
(«Maschinenmetapher») verwiesen. Ein ähnlicher Eindruck ergibt sich auch aus dem Material
des Falls Gustav, der ebenfalls mit sehr präzise vordefinierten Zielvorstellungen und konkreten
Umsetzungsideen seine Arbeit in seinem neuen Umfeld aufnimmt.

In diesem Plan sind alle erforderlichen und für vernünftig gehaltenen Schritte genau vorgesehen. Er trennt das Richtige vom Falschen und liefert genaue Handlungsanweisungen für den Aufbau eines Netzwerks im Unternehmen.

Die Überzeugung, angesichts der als gravierend wahrgenommenen Missstände in der Organisation das Notwendige zu tun, führt regelmäßig zum Bruch von Regeln, die innerhalb des Unternehmens gelten. (Störenden) Organisationsmitgliedern, die der Umsetzung des Plans und der richtigen Lösung im Wege stehen, wird ausgesprochen konfrontativ begegnet.[149]

(2) Störende vs. konforme Organisationsmitglieder

Die zweite wichtige Differenzierung, welche die Leitungskräfte im Networkingmodus der Dominanz in ihrem Kontakthandeln gleichzeitig wahr- und vornehmen, ist die zwischen störenden und konformen Organisationsmitgliedern. Die Soziogramme von den Beziehungszusammenhängen in der Organisation, die im Verlauf der Interviews erstellt wurden, weisen tendenziell eine Zweiteilung auf: Es gibt Personen, die im Sinne der vom fokalen Akteur verfolgten Ziele agieren («Konforme») und andere, von denen angenommen wird, diese unterwandern zu wollen («Störende»).

Störende und konforme Akteure sind im Netzwerk klar voneinander abgrenzbar und stehen sich als Unterstützer und Gegner antagonistisch gegenüber. Dazu passt, dass dominanzbezogene Leitungskräfte zur Darstellung ihrer Situation oft militärische Begriffe und Kategorien wählen. Die Einteilung der politischen Landschaft erstreckt sich entlang dieser Differenzierung vereinfachend in erster Linie auf Personen und nicht z.B. auf bestimmte Themen oder politische Konstellationen. Grundlage des Networkings im Dominanzmodus ist damit eine vergleichsweise simplifizierte Wahrnehmung der politischen Landschaft der Organisationswirklichkeit.

Dort, wo sich in der Realität die politische Landschaft komplexer gestaltet, wird im dominanzorientierten Networkingansatz versucht, eine Klärung bzw. Vereinfachung der Situation herbeizuführen. Das führt dazu, dass binär kodierte Beziehungsangebote an andere Akteure gerichtet werden. Die Kontaktangebote sollen andere dazu zwingen, sich klar zu positionieren und eindeutig Stellung (Ja oder nein?, Dafür oder dagegen?, Gut oder schlecht? etc.) zu beziehen. Anhand der jeweiligen Reaktion auf diese Art von Beziehungsangeboten werden die zugehörigen Personen gedanklich den Kategorien «Störende» oder «Konforme» zugeordnet.

„Da muss man erst mal wissen, was die vorhaben." (L1)

---

[149] Interessant ist in diesem Zusammenhang auch, dass vor allem in dieser Gruppe verbale Abwertungen von Zuständen, Personen oder der eigenen Organisation insgesamt vorgenommen werden. So ist beispielsweise die Rede von „Idioten" (A1), die „immer den gleichen Fehler" (B1) machen und dem eigenen Bereich als dem im Vergleich aller Unternehmen im Deutschen Aktienindex „insgesamt am schlechtesten geführten" (G1). In der Kritik des Bestehenden drückt sich (wiederum) die Überzeugung aus, selbst das Richtige zu tun und im Recht zu sein.

Kapitel VIII – Empirisch begründete Typen des Networkings in Organisationen

Antagonistische Akteure, die sich offen oder verdeckt widersetzen, müssen gemäß des ersten Gesichts der Macht mit (sukzessive eskalierenden) Sanktionen rechnen. Diese können, wie besonders die Fälle Anton und Bernhard illustrieren, massiv ausfallen. Die Wurzel der aggressiven Wucht im Auftreten gegenüber störenden Organisationsmitgliedern ist einerseits in der Überzeugung von der Richtigkeit der eigenen Strategie zu sehen; andererseits liegt eine weitere Ursache darin, dass Alter von Ego ja ein Beziehungsangebot erhalten hat. Alter hat das Angebot ausgeschlagen (=sich als Störender positioniert) und muss daher nun aus Sicht von Ego mit den angekündigten oder implizit für erwartbar gehaltenen Konsequenzen leben.

Von konformen Interaktionspartnern wird vor allem Verlässlichkeit im Sinne von Gefolgschaft erwartet. Sie sollen die Vorgaben der dominierenden Leitungskraft ohne Widerstand und vollständig umsetzen. Im Binnenverhältnis zur eigenen „Truppe" (B1) wird auf bedingungslosen Zusammenhalt und durchgehende kognitive Homogenität geachtet. Dem übermächtig scheinenden Feind soll ein möglichst geschlossener (=konformer) Verbund entgegentreten.

(3) Oben vs. unten

Networking als Streben nach Dominanz ist darauf ausgelegt, in Beziehungen bestimmend und fordernd aufzutreten oder die Basis für derartiges Verhalten zu legen. Im Kontakt mit anderen kommt daher der Frage, wer wem über- bzw. unterlegen ist, eine herausragende Bedeutung zu. Wahrgenommene Statusunterschiede bestimmen maßgeblich die Art und Weise, in der dominanzorientierte Leitungskräfte mit anderen in Kontakt gehen. Sie führen zu einer klaren Differenzierung der Networkinghandlungen in Abhängigkeit von der hierarchischen Richtung. Je nachdem, ob nach unten (1), zur Seite (2) oder nach oben (3) agiert wird, kommen andere Kontaktstrategien zum Einsatz.

(1) Akteuren, gegenüber denen ein sicheres Gefühl von Überlegenheit besteht, wird typischer Weise unmittelbar dominant begegnet. Das gilt zunächst für formal direkt unterstellte Mitarbeitende, die in erster Linie als Empfänger von Weisungen beschrieben werden. Die dominante Vorgehensweise äußert sich im Kern darin, dass den Untergebenen von der zentralen Führungskraft mittels Anweisungen eindeutig definierte (Teil-)Aufgaben zugewiesen werden. Die exakte Einhaltung dieser Vorgaben wird im Anschluss kontrolliert. Auf diesem Weg wird sichergestellt, dass sich die größte Fachkompetenz stets in der dominanten Zentralfigur bündelt und sie als einzige dazu in der Lage ist, das Gesamtgeschehen zu überblicken und zu steuern.

Aus der übergeordneten und überlegenen Position werden die Untergebenen von der Leitungskraft als einheitliches Kollektiv wahrgenommen, das ihr zuarbeitet. Der Kollektivcharakter in der Wahrnehmung dieses Personenkreises wird im Gespräch auf einer sehr praktischen Ebene daran ersichtlich, dass alle Leitungskräfte dieses Typus in der Soziogrammübung ihren direkten Mitarbeitenden pauschal eine einzige Münze zugeordnet haben. Kehrt man zum Bild der inneren politischen Landkarte zurück, so ist sie in diesen Bereichen wenig differenziert. Das liegt daran, dass dieser organisationalen Blickrichtung verhältnismäßig wenig Bedeutung beigemessen wird. Der Blick ist zur Seite in Richtung der Konkurrenten und nach oben in Richtung der Vorgesetzten gerichtet. Deshalb fallen die Einschätzungen und Schilderungen zu hierarchisch höher stehenden Personen und Konkurrenten auf gleicher Ebene wesentlich facettenreicher aus.

(2) Vor allem diejenigen Personen innerhalb des Unternehmens, die als gleichwertige Kontrahenten gesehen werden, stehen unter genauer Beobachtung. Ihre fachliche Kompetenz wird ebenso analysiert und evaluiert wie ihre Positionierung im Netzwerk und im Arbeitsprozess. Die politische Landkarte der Organisation wird mit Blick auf Gleichrangige mit einem feineren Maßstab erstellt. Im dominanzbezogenen Networkingansatz wird die politische Landkarte in erster Linie dazu verwendet, mögliche Schwach- und Angriffspunkte festzustellen. Sind diese identifiziert, greifen dominanzorientierte Leitungskräfte zu teilweise als aggressiv zu bezeichnenden Maßnahmen, um ihre Interessen durchzusetzen.

Im Kontakthandeln gegenüber gleichrangigen Personen äußert sich das starke Bestreben, Beziehungen zu hierarchisieren, besonders deutlich. Es scheint fast so, als dürfe es gar keine Gleichrangigkeit im Verhältnis zu anderen geben. Dieser Zustand wird als unklar und verwirrend empfunden, was zu dem ausgeprägten Drang führt, bestehende Kontakte als «oben» oder «unten» zu kategorisieren: Ist keine eindeutige Einteilung möglich, wird versucht, diese herzustellen, indem die betreffenden Personen zunächst geprüft und dann gegebenenfalls bekämpft werden. Haben dominanzbezogene Leitungskräfte schließlich die erwünschte dominante Rolle erlangt, reduzieren sie das Ausmaß offen gezeigter Härte und wenden sich neuen Personen und Themen zu.

(3) Untersucht man die Fälle dieses Typs in ihren Feinheiten auf ihre Gemeinsamkeiten hin, wird deutlich, dass in allen einschlägigen Fällen auch in den Beziehungen zu höherrangigen Personen durchgehend eine (zumindest latente) Dominanzorientierung besteht. Letztere bildet einen (subtil) geteilten Nenner der Fälle dieses Typs, wobei sich dieser allerdings in den einzelnen Fällen auf sehr heterogene Weise ausdrückt. Zur Vermeidung inhaltlicher Redundanz soll für diejenigen Fälle, die bereits ausführlich analysiert wurden, nur kurz angedeutet werden, wie sich in ihnen das Dominanzstreben in Richtung der Vorgesetzten ausdrückt.

- Herr Anton begibt sich (ähnlich wie auch Herr Ludwig) in eine (brüchige) Koalition mit seinen Vorgesetzten und hebt sich dadurch zumindest in seiner Vorstellung auf eine Ebene mit ihnen. Er domestiziert sein Dominanzstreben, indem er es in die Koalition einbringt und darin die Anerkennung seiner Vorgesetzten findet.

- Herr Bernhard schafft durch eine überhöhende Idealisierung eine übermenschliche Distanz zwischen sich und der obersten Managementebene der Firma

Kapitel VIII – Empirisch begründete Typen des Networkings in Organisationen

Bernhard. Damit verhindert er, dass sich sein Dominanzstreben auch auf diesen Personenkreis erstreckt.

• Herr Cäsar ignoriert seine Vorgesetzte weitgehend. Er vermeidet die Beziehung zu ihr, knüpft aber in Umgehung ihrer Person Verbindungen zu anderen Akteuren, zu denen auch die schärfste intraorganisationale Kontrahentin seiner Chefin zählt.

Im Networkingansatz von Herrn Gustav bleibt die Dominanzorientierung nicht latent, sondern drückt sich sehr offen aus: Herr Gustav äußert beispielsweise im Unternehmen (und im Interview mit mir) wiederholt konfrontierende Kritik an Zuständen in der Firma Gustav. Er macht auch den Vorstand des Unternehmens auf Missstände, Versäumnisse und Nachlässigkeiten aus der Vergangenheit aufmerksam, die in seinen Augen bestehen.

„Ich komme mir vor wie ein Hund, der immer so im Garten gräbt, so die Knochen ausgräbt und der bringt die dann hoch zum Vorstand. So vor den Tisch legt. Und während ich nach unten trotte, kucken die sich an und fragen sich: `Wollen wir das wirklich?´ Weil das, was gesagt wird: `Wir wollen nicht auf die Kosten der Zukunft hin arbeiten! Wir wollen das jetzt angehen! […] Wir wollen alles proaktiv angehen!´ Wenn die das machen, ist das sicherlich das Beste für das Unternehmen, aber das ist das, was die Leute sagen. Was sie denken, ist natürlich ganz einfach: Der Vorstand will früh nach Hause gehen. Der Vorstand will keinen großen Stress haben. Es soll möglichst in seinem Bereich nichts hochkommen." (G1)

Herr Gustav offenbart sein Streben nach Dominanz auch gegenüber dem einflussreichen Vorstand sehr klar. Er tritt ihm in der gleichen Weise entgegen, in der er auch rangniedrigeren Organisationsmitgliedern begegnet. Herr Gustav sieht sich im Recht. Mit seiner Kritik erzeugt er unmittelbar eine Konkurrenzsituation zwischen sich und den Mitgliedern des Vorstands. Diese sind ja für die Zustände, die Herr Gustav als Missstände brandmarkt, verantwortlich. Aus dieser Perspektive ist es nicht überraschend, dass seine Veränderungsimpulse nicht fruchten. Die ablehnende Reaktion des Vorstands auf seine Ideen frustrieren Herrn Gustav und tragen schließlich mit dazu bei, dass er die Firma Gustav schon nach wenigen Monaten wieder verlässt. Ähnlich wie Herrn Cäsar ist es auch Herrn Gustav nicht gelungen, einen mikropolitisch kompatiblen Modus für die Gestaltung der Beziehungen zu seinen Vorgesetzten zu finden.

3.1.2 Netzwerk

Die soeben typisiert beschriebenen Networkinghandlungen prägen die strukturelle Gestalt (1) und vor allem den relationalen Charakter (2) der intraorganisationalen Netzwerke, die aus einem dominanzorientierten Networkingansatz entstehen.

Kapitel VIII – Empirisch begründete Typen des Networkings in Organisationen

(1) Strukturelle Ebene

Auf der strukturellen Ebene fällt im Vergleich zu den Auswirkungen der beiden anderen Networkingmodi auf, dass die Anzahl der Personen, zu denen zu einem gegebenen Zeitpunkt persönliche Kontakte bestehen, eher klein bleibt. Diese Aussage gilt trotz der bestehenden Expansions- und Erweiterungstendenz. Die limitierte Netzwerkgröße begründet sich zum einen dadurch, dass dominanzorientiertes Networking mit einer tiefen Versenkung in die inhaltliche Arbeit an Themen und Aufgaben einhergeht. Das lässt weniger Zeit und Energie für die Pflege von Kontakten ohne Sachanlass. Dazu kommt, dass eine starke Fokussierung des Beziehungshandelns auf die jeweils aktuellen bzw. akuten mikropolitischen Auseinandersetzungen erfolgt. Speziell in der Phase des Kampfes um die Klärung der Vorherrschaft werden andere Akteure weitgehend ausgeblendet und die entsprechenden Kontakte nicht gepflegt. Addiert man zu den genannten Argumenten, dass die Beziehungen von einem ausgeprägten Wunsch nach Steuerung und Kontrolle begleitet werden, wird nachvollziehbar, dass aus diesem Networkingansatz keine großen und weit verzweigten Netzwerke erwachsen können.

Sehr komplex gestaltet sich die Klassifizierung des Heterogenitätsgrads der Netzwerke, die entstehen. Im dominanzbezogenen Networking überbrückt der fokale Akteur insofern strukturelle Löcher, als er sich zur Schaltzentrale innerhalb seiner Einflusszone macht. Er verbindet in seinem Bereich andere Akteure, die ansonsten wenig Interaktion miteinander haben. Die Überbrückung struktureller Löcher innerhalb des dominierten Handlungsfeldes ist unter Kontrollgesichtspunkten wertvoll. Sie führt aber nicht zu einer Erhöhung des Heterogenitätsgrads. Dazu sind die im Netzwerk erreichten Personen zu uniform: Andersartigkeit und Vielfalt im Netzwerk werden tendenziell als Störgrößen im Netzwerk beurteilt und möglichst vermieden. Im Verhältnis zu den Akteuren in der eigenen Einflusszone werden Durchschnittsregelungen, Vereinfachung und Vereinheitlichung angestrebt. Das führt insgesamt dazu, dass zwar strukturelle Brücken gebildet werden; diese tragen allerdings nicht zur Heterogenität dominanzorientierter Netzwerke bei.

Nach außen gerichtet bestehen nur wenige Brückenbeziehungen zu Organisationsteilen. Das gilt vor allem für Unternehmensbereiche, zu denen aus dem Aufgabenzusammenhang heraus keine Verbindungen erwachsen. Brückenbeziehungen in andere Bereiche werden nicht als dauerhafte Quellen von Inspiration und neuartigen Informationen beurteilt und gehalten. Ihre mikropolitische Funktion ist eine andere, denn sie werden in erster Linie als Ausgangspunkte und Gelegenheiten geschätzt, in andere Bereiche eingreifen zu können. Mit dem Einstieg in die Phase der Eroberung verlieren diese Beziehungen schnell ihren ursprünglichen Brückencharakter. Speziell nach der erfolgreichen Eroberung eines Handlungsfeldes weisen sie relational eine vollkommen andere Gestalt auf.

Kapitel VIII – Empirisch begründete Typen des Networkings in Organisationen

(2) Relationale Ebene

Versucht man die typusspezifische relationale Gestalt mit den üblichen Kriterien der Netzwerkforschung zu charakterisieren (vgl. Kapitel III, Abschnitt 3.2.2), erweist sich vor allem die Einteilung in starke oder schwache Beziehung als problematisch und unzureichend. Im dominanzorientierten Networkingmodus besteht nämlich die Neigung, Beziehungen aufzubauen, die bezogen auf Merkmale wie die Kontaktfrequenz oder die Intensität des (fachlichen) Austauschs prinzipiell als stark zu bezeichnen wären. Man sieht sich viel und regelmäßig, weiß genau, mit welchen Themen sich die Kontaktpartner beschäftigen und widmet sich intensiv gemeinsamen beruflichen Frage- und Problemstellungen. Die genannten Aspekte würden für starke Beziehungen sprechen. Allerdings fehlt es in dominanzgeprägten Netzwerken an der für starke Kontakte prototypisch erwarteten (positiven) Emotionalität und wechselseitigem Vertrauen. Vertrauen und positive Emotionalität werden im dominanzorientierten Modus eher in Kauf genommen als gesucht.

> „Da, wo es notwendig ist, hat es [das Netzwerk von Herrn Ludwig; FR] die erforderliche Enge." (L1)

Obwohl die befragten Führungskräfte dieses Typs selbst von bestehenden Vertrauensverhältnissen zu anderen Organisationsmitgliedern sprechen, wird anhand der Analyse des Materials deutlich, dass es ihnen eher um die Verlässlichkeit und die Berechenbarkeit des Verhaltens als um eine Vertrauensbeziehung zu ihren Interaktionspartnern geht. Sie sprechen bereits dann, bezogen etwa auf ihre Mitarbeitenden, von Vertrauen, wenn sie mit hoher Wahrscheinlichkeit davon ausgehen, dass ihre Vorgaben ihren Vorstellungen entsprechend umgesetzt werden.[150]

In Zusammenhang mit dem Fehlen starker Beziehungen im ursprünglichen Sinne des Konzepts steht auch die Tatsache, dass in diesem Networkingmodus ganz bewusst und nachdrücklich darauf geachtet wird, rein arbeitsbezogene Kontakte zu haben. Es wird aus grundsätzlichen Überlegungen abgelehnt, multiplexe Beziehungen aufzubauen und beispielsweise auch Freundschaften im Geschäftsleben zu pflegen.

> „Privatleben und Firmenleben trenne ich auch sehr stark." (L1)

Es bleibt bei simplexen Arbeitsbeziehungen, in denen multiplexe Vermischungen und Verkomplizierungen der organisationalen Beziehungslandschaft vermieden werden.

In die gleiche Richtung der relativen Oberflächlichkeit der Beziehungen weist auch der ganz überwiegend zweckbezogen-transaktionale Charakter der Kontaktangebote,

---

[150] Diese Einschätzung trifft vor allem auf die Fälle Anton und Gustav zu, die neben Dominanz gleichzeitig auch die Solidarität mit ihren Mitarbeitenden anstreben. Diese Zielsetzungen erweisen sich allerdings in der Praxis als unvereinbar. Es bleibt bei dem im Fall Anton ausführlich vorgestellten „Pseudo-*bonding*". In diesen Beziehungen herrscht nur eine instrumentalisierte Solidarität, die ohne emotionale Tiefe bleibt.

die gemacht werden. Der erwartete Nutzen aus einer bestimmten Beziehung wird ebenso genau evaluiert wie der Nutzen, den man selbst einem Interaktionspartner zu bieten hat.[151] Die Netzwerkverbindungen, die in diesem Modus entstehen, sind und bleiben so überwiegend anlassbezogen und instrumentellen Charakters. Ist der äußere Kontaktanlass (das Projekt, die gemeinsame Organisationszugehörigkeit etc.) vorbei, lösen sich auch die entsprechenden Kontakte schnell wieder, da – abgesehen von der Aufgabe – keine Bindung besteht.[152]

Das dominierte Netzwerk bleibt so ein Zweckbündnis auf Zeit, von dem alle Beteiligten zumindest ahnen, dass es gelöst wird, sobald einem der Partner eine Trennung vorteilhaft erscheint.

> „Wir verstehen uns gut, wir haben ein sehr gutes Vertrauensverhältnis. Aber, ich weiß nicht, man muss ja immer kucken, nicht wahr. Arbeit und Freundschaft, das sind zwei verschiedene Dinge, irgendwie." (L1)

Weiterhin charakteristisch für die relationale Qualität des Netzwerks sind die zahlreichen und ausgeprägten hierarchischen Asymmetrien. Wie bereits ausführlich dargelegt, wird im dominanzorientierten Networking darauf abgezielt, Statusunterschiede herzustellen. Eine unmittelbare Folge ist, dass in diesem Handlungsmodus kaum Beziehungen bestehen, in denen man sich auf gleicher Ebene mit einer anderen Person sieht, die also *nicht* als Konkurrent, Gegner oder Untergebener eingeschätzt wird. Symmetrische Beziehungen sind in diesem Networkingansatz nicht vorgesehen.

---

[151] Diese kalkulierende Haltung betrifft nicht nur einzelne Beziehungen, sondern auch das Thema Networking insgesamt. Networking gilt in diesem Typus nicht als menschliche „Grundbedingung" (F1). Der Beziehungsaufbau zu anderen Organisationsmitgliedern stellt nur eine mikropolitisch-strategische Option von mehreren dar. Die Option Networking wird von dominanzorientierten Leitungskräften selten ausgeübt, denn Kosten und Einschränkungen, die mit der Errichtung und dem Erhalt eines Netzwerkes einhergehen, werden – wie speziell im Fall Bernhard – als gravierend erlebt und bewertet. Auf wechselseitig verbindliche Kontakte wird daher so weit es geht verzichtet. Ist es möglich, ein Ziel auf einem anderen Weg bzw. zu einer vorteilhafteren Kosten-Nutzen-Relation als durch den Aufbau und die Pflege eines Netzwerks zu erreichen, wird diese Alternative vorgezogen. Es werden zumindest innerhalb der Organisation kaum Kontakte aufgebaut, die unabhängig von einem (kurzfristigen) Nutzenkalkül gesehen werden.

[152] Auf die Instrumentalität und die geringe Bindungskraft der Beziehungen verweisen neben dem Fall Anton auch die Fälle Ludwig und Gustav. Herr Gustav betont im Erstinterview wiederholt, wie wichtig ihm der Zusammenhalt in der Gruppe seiner Mitarbeitenden ist. Er möchte einen „Teamspirit" (G1) etablieren und schwört seine Leute auf seine Person und gemeinsame Werte und Ziele ein. Er wirbt frühere Mitarbeitende aus ihren aktuellen Positionen bei anderen Firmen ab und überzeugt sie davon, ihm in das neue Unternehmen zu folgen. Als er jedoch fünf Monate nach seinem Einstieg bei der Firma Gustav selbst ein noch attraktiveres Jobangebot einer anderen Firma erhält, kappt er diese Verbindungen ohne zu zögern und verlässt die Firma Gustav sofort wieder. Ähnlich war die Entwicklung auch im Fall Ludwig, der ebenfalls kurz nach dem Erstinterview das Unternehmen schon wieder verlassen hat.

Kapitel VIII – Empirisch begründete Typen des Networkings in Organisationen

Wer Networking im Modus der Dominanz betreibt, eckt an, mischt sich ein, macht sich an vielen Stellen im Unternehmen unbeliebt, beharrt auf der Überlegenheit und Richtigkeit eigener Ideen und verhält sich bisweilen rücksichtslos und aggressiv gegenüber anderen. Daraus leitet sich die relativ große Anzahl von Beziehungen im Netzwerk ab, die eine negative Valenz aufweisen. Im Gegensatz zu den anderen beiden Gruppen berichten die Leitungskräfte dieses Networkingtypus von vielen und erbitterten Widersachern in der Organisation, mit denen sie in teils heftigen Konflikten stehen.

3.1.3 Netzwerkfolgen

Ein dominanzorientierter Networkingansatz birgt typische Chancen und Risiken. Dabei gilt, dass die erwartbaren positiven und negativen Folgen untrennbar miteinander verbunden sind. Ob sich dominanzorientiertes Networking und die daraus entstehenden Netzwerke förderlich oder hinderlich auswirken werden, hängt vom jeweiligen Kontext ab, in dem sie stehen.

(1) Druck

Das starke Bestreben, sich gegenüber anderen durchzusetzen, bringt ein ausgeprägtes Maß an Handlungsenergie mit sich. In den Erstgesprächen mit den Personen, deren Kontaktstrategien sich diesem Typus zuordnen lassen, wird die Kraft und Dynamik, mit der sie sich in ihre neuen Aufgaben stürzen, sprachlich und im Beziehungserleben deutlich spürbar. Sie schätzen und suchen die Konkurrenz und die Auseinandersetzung. Von Anfang an verfolgen sie hoch motiviert äußerst ehrgeizige Ziele und wollen möglichst sofort radikale Umwälzungen und Verbesserungen innerhalb der neuen Organisation bewirken. Besonders während der extrem dynamischen Anfangsphase gelingt es ihnen, schnell maßgeblichen Einfluss zu gewinnen und der Organisation ihren Stempel aufzudrücken.

Als Kehrseite der hohen Intensität der dominanzorientierten Vorgehensweise ist zu konstatieren, dass die Energie und der Druck, die in das Netzwerk eingebracht werden, auch auf die fokale Leitungskraft zurückwirken. Die befragten Leitungskräfte beschreiben sich als Getriebene. Sie sehen sich immer wieder dazu gezwungen, zu eskalierenden und aggressiven Maßnahmen zu greifen, ohne dass dies ihrem eigentlichen Wollen entsprechen würde. Der als Zwang erlebte Drang, ständig Druck aufbauen und aufrechterhalten zu müssen, dürfte sich langfristig als zermürbend und auslaugend herausstellen. In seiner durchgehenden Dominanzorientierung setzt sich der fokale Akteur (langfristig) immer indirekt auch selbst unter Druck.

(2) Fokussierung

Dominanzorientierte Leitungskräfte erscheinen sehr eingenommen von der jeweils aktuellen (Konflikt-)Situation, in der sie sich befinden. Ihre Aufmerksamkeit fokussiert sich stark auf das Hier und Jetzt ihres Kontakthandelns. In dieser Fokussierung liegt, wie noch deutlich werden wird, eine Chance. Ihr ist jedoch gleichzeitig das erhöhte Risiko inhärent zu übersehen, wie bestimmte Verhaltensweisen in der Organisation wahrgenommen werden.

Im dominanzbezogenen Networkingansatz wird die mikropolitische Arena der Organisation tatsächlich zur Kampfbahn. Die Gladiatoren in der Arena sind so tief verstrickt in ihre Auseinandersetzungen, dass sie keine Augen mehr für die Zuschauer haben. Den indirekten Folgen des Networkinghandelns wird so keine Beachtung zuteil. Es wird insbesondere nicht kalkuliert, welche (unintendierten) Wirkungen durch das aggressive Verhalten gegenüber Konkurrenten bei nur scheinbar unbeteiligten dritten Personen erzielt werden. Die ausgeblendeten Zuschauer registrieren die aggressive Härte, die gegenüber anderen gezeigt wird, sehr genau. Sie reagieren mit innerem Rückzug, Vorsicht und Zurückhaltung. In der Konsequenz erlauben sie sich im Verhältnis zu dominanzorientierten Leitungskräften keine echte Offenheit oder gar emotionale Nähe. Das Netzwerk erlaubt dann keine Vertiefung mehr.

Die Fokussierung und der Rückzug der beobachtenden Akteure können auch zur Folge haben, dass im Hintergrund und außerhalb der Wahrnehmung der fokalen Person Gegenstrategien auf das Dominanzstreben entfaltet werden. Der dominant auftretende Akteur provoziert Widerstand. Das wird exemplarisch deutlich am Fall Cäsar, in dem die bedrohte Chefin von Herrn Cäsar zur *ultima ratio* greift und ihren neuen Mitarbeiter bereits nach wenigen Wochen und noch in der Probezeit entlässt. Während der gesamten Zeit der Zusammenarbeit gab es kein klärendes offenes Gespräch zwischen den beiden und Herr Cäsar hat in seiner Konzentration auf seine Aufgabe auch von Dritten keine Signale aus dem Unternehmen erhalten, die ihn vor der Reaktion seiner Vorgesetzten auf seine dominante Networkingstrategie gewarnt hätten.

(3) Beschleunigung

Die Abgeschnittenheit von solidarischen Kontakten als Quelle vertraulicher Hintergrundinformationen trägt in Verbindung mit der Fokussierung auf die aktuelle Lage wesentlich dazu bei, dass man sich im Networkingtypus der Dominanz relativ blind durch die Organisation bewegt. Die innere politische Landkarte ist verschwommen und weist in weiten Teilen weiße Flecken auf. Komplexe mikropolitische Zusammenhänge werden im Vergleich zu den beiden anderen Networkingtypen in einer stark vereinfachenden und vereinfachten Weise wahrgenommen und interpretiert. Das kann dazu führen, dass, wie gerade für den Fall Cäsar ausgeführt, untergründige Entwicklungen gänzlich übersehen werden, da sich aus dem Netzwerk keine entsprechenden Warnsignale ergeben.

In diesem Risiko liegt allerdings wiederum auch eine Chance, denn die komplexitätsreduzierte Einschätzung der sozialen Situation in der Organisation hat auch eine befreiende Wirkung: Sie führt zu einer deutlichen Handlungsbeschleunigung. Es wird nicht lange gefackelt, sondern es werden schnell klare Entscheidungen herbeigeführt. Im neuen Arbeitskontext erfolgt eine frühe und eindeutige Festlegung auf themati-

Kapitel VIII – Empirisch begründete Typen des Networkings in Organisationen

sche und personelle Prioritäten. Auf dieser Basis kommen dominanzbezogene Leitungskräfte in die Lage, ihr Umfeld von Beginn ihrer Tätigkeit an beeinflussen zu können. Dadurch erreichen sie rasch Ergebnisse und können von zahlreichen und umfassenden Veränderungen berichten, die bereits wenige Wochen nach ihrem Eintritt in das neue Unternehmen erzielt werden konnten. Mit ihren Anfangserfolgen überraschen sie regelmäßig die etablierten Organisationsmitglieder und gewinnen in kurzer Zeit großen Einfluss innerhalb der neuen Firma.[153]

3.1.4 Fazit

Networking als Streben nach Dominanz ist eine Hochgeschwindigkeits- und Hochrisikostrategie, die bei geringer Absicherung und hohem Einsatz darauf ausgerichtet ist, möglichst schnell Handlungsfelder innerhalb der neuen Organisation zu erobern. Der Einsatz ist nicht nur in dem Sinne hoch, als dass Networking in diesem Modus eine besonders große Arbeitsbelastung mit sich bringt. Die fraglichen Leitungskräfte riskieren auch insofern viel, als sie auch ihr (frühes) Scheitern in der neuen Organisation in Kauf nehmen.

Es besteht von Anfang an eine klare Vorstellung davon, wie man sich in der neuen Organisation bewegen will, und nur eine geringe Bereitschaft dazu, diese Überzeugungen an die spezifischen Gegebenheiten des jeweiligen Unternehmens anzupassen. Äußerst konsequent verfolgen die Leitungskräfte ihre individuelle strategische Linie, mit der sie sich zuvor in anderen Organisationen behaupten konnten, und bauen ihr Netzwerk entsprechend auf. Offene Auseinandersetzungen werden nicht gescheut. Sie werden angenommen bzw. gesucht und mit großem Nachdruck geführt.

In dieser antreibenden und aggressiv-kämpferischen Rolle lassen sich Parallelen zu Handlungsmustern des Managertypus des „Dschungelkämpfers" ziehen, wie ihn Maccoby (1977: 65) in seinen Studien charakterisiert hat. Er beschreibt Dschungelkämpfer als Persönlichkeiten, welche „die Ausbeutung von Menschen [...] mit der Ideologie des Sozialdarwinismus und des Fortschritts" rechtfertigen. Auch in Bezug auf das Netzwerk kommt Maccoby für den Typus des Dschungelkämpfers zu einem ähnlichen Fazit wie die vorliegende Studie. Denn wie für Maccobys Dschungelkämpfer gilt auch für dominanzorientierte Führungskräfte, dass um sie herum keine echte Gemeinschaft entsteht. In ihren Netzwerken finden sich „keine Gefährten, nur Komp-

---

[153] Eine bedeutsame Beobachtung für diesen Handlungstypus bezieht sich darauf, dass das Erreichen einer bestimmenden Hauptrolle gleichzeitig einen Wendepunkt im Verhalten markiert. Sobald nämlich eine derartige Position erlangt ist, wird die Veränderungsenergie schnell auf ganz neue, immer noch ambitionierte Themen und Personen gelenkt. Der Fokus der Aufmerksamkeit richtet sich dann wieder vollständig nach außen, während die bereits kontrollierten Felder an Attraktivität verlieren. Handlungsenergie und Veränderungsdynamik scheinen somit am größten und produktivsten, wenn organisationale Handlungsfelder noch umkämpft sind. Sie nehmen ab, sobald das angestrebte Maß an Dominanz erreicht werden konnte.

lizen und Diener" (Maccoby 1977: 65). Der Networkingmodus unterminiert *per se* die Solidarität und schürt den Fortbestand der Konkurrenz zwischen den Akteuren.

Die Kontakthandlungen, mit denen auf Sanktionen, Zwang und Nachdruck gesetzt wird, erweisen sich für die befragten Leitungskräfte letztlich als ineffizient (vgl. Paris 1998: 169). Sie sind nicht nur aufwendig und mit den erwähnten hohen psychischen und physischen Kosten verbunden, sondern besitzen auch nur eine eingeschränkte Reichweite. Ein Netzwerk, das vollkommen auf eine Person zugeschnitten ist, kann nur eine bestimmte Ausdehnung erlangen. Jede einzelne Beziehung bedarf der Involvierung und der persönlichen Präsenz des Akteurs, der sich langfristig zum Flaschenhals des eigenen Netzwerks macht. Der angestrebten Expansion des Einflussbereichs sind dadurch Grenzen gesetzt, wenn nicht andere, weniger arbeitsintensive und aufreibende Strategien entwickelt werden, die den Kontrollaufwand reduzieren helfen. Eine mögliche Strategie könnte auf den Aufbau vertrauensvoller und solidarischer Verbindungen zu anderen Personen abzielen, die über reine Zweckbündnisse hinausgehen.

Vertrauen kann aber in diesem Networkingmodus kaum entstehen, denn Vertrauen impliziert die Abhängigkeit des Vertrauensgebers vom Vertrauensnehmer (vgl. Adler & Kwon 2000: 107; Haubl 2006: 77). Die Vermeidung von Abhängigkeiten macht aber einen wesentlichen Teil der Strategie aus. Da es sich bei dem hier betrachteten Personenkreis um Leitungskräfte und mithin Organisationsmitglieder mit hohem Status und großem Einfluss handelt, entsteht aus Sicht des Unternehmens das erhöhte Risiko, dass sie ihr Misstrauen auf ihr soziales Umfeld übertragen (vgl. Haubl 2006: 84). Im Umfeld dominanzorientierter Führungspersonen können auf diesem Weg soziale Strukturen entstehen, die Kets de Vries und Miller (1984: 17ff) als „paranoid" kennzeichnen: Das Misstrauen der Leitungskraft strahlt aus und im Kontakt mit anderen wird immer mehr Zeit und Energie darauf verwendet, mögliche Gefahren und Risiken, die von tatsächlichen und imaginierten Konkurrenten ausgehen, zu identifizieren und zu bekämpfen. Im Kreis um die (chronisch) misstrauische Leitungskraft können mit der Zeit paranoide Wirklichkeitskonstruktionen entstehen, mit denen sich die Gruppe „gegen Irrtumsvorbehalte zu immunisieren" (Haubl 2006: 86) beginnt. In diesem Szenario schottet sie sich – ähnlich wie übersolidarische Gemeinschaften (vgl. Abschnitt 3.2.3) – gegenüber der Außenwelt zunehmend ab und folgt schließlich nur noch den mit Nachdruck versehenen Überzeugungen der Leitfigur. Letztere behält alles und alle im Griff und gestaltet ihr Netzwerk als Monokultur, in der Ideen und Ansätze, die von außen herangetragen werden, keine Geltung mehr erhalten.

Die Risiken des dominanzgeprägten Networkingansatzes liegen damit vor allem in seinen langfristigen Auswirkungen. Sie treten ein, sobald der anfängliche Überraschungseffekt verpufft ist. Dann nämlich sammeln sich die Kontrahenten und entwickeln Gegenstrategien. In diesem Zusammenhang ist es bemerkenswert, dass alle diesem Modus zugeordneten Leitungskräfte im Sample bereits (mehrfach) das Unter-

Kapitel VIII – Empirisch begründete Typen des Networkings in Organisationen

nehmen gewechselt haben. Ein Extrembeispiel dafür sind die häufigen beruflichen Wechsel im Fall von Herrn Bernhard, der eine besonders dominante Networkingstrategie verfolgt. Konsequent hat er im Lauf seiner Karriere etwa alle zwei bis drei Jahre die Organisation gewechselt. Die berufliche Unstetigkeit passt zu den Erkenntnissen der Studie. Die empirischen Daten legen den Schluss nahe, dass dieser Kontaktmodus innerhalb *einer* Organisation über längere Zeit nicht durchgehalten werden kann.

Maccoby (1977: 67) kommt in seiner Untersuchung für die Figur des Dschungelkämpfers ebenfalls zu dem Fazit, dass derartige mikropolitische Vorgehensweisen langfristig nicht tragbar sind und mit der Zeit „für das Unternehmen zu einer Belastung" werden. Um eine zentrale Metapher des Falls Bernhard wieder aufzugreifen, braucht der Söldner permanent ein funktionierendes Ventil für seine Aggression. Hat er innerhalb des Unternehmens alles erobert, muss und wird er seine Kraft in Ermangelung eines geeigneten Aggressionsobjekts letztlich zerstörerisch gegen die Organisation selbst richten. Ein Unternehmen wäre damit gut beraten, sich rechtzeitig von der fraglichen Person und ihren Methoden zu trennen. Folgt man diesem Gedanken, wäre der Modus der Dominanz aus Sicht des Unternehmens damit nur vorübergehend oder in spezifischen Kontexten, wie z.B. in einer Krisen- oder Restrukturierungsphase, in der schnelle und radikale Veränderungen erforderlich sind, sinnvoll und akzeptabel. Die langfristig entscheidende (und im vorliegenden Sample besonders vielfältig beantwortete) Frage zu diesem Networkingmodus ist, welche Strategien die Akteure für sich entwickeln, um ihr Dominanzstreben zu kanalisieren, damit seine möglichen (selbst-)zerstörerischen (Neben-)Wirkungen nicht zur Entfaltung kommen.

3.2 Typ 2: Networking als Streben nach Solidarität

Das geteilte Hauptmerkmal der in diesem Typus zusammengeführten Networkingfälle liegt darin, dass die jeweiligen Protagonisten ihr Kontakthandeln wesentlich darauf ausrichten, solidarische Beziehungen zu ausgewählten Kollegen aufzubauen oder zu bewahren.[154]

Während der Auswertung haben sich für den solidaritätsbezogenen Networkingtypus Konzepte wie «Aufgeschlossenheit» oder «Vertrauen» als wichtige Motive herausgestellt.

„Und dazu müssen Sie nah an den Leuten dran sein." (N1)

Vertrauensvolle und emotional berührende Kontakte zu anderen Organisationsmitgliedern kennzeichnen den erwünschten Endzustand der intraorganisationalen Beziehungen in diesem Networkingansatz. Es wird angestrebt, im Kreis der Kollegen ein

---

[154] Prototypisch für diesen Typus steht der Fall Friedrich, der bereits ausführlich vorgestellt und analysiert wurde (vgl. Kapitel VII, Abschnitt 5). Als weiterer Fall aus dem Sample lässt sich der Fall Igor eindeutig dieser Dimension zuordnen. Starke Anklänge dieses Typus finden sich auch in den Fällen Emil, Konrad, Michael und Norbert.

gemeinschaftliches Miteinander auf der Grundlage von Solidarität zu schaffen. Der starke Zusammenhalt innerhalb der Solidargemeinschaft soll unter anderem dafür sorgen, dass die Fehler einzelner Akteure nach außen hin gedeckt werden. Gesucht wird Austausch auch zu persönlichen Themen im Kollegenkreis. Das Ziel des Ansatzes besteht darin, sich gegenseitig zu stützen und zu schützen.

„Um auch die Belange des Teams zu verstehen, das Team nach vorne zu bringen. Auch, mich schützend vor das Team zu stellen, wenn Angriffe von außen kommen." (M1)

„Ich möchte eine unterstützende Funktion haben." (I1)

Der Zusammenhalt der Gemeinschaft soll sich in diesem Networkingansatz aus drei Quellen speisen und ihr die gewünschte Stabilität verleihen:

(1) Innerhalb der solidarischen Bezugsgruppe sollen erstens ungeschriebene *soziale Normen* verankert werden, die dem Handeln der Gemeinschaftsakteure als gelebte kooperative Praxis einen verbindlichen und stabilisierenden Rahmen geben. Im Gegensatz zu den Zweckbündnissen, die aus dem Modus der Dominanz entstehen, wird dadurch angestrebt, diese Gemeinschaften emotional zu vertiefen und auf Dauer anzulegen.

(2) Verbindlichkeit soll zweitens auch durch ein geteiltes *Bewusstsein von der Vorteilhaftigkeit* eines solidarischen Auftretens in der politischen Arena der Organisation entstehen. Die positiven Effekte sozialen Rückhalts, die sich aus dem Zusammenschluss mit anderen ergeben, sollen von allen Mitgliedern der Gemeinschaft als hoch eingeschätzt werden.

(3) Drittens geht es beim solidaritätsbezogenen Networking darum, *hohe Austrittsbarrieren* gegen das Verlassen der Gemeinschaft zu errichten. Die Kosten des Austritts bzw. eines Vergehens gegen die Regeln sollen möglichst hoch sein. Der Verstoß eines Einzelnen gegen die Normen der Gemeinschaft wird mit hoher Wahrscheinlichkeit von vielen Beteiligten bemerkt und gegebenenfalls gemeinschaftlich sanktioniert. Dadurch wird der Einzelakteur mit dem Risiko konfrontiert, sich durch seine Vorteilssuche, die sich auf Kosten der Gemeinschaft an Partikularinteressen orientiert, selbst zu schaden.

Im solidaritätsbezogenen Networkingansatz findet das zweite Gesicht der Macht nach Lukes (vgl. Kapitel II, Abschnitt 3.1) Anklang. Die Kernfrage der Vorgehensweise ist, wie sich andere Akteure im Sinne einer Situationskontrolle in ein dichtes Geflecht verbindlicher Normen einspinnen und damit kontrollieren lassen. Durch die Etablierung verbindlicher Gemeinschaftsnormen sinkt die Zahl der Handlungsoptionen, die den mikropolitischen Akteuren innerhalb und außerhalb der Solidargemeinschaft zur Verfügung stehen. Nach innen gerichtet sorgen die geltenden sozialen Normen für Berechenbarkeit und Verbindlichkeit. Nach außen gerichtet erlaubt der Networkingansatz, dass die verbundenen Personen geschlossen auftreten. Dadurch sollen die

Kapitel VIII – Empirisch begründete Typen des Networkings in Organisationen

Spielräume auch derjenigen Personen beschränkt werden, die sich außerhalb der Solidargemeinschaft oder ihrer Regeln bewegen.

Die typischen Merkmale eines Networkings als Streben nach Solidarität sind in der folgenden Tabelle 7 zusammengefasst.

Networking als Streben nach Solidarität	
Finalität	• Schaffen eines gemeinschaftliches Miteinanders im Kreis der Kollegen • Verankerung gemeinsamer Ziele • Etablierung verbindlicher sozialer Normen • Sozialer Rückhalt

Networking	• Orientierungsphase: Kontakte (ver-)suchen
	  o Aufnehmen eines möglichst vollständigen und differenzierten Bildes der sozialen und emotionalen Verfassung der Organisation
	  o Akzeptanz dieser Situation als Ausgangspunkt für Networkinghandlungen
	  o Öffnung möglichst vieler und vielfältiger Kommunikationskanäle
	  o Vorsichtige Beziehungsangebote
	  o Test möglicher Vertrauenspartner
	  o Ansprache persönlicher Themen
	  o Sensibler Umgang mit vertraulichen Informationen, Fehlern und Schwächen anderer Akteure
	  o Äußerung von Respekt und Bewunderung gegenüber Bestehendem
	• Stabilisierungsphase: Kontakte (ab-)sichern
	  o Intensivierung der Erstkontakte und der Strategien aus der Orientierungsphase
	  o Zusammenarbeit
	  o Gemeinsame Besetzung, Steuerung und Kontrolle organisationaler Handlungsfelder
	  o Übernahme integrierender, moderierender Rollen und Funktionen

Netzwerk	• Strukturelle Netzwerkmerkmale
	  o Überbrückung struktureller Löcher, heterogene Kontaktstruktur nach außen
	  o Homogene Kontaktstruktur innerhalb der Solidargemeinschaft mit geteilten Zielvorstellungen, Strategien und kognitiven Schemata
	• Relationale Netzwerkebene
	  o Hohe Beziehungsintensität: Starke, vertrauensvolle, multiplexe Beziehungen
	  o Verbindliche soziale Normen auf der Basis geteilter und internalisierter Werte (Dankbarkeit, Loyalität etc.)
	  o Solidarität gegenüber Gegnern und den oberen Leitungskräften

Kapitel VIII – Empirisch begründete Typen des Networkings in Organisationen

Netzwerk-folgen	• (Un-)Sicherheit ○ Minimierung von Ungewissheitszonen ○ Klarere Orientierung für die eigenen Kontakthandlungen, schnelles Einfügen in die Organisation ○ Risiko der falschen Anbindung ○ Gefährdete Balance zwischen Vertrauen und Misstrauen • (Über-)Solidarität ○ Zusammenhalt zwischen den Gemeinschaftsmitgliedern ○ Abgleich des Informationsstandes ○ Sozialer Rückhalt ○ Hoher Aufwand für die Pflege der Solidargemeinschaft ○ Limitierung der Bewegungsfreiheit ○ Verlangsamung

Tabelle 7: Merkmale des Networkingtypus Solidarität

3.2.1 Networking

Wendet man sich der Handlungsebene dieses Networkingtypus zu, lassen sich zwei Phasen differenzieren. Zu unterscheiden sind Orientierungsphase (1) und Stabilisierungsphase (2). Während der Orientierungsphase werden (zunächst vorsichtige) Beziehungsangebote gemacht und mögliche Solidarpartner getestet. In der anschließenden Stabilisierungsphase werden ausgewählte Kontakte verbindlich abgesichert.

(1) Orientierungsphase: Kontakte (ver-)suchen

Die Orientierungsphase ist dadurch geprägt, sich ein „Gesamtbild" (E1) des sozialen Umfelds zu machen. Es geht darum zu verstehen, „wie die Firma [...] funktioniert, die ganzen Hintergründe" (M1) und die unterschwellige politische Dynamik kennenzulernen. Es soll ein möglichst exaktes kognitives *und* emotionales Abbild des sozialen Gefüges der Organisation erreicht werden.

„Ich kann es nur vom Gefühl her machen und verstehen." (N1)

Dabei geht der Blick weit über den unmittelbaren Arbeitsbereich hinaus und bezieht insbesondere auch die in der Organisation insgesamt herrschende Stimmung, Kultur und ihre Historie umfassend mit ein.

Es wird angestrebt, möglichst viele und vielfältige Informationskanäle zu öffnen, um ein vollständiges Meinungs- und Stimmungsbild zeichnen zu können.

„Ich habe überall Einstandsgespräche geführt. [...] Gespräche vereinbart, um zu verstehen: `Was macht diese Funktion und vor allem welche Person verbirgt sich dahinter?`" (K1)

Networking in der Orientierungsphase bedeutet damit zunächst vor allem Wahrnehmen und Aufnehmen der politischen Landschaft.

Kapitel VIII – Empirisch begründete Typen des Networkings in Organisationen

„Wenn man neu wo reinkommt, muss man doch erst mal kucken, wie das alles läuft. Natürlich schaut man sich erst mal überall um." (I1)

„Du musst in einem System hellhörig sein. Du musst ganz einfach politische Stimmungen aufnehmen und darfst sie nicht beiseite schieben und dann entsprechend anpassen." (M1)

Die Organisation mit ihren bestehenden „*underlying structures*" (F1) wird als gegeben betrachtet. Die aktuelle Landschaft sehen Leitungskräfte im Kontaktmodus der Solidarität nicht als eine, die sie unmittelbar gestalten und verändern möchten. Zunächst drehen sich ihre Networkinghandlungen darum, Anschluss zu finden.

„Ich bin ein sehr offener Mensch und kann auf Leute zugehen und das kommt mir natürlich da zugute. Ich habe mich da relativ schnell einfügen können in die Umgebung im neuen Job." (I1)

Einen wesentlichen Teil der Orientierungsphase macht die Suche nach möglichen Kontaktpartnern aus. Das Suchen besitzt den Charakter eines Versuchens, indem mögliche Interaktionspartner ausgewählt und getestet werden. Dazu werden zunächst äußerst vorsichtige und dezente Beziehungsangebote gemacht, um zu prüfen, bei wem der Aufbau einer solidarischen Beziehung für möglich erachtet wird.

(Erst-)Kontakt zu anderen wird in Gesprächen nicht nur über fachliche Fragen aufgebaut, sondern auch über persönliche Themen.

„Ich habe mit allen meinen unmittelbaren Mitarbeitern mich für zwei bis drei Stunden zum Abendessen hingesetzt, um die anderen als Person kennenzulernen und auch mich als Person begreifen zu lassen." (K1)

Die solidaritätsorientierte Leitungskraft nimmt in diesen Gesprächen eine eher zurückhaltende und fragende Rolle ein. Sie erkundigt sich nach den Sichtweisen anderer und strebt nicht direkt danach, anderen ihre Einschätzungen anzutragen.

„Ich versuche nicht, den absoluten Chef rauszuhängen in dem Sinne, dass ich allen sage, wie es gemacht wird. […] Das ist für mich der richtige Einstieg, den sanften Weg zu gehen." (I1)

Erst wenn aus den Erstkontakten der Eindruck entsteht, dass auch persönliche und vertrauensvolle Gespräche und Absprachen möglich sind, wird die jeweilige Beziehung weiter intensiviert. Zu Beginn des Kontakts scheint es eine wichtige Rolle zu spielen, wie erstens mit eigenem Wissen (1) und zweitens mit Fehlern (2) umgegangen wird.

(1) Öffnet Alter seinen Erfahrungsschatz aus Hintergrund- und relevantem Fachwissen, wird das von Ego als positiver Vertrauensbeweis gesehen. Der fachliche Austausch dient als Kommunikationsgelegenheit, mit anderen auch persönlich in Kontakt zu kommen. Durch feinfühliges Nachfragen während solcher prüfender Gespräche

Kapitel VIII – Empirisch begründete Typen des Networkings in Organisationen

werden nicht nur die erforderlichen Informationen für die Einschätzung der Lage ge-sammelt; vielmehr soll auf diesem Weg gleichzeitig Interesse für das Wissen, die Kompetenz und Erfahrung der jeweiligen Gesprächspartner gezeigt werden. Es geht auch um den Austausch von Zeichen des gegenseitigen Respekts oder, wie im Fall von Herrn Igor, sogar der Bewunderung, die dieser gegenüber seinem Vorgesetzten und dessen beruflichen Erfahrung empfindet und äußert.

> „Der beeindruckt mich als Persönlichkeit. Es ist einfach toll, was der alles ge-macht hat und ich bewundere seine strategischen Fähigkeiten." (I1)

(2) Als ähnlich klarer Vertrauensbeweis wie der behutsame und wertschätzende Um-gang mit den Erfahrungen und dem Wissen anderer Organisationsmitglieder gilt, wenn frühzeitig offen über eigene Fehler gesprochen werden kann, ohne dass diese Offenheit für Indiskretionen oder gar Angriffe missbraucht wird.

> „Ich gehe auch immer ein Risiko ein in der Richtung, dass ich offene Flanken biete, auch von mir persönlich Dinge preisgebe." (M1)

Am Ende der Orientierungsphase bestehen Kontakte zu sorgfältig ausgewählten Or-ganisationsmitgliedern, die als zugänglich und vertrauenswürdig eingestuft werden. Sie werden in der Stabilisierungsphase weiter ausgebaut. Kontakte zu Akteuren, die nicht mit den entsprechenden Attributen belegt werden konnten, werden dagegen nicht vertieft. Diese Personen werden im weiteren Verlauf des Netzwerkaufbaus ig-noriert und aus dem solidarischen Kreis tendenziell ausgegrenzt.

(2) Stabilisierungsphase: Kontakte (ab-)sichern

Der diskrete Umgang mit möglichen Schwächen, die respektvolle Würdigung der Erfahrung etablierter Akteure sowie die Rücksicht auf bestehende organisationale Praktiken und Traditionen wirken auch noch während der Stabilisierungsphase prä-gend. Diese Vorgehensweisen werden während der Stabilisierungsphase im Kontakt zu den Personen, zu denen Vertrauen gefasst wurde, intensiviert.

Das reziproke Wissen um die jeweiligen Schwachpunkte des anderen wirkt mit der Zeit wie ein beide Seiten verpflichtendes Pfand, das die Beziehung wechselseitig ab-sichert: Da Alter und Ego jeweils genau wissen, wo die wunden Punkte des anderen liegen, ist es für beide vorteilhaft zu kooperieren.

Zusammenarbeit findet in einem ganz praktischen Sinn statt, indem viele Aufgaben gemeinsam besprochen und gelöst werden. Organisationale Handlungsfelder werden nicht – wie im Dominanzmodus – monopolisiert, um sich gegenüber anderen abzu-grenzen und zu profilieren; sie werden im Verbund mit anderen besetzt.

> „Meine wichtigste Aufgabe ist die Planung des Produktionsprozesses. Das mache ich mit meinem Vorgesetzten zusammen." (I1)

Kapitel VIII – Empirisch begründete Typen des Networkings in Organisationen

„Wir [Herr Michael mit seinem Kollegen; FR] arbeiten absolut top zusammen. Wir befruchten uns gegenseitig." (M1)

Über die Arbeitsebene hinausgehend öffnen sich solidaritätsorientierte Leitungskräfte gegenüber ihren Interaktionspartnern auch zu vertraulichen persönlichen Themen. Diese Zugänglichkeit kommt auch in den Interviews mit den Leitungskräften, deren Networking dem Solidaritätstypus entspricht, zum Tragen und prägt das Klima dieser Gespräche nachhaltig. So berichtet etwa Herr Igor während des Interviews offen von großen gesundheitlichen Schwierigkeiten, die ihm seit längerem zu schaffen machen. In diesen gedanklichen Kontext gehört auch, dass auffallend gelassen mit dem Thema der Vertraulichkeit der Erhebung umgegangen wird. Während sich beispielsweise Herr Bernhard eine Kopie des Transkripts schicken lässt und sich genau nach den Modalitäten der Anonymisierung und Auswertung erkundigt, hat Herr Igor an der Stelle keine Bedenken.

> FR: „Ich kann also zusagen, dass alles, was wir beide besprechen werden vertraulich ist und ich z.b. auch nicht mit Andrea [Kontaktperson, die das Interview vermittelt hat; FR] oder gar Kollegen über unser Gespräch sprechen werde."

> Herr Igor: „Da mache ich mir gar keine Gedanken, weil selbst, wenn das passieren würde, hätte ich kein Problem damit." (I1)

Vertrauensvorschüsse wie dieser, der mir während des Interviews gewährt wurde, sichern auch innerhalb des Arbeitskontexts Beziehungen ab.

Absicherung erfahren die entstehenden Beziehungen auch durch gemeinsame Aktivitäten der Gemeinschaftsakteure und symbolische Rituale.

> „Das ist auch ein Riesenaspekt bei der Firma Michael. […] Es gibt viel Geld, das ich für mein Team einsetzen kann. Für Grillparties oder so. Tolles Kantinenessen. Da gehen wir alle immer gerne hin." (M1)

Als weiteres einschlägiges Networkingmerkmal hat sich herausgestellt, dass innerhalb der sozialen Struktur der Organisation vermittelnd-integrierende Rollen eingenommen werden. Das gilt für alle drei Fälle, die dem Typus eindeutig zugeordnet werden konnten. Während Herr Emil Beziehungen zu Außenseitern der Organisation pflegt und sich darum bemüht, ihnen Einblicke in die mikropolitischen Zusammenhänge zu öffnen, wirkt Herr Friedrich wie eine Kommunikationsbrücke zwischen den verfeindeten Vorständen. Herr Igor vermittelt zwischen seinem Chef und seinen Mitarbeitenden, indem er bei ihnen um Verständnis für seinen Vorgesetzten und die Lage des Unternehmens wirbt.

> „Der [sein Vorgesetzter; FR] war früher selbst Teamleiter und heute geht er halt noch oft an die Leute direkt ran anstatt über mich. Das sage ich ihm auch, aber ich finde, dass momentan ein riesiger Druck auf uns lastet und da muss man Verständnis dafür zeigen. Ich spiele auch ein bisschen den Puffer dann." (I1)

Kapitel VIII – Empirisch begründete Typen des Networkings in Organisationen

Der Vorgesetzte zählt zum Kreis der engen Vertrauten Herrn Igors. Letzterer äußert sich verständnisvoll, obwohl er sich durch die Eingriffe in seinen Verantwortungsbereich durchaus auch angegriffen fühlen könnte. Herr Igor verhält sich jedoch solidarisch und sichert so die Beziehung für die Zukunft.

3.2.2 Netzwerk

Während der Stabilisierungsphase bildet sich ein soziales Netzwerk, das spezifische strukturelle und relationale Qualitäten aufweist.

(1) Strukturelle Ebene

Die vermittelnden Rollen, die gerade als typisch für die Stabilisierungsphase charakterisiert wurden, finden ihren Niederschlag in der Konfiguration des Netzwerks. In der beschriebenen integrierenden Funktion überspannen solidaritätsorientierte Leitungskräfte strukturelle Löcher. Besonders augenfällig wird diese Positionierung bei Herrn Friedrich, der neben der oben bereits benannten Funktion auch exklusive kommunikative Brücken in die zahlreichen ausländischen Tochtergesellschaften der Firma Aktuell unterhält. Auch Herr Emil sucht und unterhält bewusst Kontakte in fachlich entfernte Organisationsbereiche. Daran wird deutlich, dass trotz des auf Solidarität ausgelegten Handlungsentwurfs heterogene (Informations-)Strukturen erzeugt und aufrecht erhalten werden können (vgl. Abschnitt 3.2.3). Es wird Anschluss gesucht an möglichst viele und vielfältige organisationale Felder, in denen man selbst nicht Experte ist, um aus diesen Quellen zu lernen und Neuigkeiten zu erfahren. Solidaritätsorientiertes Networking bleibt damit nicht auf wenige homogene bzw. interne Kontakte beschränkt.

Diesen Kontakten kommt allerdings eine besondere Bedeutung zu. Homogenität ist innerhalb der entstehenden Solidargemeinschaft als das maßgebliche strukturelle Attribut zu sehen. Sie wirkt sich im Binnenverhältnis der Gemeinschaftsakteure in verschiedener Hinsicht aus. Es ergeben sich kongruente Zielvorstellungen, geteilte kognitive Schemata, gemeinsame soziale Normen sowie ein einheitlicher Informationsstand. Die umfassende Homogenität ist ein Produkt der dichten Vernetzung weniger Akteure, wie Herr Igor sie für seinen inneren Zirkel charakterisiert.

> „Wir sind ganz eng. […] Zu denen allen habe ich einen guten Kontakt und die verstehen sich auch alle untereinander." (I1)

(2) Relationale Ebene

Die Beschreibung der strukturellen Netzwerkkonfiguration nimmt bereits vieles von dem vorweg, was sich für diesen Networkingtypus in relationaler Hinsicht als bedeutsam herausgestellt hat. Die Beziehungsintensität innerhalb des engeren Kreises um den fokalen Akteur ist als hoch zu bewerten. Es entstehen starke Kontakte, in denen Zeitaufwand, Kontaktfrequenz, Intimität und Emotionalität jeweils ausgeprägt

sind. Die Verbindungen zu anderen Organisationsmitgliedern sind langfristig und auf
Stabilität sowie gegenseitige Unterstützung ausgelegt.

> „Ich werde alles tun, um ihn [seinen Vorgesetzten; FR] in dieser Funktion erfolg-
> reich zu machen. Er hat mir das Gleiche zugesichert. Wir sind da ganz eng ver-
> knüpft. Er kann nicht erfolgreich sein, wenn er keine echte Mannschaft hinter
> sich hat. Ich habe ihm da sehr stark geholfen, wie ich mich eingebracht habe. Ich
> habe ihn da voll unterstützt, dass aus dieser Mannschaft ein echtes Team
> wird." (K1)

Es finden viele gemeinsame persönliche Treffen statt. Der räumlichen Komponente
kommt dabei eine wesentliche Rolle zu. In allen drei einschlägigen Fällen wird deutlich, als wie entscheidend es angesehen wird, in welchem Gebäude bzw. auf welcher
Etage man mit wem zusammenarbeitet. In der damit herausgehobenen Bedeutung
direkter persönlicher Kontakte hebt sich dieser Networkingansatz in seiner räumlichen Bezogenheit vom ortlosen Typus der Dominanz (vgl. vor allem Fall Bernhard)
kontrastreich ab.

Die persönlichen Zusammenkünfte werden besonders dafür genützt, sich intern abzu-
stimmen und die jeweiligen Informationsstände zu synchronisieren. Die enge Solidargemeinschaft umfasst Akteure unterschiedlicher Abteilungen und Hierarchiestufen. Damit bestehen hierarchisch asymmetrische Beziehungen im Netzwerk. Innerhalb der Gemeinschaft jedoch begegnet man sich trotz formal divergierender Positionierung gleichberechtigt und auf Augenhöhe.

> „Ich möchte, dass meine Mitarbeiter denken: `Ich kann meinem Chef trauen. Das
> ist zu meinem Vorteil.´ Ich bin Dienstleister für die Mitarbeiter. Ich will präsent
> sein, für sie da sein." (M1)

> „Ich habe eine ganz offene, sehr gute Beziehung zu meinem Chef. Mit einem
> Wort: `eng´. Ich möchte fast sagen, wir haben eine freundschaftliche Beziehung.
> […] Seine Schwester war übrigens mit mir auf dem Gymnasium." (I1)

Der letzte Satz der zweiten zitierten Passage leitet dazu über, dass solidaritätsorientiertes Networking mit der Ausbildung multiplexer Beziehungen einhergeht. Kollegen sind nicht nur als Kollegen, sondern gegebenenfalls auch über weitere Rollen mit
dem fokalen Akteur verbunden. Sie können beispielsweise auch Freunde sein, mit
denen Freizeitaktivitäten besprochen oder gar geteilt werden.

> „Da geht es sehr persönlich zu. Ich bin eigentlich mit allen per Du und unterhalte
> mich mit denen auch über den Urlaub." (I1)

> „Es geht natürlich nicht nur ums Geschäftliche, sondern wir sind auch privat gut
> befreundet. Mein Kollege z.B. spielt Tenorhorn und dann bekommt der von mir
> schon mal einen Katalog über Mundstücke." (I1)

Kapitel VIII – Empirisch begründete Typen des Networkings in Organisationen

Die Interviewausschnitte unterstreichen darüber hinaus, dass die Kontaktaufnahme zu anderen Organisationsmitgliedern im Solidaritätsmodus primär aus einer intrinsischen Motivation heraus erfolgt: Networking geschieht in diesem Modus in erster Linie auf Basis von Kontaktfreudigkeit und grundsätzlichem Interesse an menschlicher Begegnung.

> „Ich bin nicht kritisch und ich bin eher offen. Ich sehe immer erst das Gute im Menschen." (M1)

Intraorganisationale Beziehungen sind nicht das Ergebnis eines überwiegend extrinsisch motivierten, rationalen Abwägungs- und Entscheidungsprozesses, wie ihn beispielsweise Herr Bernhard durchläuft.

Mit dem eben Gesagten ist bereits ein Hinweis darauf gegeben, dass auch die Handlungsmotivation, die den Zusammenhalt der Gemeinschaft sichert, (zunehmend) auf einer Basis internalisierter Werte beruht. Es gelten Werte und Normen, die von den Beteiligten als verbindlich internalisiert und akzeptiert werden. Als integrierende Werte können, wie im Fall von Herrn Igor, beispielsweise Dankbarkeit und Loyalität gelten.

> „Ich empfinde Dankbarkeit […]. Die haben mir wirklich eine Riesenchance gegeben und ich möchte das mit Einsatz und Leistung zurückzahlen. Ich will etwas dafür zurückgeben, dass ich das Vertrauen bekommen habe." (I1)

Als organisationsinterne Gegner werden Personen gesehen, die sich dem geltenden Solidaritätskodex entziehen und sich an individuellen Interessen und Zielen orientieren. Ihr Verhalten wird als „egozentrisch" (I1) charakterisiert. Ihnen wird gemeinschaftlich begegnet. Man versichert sich der Rückendeckung der Bündnispartner und plant Gegenmaßnahmen, die anschließend gemeinsam umgesetzt werden.

> „Aber damit ist er [ein Abweichler aus der Gemeinschaft um Herrn Igor; FR] dann nicht durchgekommen. Mein Chef hat das gemacht. Wir haben ihn dann schnell wieder eingefangen." (I1)

3.2.3 Netzwerkfolgen

Das soziale Netzwerk, das aus einem solidaritätsbezogenen Networking entsteht, ist strukturell und relational darauf ausgelegt, andere Akteure dauerhaft einzubinden. Ihre Verhaltensweisen sollen auf diesem Weg gesteuert oder zumindest berechenbar gemacht werden. Diese gewünschten Effekte eines solidarischen Netzwerks gehen immer auch mit unintendierten Nebenwirkungen einher, die sich als Kehrseite des jeweiligen Vorteils auffassen und beschreiben lassen.

Kapitel VIII – Empirisch begründete Typen des Networkings in Organisationen

(1) (Un-)Sicherheit

Sofern die Etablierung solidarischer Normen und Kontakte gelingt, werden Unsicherheitszonen minimiert. Die Handlungen der anderen Akteure werden für die fokale Leitungskraft berechenbarer. Das Universum der mikropolitischen Möglichkeiten verkleinert sich. Eine wesentliche Folge einer derartigen Netzwerkkonfiguration ist also ein Steuerungs- und Kontrolleffekt auf die mikropolitischen Aktivitäten anderer, der für Sicherheit sorgt.

Gleichzeitig erhält die Leitungskraft im solidaritätsbezogenen Modus für ihre eigenen mikropolitischen Vorgehensweisen und Kontaktstrategien eine klarere Ausrichtung. Für sie selbst wird ihr Verhalten in seinen Abläufen und Konsequenzen überschaubarer. Das gilt besonders für die turbulente und unübersichtliche Einstiegsphase, während der die Einbindung in ein dichtes Kontaktnetz Sicherheit und Orientierung bedeutet.

> „Unsicher in Bezug auf den Anfang. Man sucht Kontakte schon während der Schulzeit, baut entsprechende Lerngruppen auf, sucht Professoren, von denen man sich die entsprechenden Tipps erhofft. Das mache ich heute in der Arbeit genauso." (I1)

Im solidaritätsorientierten Networkingansatz fällt es aufgrund des dichten intraorganisationalen Netzwerks leichter, sich in das soziale Umfeld einzufügen und sich darin zu bewegen. Es gibt frühzeitig und in intensiver Form orientierende Rückmeldung dazu, welche Verhaltensweisen in der Organisation akzeptiert und erwartet werden. Das führt dazu, dass sich Leitungskräfte in diesem Kontaktmodus besonders schnell und gut integriert fühlen.

Unsicherheit und Risiken liegen bei dichten solidarischen Netzwerken immer darin, (plötzlich) feststellen zu müssen, mit den falschen Akteuren verbunden zu sein, sich den falschen Partnern (in der falschen Intensität) verschrieben zu haben. Es ist von entscheidender Bedeutung eine Einschätzung davon zu haben, wie und wohin sich die Organisation insgesamt entwickelt und wie der eigene Kreis der Unterstützenden im sozialen Gefüge insgesamt verankert ist. Zu diesem Zweck werden parallel zu den Beziehungen der Solidargemeinschaft möglichst vielfältige und informierte Außenkontakte gesucht und gepflegt, die Prognosen und Einschätzungen ermöglichen sollen. Über sie wird – salopp ausgedrückt – sichergestellt, dass man sich mikropolitisch (immer noch) in guter Gesellschaft befindet.

In dieser ambivalenten Vorgehensweise drückt sich die stets gefährdete Balance von Vertrauen und Misstrauen aus, der für diesen Kontaktmodus kennzeichnend ist. Die Gefährdung der Balance ergibt sich einerseits aus dem latenten Risiko, von vermeintlichen Bündnisgenossinnen und -genossen getäuscht und übervorteilt zu werden. Andererseits bezieht sie sich auf die Gefahr einer Übereinbettung (*overembeddedness*)

Kapitel VIII – Empirisch begründete Typen des Networkings in Organisationen

in Sozialzusammenhängen, die sich (im Lauf der Zeit) als hinderlich erweisen könnten.[155]

> „Ich denke, ich bin manchmal sogar zu loyal gegenüber meinen Chefs." (I1)

(2) (Über-)Solidarität

Der wichtigste erwartete positive Effekt aus der Etablierung eines stabilen Netzwerks liegt in der Solidarität der Gemeinschaftsmitglieder, die sich gegenseitig in allen Fragen unterstützen. Unterstützung findet auf mehreren Ebenen statt (vgl. House 1981 und 1987; Kapitel III, Abschnitt 3.3.2). Während die Qualität der Unterstützung im Dominanzmodus im Modell von House ausschließlich auf die unterste Kategorie des *instrumentalen Rückhalts* beschränkt bleibt, führt der Solidaritätsmodus auch auf die darüber liegenden Ebenen: Indem die solidarisch verbundenen Akteure in einem quasi-privaten Rahmen untereinander Handlungsanweisungen, Vorschläge und Ratschläge diskutieren und teilen, gewähren sie sich – in den theoretischen Kategorien von House ausgedrückt – *Rückhalt durch Information*. Neben fachlichen werden vor allem auch mikropolitisch relevante Hintergrundinformationen ausgetauscht und miteinander abgeglichen. Auf diesem Weg halten sich die Akteure, die im solidarischen Bündnis vereint sind, stets auf dem aktuellen Stand, was organisationale Zusammenhänge und Entwicklungen anbelangt. Die solidarische Gemeinschaft bietet Gelegenheit und Anlass, Abstand vom unübersichtlichen Treiben in der Restorganisation zu gewinnen und zusammen mit Vertrauten die eigene Positionierung zu reflektieren und auf dieser Basis weitere mikropolitische Schritte zu planen.

Die Qualität des sozialen Rückhalts muss jedoch nicht auf die beiden tiefer liegenden Ebenen beschränkt bleiben. In einem (weiter) fortgeschrittenen Stadium der Gemeinschaftsentwicklung schließt sie, wie insbesondere in den Fällen Friedrich und Igor plastisch wird, auch die Ebene des *Rückhalts durch Anerkennung* mit ein.

> „Die Rückmeldung des Mitarbeiters eines meiner Abteilungsleiter war dann die: `So einen Vorgesetzten [wie Herrn Konrad selbst; FR] hat er in seiner Zeit bei der Firma Konrad noch nie gehabt.´ Und der hatte letzten Monat 25. Dienstjubiläum. Das hat mir einfach sehr gut getan." (K1)

Außer Bestätigung und (positivem) Feedback erfahren die Bündnisakteure in ihrem Kreis zusätzlich auch Wertschätzung, Zuneigung und Vertrauen. Die Gemeinschaft

---

[155] Die Gefahr einer Übereinbettung dürfte besonders dann entstehen, wenn, wie im Fall Igor, durch Beziehungen im Kollegenkreis familiäre Assoziationen oder Übertragungen ausgelöst werden. Der Vorgesetzte, der selbst „ein Kind des Unternehmens" (I1) ist, wird in der folgenden Sequenz zum strengen und gleichzeitig behütenden Vater, der seinem Sohn zwar gewisse Freiheiten lässt, aber (im Notfall) doch immer einen gangbaren Pfad als Ausweg weist. „Ich bin so erzogen worden, dass das, was der Vater sagt, passt. Das ist manchmal schwierig, aber auch gut, weil es immer einen vorgeschlagenen Weg gibt, den man als doppelten Boden immer gehen kann" (I1).

Kapitel VIII – Empirisch begründete Typen des Networkings in Organisationen

bietet also auch *emotionalen Rückhalt*. Die vertraulichen Begegnungen in einem als sicher empfundenen Schutzraum tragen dazu bei, sich in einer Organisation „wohl fühlen" (F1) zu können.

Als kritisch zu beurteilende Kehrseite dieser erwünschten Solidaritätseffekte ist, abgesehen von dem bereits genannten Balanceakt (Vertrauen vs. Misstrauen), vor allem der hohe zeitliche und emotionale Aufwand zu nennen, der betrieben werden muss, um solidarische Strukturen aufzubauen. Während der Orientierungsphase werden viele Kontakte aufgenommen und intensiv geprüft, die sich letztlich als Irrweg erweisen und schließlich wieder abgebrochen werden. Die aufwendige Suche nach zusätzlichen neuen Kontakten findet parallel zur Stabilisierung der Solidargemeinschaft weiter ihre Fortsetzung. Damit entsteht eine Doppelbelastung, denn gerade der Aufbau starker Kontakte erfordert Aufmerksamkeit, Zeit und (emotionale) Energie. Solidarbeziehungen wollen (behutsam) initiiert, gepflegt und immer wieder bestätigt sein. Sie verlangen nach ständiger persönlicher Hingabe, nach der Einbindung vieler und wiederholter Bestätigung der Solidarität.

Die solidaritätsorientierte Vorgehensweise führt – speziell im Vergleich zum Modus der Dominanz – insgesamt zu einer Herabsetzung der Handlungsgeschwindigkeit. Sie scheint gerade in Situationen, in denen besonders schnell Veränderungen geplant und durchgesetzt werden müssen, im Nachteil.

„Wenn Sie sich ständig im fremden Terrain vorantasten müssen und überall schauen müssen, […] dann kommen sie […] nicht mit der Geschwindigkeit […] voran, die wünschenswert wäre." (K1)

3.2.4 Fazit

Networking im Modus der Solidarität führt zu Vereinheitlichung. Der Begriff der Vereinheitlichung besitzt dabei je nach Blickrichtung auf das solidarische Bündnis eine doppelte Bedeutung. Nach außen gerichtet betritt eine starke Einheit die mikropolitische Arena. Das Kollektiv bündelt die Ressourcen der koordiniert und einander unterstützend auftretenden Akteure. Sie versprechen sich von ihrer Verbundenheit, in der Organisation zu einem bedeutsameren Machtfaktor zu werden als es ihnen jeweils für sich allein möglich wäre. Der nach außen gerichtete Zusammenschluss führt parallel dazu auch im Inneren der Gemeinschaft zu einer Vereinheitlichung: Im Binnenverhältnis müssen individuelle Interessen, Ziele, Wünsche und Vorgehensweisen der Akteure zurückgestellt und zu kollektiven Strategien und Normen vereinheitlicht werden (vgl. Hondrich & Koch-Arzberger 1992: 19f). Ebenso wie im Dominanzmodus entsteht auch in diesem Ansatz eine Tendenz zur Konformität mit allen potenziell negativen Folgen für den Einzelnen und die Organisation. Die bereits für den Dominanztypus beschriebenen kontraproduktiven Wirkungen (übergroßer) Überwachung und Normierung, wie z.B. die Strangulierung von Eigeninitiative durch exzessive Kontrolle, können also auch hier entstehen (vgl. Portes & Landolt 1996; Kapitel III, Abschnitt 3.4).

Kapitel VIII – Empirisch begründete Typen des Networkings in Organisationen

Solidaritätsorientiertes Networking ist im Gegensatz zum revolutionierenden dominanten Networking wesentlich auf das bezogen, was in der Organisation bereits besteht und gilt. Der Ansatz zielt weniger auf Gestaltung als auf Anpassung ab. Daraus ergibt sich die spannungsgeladene Frage, was geschieht, wenn der Ansatz auf ein besonders konkurrenzintensives Umfeld trifft. Die Antwort, die sich aus der Analyse der empirischen Daten (vor allem aus den Fällen Emil und Konrad) ergibt, ist, dass der Kontaktmodus unter diesen Umständen nur ein beschränktes Handlungsrepertoire bereithält, eigene Interessen in der Organisation dennoch zu wahren. Schließt die vorgefundene politische Landschaft den Aufbau solidarischer Strukturen weitgehend aus, entsteht – wie etwa im Fall Emil – der Zwang, auch mit anderen Mitteln mitzuspielen (oder die Organisation zu verlassen).

Auch Herrn Konrad gelingt es nicht, sein Ziel vom Aufbau eines dichten solidarischen Netzwerkes zu verwirklichen. Herr Konrad erlebt sich im dominanzorientierten Umfeld des Unternehmens in seiner neuen beruflichen Rolle von Anfang an als Außenseiter.

> „Bei der Firma Konrad gibt es sonst fast nur interne Besetzung oberer Managementfunktionen. Nun kommt der Konrad. `Was will uns der Vorstand damit sagen?´ Ich bin in die Firma Konrad reingekommen für viele wie ein Fremdkörper." (K1)

Das in der Firma Konrad bestehende soziale und politische Beziehungsgeflecht erweist sich für Herrn Konrad als undurchschaubares Dickicht, das für ihn „nicht zugänglich" (K1) ist. Er fühlt sich daher von Beginn an „isoliert" (K1) und sieht sich gegenüber anderen Leitungskräften benachteiligt. Wegen seiner vergleichsweise kurzen Unternehmenszugehörigkeit verfügt er nicht über die erforderlichen Hintergrundinformationen.

> „Ich kann nicht Position beziehen, ich kann mich nicht integrieren – das kann ich nicht tun. Kann ich nicht tun, weil ich zu dem, was dieses ganze System treibt, keinen Zugang habe. Das heißt, ich würde mich immer an der Oberfläche bewegen. Ich kenne keinerlei Strömung, die im Untergrund ist. Das können Sie nicht einschätzen. Weil, Sie wissen nie, wenn Sie mit A reden über B oder über einen Sachverhalt. Dann wissen Sie nie, wie er in der Konstellation zu B oder C steht." (K1)

> „Ich kapiere sehr wohl, was da abläuft, aber es ist mir nicht zugänglich. Weil die *hidden rules* hinter dem, was da abläuft, sind mir einfach nicht zugänglich. Die laufen seit Jahrzehnten und damit können Sie nie irgendwo drauf einsteigen und sagen: `Darauf kann ich bauen und darauf kann ich nicht bauen.´ Und auf der Ebene ist es so, dass Sie auf ein nettes sympathisches Lächeln nicht allzu viel geben können." (K1)

In einem solchen Umfeld geht die Strategie eines auf Zusammenhalt ausgerichteten Netzwerkaufbaus ins Leere, da gar nicht erst die erforderlichen ersten Anknüpfungs-

Kapitel VIII – Empirisch begründete Typen des Networkings in Organisationen

punkte gefunden werden. In seinem Bestreben, offene und solidarische Kontakte aufzubauen, bleibt Herr Konrad erfolglos.

> „Ohne Ankerpunkt, ohne zu wissen, auf wen man zukommen kann, ist das extrem schwierig." (K1)

Betrachtet man im Vorgriff auf die folgenden Ausführungen den solidaritätsorientierten Ansatz aus der Perspektive des Modus des *Impression Managements*, erzeugt er in der Organisation verhältnismäßig wenig individuelle Sichtbarkeit. Der Druck zur Konformität führt zu Zurückhaltung und strenge soziale Normen verhindern, dass man sich und seine Anliegen in den Vordergrund stellen kann.

3.3 Typ 3: Networking als Streben nach Impression Management

Impression Management meint den strategischen Einsatz selbstrepräsentativer Techniken einer Person gegenüber ihrem sozialen Umfeld (vgl. Mummendey 1995: 111; Tedeschi 1981; Kapitel III, Abschnitt 3.2.2). Als theoretisches Axiom des *Impression Managements* benennt Mummendey die grundlegende Verhaltensannahme, dass Individuen in sozialen Interaktionen den Eindruck zu kontrollieren (beeinflussen, steuern, manipulieren etc.) suchen, den sie auf andere machen. Diese Aussage lässt sich anhand des empirischen Materials aus der vorliegenden Studie übertragen auf die Art und Weise, wie Leitungskräfte in beruflichen Anfangssituationen Kontakte zu anderen Organisationsmitgliedern gestalten. Für den dritten hier entwickelten Handlungstypus des Networkings in Organisationen stellt die Steuerung und die Kontrolle der Wahrnehmung der eigenen Person durch die anderen Akteure die maßgebliche Zielvariable des Networkings dar.[156] Es geht in diesem Kontaktmodus vor allem darum, bei den Netzwerkpartnern ein bestimmtes – nachhaltig positives – Bild zu hinterlassen.

> „Auf der politischen Hinterbühne der Organisation braucht man vor allem eine ganz kräftige Ausstrahlung." (N1)

Neben der Empfängerfunktion für die Ausstrahlung der fokalen Person erhält das Netzwerk des politischen Akteurs im Modus des *Impression Managements* noch eine zweite entscheidende Bedeutung, indem es gleichzeitig als Sender dieses erwünschten Bildes gesehen und instrumentalisiert wird.

---

[156] In Erweiterung der Gruppe der ausführlich vorgestellten Fälle Cäsar, Dietrich und Emil wurde insbesondere auch das Material aus den Interviews mit Herrn Heinrich, Herrn Konrad, Herr Ludwig, Herrn Michael und Herrn Norbert für die Entwicklung dieses Networkingtypus herangezogen.

Kapitel VIII – Empirisch begründete Typen des Networkings in Organisationen

„Mir geht es darum, meinen Marktwert ständig zu steigern. (Pause) Mich bekannt zu machen in der Form, dass mein Netzwerk um mich herum – Kollegen, Chefs, was auch immer – erkennen: `Wenn wir eine Aufgabe haben, dann eignet sich am besten der Michael dazu.´ Diese Botschaft sollen die weitertragen." (M1)

„Wenn Sie dann länger in Unternehmen arbeiten, merken Sie schnell: `Ok, das Wichtigste ist die Kommunikation. Wie über Sie gesprochen wird, zählt (Pause) zählt am Ende des Tages.´" (L1)

Networking als Streben nach Selbstinszenierung ist dann ein Erfolg, wenn es gelingt, sich das eigene Netzwerk als „Multiplikator" (H1) der erwünschten Eigenbotschaften zu erschließen und in der Konsequenz auf dem Meinungsmarkt des Unternehmens als organisationsinterner „Ansprechpartner" (H1) für die richtigen Themen und für die gewünschten Positionen wahrgenommen *und* empfohlen zu werden.

„Meine Stärken, mein Stärkenprofil muss ich einfach, klar und deutlich darstellen und mich immer wieder ins Spiel bringen, um einfach dann zu dokumentieren: `Ok, das sind meine Stärken, das sind meine Prioritäten. Da könnt Ihr mich einsetzen für die und die Aktivitäten.´" (M1)

"Dann wäre so jemand einer, der auch mal sagt: `Mensch, da habe ich gehört, da könntest *Du* mal.´ Es läuft ja sehr viel über diese Schiene." (H1)

Ähnlich wie bereits in Zusammenhang mit der Diskussion zur problematischen Differenzierung mikropolitischen Verhaltens (vgl. Kapitel II, Abschnitt 4.1) ist auch hier wiederum keine eindeutige Abgrenzung selbstdarstellerischer von nicht selbstdarstellerischen Verhaltensweisen möglich. Es gilt, dass es wiederum auf den Handlungskontext ankommt, um Networkinghandlungen als *Impression Management* zu charakterisieren.

Beschreibt man in Analogie zu den vorangegangenen Typen auch den Networkingansatz des *Impression Managements* in den theoretischen Kategorien von Lukes (1976; vgl. Kapitel II , Abschnitt 3.1), so lässt sich – in vereinfachender Form – sagen, dass es sich beim *Impression Management* um eine mikropolitische Vorgehensweise handelt, die in ihrem Kern dem Konzept des dritten Gesichts der Macht entspricht. Durch die bewusst gesteuerte Beeinflussung der Wahrnehmung der eigenen Person innerhalb des Netzwerks und der Organisation soll eine mentale Steuerung erfolgen. *Impression Management* wirkt auf das Bewusstsein der anderen Akteure. Es soll dazu führen, dass sich die Dinge – möglichst ohne weiteres eigenes Zutun – von sich aus in der gewünschten Art und Weise entwickeln.

Durch Ego wird weder direkter Druck auf Alter ausgeübt, noch werden die Handlungsoptionen für Alter unmittelbar eingeschränkt. An die Stelle dieser Mechanismen tritt bei erfolgreichem *Impression Management* (mit der Zeit) eine subtile Form kognitiver Selbstkontrolle. Der mikropolitische Akteur, der sich selbst vor anderen darstellt, „kontrolliert indirekt das Verhalten der anderen Personen, indem [er] sich eine

Kapitel VIII – Empirisch begründete Typen des Networkings in Organisationen

[...] als angemessen scheinende Identität gibt" (Mummendey 1995: 133). Das führt beispielsweise dazu, dass innerhalb einer Organisation zu einem bestimmten Thema nur noch ein einziger Akteur als kompetenter Gesprächspartner (*opinion leader*) allgemeine Anerkennung und Wertschätzung genießt.

„Und da ist sie [die Selbstdarstellung innerhalb der Organisation; FR] sehr wichtig, weil nur wenn man, wenn der Name bekannt ist in irgendeiner Form (Pause) und dann kann man auch für bestimmte Tätigkeiten berücksichtigt werden. Wenn einen keiner kennt, dann (stockt) dann bin ich ja nicht wahrnehmbar und insofern nicht präsent." (H1)

Die folgende Tabelle 8 bietet eine Übersicht zu den Merkmalen, die den empirisch begründeten Typus des Networkings als Streben nach *Impression Management* konstituieren.

Networking als *Impression Management*	
Finalität	• Erzeugung eines breit gestreuten positiven Eindrucks innerhalb der Organisation durch die kognitive Beeinflussung der Netzwerkpartner • Nutzung sozialer Netzwerke als Medium der Verbreitung positiver Eigenbotschaften im Unternehmen • Sichtbarkeit und Empfehlungen
Networking	• Ausgeprägtes Bewusstsein für die zentrale Bedeutung und die komplexe Wirkung von Signalen und symbolischen Botschaften • Ineinanderfließen von Sach- und Beziehungsebene • Beurteilung von Handlungen auf einer symbolisch-kognitiven Ebene • Breite Unternehmensöffentlichkeit als Publikum • Geringe Selektivität bei der Auswahl von Adressaten • Nutzung aller kommunikativen Gelegenheiten, die sich bieten • Betonung der eigenen Klasse in Selbstvorstellungen • Platzierung der Eigenbotschaften über die persönliche Ebene • Sichtbares Auftreten mit und gegenüber einflussreichen Personen

Netzwerk	• Strukturelle Ebene
	  o Große Vielzahl und Vielfalt von Kontaktpartnern
	  o Heterogene Kontaktstruktur
	• Relationale Ebene
	  o Variable Beziehungsintensität, schwerelose Kontakte
	  o Teils multiplexe Beziehungen
	  o Vertrauensvolle, symmetrische Beziehungen
	  o Internalisiert-wertebasierte und transaktional-instrumentale Beziehungen
	  o Überwiegend positive Beziehungsvalenzen

Kapitel VIII – Empirisch begründete Typen des Networkings in Organisationen

Netzwerk-folgen	• Virtualität
	o Vermeidung von Klarheit; Chancen zur Nutzung von Ungewissheitszonen und Flexibilitätsvorteilen
	o Koalitionsoptionen mit wechselnden Partnern
	o Mangel an Rückmeldung
	o Hyperaktivität, Überforderung
	• Permanente Präsenz
	o Hohe Sichtbarkeit in der Organisation, viele persönliche Empfehlungen
	o Schlüsselstellung im Netzwerk als Meinungsführer
	o Privilegierte Ausstattung mit Informationen
	o Emotionsarbeit, Spaltung der Person in ein öffentliches und ein privates Ich
	o Aufgehen des Privatlebens in der beruflichen Rolle

Tabelle 8: Merkmale des Networkingtypus *Impression Management*

3.3.1 Networking

Auf der Verhaltensebene weist Networking im Modus des *Impression Managements* jene detail- und facettenreiche Vielfalt auf, welche die empirischen und theoretischen Arbeiten zu diesem Thema erwarten lassen (vgl. Kapitel III, Abschnitt 3.2.2). Die meisten Einzeltechniken der Selbstdarstellung, die im theoretischen Teil der Arbeit aufgeführt sind (vgl. Kapitel III, Abschnitt 3.2.2), lassen sich in den Interviews zu den Fällen dieses Typus auffinden. Es soll an dieser Stelle aus den mehrfach benannten methodischen Gründen darauf verzichtet werden, die einzelnen Techniken isoliert im Material nachzuweisen. Stattdessen soll Networking als Selbstdarstellung einer zusammenfassenden Typisierung unterzogen werden, welche die Kontakthandlungen, die auf *Impression Management* ausgelegt sind, in ihrem jeweiligen sozialen Kontext, zeitlichen Ablauf und Auswirkungen rekonstruiert.

Der strategische Ausgangspunkt für diesen Kontaktmodus ist eine spezifische Perspektive auf das soziale Umfeld. An letzteres wird nicht primär die Frage gerichtet, wie man sich am besten durchsetzen (Dominanzmodus) oder Unterstützung (Solidaritätsmodus) gewinnen kann. Handlungsleitend sind die zwei Aspekte, ob (und wie) man von anderen gesehen wird und ob (und wie) bei anderen ein positiver Eindruck hinterlassen werden kann. Daraus resultiert ein ausgeprägtes Bewusstsein für die zentrale Bedeutung und die komplexe Wirkung von Signalen, mittels derer sich die Wahrnehmung anderer organisationaler Akteure beeinflussen lässt. Networking als *Impression Management* wird in sehr differenzierten Kategorien erlebt, beschrieben und ausgeführt. Diese Form des Kontakthandelns wird, im Gegensatz zum dominanten Stil, vor dem Bewusstseinshintergrund betrieben, dass in sozialen Interaktionen permanent Wirkung entsteht. Es findet also beispielsweise keine innere Unterscheidung mehr zwischen Arbeitssituationen (Sachebene) und sozialen Situationen (Beziehungsebene) statt. Sach- und Beziehungsebene gehen ineinander über und in einer

Kapitel VIII – Empirisch begründete Typen des Networkings in Organisationen

übergeordneten Ebene auf. Jeder Kontakt wird unmittelbar und untrennbar in Verbindung zur überlagernden symbolisch-kognitiven Dimension gesehen.

Für diesen Networkingtypus entstand während der Auswertung die bildliche Metapher eines kommunikativen Impulsgebers, der wie ein Radiosender permanent Botschaften an seine Umwelt sendet, die seine Wahrnehmung durch andere positiv beeinflussen sollen. Es sollen von Anfang an, ununterbrochen und über alle Kanäle Signale konsistenten Inhalts ausgestrahlt werden, die jedoch nicht nur an spezifische Empfänger, sondern immer auch an die breite Unternehmensöffentlichkeit gerichtet sind.

> „Wie so ein Kreislauf. Sie werden ein *standing* bei anderen schwierig erreichen, ohne auch ein *standing* in der Unternehmensöffentlichkeit insgesamt zu haben." (L1)

Insofern überrascht es nicht, dass die entsprechenden Leitungskräfte weniger als andere differenzieren und selektieren zwischen wichtigen und unwichtigen Kontakten. Jeder organisationale Akteur wird zunächst als ein potenzieller Verstärker des guten Eindrucks gesehen, der in der Organisation entstehen soll.

Das wichtigste Mittel zum Aufbau von Kontakten und intraorganisationaler Reputation ist die direkte *persönliche* Kommunikation über die eigene Person.

> „Eine Email kann man immer interpretieren. Da steckt viel Missverständnis drin oder Möglichkeiten für Missverständnisse. Da will ich sicher gehen. Deshalb: Persönlich ist immer besser als per Email. Das ist der erste Weg, Kontakt aufzubauen." (M1)

Der Erstkontakt zu einem anderen organisationalen Akteur wird eingeordnet als eine kommunikative Gelegenheit. Als solche gelten mehr und schon wesentlich unspektakulärere Anlässe als in den anderen Networkingmodi. Alle Leitungskräfte in dieser Gruppe suchen und ergreifen „jede Chance" (N1), auch „anlasslos" (D1) auf möglichst viele andere zuzugehen.

> „Durch *small-talk*. Eigentlich immer, wenn sich ein *small-talk* ergibt." (M1)

Es besteht damit keine Beschränkung auf den jeweiligen Aufgabenkontext. Als kommunikative Gelegenheiten werden explizit auch Situationen gesehen, in denen man „gemeinsam Handball spielt" (H1), „zusammen im Fitnessstudio ist" (M1), eine gemeinsame regionale Herkunft feststellt oder ungezwungene Gespräche auf dem Gang oder bei Betriebsfesten führt.

Es geht in diesen Erstkontakten stets darum, mittels geeigneter positiver Eigenbotschaften und Selbstzuschreibungen von Anfang an Regie zu führen über die Fantasie

Kapitel VIII – Empirisch begründete Typen des Networkings in Organisationen

des jeweiligen Kontaktpartners.[157] Gerade in den Einstiegspassagen der Erstinterviews ist diese Vorgehensweise gut zu beobachten (vgl. Kapitel VII, Abschnitt 3). In ihren Selbstvorstellungen betonen die Leitungskräfte dezidiert exakt die Eigenschaften, Erfahrungen und Erfolge, mit denen sie sich innerhalb der Organisation bekannt machen möchten. Diese Gesprächstechnik zeigt sich am klarsten in den Interviewpassagen, in denen sich die befragten Leitungskräfte – wie hier im Anschluss Herr Michael – mir vorstellen.

> „Nur Handlangerdienste machen oder will ich weiter wachsen? Da war die Entscheidung klar: Ich will wachsen." (M1)

> „Hier geht es um die großen Fragen. Keine lapidaren Anfragen. Hier geht es ums Eingemachte. Und das alles mit höchster Komplexität." (M1)

> „Ich konnte aufgrund meiner Erfahrungen, die ich ja gerade geschildert habe, schon sehr schnell in Diskussionen beitragen, Entscheidungen treffen und hatte auch sonst einen sehr guten Start hier im Team." (M1)

Die gerade beschriebene Maßnahme der positiven Selbstpräsentation beschreibt gewissermaßen die Minimaltechnik, die immer zum Einsatz kommt. Ob ein Kontakt im Anschluss jedoch weiter entwickelt wird, hängt von der Reaktion des Gesprächspartners ab. An diesem wird zunächst einerseits Interesse bekundet, indem man sich beispielsweise nach seiner Sichtweise erkundigt; andererseits möchte beispielsweise Herr Michael, „dann auch nach der eigenen Persönlichkeit gefragt werden" (M1).

> „Da frage ich: Wie siehst denn Du das? Um einfach mal so zu kucken. Und dann merke ich: `Oh! Da bekomme ich Resonanz.´ Dann kann ich das ausweiten." (M1)

Aus Sicht von Herrn Michael ist ein Gespräch dann besonders ertragreich verlaufen, „wenn der andere sich auch für mich interessiert, sich erkundigt, was ich mache. Wenn der nachfragt" (M1). Alter öffnet mit seinem Interesse ein Forum für Ego, das dieser nun wiederum dafür nutzen kann, sich selbst zu präsentieren und seine Botschaften zu senden.

Im Gespräch mit anderen (allein) Fachinformationen erhalten zu haben, wird dementsprechend nicht als Erfolg, sondern eher als Rückschlag in der Beziehung gesehen.

> „Weniger erfolgreich ist es gewesen, wenn ich einen Haufen erfahre, aber der andere fragt nicht nach, interessiert sich nicht für mich." (M1)

---

[157] In diesem Zusammenhang sei speziell auf die besonderen kommunikativen Muster im Fall Dietrich verwiesen (vgl. Kapitel VII, Abschnitt 3).

Kapitel VIII – Empirisch begründete Typen des Networkings in Organisationen

Bei einem solchen Gesprächsverlauf sinkt die Wahrscheinlichkeit, dass Egos Signale bei Alter langfristig Wirkung zeigen werden. Alter wird sich unter diesen Umständen kaum noch an Ego erinnern und es versäumen, wiederum positiv über ihn sprechen.[158]

Zum Eindruck, der über die Networkingaktivitäten in die Organisation ausstrahlt, gehört entscheidend auch die Frage, mit wem man sich in der Organisation zeigt und in welchen unternehmensöffentlichen Foren man auftritt. Die befragten Leitungskräfte in dieser Gruppe legen alle größten Wert darauf, mit den *richtigen* Personen *öffentlich sichtbar* in Verbindung zu stehen. Herr Dietrich beschreibt ausführlich die ritualisierten Treffen mit den Leitungskräften der obersten Ebene, die im Erdgeschoss der Firma Dietrich stattfinden. Diese Räumlichkeit werden von vielen Personen passiert, was zu einer hohen Wahrnehmbarkeit dieses Zusammenschlusses in der Organisation führt. Herr Norbert pflegt weithin sichtbare Kontakte zu einem Zirkel langjähriger Mitarbeiter, die im Unternehmen als Meinungsführer und graue Eminenzen der Belegschaft gelten. Durch seine wahrnehmbare Zugehörigkeit zu diesem Kreis versichert er sich symbolisch der Unterstützung aller Angestellten.

Ebenso sorgsam wird darauf geachtet, mit wem man keinesfalls in der Öffentlichkeit gesehen werden darf. So hält etwa Herr Emil einige seiner Kontakte geheim und assoziiert sich nicht öffentlich mit organisationalen Außenseitern. Letztere schätzt er zwar persönlich und als Ratgeber; er pflegt aber keine für andere wahrnehmbaren Verbindungen zu diesen Personen. Ähnlich hält es Herr Heinrich, der sich auch nur anlässlich sorgfältig ausgewählter Gelegenheiten in der Öffentlichkeit und gegenüber der Unternehmensleitung zeigt.

> „Ich versuche schon, denen zu zeigen, dass ich was kann. Ich versuche, sofern es möglich ist, den Kontakt zu höheren Ebenen zu bekommen. Also schon zu sagen: `Die Präsentation würde ich gerne machen.´ (Pause) `Oder eben *nicht* machen wollen.´ Und sich da halt auch bekannt zu machen in dem Sinne." (H1)

3.3.2 Netzwerk

(1) Strukturelle Ebene

Betrachtet man die strukturellen Effekte dieser Herangehensweise auf der Ebene des sich entfaltenden Netzwerks, fallen zunächst die Vielzahl *und* die Vielfalt organisationaler Ansprechpartner auf, zu denen Kontakte aufgebaut werden. Dies ist eine un-

---

[158] Mein Beziehungserleben während der einschlägigen Interviews stützt die inhaltliche Analyse des Materials. Die Leitungskräfte, die sich dem Modus des *Impression Managements* zuordnen ließen, waren für mich persönlich besonders gut zugänglich. Es herrschte eine entspannte Atmosphäre, in der viel gelacht wurde. Meine Gesprächspartner interessierten sich für mich, für meine Studie und erkundigten sich ausführlich nach dem Eindruck, den ich von ihnen in den Gesprächen gewonnen hatte.

mittelbare Folge der zuvor schon ausführlich beschriebenen Annahme (vgl. Abschnitt 3.3.1), dass sich Nachrichten über sehr viele verschlungene Kanäle im Unternehmen verbreiten. Grundsätzlich wird jeder Akteur innerhalb der Organisation als Multiplikator gesehen. Durch die zunächst niedrige Selektivität der Kontaktwahl entstehen rasch Verbindungen zu zahlreichen anderen Personen und Unternehmensteilen.

> „Je mehr Kontaktpartner man hat, desto mehr Gelegenheiten habe ich ja, auch wieder positive Nachrichten über mich zu verbreiten. (Pause) Das ist doch klar." (M1)

Abgesehen von der Quantität der Kontakte weist das Netzwerk strukturell eine Qualität auf, die den Fluss der persönlichen Botschaften über organisationale Grenzen ermöglicht und beschleunigt. Verbindungen zu Angehörigen anderer Unternehmensbereiche werden „jeden Tag" (M1) gezielt gesucht und gehalten, um auch in entfernten Teilen des Netzwerks einen guten Ruf aufzubauen, um auch „über andere Kanäle noch was […] beeinflussen" (H1) zu können.

> „Sehr viel *collaboration* mit den anderen Bereichen hier. Mit Vertrieb, mit Service. Überall da, wo es möglich ist, von meinen persönlichen Vorzügen und dem möglichen Nutzen, den ich bringe, zu sprechen, da mache ich das. Am Telefon. Im small-talk. Ich suche auch bei Veranstaltungen immer wieder neue Gesprächspartner. Ich möchte die Leute, die ich vom Telefon kenne, auch persönlich kennen lernen, einen persönlichen Eindruck hinterlassen und auch im Gespräch bleiben. Das sind alles Themen, die mich sehr interessieren." (M1)

(2) Relationale Ebene

Der in der vorangegangenen Passage enthaltene Wunsch, in jedem Gespräch unbedingt auch „einen persönlichen Eindruck hinterlassen" (M1) zu wollen, erlaubt den Übergang auf die relationale Ebene der Netzwerke, die zu diesem Networkingtypus gehören. Die Analyse des entsprechenden Materials führt in relationaler Hinsicht zu zwei Erkenntnissen.

(1) Einerseits fällt die große Bandbreite der relationalen Kontaktgestaltung auf. Es entstehen Beziehungen jeglicher Qualität zu anderen Mitgliedern der Organisation. In den Netzwerken, die zu diesem Networkingansatz gehören, finden sich die bereits erwähnten zahlreichen schwachen Kontakte, die häufig auf nicht mehr als einem ersten positiven persönlichen Eindruck beruhen. Es bestehen aber ebenso starke Kontakte hoher emotionaler Intensität, die dann auch multiplexen Charakters sein können: Mit bestimmten Kollegen werden auch private und vertrauliche Themen offen besprochen oder gemeinsame Freizeitaktivitäten unternommen. Solchermaßen enge Beziehungen werden auch zum eigenen Vorgesetzten oder den eigenen Mitarbeitern unterhalten.

(2) Zweitens entsteht jedoch der Eindruck, dass sich die Beziehungen des Netzwerks nur selten wirklich konkretisieren. Daraus leitet sich für diesen Typus insgesamt die

Netzwerkmetapher eines feinen, schwerelosen Gewebes ab, mit dem diese Leitungskräfte ihre Organisation überziehen. Es bestehen schwache Verbindungen in die verschiedensten Unternehmensbereiche, die jedoch eine spezielle emotionale Qualität aufweisen und auf dieser Basis schnell aktiviert und intensiviert werden können. Virtuos scheint gerade Herr Dietrich in diesem Modus auf der gesamten Klaviatur des Networkings zu spielen. Er scheint in seinem Netzwerk immer genau über die richtigen Kontakte in der richtigen Stärke zu verfügen (vgl. Kapitel VIII, Abschnitt 3).

Die Beziehungen werden überwiegend symmetrisch, d.h. unter Vernachlässigung hierarchischer Unterschiede, gestaltet. Beziehungen zu Mitgliedern der Unternehmensleitung werden grundsätzlich auf die gleiche Weise aufgebaut und weiterentwickelt wie zu anderen Organisationsmitgliedern. Während etwa Herr Bernhard sich nach oben hin klar abgrenzt, „stellt […] sich [Herr Michael] neben den Geschäftsführer und trinkt ein Bier. Da ist keine Distanz" (M1).

Ähnlich breit wie das Kontaktspektrum hinsichtlich der Beziehungsintensität ist, gestalten sich auch die unterschiedlichen Handlungsmotivationen, die den Kontakten zugrunde liegen. Besonders augenfällig wird das im Fall von Herrn Emil, der klar differenziert zwischen „strategischen" und „nicht strategischen" (E1) Beziehungen. Im ersten Fall basiert sein Handeln im Kontakt zu anderen auf einem transaktionalen Kalkül. Herr Emil gibt und erhält in diesen Beziehungen beispielsweise bei Arbeitstreffen mikropolitische Rückendeckung. Gleichzeitig verfügt er jedoch über mehrere Kontakte, in denen sein Networking von einer intrinsischen Motivation getragen ist. Das betrifft die Beziehungen, in denen er sich bestimmten Personen verbunden fühlt und diese mikropolitisch berät, ohne daraus einen unmittelbaren Nutzen für sich erwarten und zu ziehen.

Die Vermittlung eines makellosen Bildes in der Organisation erfolgt vorwiegend über positive Beziehungen zu anderen Organisationsmitgliedern. Von negativen Beziehungsvalenzen oder gar von öffentlich wahrnehmbaren Konflikten mit anderen Akteuren wird kaum berichtet. Divergenzen werden möglichst von vornherein vermieden oder ausgeräumt. Die Absenz von Gegnerschaft ist als wesentlicher Teil der Strategie des *Impression Managements* zu sehen. Den betreffenden Leitungskräften ist bewusst, wie komplex die sozialen Zusammenhänge und insbesondere die Prozesse sozialer Wahrnehmung in Organisationen sind. Die Steuerung des Eindrucks wird durch organisationsinterne Gegner deutlich erschwert, denn Gerüchte und negative Botschaften verbreiten sich schneller als ihr jeweiliges Gegenteil.

Auf der kognitiven Ebene des Netzwerks geht es darum, eine *durchgehend* positive Reputation aufzubauen, die in den Köpfen möglichst aller Akteure synchron verankert ist. So ist auch die folgende Passage aus dem Interview mit Herrn Norbert zu verstehen, der bei seinen mikropolitischen Maßnahmen stets im Blick behält, dass er im Unternehmen als moderater und rücksichtsvoller Reformer gesehen werden möchte.

Kapitel VIII – Empirisch begründete Typen des Networkings in Organisationen

„Und jetzt durch seinen selbst gewünschten Rücktritt als Geschäftsführer wollen wir dem Mann natürlich noch die Ehre geben, dass er bis zu seinem Ruhestand hinkommt. Das ist noch ein Jahr. Man könnte sich auch trennen und sagen: `Komm, wir machen hier Schluss!´ Das würde aber seiner Lebensleistung nicht gerecht und würde ein schlechtes Bild gegenüber den anderen Mitarbeitern ergeben." (N1)

Bei jeder Maßnahme wird die kognitive Wirkung des Networkings auf das organisationale Publikum berücksichtigt.

3.3.3 Netzwerkfolgen

Ein durchgehender Eindruck von den Netzwerken, die Leitungskräfte im Modus der Selbstinszenierung um sich herum schaffen, ist der einer schlechten Greifbarkeit dieser Strukturen. Die entsprechenden Schilderungen bleiben eher allgemeinen Charakters und fallen weniger plastisch aus als für die anderen Typen.

(1) Virtualität

Diese Tendenz hat bei der Auswertung des Materials hinsichtlich der Netzwerkfolgen zum Konzept der «Virtualität» eines Netzwerks geführt. Damit ist gemeint, dass sich Networking zum *Impression Management* vorwiegend in einem symbolischen Raum abspielt. In diesem bestehen kaum konkrete Beziehungen, die dem sozialen Umfeld eine klare Struktur geben würden. Orientieren sich dominanzorientierte Leitungskräfte stark anhand Klarheit vermittelnder Dualismen (vgl. Abschnitt 3.1.1), suchen *Impression Manager* diese Klarheit in ihrem Netzwerk nicht. Sie scheinen sie sogar zu meiden, um die großen Flexibilitätsvorteile für sich ausnutzen zu können, die ein solchermaßen virtualisiertes Netzwerk mit zahlreichen Ungewissheitszonen bietet. Ungewissheitszonen ermöglichen aus ihrer Sicht erst eine uneindeutige und damit der jeweiligen Situation anpassbare Stellung im Netzwerk. Gefragt nach seiner Rolle im sozialen Gefüge der Organisation, beschreibt etwa Herr Michael seine mikropolitisch unverbindliche Positionierung.

„FDP. Ich bin hier die FDP. So immer so als goldenes Zünglein an der Waage." (M1)

Sensibel werden die herrschenden politischen Strömungen wahrgenommen und aufgegriffen und die eigene Position den sich ändernden Umständen angepasst. Ein virtualisiertes Netzwerk erlaubt es mangels öffentlicher Festlegung, die eigenen Handlungen und Überzeugungen in einem immer wieder neuen Bedeutungsrahmen zu sehen und zu setzen. Man kann bei einer derartigen Vernetzung abwiegeln, abstreiten, relativieren, auf Ausnahmetatbestände hinweisen, sich zurückziehen, auf unerwartet geänderte Bedingungen verweisen.

Kapitel VIII – Empirisch begründete Typen des Networkings in Organisationen

„Nicht alles auf den Kopf stellend. […] Mich nicht zu einem großen Lager hin bekennend, dem alle hinterher laufen, sondern auch die Flexibilität zu haben: `Hoho, momentan haben sich die Zeiten geändert! Die Rahmenbedingungen haben sich geändert!´ Also positioniere ich mich mehr in die eine Richtung oder in die andere Richtung. Nicht nur immer prinzipientreu, linientreu einer Richtung nach, sondern sich da auch anpassen können." (M1)

Wie im gerade angeführten Zitat bereits angedeutet ist, ermöglicht ein solches Netzwerk auch Koalitionen mit wechselnden Partnern. Es werden keine klaren Grenzen zwischen Freunden und Gegnern gezogen. Diese Unterscheidung bleibt vage oder erfährt bei Bedarf einen raschen Wandel. So lädt z.B. Herr Dietrich seine schärfste organisationsinterne Kontrahentin privat zu sich nach Hause zum Essen ein und wechselt Herr Norbert je nach Bedarf den Kreis der Verbündeten.

„Sie brauchen Unterstützer. Oder besser: Sie brauchen eigentlich immer neue Unterstützer. So ist das." (N1)

Als Nebenwirkung der Anpassungsfähigkeit, die sich aus der Virtualität des Netzwerks ergibt, lässt sich ein Mangel an Rückmeldung feststellen. Der unkonkrete symbolische Raum liefert wenig gesicherte Erkenntnisse dazu, wie man von anderen tatsächlich gesehen wird, welche Prioritäten gelten und welche Ursache- Wirkungsbeziehungen zwischen den eigenen Networkinghandlungen und ihren Folgen bestehen. *Image* und *Impression* sind bewegliche Ziele, für deren Erreichen es keine verlässlichen Indikatoren gibt.

Aus dieser Unsicherheit und Orientierungslosigkeit heraus kann der Drang entstehen, ständig aktiv zu sein, sich immer und überall einbringen zu wollen, um nur keine Gelegenheit zum *Impression Management* zu verpassen. Der *Impression Manager* empfindet sein Networking als pausenlos, woraus Gehetztheit und Selbstüberforderung entstehen. Dieser innere Druck und die Atemlosigkeit wird in der folgenden Passage aus dem Gespräch mit Herrn Michael spürbar, in der er seine aktuelle politische Agenda beschreibt. Staccatoartig stellt er zahlreiche Einzelpunkte ungewichtet nebeneinander, von denen er anzunehmen scheint, sie alle gleichzeitig verfolgen zu müssen.

Kapitel VIII – Empirisch begründete Typen des Networkings in Organisationen

„Es ist total wichtig, auch mich politisch besser ins Spiel zu bringen. Vorsichtig zu sein. Allianzen zu bilden. Mit den richtigen Leuten Allianzen zu bilden. Dass nicht *nur* der Job im Vordergrund steht. Ich muss mich auch – ja, mich politisch korrekt verhalten. Das heißt, Koalitionen zu bilden mit Leuten, die hinter einem stehen. Und nicht *nur* schauen, dass man mit seinem Team nach vorne kommt. Zum Leben in einem Unternehmensnetzwerk gehört eine Menge mehr. Man muss auch politisches Gespür entwickeln und nicht ungestüm nach vorne pre-schen und sagen: `Hey, das ist aus meiner Sicht richtig und jetzt machen wir das!´ Sondern ganz einfach auch erst mal ausloten: `Wie kann ich denn etwas umsetzen?´ Man muss Koalitionspartner finden, die einem helfen, das zu ma-chen."(M1)

(2) Permanente Präsenz

Der zuletzt genannte Aspekt des pausenlosen Networkings steht in enger Sinnver-wandtschaft mit dem Konzept der «permanenten Präsenz», mit dem sich ein zweiter Komplex der Netzwerkfolgen überschreiben lässt.

„Was jetzt nicht heißt, dass ich nicht da schon auch mich selbst irgendwie posi-tionieren und verkaufen will, das mach ich schon. (Pause) Man positioniert sich und verkauft sich ja permanent." (H1)

Das Bild des Sich-Verkaufen-Müssens, das zudem permanent und unter Einbezie-hung der *ganzen* Person erfolgt, lässt sich weiter ausmalen. Betrachtet man die Er-tragsseite dieses Handelns, nennen die betreffenden Leitungskräfte in erster Linie Vorteile in Form von Empfehlungen. In diesem Fall ist ihre Strategie des *Impression Managements* aufgegangen, denn andere haben sich gegenüber entscheidenden Ak-teuren positiv geäußert.

„Dann ist man halt auch irgendwann auf der Liste für irgendwelche Jobs mit da-bei, die dann an einen herangetragen werden." (H1)

Eine solche (einmalige) Empfehlung kann sich als verbreitete Wahrnehmung bei den Akteuren des Netzwerks zu einem stabilen Ruf verdichten. Man wird zum „Ans-prechpartner für viele Themen" (H1) oder zum unternehmensweit anerkannten Ex-perten.

„Dazu gehört dann aber auch, sich gegenseitigen Respekt zu erarbeiten. Das heißt, man hat irgendwann einen Punkt erreicht, wo der andere sagt: `Ok, der Fachmann für das und das ist der und der. Den spreche ich jetzt an.´" (M1)

Eine solche Position im Netzwerk ist privilegiert und privilegierend. Der betreffende Akteur wird als Experte angesehen. Die entsprechenden Anfragen werden an ihn ge-richtet. Dadurch ist er besser und schneller informiert als andere. Er kennt als einziger alle Zusammenhänge und erhält die Chance, eine Monopolstellung zu errichten, die es ihm erlaubt, seinen Expertenstatus weiter zu verteidigen und immer weiter auszu-

Kapitel VIII – Empirisch begründete Typen des Networkings in Organisationen

bauen. Der gute Ruf, den er sich im Unternehmen geschaffen hat, wird so zur sich selbst erfüllenden Prophezeiung. Er bestätigt und verstärkt sich aus sich heraus immer weiter.

Wendet man sich der Kostenseite des Sich-Verkaufens zu, fallen Nebenwirkungen auf, die sehr eng mit Themen in Beziehung stehen, die unter der Überschrift der Emotionsarbeit diskutiert werden. „Die Arbeit an und mit den eigenen Gefühlen gemäß betrieblicher Vorgaben" (Rastetter 1999: 374) erfolgt hier im Dienste einer mikropolitischen Strategie. Die eigene Gefühlswelt wird von den betreffenden Führungspersonen in den Dienst der Networkingstrategie gestellt, denn beim *Impression Management* geht es darum, bei anderen positive Emotionen und Einschätzungen zu wecken oder zu bewahren. Das kann vielfach nur unter Einbezug der eigenen Gefühlswelt und emotionalen Ausstrahlung gelingen (vgl. Zapf 2002: 238ff). Als Reaktion auf die psychischen Anforderungen, die Emotionsarbeit an den einzelnen stellt, werden mit Oberflächenhandeln (*surface acting*) sowie Tiefenhandeln (*deep acting*) zwei Strategien unterschieden (vgl. Rastetter 1999: 375ff). Beim Oberflächenhandeln wird versucht, nur den äußerlichen Eindruck einer spezifischen Emotion (z.B. Freude) gegenüber einem anderen Organisationsmitglied, vorzuspielen. Das Tiefenhandeln zielt dagegen auf die tatsächliche Erzeugung und das tatsächliche Erleben des jeweiligen Gefühls ab.

Beide Strategien finden sich im Material aus den Interviews mit den betreffenden Leitungskräften und beide bleiben nicht ohne Wirkung. Herr Emil wählt beispielsweise den Weg des Oberflächenhandelns, um als kompetenter und potenter Mitspieler auf der politischen Bühne Akzeptanz zu finden. Emotional hängt er an anderen Arbeitsinhalten und Netzwerkkonfigurationen als denen, die im Management als Karriere fördernd gelten. Er wählt also den Weg der Spaltung und versucht, auf beiden Feldern aktiv zu sein. Auf der Ebene des Managements versucht er sich (oberflächlich) ein *Image* von Härte und mikropolitischer Kompromisslosigkeit aufzubauen, während er sich im Hintergrund – besser: Untergrund – den von ihm bevorzugten Themen und Personen auf andere Weise widmet. Die Folge ist ein Spagat, eine Dissonanz, die schließlich mit dazu beiträgt, dass er die Firma verlässt.

Im Fall von Herrn Dietrich dagegen finden sich Hinweise auf Tiefenhandeln. Er beschreibt an mehreren Stellen, dass und wie es ihm gelingt, seine emotionale Haltung gegenüber Organisationsmitgliedern schnell und grundlegend zu wandeln, ohne dabei auf eine oberflächliche Ebene beschränkt zu bleiben. Als eine Folge seines regelmäßigen Tiefenhandelns lässt sich interpretieren, dass Herr Dietrich sich als von der Organisation aufgesogen beschreibt. Die Arbeit und die beruflichen Kontakte besitzen auch in seinem Privatleben einen hohen Stellenwert. Dieser äußert sich in Einladungen und gemeinsamen Freizeitaktivitäten mit Kollegen. Im Gegensatz zu Herrn Emil scheint er nur noch wenig Distanz zu seiner beruflichen Funktion zu finden. Es gibt keine Trennung mehr zwischen beruflicher und privater Rolle. Das äußert sich aus meiner Sicht z.B. darin, dass Herr Dietrich im Zweitgespräch sehr offen und nachdenklich davon berichtet, zu seinen Kindern aus erster Ehe überhaupt keinen Kontakt mehr zu pflegen und zu finden, weil sein Beruf ihn zeitlich *und* emotional so sehr einnehme.

3.3.4 Fazit

Networking als *Impression Management* zu betreiben, ist eine mikropolitische Strategie, die perfekt zu den Anforderungen passt, die moderne Organisationen (vgl. Kapitel II, Abschnitt 2.1) an ihre Mitglieder stellen. Der allgemeine Rückzug von Formalia und statischen Regularien verbunden mit dem Aufbau flexiblerer und unverbindlicherer Strukturen in Organisationen eröffnet neue und tendenziell größere Zonen der Ungewissheit, die sich mikropolitisch verwerten lassen (vgl. Neuberger 2006: 78ff).

Zur Wahrnehmung dieser Chancen erweist sich auf Grundlage der vorliegenden Daten die Selbstdarstellung des Akteurs mittels Networking als eine sehr erfolgsträchtige Strategie. Leitungskräfte wie etwa Herr Dietrich oder Herr Michael, die diese Vorgehensweise beherrschen, berichten von einer spielerischen Leichtigkeit, mit der sie sich in Organisationen bewegen. Die Eigencharakterisierungen wecken starke Assoziationen zum Typus des Spielmachers aus der Studie von Maccoby (1977: 85). Dieser sieht „menschliche Beziehungen und seine eigene Karriere in der Form von Optionen und Möglichkeiten, wie ein Spiel".

Vieles scheint den *Impression Management* betreibenden Leitungskräften „wie von selbst" (D2) zuzufliegen. Das ist allerdings nur der Fall, weil sie zuvor den Wind, der im Unternehmen weht, richtig einschätzen oder gar zu ihren Gunsten drehen konnten (vgl. Dutton et al. 1997). Die Verbindung von Netzwerken und *Impression Management* ist dann besonders geglückt, wenn es der entsprechenden Leitungskraft gelungen ist, nicht nur ein bestimmtes Bild ihrer selbst im Unternehmen zu verankern. Ideal ist es, wenn das Netzwerk diese Botschaft über die Empfängerfunktion hinausgehend noch weiter trägt und selbst zum Sender wird. Die Aufmerksamkeit und die aktiven Empfehlungen anderer sind für *Impression Manager* die wertvollsten Effekte, die sie für sich aus ihrem Netzwerk ziehen können. Das Streben nach Reputation und „Ruhm" (Maccoby 1977: 89) gehört – wie für den Spielmacher – zu den stärksten Triebfedern dieses Handlungstypus.

Gleichzeitig machen die untersuchten Fälle auch deutlich, wie herausfordernd und komplex der oben beschriebene Auf- und Ausbau eines solchen Netzwerkes ist. Die Daten lassen den Schluss zu, dass *Impression Management* dann – und nur dann – zum Ziel führt, wenn innerlich kein Zweifel an der eigenen Botschaft besteht. Nur der, der von sich überzeugt ist, wirkt und kann so auch andere Akteure für sich gewinnen. Ein Gegenbeispiel bildet die folgende Passage aus dem Erstgespräch mit Herrn Heinrich.

Kapitel VIII – Empirisch begründete Typen des Networkings in Organisationen

„Denk ich eigentlich schon, dass ich klar gemacht hab, auch explizit eigentlich, dass, dass ich schon irgendwie was in der Firma erreichen möchte." (H1)

In dieser Sequenz werden Zweifel spürbar, wenn Herr Heinrich über sich und seine Wirkung in der Organisation spricht. Seine Networkingbotschaft an die Organisation ist nicht eindeutig. Sie bleibt in ihrer Wirkung beschränkt und es ist fraglich, ob sie bei der Unternehmensleitung in der Weise ankommen wird, wie es Herr Heinrich bezweckt.

Diese und vergleichbare Stellen aus den Gesprächen lassen den Schluss zu, dass Networking im Modus des *Impression Managements* dann am effektivsten ist, wenn es mit Tiefenhandeln verbunden ist. Wird – wie speziell im Fall Emil – nur oberflächlich gehandelt, scheinen die hinter der Fassade bestehenden Zweifel, Relativierungen und Unsicherheiten die persönliche Botschaft ihrer Eindeutigkeit und mithin ihrer Wirkkraft auf andere zu berauben.

Eine mögliche Kehrseite dieses Tiefenhandelns ist darin zu sehen, dass die betreffenden Leitungskräfte in das Risiko geraten, in eine (rein) virtuelle Netzwerkwelt abzudriften, in der sie über keine realen Beziehungen mehr verfügen können. Es gibt innerhalb der Organisation dann keine echten Begegnungen mehr. Auch Maccoby (1977: 92) sieht seinen Spielmacher als jemanden, der sich zunehmend „seine eigene Realität schafft, die nicht so begrenzt ist wie die normale alltägliche Wirklichkeit." Daraus entsteht für diese Führungspersonen die latente Gefahr, „die Berührung mit der Wirklichkeit zu verlieren" (Maccoby 1977: 92) und sich zu „wirklichkeitsfremden, manipulierenden und zwangsgetriebenen Arbeitssüchtigen" zu entwickeln.[159]

---

[159] In diesem Moment wird es auch für die Organisation der betreffenden Leitungskraft gefährlich. In einer Typologie neurotischer Organisationsformen beschreiben Kets de Vries und Miller (1984: 31ff) den Typus der *„dramatic firm"* als eine, in der die Entwurzelung und Abgehobenheit der Leitungskräfte im beschriebenen Sinn extrem ist. „They live in a world of hunches [=Ahnungen; FR] and impressions rather than facts" (Kets de Vries & Miller 1984: 31). Die Organisation wird dadurch in ihrer strategischen Ausrichtung zur *„function of its top manager's considerable narcissistic needs, his desire for attention and visibility"* (Kets de Vries 1984: 32) und zum Spiegelbild seiner Größenfantasien. Speziell der *„chief executive officer wants to be at center stage, putting on a show. He likes to be noticed, to finally show `the others´ over there how great an executive he really is"* (Kets de Vries 1984: 32).

IX SCHLUSS

Am Ende gehen die Gedanken gleichermaßen zurück und nach vorn. In der Rückschau auf die Arbeit geht es darum, Ergebnisse zusammenzufassen und, speziell bezogen auf die drei wissenschaftlichen Zielsetzungen der Arbeit, Bilanz zu ziehen (vgl. Abschnitt 1). Über den Rahmen der vorliegenden Arbeit hinaus soll der Blick dann im weiteren Verlauf dieses Kapitels gehen, wenn mögliche Implikationen aus den Ergebnissen der Untersuchung abgeleitet werden (vgl. Abschnitt 2).

1 Resümee

Drei Zielsetzungen wurden mit dem Forschungsprojekt verfolgt. Konzeptionell sollte ein theoretischer Rahmen zur Fundierung von Networkingaktivitäten in Organisationen entwickelt werden (vgl. Abschnitt 1.1). Empirisch sollten auf der Ebene der Einzelfälle anschauliche, dichte und theoretisch reflektierte Wiedergaben der empirisch vorgefundenen Networkingstrategien sowie ihrer Folgen vermittelt werden (vgl. Abschnitt 1.2). Auf der Ebene der Gesamtheit aller Fälle sollte eine empirisch begründete Typologie des Networkings in Organisationen erstellt werden (vgl. Abschnitt 1.3). Alle drei Zielsetzungen werden im Anschluss inhaltlich und methodisch reflektiert.

1.1 Erste Zielsetzung – Konzeptionelle Fundierung von Networking

Für die mikropolitische Taktik des Networkings in Organisationen sollte mit der vorliegenden Arbeit ein Referenzrahmen geschaffen werden, der es erlaubt, die intraorganisationalen Kontakthandlungen mikropolitischer Akteure konzeptionell zu fassen und zu analysieren. Ausgehend von theoretischen Vorüberlegungen und aktuellen empirischen Ergebnissen aus den Feldern Mikropolitik, soziale Netzwerke und Soziales Kapital wurde ein solches konzeptionelles Gerüst errichtet. Der theoretische Bezugsrahmen der Untersuchung wurde im Vorfeld der Erhebung nicht abschließend geformt, sondern immer wieder entsprechend der Auswertungsergebnisse an den (neuen) Stand der Erkenntnis flexibel angepasst. Er ist daher in der Form, in der er in der Arbeit enthalten ist, als konzeptionelles Ergebnis der Analyse der Einzelfälle sowie der Untersuchung insgesamt anzusehen. Vor dem Hintergrund des theoretisch und praktisch fundierten Referenzrahmens lassen sich die Networkingaktivitäten organisationaler Akteure kategorisieren und untersuchen.

Die Gründe für die Auswahl der drei Theoriefelder Mikropolitik, Netzwerke und Soziales Kapital als theoretische Ausgangsfelder für die Arbeit sind im Text ausgeführt. Es darf dennoch an dieser Stelle nicht verschwiegen bleiben, dass mehrere sinnvolle Alternativen für den konzeptionellen (Erst-)Entwurf der Untersuchung bestanden hätten (und bestehen!), die dann auch zu anderen Deutungen des Materials und anderen Resultaten geführt hätten. Zu denken wäre hier (neben anderen organisationstheoretischen Ansätzen) etwa an eine systemische, organisationsanalytische oder auch gruppendynamische Fundierung der Untersuchung.

1.2 Zweite Zielsetzung – Theoretisch fundierte Reflexion der Einzelfälle

Aus dem Sample des erhobenen Materials wurden sechs Einzelfälle des Networkings von Leitungskräften in beruflichen Anfangssituationen gezielt herausgegriffen, intensiv analysiert und in der Arbeit ausführlich dokumentiert. Die Darstellung und Reflexion der Fälle ist detailreich und befördert die intersubjektive Nachvollziehbarkeit des Untersuchungsprozesses und seiner Ergebnisse. Indem sich die Erörterung der Fälle auf den konzeptionellen Bezugsrahmen der Studie bezieht, ist sie außerdem theoretisch fundiert. Die Praxisfälle werden so in einen wissenschaftlichen Kontext übertragen und zur Diskussion gestellt.

Die untersuchten Einzelfälle illustrieren und bestätigen zentrale mikropolitische Annahmen und theoretisch bereits bekannte Zusammenhänge sozialer Netzwerke. Dazu zählt zuvorderst die Annahme, dass mikropolitische Taktiken, wie z.b. Networking, immer und untrennbar eingebunden sind in einen zeitlichen und vor allem sozialen Kontext. Auf diesen Kontext kommt es an. Damit dokumentieren die Fälle, dass die bisher dominierende (und bis heute fortgesetzte) Vorgehensweise der Erforschung mikropolitischer Praktiken mittels standardisierter Fragebögen in eine Sackgasse führt. Das gilt in besonderem Maße für kooperative und generisch soziale Machtstrategien wie Networking.

Mit der Auswahl der in der Arbeit ausführlich analysierten Fälle wurde angestrebt, das vorgefundene Spektrum von Networkingansätzen in seiner Breite möglichst vollständig aufzufächern. Die Gesamtschau der Fälle illustriert die Unterschiedlichkeit der Herangehensweisen:

- Herr Anton kämpft um Dominanz über andere – «Networking zur Okkupation extremer Macht- und Druckpositionen»

- Herr Bernhard vermeidet Beziehungen – «Networking zur Herrschaft auf Distanz»

- Herr Cäsar präsentiert sich als unabhängig – «Networking zur Demonstration von Eigenständigkeit»

- Herr Dietrich nutzt Beziehungen, um Eindruck zu machen – «Networking zur Signalisierung von Verbundenheit und Souveränität»

- Herr Emil möchte mitspielen – «Networking zur Anerkennung als Mitspieler»

- Herr Friedrich sucht nach Nähe und Freundschaft – «Networking zur Integration in Gemeinschaft»

Die Heterogenität zeigt sich, ausgehend von den hier nochmals aufgeführten Networkingfinalitäten, durchgehend in allen untersuchten Kategorien: Vom Networking, über das sich bildende Netzwerk, bis letztlich hin zu den Konsequenzen, die dem fokalen Akteur daraus erwachsen. An jedem Übergang zwischen den genannten Kategorien bestehen komplexe Zusammenhänge und wirken spezifische Mechanismen. Das Gleiche gilt für die hintergründigen Verbindungen zwischen der strukturellen und der relationalen Dimension sozialer Netzwerke. Durch die Fälle werden diese komplexen Zusammenhänge und Entwicklungen in ihrer Dynamik im Zeitablauf plastisch und wissenschaftlich verwertbar.

Die in der Arbeit herausgestellten Zusammenhänge sind zwar kontingenter Natur und lassen so grundsätzlich vieles offen; allerdings illustrieren die Fallstudien der Untersuchung in ihrer Gesamtheit auch, dass der Akteur durch sein Networking strukturierende Impulse auf sein Umfeld auslöst. Er erzeugt Wirkungen, die sich nicht zurücknehmen lassen und in ihrem Gefolge bestimmte Effekte wesentlich wahrscheinlicher machen als andere. Beim Networking prägen die ersten Züge das gesamte Spiel. Der zuletzt genannte Gedanke ist wichtig, denn für das Networking in Organisationen bedeutet er, dass man sich als rational handelnder Mikropolitiker (von Beginn an) entscheiden muss. Es gibt gegenläufige Tendenzen, sich widersprechende Ziele und Wirkungen, *trade-offs*, Unklarheiten etc. Sie schließen aus, sich gleichzeitig alle in der Literatur beschriebenen Vorteile sozialer Netzwerke erschließen zu können. Mikropolitische Netzwerke sind so immer ambivalent. Sie ermöglichen und begrenzen, sie binden und sie befreien, sie haben Wirkungen und Nebenwirkungen.

Die empirischen Ergebnisse der Studie zu dieser und zur folgenden Zielsetzung entsprechen anerkannten Gütekriterien qualitativer Sozialforschung. Es kamen zahlreiche forschungsstrategische Maßnahmen und Taktiken zur Anwendung, welche als geeignet gelten, den Geltungsanspruch der Untersuchung zu untermauern. Die Strategien der Qualitätssicherung wurden innerhalb der Arbeit ausführlich vorgestellt und diskutiert. Abgesehen von diesen Stärken bleiben jedoch auch methodische Fragen offen, die an die Untersuchung zu richten sind. Dabei geht es vor allem um das theoretische Sampling zu Beginn der Erhebung sowie um die Problematik der theoretischen Sättigung als methodologisches Abbruchkriterium der *Grounded Theory*.

Bei der Auswahl der Fälle für die Studie konnte nicht der methodologischen Vorgabe entsprochen werden, erst jeweils *nach* der vollständigen Auswertung eines Falls den nächsten zu erhebenden Fall zu bestimmen (vgl. Kapitel V, Abschnitt 2.1). Das lag sicherlich einerseits an der Intransparenz des Feldes für Außenstehende. Andererseits lag es aber auch an nicht originär wissenschaftlichen Gründen. Beschränkungen beim Feldzugang wirkten ebenso limitierend wie begrenzte zeitliche Ressourcen für die Phase der Datenerhebung. Zeitliche Restriktionen spielten auch in Zusammenhang mit dem grundsätzlich problematischen Kriterium der theoretischen Sättigung eine Rolle. Dieses – ohnehin im praktischen Forschungsbetrieb wohl nur schwer erreichbare – Ideal konnte innerhalb der vorliegenden Studie nur für die im Sample enthaltenen Fälle und auch nur annähernd erreicht werden (vgl. Kapitel V, Abschnitt 3.1.2).

1.3 Dritte Zielsetzung – Empirisch begründete Typenbildung

Das dritte Erkenntnisinteresse der Untersuchung richtete sich darauf, die empirischen Fälle nicht nur isoliert voneinander zu beschreiben und zu analysieren. Auf der übergeordneten Ebene der Gesamtheit des erhobenen Materials sollten die 13 Einzelfälle in Beziehung zueinander gesetzt und untereinander verglichen werden. In einer Kombination der analytisch-induktiven Auswertung empirischer Daten sowie der Anwendung theoretischer Wissensbestände und Annahmen konte eine empirisch begründete Typologie des intraorganisationalen Networkings von Leitungskräften in beruflichen Anfangssituationen entfaltet werden. Die Typologie verleiht dem zunächst unübersichtlichen empirischen Feld Struktur und Ordnung. Diese bei Kluge (1999: 43) als „Gruppierungseffekt" bezeichnete Wirkung reduziert die Komplexität des Phänomens Networking und stellt Unterschiede und Gemeinsamkeiten heraus.

Als relevante ordnende Vergleichskategorie wurden die Finalitäten der einzelnen Networkingansätze gewählt und ausgearbeitet. Als Kernkategorie des Networkings in Organisationen geben die jeweiligen Finalitäten des Networkingansatzes eine Antwort auf die Frage, *mit welchem Ziel* sich Leitungskräfte in beruflichen Anfangssituationen innerhalb der Organisation Netzwerke aufbauen und erschließen. Es wurden drei finale Kategorien differenziert:

- «Networking als Streben nach Dominanz»: Orientierung der Networkinghandlungen an dem Ziel, im Netzwerk der Organisation unmittelbar eine hierarchisch dominante, bestimmende Funktion zu übernehmen

- «Networking als Streben nach Solidarität» – Orientierung der Networkinghandlungen an dem Ziel, im Kollegenkreis ein gemeinschaftliches Miteinander auf der Basis von Vertrauen zu entwickeln

- «Networking als Streben nach *Impression Management*» – Orientierung der Networkinghandlungen an dem Ziel, die Wahrnehmung anderer zu steuern und das Netzwerk zum Verstärker positiver Eigenbotschaften zu machen

Der *Gruppierungseffekt* der Typologie betont die Unterschiede *zwischen* den drei genannten finalen Ausprägungen. Anhand der Differenzen wird einerseits nochmals die große Vielfalt möglicher Herangehensweisen an das Thema ersichtlich. Andererseits verdeutlichen sie auch die gerade beschriebenen Zielkonflikte und Widersprüche, die zwischen den drei strategischen Linien bestehen, denn kein erhobener Fall konnte allen drei Richtungen zugeordnet werden. Speziell die beiden zuerst genannten Ausprägungen erwiesen sich in der Praxis für die Leitungskräfte als unvereinbar. Das bekräftigt nochmals die These, dass der Aufbau von Netzwerken Festlegungen erfordert. Mit der Entscheidung für eine Option gehen zwangsläufig andere Optionen verloren.

Neben der strukturierenden Wirkung besitzt die Typologie auch eine *heuristische Funktion*. Hinter den drei Typen des Networkings wirken Mechanismen, die den drei Typen ihre Gestalt geben. Die Sinnzusammenhänge der Merkmale *innerhalb* der Typen wurden für alle drei Typen ausgehend von der Networkingfinalität in ihrer Wirkungsweise beschrieben und analysiert. Es konnte gezeigt werden, wie aus der jeweiligen Finalität – über die Networkinghandlungen und das entstehende Netzwerk – Folgen für den betrachteten Akteur entstehen. Diese typischen Zusammenhänge wurden in Abstraktion von Einzelfällen erarbeitet. Als theoretisch und empirisch begründete Aussagen erlauben sie, speziell in Verbindung mit dem konzeptionellen Referenzrahmen, Einschätzungen, die in ihrer Prognosekraft über das Sample der Fälle der Untersuchung hinausweisen.

Bewertet man den Beitrag, den die entwickelte Typologie für die Erforschung des Networkings in Organisationen leistet, wird man vermutlich zum dem Schluss kommen, dass der heuristische Wert, also die Offenlegung der Sinnzusammenhänge innerhalb der Typen, als substantieller einzuschätzen ist als der Gruppierungseffekt der Typologie. Zu dieser Einschätzung trägt bei, dass die Erstellung von Typologien methodisch grundsätzlich mit Schwierigkeiten behaftet ist. Als problematisch erweist sich dabei regelmäßig die Abgrenzung der Typen. Die Frage, wie viele Typen es (tatsächlich) gibt, ist bei der Erstellung einer Typologie von größter Wichtigkeit. Wie an anderer Stelle der Arbeit schon ausgeführt (vgl. Kapitel V, Abschnitt 2.3.2), emergiert keine einfache bzw. eindeutige Antwort auf diese Frage aus dem Material. Diese entscheidende Frage muss letztlich vom Forschenden selbst beantwortet werden, indem eine akzeptable Balance zwischen der internen Homogenität (innerhalb der Typen) und der externen Heterogenität (zwischen den Typen) gefunden wird. Damit gilt allerdings automatisch, dass eine Typologie nie erschöpfend sein kann. Es sind immer noch weitere Typen denkbar.

Bei der Abgrenzung der gewählten Typen ist, gerade für die hier gewählte Variante der *Grounded Theory* nach Strauss und Corbin, der Rückgriff auf bestehende theoretische Konzepte zur Inspiration und zur Sicherung der Güte der Forschung unerlässlich und methodisch geboten. Die Verankerung der entstandenen Typen und der Typologie insgesamt in der vorliegenden Literatur trägt zur Geltungsbegründung der Untersuchung bei (vgl. Kapitel V, Abschnitt 3). Dieser erwünschte Effekt kann allerdings auch dazu führen, dass Typologien sozialwissenschaftlich informierten Lesenden selbstverständlich und von geringem Neuigkeitswert erscheinen. Diese Kritik betrifft auch die vorliegende Untersuchung. Die inhaltlichen Analogien und Anknüpfungsmöglichkeiten, beispielsweise an die Untersuchung von Maccoby oder die theoretischen Kategorien von Lukes, verstärken sicherlich die Wirkung einer inhaltlichen Nähe zu bekannten Wissensbeständen.

2   Ausblick

Aus den vorangegangenen Ausführungen zu den Zielsetzungen der Untersuchung lassen sich einige *Implikationen* für die zukünftige Erforschung von Networkingaktivitäten in Organisationen ableiten. Zunächst ist festzuhalten, dass auch anschließende Studien die Kontextbezogenheit von Networkingaktivitäten methodisch berücksichtigen sollten. Die fortgesetzte Reduktion mikropolitischer Vielfalt auf eine (vorab definierte) Auswahl statischer Standardtaktiken wird zu keinem weiteren Erkenntnisgewinn in diesem Feld führen. Die weitere Forschung sollte zudem den in dieser Untersuchung eingeschlagenen Pfad einer theoriegestützten Herangehensweise fortführen. Der theoretische Referenzrahmen dieser Arbeit bietet dafür einen Ausgangspunkt.

Impulse und Stimulation für die weitere wissenschaftliche Beschäftigung mit mikropolitischen Netzwerken ergeben sich an den Erkenntnisgrenzen der vorliegenden Studie. Letztere beschränkte sich auf die Untersuchung der Dynamik *intra*organisationaler Netzwerke. Einzelne analysierte Fälle enthalten jedoch deutliche Hinweise darauf, dass auch *extra*organisationale Beziehungen der Akteure die Mikropolitik im jeweiligen Unternehmen beeinflussen können und werden. Diesen Spuren konnte in der vorliegenden Studie nicht ausreichend systematisch nachgegangen werden. Das gilt auch für die Frage nach der weiteren Entwicklung von Networking und sozialen Netzwerken *nach* der akuten Anfangsphase. Welche Mechanismen, Regeln, Sinnzusammenhänge gelten in der Periode danach? Wann tritt Stabilität ein? Wie statisch wird das soziale Gefüge mit der Zeit? Welche Einflussmöglichkeiten bestehen hier noch für den Einzelnen?

Abgesehen von einer Erweiterung des Betrachtungszeitraums erscheinen auch alternative methodische Zugänge zur Erforschung von Networking vielversprechend. So wurde bei der Erhebung auf die Sichtweise *eines Akteurs* zurückgegriffen. Die Interviews wurden zwar intensiv und auf mehreren Ebenen ausgewertet, um auch versteckte und hintergründige Informationen zugänglich zu machen; eine Triangulierung der Perspektive bei der Erhebung, also die Befragung *mehrerer Akteure* zu einer mikropolitischen Konstellation, wäre jedoch sicherlich erkenntnisreich. Es entstünde die Chance, Sichtweisen direkt zu vergleichen. Daraus ließen sich leichter Erkenntnisse über abweichende Wahrnehmungen der gleichen sozialen Situation durch unterschiedliche Akteure gewinnen. Was bedeutet es, wenn Ego von seiner Freundschaft zu Alter spricht? Und was, wenn Alter das ganz anders sieht? Welche (un-)geteilten Fantasien entstehen auf der Ebene der Gruppe bzw. der Organisation? Mit welchen Folgen?

Durch eine solche mehrperspektivische Betrachtung einer Situation würden sicherlich auch deutlichere Hinweise auf weitere Themen entstehen, die innerhalb der vorliegenden Arbeit nur angeschnitten werden konnten. Dabei handelt es sich unter anderem um offene Fragen rund um die Interaktion der Networkingtypen. Das hier gewählte Verfahren erlaubt hierzu erste Rückschlüsse, aber klarere Antworten wären wünschenswert und sicherlich möglich. Was entsteht, wenn solidaritätsorientiertes Networking auf dominanzgeprägtes Kontakthandeln trifft? Wie interagieren *Impression Management* und die anderen beiden Modi? Welches Verhaltensrepertoire halten die Networkingtypen jeweils in Reaktion auf die anderen bereit?

Neben diesen theoretischen Implikationen und Anschlussgedanken ist auch an managementpraktische Auswirkungen der Untersuchung zu denken. Die erfolgreiche Integration neuer Leitungskräfte ist von großer praktischer Relevanz. Bei der Auswahl der Personen für Vakanzen wird immer noch überwiegend auf formale Kriterien, wie etwa fachliche Qualifikation und Berufserfahrung, zurückgegriffen. Mindestens genauso entscheidend für einen guten Start im neuen Umfeld ist aber die soziale und politische Integration. Damit wird die Studie als Referenzpunkt zur Selbstreflexion von Leitungspersonen in beruflichen Anfangssituationen bedeutsam. Sie bietet die Möglichkeit, eigene Verhaltensmuster und Erfahrungen in Beziehung zu setzen zu den Praxisfällen und den entwickelten Typen.

Von Interesse ist die Untersuchung aber auch für professionelle externe Reflexionsbegleiter, wie z.B. Coachs oder Supervisoren. Sie sind aufgerufen, Elemente wie Mikropolitik und Networking in ihren Beratungsansatz zu integrieren. Eine profunde professionelle Einzelberatung organisationaler Akteure *muss* immer auch Machtaspekte berücksichtigen. Ein Ansatzpunkt für die Entwicklung einer Beratungskonzeption zur Erhöhung oder Sicherung von Machtkompetenz lässt sich in den Networkingtypen sehen. Die Zuordnung der Networkingaktivitäten der Beratenen zu den drei Handlungsmodi lässt Fragen entstehen: Wie lässt sich durch Beratung für den solidaritätsorientierten Modus sicherstellen, das keine Übereinbettung und ausreichend Sichtbarkeit in der Organisation entstehen? Wie kann bei einer Betonung von Dominanzaspekten Sensibilität für die unternehmensöffentliche Wirkung dieses Ansatzes geschaffen werden? Wie findet ein auf *Impression Management* ausgelegtes Handlungsmodell konkrete Erdung und Anbindung innerhalb des Unternehmens?

Die Arbeit schließt angesichts der soeben abgeleiteten theoretischen und managementpraktischen Implikation in der gleichen Weise, wie sie auch begonnen hat: Mit (zahlreichen) offenen Fragen. Das muss auch so sein, liegt in der Natur der (sozial-)wissenschaftlichen Sache. Es gibt keine Antworten – nur immer bessere Fragen. Dazu haben sich auch Glaser und Strauss (1967: 40), die Väter der *Grounded Theory*, geäußert. Sie charakterisieren wissenschaftliche Arbeiten als stets unvollkommene und immer nur vorübergehende Interpunktionen im unendlichen Prozess der Suche, des Findens und des erneuten Suchens nach vorläufigen Erkenntnissen.

> „The published word is not the final one, but only a pause in the never-ending process of generating theory." (Glaser & Strauss 1967: 40)

Pause.

DANKSAGUNG

Eine Dissertation schreibt man allein, aber sie ist dennoch keine Einzelarbeit. An meinem Forschungsprojekt haben zahlreiche Personen mitgewirkt, denen ich an dieser Stelle herzlich danken möchte.

Als Doktorvater stand mir *Prof. Dr. Dr. Rolf Haubl* in den letzten Jahren zur Seite. Er hat mir als Betreuer der Arbeit nicht nur entscheidende fachliche Tipps und Impulse gegeben, sondern mich – von Beginn meiner Studienzeit an – auch auf einer persönlichen Ebene begleitet und beraten. Jeder einzelne unserer Besprechungstermine hat bei mir zu frischen Gedanken, gestärkter Motivation, gedanklicher Klarheit und einem neu geschärften Blick für das Wesentliche geführt. Es war und ist mir eine große Freude und eine Ehre, mit ihm zusammenzuarbeiten.

Ich freue mich darüber, dass ich mit *Prof. Dr. Daniela Rastetter* eine Expertin für Mikropolitik als Zweitkorrektorin für die Arbeit gewinnen konnte. Sie hat sich und ihre Zeit für diese Aufgabe in sehr spontaner, unkomplizierter und freundlicher Weise zur Verfügung gestellt.

Dorothee Echter, Geschäftsführerin des Dorothee Echter ECQ Kompetenzzentrums, ist für mich mehr als meine Vorgesetzte. Als freundschaftliche und professionelle Ratgeberin zugleich hat sie mir für das Promotionsprojekt zahlreiche Tipps und kreative Anregungen – vor allem für die Interpretation der Daten – vermittelt. Als Arbeitgeberin hat sie mir die zeitliche Flexibilität und die Freiräume geschenkt, durch die mir die Erstellung der Arbeit erst möglich wurde.

Dr. Andreas Föller, Gründer und Inhaber der Personalberatung Comites, sowie *Martin Hagen*, Geschäftsführer von Hauserconsulting, haben mich bei der Suche nach Interviewpartnern unterstützt. Bei der Planung der Studie schien mir das Finden von Gesprächspartnern besonders kritisch. Dr. Andreas Föller und Martin Hagen haben mir mit ihren Ideen und Kontakten über diese Hürde geholfen.

Meine *Gesprächspartner aus den Interviews* können aus Gründen der zugesicherten Anonymität hier nicht namentlich genannt werden. Sie sind die Protagonisten dieser Untersuchung, die mir und der wissenschaftlichen Öffentlichkeit ihre Zeit geschenkt und Einblicke in ihre Welt gewährt haben.

Mein Freund *Ekkehard Kissel* hat die Dissertation (und mich!) gerettet, als er nach einem Zusammenbruch der Festplatte meines Rechners [während des Sicherungsvorgangs (!)] den größten Teil der zunächst für verloren gehaltenen Daten wieder herstellen konnte. Seine Kompetenz und sein unerschütterlicher Optimismus waren für mich (nicht nur in dieser Situation) unverzichtbar.

Anita Steib wurde während der Arbeit an dem Forschungsprojekt zu *Anita Reiners*. Dabei war und bleibt sie meine wichtigste Ratgeberin und wunderbare Lebensgefährtin, der ich vieles zu verdanken habe – auch ihre Unterstützung bei der Erstellung dieser Studie.

ANHANG – SEQUENZANALYSE DES ANKERINTERVIEWS

Das Erstinterview mit Andreas Anton war das erste Gespräch, das im Rahmen des Forschungsprojektes geführt wurde. Dementsprechend lagen für die Interpretation dieses Gesprächs noch keine auf empirischen Daten basierenden Auswertungskodes bzw. -konzepte vor. Es soll anhand dieses Beispielfalles gezeigt werden, wie in der offenen Kodierung einer einzelnen Sequenz ein erstes konzeptionelles Begriffsnetz entwickelt wurde, das in den weiteren Phasen des zweiten Auswertungsschritts der systematischen Analyse und Verdichtung weiter ausgearbeitet wurde. Die Darstellung des Verlaufs und der Ergebnisse der Sequenzanalyse vervollständigen die Ausführungen zum axialen (vgl. Kapitel VI, Abschnitte 1.3 bis 2.2) und zum selektiven Kodieren des Ankerinterviews (vgl. Kapitel VI, Abschnitt 3).

1 Vorbemerkungen zur Sequenzanalyse

Der im Folgenden sequenzweise analysierte Interviewausschnitt wurde für den Einstieg in die vertiefte Auswertungsarbeit ausgewählt, weil er sich in verdichteter Form auf das zentrale Thema der vorliegenden Untersuchung bezieht.

Die herausgegriffene Passage markiert einen Wendepunkt im Verlauf des Gesprächs, das danach einen neuen Charakter gewinnt. Die Ausführungen von Andreas Anton wirken nach Durchlauf der ausgewählten Passage (noch) offener, lockerer und emotionaler (er lacht z.B. häufiger) als direkt zu Beginn des Interviews. Das Gespräch wird insgesamt flüssiger und weist längere, freie Passagen auf. Sprachlich äußert sich dies in einer erhöhten Sprechgeschwindigkeit oder auch im vermehrten Einsatz von umgangssprachlichen Ausdrücken, wie etwa von Schimpfwörtern („Trottel", „Vollidioten", A1). Das hat in mir insgesamt den Eindruck entstehen lassen, dass sich Herr Anton beginnend mit der folgenden Sequenz A1-1 mir gegenüber spontaner und mit weniger „Rück-Sicht" äußert.[160]

2 Sequenzanalyse

Sequenz A1-1

> FR: „Sich schwer entbehrlich zu machen und Ressourcen zu kontrollieren, die für die Firma sehr wichtig sind, ist eine klassische Machtstrategie. Geht es Dir auch um Macht?"

---

[160] Somit lässt sich der gewählte Abschnitt als verzögerter Gesprächseinstieg auffassen. Das ist insofern erwähnenswert, als der Eingangspassage eines qualitativen Interviews im Allgemeinen eine besondere Aussagekraft zugesprochen wird, der bei der Auswertung spezielle Aufmerksamkeit geschenkt werden sollte (vgl. Mey 1998: 167ff).

Anhang

Herr Anton: „Nööjah, klar (stockt) das hängt natürlich damit zusammen, aber ich habe jetzt nicht das Ziel, jetzt da meine Macht auszubauen. Irgendwo schon, aber jetzt nicht unter dem Begriff wahrscheinlich." (A1)

Meine die Sequenz A1-1 einleitende Frage wurde in den Auswertungsgruppen teilweise als unangemessen [da zu stark intervenierend bzw. (ver-)leitend] und ganz überwiegend als uneindeutig kritisiert, da sie keine klaren Bezüge herstellt: Zunächst lässt sie offen, ob die von mir in gedanklicher Anknüpfung an Konzepte wie z.b. jenes von French & Raven (vgl. Kapitel II, Abschnitt 3.1) vorgenommene Kategorisierung als „klassische Machtstrategie" auf das „Sich-Schwer-Entbehrlich-Machen" oder aber auf die Ressourcenkontrolle verweist. Des Weiteren handelt der Abschnitt unmittelbar vor der dargestellten Sequenz nur in übertragenem Sinne von Aspekten der Ressourcenkontrolle, so dass die von mir mit der Frage durchaus intendierte maßvolle Konfrontation für Herrn Anton sehr leicht abzuwehren gewesen wäre. Gerade vor dem Hintergrund einer Vielzahl alternativer Optionen, wie etwa der direkten Ablehnung meiner Interpretation, einer Bitte um Klärung („Wie kommst Du darauf?") oder auch der Infragestellung meines Status, ist die Reaktion von Herrn Anton überraschend. Er scheint für einen Moment aus der Bahn zu geraten und wählt interessanter Weise keine der gerade benannten Gegenstrategien. Vielmehr entsteht der Eindruck, dass ihn die Konfrontation mit möglichen Machtaspekten in seinem Handeln bewegt und verunsichert: Das inhaltlich unklare und ablehnend-zögerliche „Nööjah" erscheint im Lichte des restlichen Gesprächs äußerst ungewöhnlich und taucht in ähnlicher Form an keiner anderen Stelle des Interviews wieder auf.

Der die folgende Passage einleitende Begriff „klar" soll wieder (die für das restliche Gespräch typische) Eindeutigkeit und Zwangsläufigkeit vermitteln. Er steht im konkreten Fall allerdings in deutlichem Widerspruch zu den weitgehend vagen Aussagen im Anschluss. Das Auseinanderfallen von Form und Inhalt an dieser Stelle werte als ich als starkes Indiz dafür, dass etwas verborgen wird (oder ist). Die angesprochene sprachliche und emotionale Verunsicherung scheint Herrn Anton unangenehm und löst, nachdem er durch das gedehnte Einleitungswort („Nööjah") und eine Unterbrechung im Redefluss etwas Zeit gewonnen hat, Ausweich- und Ablenkungsstrategien aus. Sie sollen die Verbindung seines Agierens bzw. seiner Person mit möglichen Machtinteressen abschwächen und verdecken.

Er verweist zunächst rationalisierend auf einen „natürlichen", d.h. von seiner Person unabhängigen und unabänderlichen Zusammenhang seines Handelns mit Gesichtspunkten der Macht. Dadurch erfährt er unmittelbare Entlastung. Dieses generelle Argument lässt seine eigene innere Haltung zu dem Thema indirekt unerheblich werden, weshalb diese auch unerwähnt und damit verborgen bleiben kann.

Im Anschluss dementiert Herr Anton direkt sein Machtinteresse („nicht das Ziel"), wobei das Dementi in seiner Gültigkeit sofort wieder eingeschränkt, ja konterkariert wird. Er führt eine ganze Reihe weiterer raum-zeitlicher sowie definitorischer Randbedingungen ein, die, um seiner Aussage Kraft verleihen zu können, diverse Zusatzinformationen (bzw. Nachfragen) erforderlich machen würden: Er verfolgt zwar „irgendwo" (Wo genau?) durchaus das Ziel, seine Macht auszubauen, allerdings „da" (Zu welcher Gelegenheit dann?), „jetzt" (Wann sonst?) und „zumindest […] unter diesem Begriff" nicht (Unter welchem anderen Begriff dann? Warum nicht unter dem Machtbegriff?). Diese Zusatzkonditionen des Dementis verkomplizieren und verschleiern.

Letzteres gilt auch für die Wendung „wahrscheinlich", die die ohnehin insgesamt bereits von Ambiguität und Unklarheit geprägte Passage A1-1 abschließt und alles Gesagte insgesamt (nochmals) in Frage stellt. Ich interpretiere sie als eine Art Eigenverdacht, den er gegenüber sich selbst hegt, dass auch bei ihm im Hintergrund Machtinteressen (unbewusst?) im Spiel sein könnten. Die Frage, wie konkret dieser Verdacht für ihn ist, besitzt Relevanz für das Verständnis und die weitere Interpretation des gesamten Falles. Das eine Ende des möglichen Antwortspektrums zu dieser Frage wird markiert durch eine bloße Ahnung davon, dass sein Handeln eventuell Machtbezüge aufweisen könnte, die ihm allerdings weitgehend unbewusst sind. Am anderen Ende des Antwortspektrums steht die sprachliche Verschleierung der Machtinteressen seines Agierens aus taktischen Gründen. Das würde bedeuten, dass ihm der Machtaspekt in seinem Tun durchaus bewusst ist, er jedoch versucht, diesen vor anderen (wie z.B. im Gespräch mit mir) zu verbergen.

Eine Antwort auf diese Frage lässt sich anhand dieser Stelle allein noch nicht ausreichend abgesichert geben. Es ist aber in jedem Fall bemerkenswert, dass die von Herrn Anton in unmittelbarem Anschluss sehr detailliert geschilderten Handlungsmuster und -strategien explizit und sehr prägnant auf Expansion sowie auf die Erhöhung seines Status und seiner Macht im Unternehmen ausgerichtet sind. Der ausgeprägt offensiv-aggressive Stil von Herrn Anton lässt es aus meiner Sicht als ausgeschlossen erscheinen, dass er und sein Vorgehen von anderen Organisationsmitgliedern tatsächlich als macht-los erlebt werden. Seine Verschleierung dürfte von anderen sofort durchschaut werden. Vor allem unter der oben skizzierten Unbewusstheitsannahme ergäbe sich die spannende Schlussfolgerung, dass Herr Anton seine Networkingaktivitäten möglicherweise vollkommen anders begründet und intendiert sieht (mikropolitisches Selbstbild) als er von anderen Organisationsmitgliedern gesehen wird (mikropolitisches Fremdbild).

Die folgende Tabelle 9 fasst die aus der Interpretation der Sequenz A1-1 gewonnenen Kodes zusammen.[161]

---

[161] Strauss und Corbin (1996: 45ff) empfehlen, die vergebenen Kodes unmittelbar zu „dimensionalisieren", d.h., sie mit (ordinalen oder nominalen) Skalen zu versehen und den untersuchten Fall anhand dieser Skalen einzuordnen. Dadurch wird eine logische Basis geschaffen für die weitere Ausarbeitung der Kategorien beim axialen Kodieren und für die Auswahl des nächsten zu erhebenden oder auszuwertenden Falles. Die für die Kategorien des Ankerinterviews festgelegten Dimensionen sind jeweils in Klammern hinter den Kodes angegeben.

Anhang

Kodierungen der Sequenz A1-1 (mit Dimensionalisierungen)
«Verleugnung/Unbewusstheit von Machtinteressen» (Dimensionalisierung: ausgeprägt), «Individuelle Machthaltung» (ablehnend), «Unintendierte Networkingnebenfolgen» (gegeben), «Verdecktheit politischen Handelns» (hoch), «Automatismus- / Selbstverständlichkeitsannahmen» (ausgeprägt), «Kongruenz politischer Selbst- / vs. Fremdwahrnehmung» (gering)

Tabelle 9: Kodierungen der Sequenz A1-1

Sequenz A1-2

„Also, was ich dann noch gerne mach, wenn ich (stockt) neu komm. Suche mir ein paar Studenten, stelle ich ein, mache mit denen Projekte. Ich sehe ein Baustein ist ja diese Kosteninformation und dann sehe ich, was es da für Datenbanken gibt und sehe, denke mir: `Mensch, das ist ja alles nicht so optimal. Das ist eigentlich ein super Studentenprojekt.´ Konzept machen, wie soll es sein, und dann gleich mit Umsetzung. Halbes Jahr, dreiviertel Jahr. So vom Zeitraum her. Und dann suche ich mir Studenten. Einen guten. Der sitzt dann gleich da. Darum sind hier auch zwei Arbeitsplätze eingerichtet in meinem Büro (lacht)." (A1)

War der vorangegangene Abschnitt noch geprägt von Unklarheit und Unsicherheit, findet Herr Anton mit der Sequenz A1-2 seinen Faden wieder. Er tut dies, indem er den für ihn als unangenehm diagnostizierten Kommunikationsfluss jäh abschneidet und in einen ganz anderen Gesprächsduktus zurückkehrt. Dieser ist wesentlich typischer für das restliche Gespräch als der zuvor besprochene. Der kommunikative Bruch lässt sich sprachlich an dem Wort „also" festmachen, das eine Schlussfolgerung oder Zusammenfassung des zuvor Gesagten verspricht. Diese Erwartung bleibt unerfüllt, denn die Aussagen, die dem „also" folgen, stellen einen inhaltlichen Bruch dar.

Die inhaltliche Zäsur korrespondiert mit einer Veränderung auf der Beziehungsebene. Herr Anton löst sich aus der misslichen Gesprächslage, indem er unvermittelt zur Schilderung seiner Networkingstrategien und damit zum Thema des Gesprächs zurückspringt. Hintergrund dieser Vorgehensweise könnte sein, dass er es mir erschweren möchte, an der Stelle weiter nachzuhaken, an der er zuvor seinen Faden verloren hat. Durch den sofortigen Wechsel zurück auf die Sachebene vermeidet er meine Nachfragen. Er bezieht nun besonders detailliert genau zu den thematischen Feldern Stellung, die ich ihm im Vorfeld unseres Interviews als mich besonders interessierend genannt habe. Es könnte sein, dass sich hier im kleinen Rahmen eine für ihn typische Strategie im Umgang mit organisationalen Gegnern andeutet. Deren mikropolitische Angriffe lenkt er sofort auf eine vordergründig-sachliche Ebene ab. Dadurch verdeckt er wie in der Sequenz A1-1 die mikropolitisch-machtbezogenen Aspekte und Motive in seinen eigenen Handlungen.

Anhang

Auf der Inhaltsebene berichtet Herr Anton, welche politischen Handlungsstrategien er „dann noch gerne" macht, wenn er sich in für ihn neuen Umwelten bewegt. Das „gerne" besitzt einen (zumindest) doppeldeutigen Sinn.

(1) Zunächst verweist er damit auf etwas, was er typischer Weise in beruflichen Anfangssituationen immer wieder gerne getan haben will. Diese Darstellung überrascht insofern, als der Berufseinstieg bei der Firma Anton den bisher einzigen Stellenwechsel seiner Karriere darstellt. Mithin ist sein Erfahrungsspektrum, was berufliche Anfangssituationen betrifft, objektiv betrachtet noch nicht so breit, wie es durch dieses Verständnis des Ausdrucks „gerne" suggeriert wird.[162] Das interpretiere ich dahingehend, dass der zuvor diagnostizierte sprachliche und inhaltliche Moduswechsel auch mit einer Veränderung in der Relation zwischen mir und ihm korrespondiert. In der Gesprächssequenz davor hat mich Herr Anton zumindest in dem Sinne als gleichwertig angesehen, dass er versucht hat, mir auszuweichen. In der Passage A1-2 baut er ein Beziehungsgefälle zwischen uns: Er äußert sich als erfahrener Manager, der mir [als einem Studierenden(!)] seine auf langjährigen Praxiserfahrungen beruhenden Erfolgsstrategien vermitteln will. Letzteren versucht er mit seinen Ausführungen besonderes Gewicht und zusätzlichen Nachdruck zu verleihen.

(2) Die zweite Lesart des Adverbs „gerne" bezieht sich darauf, dass Herr Anton Kontaktstrategien beschreibt, die er mit Freude verfolgt und die sich für ihn auch mit einer positiven Erfolgserwartung verbinden. Er ist überzeugt davon, dass sich der beschriebene Weg, der für ihn bereits in der Vergangenheit Ziel führend und richtig war, auch im neuen beruflichen Umfeld automatisch als erfolgreich erweisen wird. Angesichts des besonders frühen Zeitpunkt des Gesprächs (fünf Wochen nach Eintritt in die Firma Anton) verleiht das der beschriebenen Strategie nicht nur einen retrospektiven, sondern gleichzeitig den zukunftsbezogenen Charakter einer detaillierten mikropolitischen Blaupause, an der er sich in den kommenden Monaten orientieren kann und will. Der strategische Plan ist fixiert und erste Vorkehrungen zu seiner sukzessiven Umsetzung („zwei Arbeitsplätze) sind bereits getroffen. Das ist insofern bemerkenswert, als seine Vorgehensweise erstens sehr frühzeitig definiert ist und es sich zweitens bei seiner Vorgehensweise um eine direkte Kopie seiner Strategie aus der Firma Antondavor handelt: Im Sinne eines universell einsetzbaren Erfolgsmusters versucht Herr Anton, diese Strategie ohne weitere Adaption in den neuen organisationalen Kontext zu übertragen. Er tut dies, obwohl er selbst an mehreren anderen Stellen des Gesprächs darauf hinweist, dass sich das aktuelle und das Vorgängerunternehmen in mehreren entscheidenden Parametern (z.B. Unternehmenskultur, Grad der Ausgereiftheit interner Prozesse, Kollegialität, Loyalität, Zeithorizont etc.) grundsätzlich unterscheiden.

---

[162] Vor diesem Hintergrund wäre es kein Zufall, dass bei der Definition des Anwendungsfeldes der Strategie der Satz unvollständig ist („neu komme"). Wäre der Satz an dieser Stelle vollständig, würde vermutlich deutlicher werden, dass er das erste Mal im Verlauf seiner Karriere die Position wechselt.

Anhang

Der erste Schritt seines Plans besteht darin, einen Bereich im Unternehmen zu identifizieren, der „nicht so optimal" ist, in dem es also ein relativ großes Verbesserungspotenzial gibt. Das markiert einen idealen Ausgangszustand, der „super" geeignet ist, ein Studentenprojekt zu initiieren. Ein solcher Aktionsbereich wird von ihm als „ein Baustein" bezeichnet, was darauf schließen lässt, dass es andere Bausteine geben muss, aus deren Verbindung etwas Größeres erwachsen soll.

Den (zahlreichen) Studierenden kommt im Plan von Herrn Anton die Rolle zu, sich in die inhaltlichen Details der Projektmaterie hineinzuarbeiten, die er für sie vorgesehen hat. Die Studierenden dienen ihm als seine persönlichen Adjutanten und Erfüllungsgehilfen. Er übernimmt den gesamten Auswahlprozess, ohne dass dabei andere Institutionen (Personalabteilung, eigene Abteilung, Vorgesetzter) involviert sind.[163] Unter seiner alleinigen Kontrolle bleibt auch die gesamte folgende betriebliche Sozialisation: Er weist die Aufgaben zu und durch die gemeinsame Arbeit am gemeinsamen Schreibtisch erhält er eine doppelte Garantie: Zum einen entsteht dadurch die Möglichkeit ein engmaschiges Kontrollsystem aufzubauen und damit inhaltlich immer voll im Bilde zu sein. Zum anderen verankert er sich durch die enge Anbindung der Studierenden an seine Person dauerhaft als deren wichtigster (einziger?) Ansprechpartner im Unternehmen.[164]

In (Wirtschafts-)Organisationen besteht grundsätzlich eine formale Hierarchisierung der Beziehungen zwischen den Akteuren. Durch die von ihm hergestellte Abhängigkeit der Studierenden von seiner Person verstärkt Herr Anton das Beziehungsgefälle in besonderem Maße. Die asymmetrische Qualität der Beziehungen zu den Studierenden sehe ich in Analogie zur Gesprächssituation zwischen uns beiden während des Interviews. Auf sprachlicher Ebene äußert sich seine Dominanz in der Aufzählung kurzer, staccatoartiger Hauptsätze und Ausdrücke, in die die Abfolge der einzelnen Schritte gekleidet ist. Dadurch wird neben dem Befehlscharakter (Konzept machen! Dann gleich mit Umsetzung! Halbes Jahr! Dreiviertel Jahr! Einen Guten!) nochmals

---

[163] Andeutungsweise äußert sich bereits in dieser Passage ein Charakteristikum von Herrn Anton, das im weiteren Verlauf des Interviews noch auffälliger wird. Immer wieder betont er, dass er sich „an nichts hält" (A1), also organisatorische Rahmenvorgaben und Regeln regelmäßig und bewusst missachtet: „Es ist nicht wichtig, sich an die Regeln zu halten, sondern, dass was weitergeht." (A1). Die hier von ihm eingeführte Formulierung „stelle ich ein" (A1) ist im Lichte des gesamten Gesprächs daher eher als eine Art imaginierter Idealzustand zu interpretieren, in dem es ihm erlaubt ist, Entscheidungen dieser Art tatsächlich autark, d.h. ohne Beteiligung oder gar Einmischung von außen zu treffen. Zum Zeitpunkt des Erstinterviews hat er diesen angestrebten Status in der Firma Anton noch nicht erreicht.

[164] Sein Einfluss auf die Praktikanten geht noch weit über die Zeit, in der die Studierenden bei ihm arbeiten, hinaus. Herr Anton schildert an anderer Stelle, wie sich seine ehemaligen Studierenden auf seine Vermittlung und Empfehlung hin in der Firma Antondavor verteilt haben (vgl. Sequenz A1-4).

Anhang

die Vorab-Bestimmtheit sowie die inhaltliche und zeitliche Definiertheit der geplanten Schrittfolge unterstrichen.[165]

Kodierungen der Sequenz A1-2
«Beziehungsgefälle zu Studierenden» (hoch), «Instrumentalisierung der Studierenden» (hoch), «mikropolitische Flexibilität» (gering), «Übertragung mikropolitischer Handlungsmuster» (ausgeprägt), «Fokussierung auf *low-hanging fruits*» (ausgeprägt), «Automatismusannahmen» (ausgeprägt), «Über formale Beschränkungen hinausgehen» (bewusst / oft), «Mikropolitische Expansion» (schnell / aggressiv), «Abhängigkeit der Studierenden» (hoch), «Druck / Autorität / Hierarchie» (hoch), «Sachthemen okkupieren» (ausgeprägt), «Autarkiebestreben» (hoch), «Strategie der Kontaktaufnahme» (über Sacharbeit)

Tabelle 10: Kodierungen der Sequenz A1-2

Sequenz A1-3

FR: „Gemeinsam am Tisch arbeiten!"

Herr Anton: „Genau! Und dann habe ich einen und dann sage ich: `Jetzt brauche ich ein zweites Büro!´ (Herr Anton und FR lachen) Oder zumindest ein paar Arbeitsplätze, weil Rechner haben wir schon gebunkert. Mein Chef ist der gleiche. Und so expandiert das dann. Da hat man zumindest mal mehr Ressourcen, um Projekte zu machen. Weil sonst muss ich alles alleine machen. Das ist auch nichts." (A1)

Mein Einwurf („Gemeinsam am Tisch arbeiten!") steht in gedanklicher Verbindung mit einer Episode aus der Firma Anton, die Herr Anton bereits zu einem früheren Zeitpunkt im Interview berichtet hat.[166] Seine Reaktion („Genau!") interpretiere ich als Bestätigung meiner Analogievermutung, woraus ersichtlich wird, dass es sich um ein Handlungsmuster handelt, das typisch für ihn ist und das er in mehreren Situationen und Kontexten zeigt. Es wird auch unmittelbar deutlich, dass die gemeinsame

---

[165] An der Hierarchisierung der Beziehungen durch Herrn Anton ist über die aktuell bearbeitete Textpassage hinausgehend bemerkenswert, dass er an anderer Stelle des Gesprächs erzählt, dass und wie er selbst mit dem autoritären Führungsstil seines Chefs bei der Firma Antondavor Schwierigkeiten hatte. Die Arbeit habe ihm keinen Spaß mehr gemacht und er sei nicht mehr motiviert gewesen. Das war auch der wichtigste Anlass für seinen Übergang zur Firma Anton, zu der er gewechselt ist, obwohl er nach eigener Aussage bei der Firma Antondavor sehr erfolgreich war und viel erreicht hat. Interessanter Weise hat sich sein früherer Vorgesetzter, der zu Beginn seiner Tätigkeit bei Firma Antondavor sehr motivierend war, in der Wahrnehmung von Herrn Anton zu einer extrem autoritären Führungskraft gewandelt.

[166] Dabei erzählt er, dass er nicht nur mit Studierenden, sondern auch in der Projektarbeit mit festen Mitarbeitern der Firma Anton an einem Schreibtisch tätig ist. Damit signalisiert er symbolisch, dass er auch als Projektleiter „so tief" (A1) absteigt und sich persönlich in die Details einarbeitet. Durch diese Arbeitstechnik erzielt er für sich als Neuling in der Organisation besonders schnell große Lerneffekte.

Anhang

Arbeit am Tisch mit einer Person nur einen Startpunkt darstellt. Herr Anton stellt unmittelbar den dynamisch-expansiven Aspekt seiner Strategie dar. Sie ist darauf ausgelegt, immer weitere Bausteine aufeinander zu setzen. Mit jedem Baustein wachsen sein Einflussbereich, seine Anerkennung und seine Macht im Unternehmen, was sich z.b. darin äußert, dass er sich dann in der Lage sieht, kompromisslos formulierte Forderungen („Jetzt brauche ich ein zweites Büro!") an die Organisation zu richten.

In der Schilderung seines mikropolitischen Plans, die in ein offensiv vorgetragenes Verlangen mündet, zeigt sich Herr Anton für einen Moment als harter Mikropolitiker, der aufgrund seines wachsenden Status und seiner Macht in die Lage versetzt und willens ist, Befehle zu erteilen und Druck auszuüben. Seinem nachgeschickten Lachen weise ich daher zunächst wiederum eine verschleiernd-relativierende Funktion zu, die mir möglicher Weise signalisieren soll, dass alles nicht so ernst gemeint war.

Diese Wirkung bleibt allerdings aus, denn die erste Funktion des Lachens wird emotional zusätzlich begleitet von einer zweiten, die ich als einen «nötigenden Test» bezeichnen möchte: Durch sein Lachen gerate ich unter Druck mitzugehen. Ich muss mitlachen, um den Kontakt zu ihm aufrecht zu erhalten und um ihn nicht zu provozieren. Mein Lachen wir damit zu einer Reaktion auf eine Prüfungssituation. Herr Anton testet, auf welcher Seite ich stehe, ob ich ihn als überlegene Führungskraft anerkenne, ob ich seine Vorgehensweisen, Ansichten und Werte teile und ob ich dazu bereit bin, mich mit ihm zu verschwören. Diese Prüfung scheine ich zu bestehen, denn er setzt im weiteren Verlauf des Gesprächs die Offenlegung seiner mikropolitischen Hinterbühne weiter fort.

Als weiteres Indiz dafür, dass er mit meiner Reaktion zufrieden ist und mich in diesem Moment als ihm zugehörig sieht, werte ich die Tatsache, dass er unvermittelt-assoziativ das Wort „wir" und seinen Chef ins Gespräch bringt („Mein Chef ist der Gleiche"). Das bedeutet, dass er und sein direkter Vorgesetzter deckungsgleich sind in Bezug auf Einstellungen, Interessen, Ziele und Wahl der Mittel. Zusammen bilden sie aus Sicht von Herrn Anton eine homogene Einheit, deren Mitglieder an einem Strang ziehen.[167] Diese Koalition ist gegenüber anderen abgeschottet, was daran ersichtlich wird, dass sie z.B. wertvolle Ressourcen „bunkert", das heißt sowohl versteckt, als auch vor dem Zugriff von außen schützt. Das Verhalten lässt Konflikte mit anderen Personen innerhalb der Organisation vermuten, denn es ist destruktiv. Die

---

[167] Es sei nochmals darauf verwiesen, dass Herr Anton die Firma Antondavor verlassen hat, weil diese homogene Chefbeziehung mit der Zeit verloren gegangen ist. In diesem Zusammenhang ist außerdem erwähnenswert, dass mir Herr Anton nach dem Gespräch spontan und von sich aus angeboten hat, ich könne doch auch seinen Chef interviewen, der ebenfalls noch nicht lange im Unternehmen sei. Ich werte das erstens als Indiz dafür, dass Herr Anton und sein Vorgesetzter eine homogene Bezugsgruppe bilden, in der keiner Geheimnisse vor dem anderen hat. Herr Anton erwartet, dass die Befragung seines Chefs zu einer Bekräftigung seiner eigenen Sichtweisen führen würde. Zweitens unterstreicht sein freiwilliges Angebot, dass er mir vertraut und mich als seiner Fraktion zugehörig sieht.

Anhang

einzige aktuelle Funktion des Bunkerns der Rechner besteht wohl darin, dass sie kein anderer nutzen kann. Es handelt sich somit um eine gemeinschaftlich begangene Tat der Mitglieder der Koalition, deren Zusammenhalt dadurch gestärkt werden könnte, dass sie sich beide Beteiligten gemeinsam schuldig gemacht haben.

„So", verstanden als Kombination der Bausteinstrategie mit der Koalitionsidee, „expandiert das dann". Wiederum wird klar, dass er sich bei der Umsetzung seines Plans erst am Anfang sieht. Am Ende dieses Prozesses hat er in Koalition mit seinem Chef eine Vielzahl von Räumen, Ressourcen, Themen und Aufgaben erobert und besetzt. Seine bzw. die Macht der Koalition im Unternehmen wächst und es führt absehbar kein Weg mehr an ihr vorbei. Je vielfältiger und umfassender die verantworteten Themen und Aufgaben sind, desto zahlreicher werden die Verbindungen in andere Unternehmensbereiche sein.

Auffällig ist an dieser Stelle die Wahl passiver („es expandiert" anstelle von z.B. „wir expandieren") bzw. unpersönlicher Formulierungen („man hat Ressourcen" anstelle von z.B. „ich/wir habe(n) Ressourcen"). Das könnte analog zur ersten besprochenen Sequenz A1-1 so aufgefasst werden, dass er die Erweiterung seiner Macht als etwas ihm Äußerliches verstanden wissen will, das sich ergibt, ohne dass er es selbst angestrebt hat. Es wird also auch hier relativiert und verschleiert. Gleichzeitig beschreibt die Wendung eine Eigendynamik, die so stark ist, dass der Expansionserfolg dieser Strategie weniger Ziel oder gar Wunsch, sondern aus seiner Sicht vielmehr eine Gewissheit darstellt.

Eine Erfolg versprechende Alternative zur beschriebenen Strategie gibt es aus seiner Sicht nur in dem Sinne, dass er „alles alleine" macht. Dabei würde er jedoch schnell an seine Grenzen stoßen, denn das Bausteinprinzip erfordert es, dass jedes Thema von ihm im Detail verstanden und bearbeitet wird. Er verweist damit auf die Kosten seiner Networkingstrategie, die aufgrund der engen persönlichen Kontrolle einer Vielzahl von Praktikanten und der simultanen Bearbeitung mehrerer Themen extrem zeitaufwendig ist und eine hohe Arbeitsbelastung erfordert. Seine Beurteilung, dass das „auch nichts" sei, sehe ich in Verbindung damit, dass er seine derzeitige Ressourcenausstattung noch als zu gering erachtet. Aus Sicht von der Herrn Anton sind zum Zeitpunkt des Interviews noch nicht einmal Minimalbedingungen erfüllt, was ich daraus schließe, dass er noch daran arbeitet, „zumindest mal" mehr Ressourcen für erste Projekte zu akquirieren.

Anhang

Kodierungen der Sequenz A1-3
«Flexibilität der politischen Strategie» (gering), «Automatismus- / Selbstverständlichkeitsannahmen» (ausgeprägt), «Annahme politischer Eigendynamik» (ausgeprägt), «Aktuelle Arbeitsaufgabe» (vielfältig, themenreich); «Über formale Beschränkungen hinausgehen» (bewusst / oft), «Mikropolitische Expansion» (schnell / aggressiv), «Strukturelle Netzwerkebene» (heterogen, strukturelle Löcher; «Strategie der Kontaktaufnahme» (über Sacharbeit), «Verdecktheit politischen Handelns» (hoch), «Druck / Autorität / Hierarchie» (hoch), «Autarkie- / Unabhängigkeitsstreben» (hoch), «Fokussierung auf homogene Bezugsgruppe» (hoch), «Kognitive Netzwerkebene» (Bezugsgruppe: homogen); «Relationale Netzwerkebene» (Bezugsgruppe: Vertrauen; Studierende: Obligation); «Chefbeziehung» (eng / zielsynchron), «Sich schuldig machen/sein» (hoch), «Bedeutung von Anerkennung» (hoch), «Erfolgserwartung der Strategie» (hoch), «Sich-selbst-um-die-Details-Kümmern» (ausgeprägt), «Arbeitsbelastung» (hoch), «Risiko-des-sich-Feinde-machens» (hoch), «Aggression gegenüber anderen» (hoch), «Ungeduld» (hoch)

Tabelle 11: Kodierungen der Sequenz A1-3

Sequenz A1-4

FR: „Und wenn die Studenten dann dableiben, ist es auch nicht so schlecht?"

Herr Anton: „Ja. Bei der Firma Eins haben sie in den letzten zwei Jahren 16 Absolventen eingestellt."

FR: „Die du betreut hast?"

Herr Anton: „Genau. Das heißt dann auch wieder, dass in jeder Abteilung Leute sitzen, die einem was schuldig sind letztlich oder die bei einem auch gearbeitet haben eine Weile. Und bei der Firma Eins hatte ich ein so extremes Netzwerk." (A1)

Mit meiner Frage spreche ich die zukünftige Weiterentwicklung seines Netzwerkes an. Die Expansion läuft nicht nur inhaltlich über die Studierenden, sondern auch personell, indem die von ihm betreuten Praktikanten nach Abschluss ihres Studiums von ihm in andere Abteilungen des Unternehmens vermittelt und weiter empfohlen werden. Somit stehen ihm die Studierenden auch nach ihrer Tätigkeit für ihn zur Verfügung.

Der Grundcharakter der Beziehungen zu seinen ehemaligen Studierenden verändert sich nach deren Wechsel in andere Organisationseinheiten nicht. Sie sind weiterhin geprägt von einem deutlichen hierarchischen Gefälle, von Druck und insbesondere Verpflichtung. Die Studierenden sind ihm immer noch „was schuldig […] letztlich". Das bedeutet, dass die Studierenden, wenn sie das Praktikum beendet haben, immer noch in seiner Schuld stehen. Das verdeutlicht einerseits nochmals die Unausgewogenheit der Beziehungen zu den Praktikanten und wirft andererseits die Frage auf, ob diese Schuld aus seiner Sicht jemals abgegolten ist oder für alle Zeiten bestehen bleibt. Der Zusatz „letztlich" verstärkt die Interpretation von einer dauerhaften Verpflichtung, denn durch ihn werden mögliche abschwächende Einwände oder Sachverhalte negiert. In letzter Konsequenz und egal, was ansonsten noch vorgefallen ist (z.b. Protektion auch durch andere Führungskräfte, besondere Begabung oder gute Leistungen im Praktikum), besteht ein Dauerschuldverhältnis. Dieses wird bereits und allein dadurch begründet, dass man „eine Weile" bei ihm und für ihn gearbeitet hat und durch ihn in den Betrieb hineinsozialisiert wurde.

Neben der Schuld besteht ein weiteres Beziehungsmerkmal darin, dass er seine Netzwerkkontakte sehr gut kennt und weiß, auf wen er sich verlassen kann. Dieser Effekt könnte dadurch verstärkt werden, dass er nur solche Studierende weiter empfiehlt, die sich während der Arbeit für ihn als loyal, zuverlässig und leistungsstark bewährt haben und ihre Schuld ihm gegenüber auch anerkennen. Dass diese Art von Beziehungen sich nicht auf die Kontakte zu ehemaligen Praktikanten beschränkt, wird daran deutlich, dass Herr Anton den Rekrutierungseffekt als nur einen Mechanismus sieht, der dazu führt, Netzwerkverbindungen dieser Art aufzubauen („Das heißt dann auch wieder"). Das „auch" könnte in Verbindung mit den Wissensträgern in anderen Abteilungen im Unternehmen gesehen werden, mit denen er zuvor zu den unterschiedlichen Sachthemen in Projekten zusammengearbeitet hat. In seiner Einschätzung geraten (und bleiben) auch diese Personen in seine(r) Schuld.

In einem abschließenden Fazit beschreibt er die Gesamtheit seiner Verbindungen in der Firma Antondavor als „so extremes Netzwerk". Neben einer die Ausprägung des folgenden Adjektivs weiter steigernden Bedeutung, lässt sich „so" auch in der Hinsicht verstehen, dass es die Richtung, in der sein Netzwerk extrem war, angibt. Dann würde es darauf hinweisen, dass das Netzwerk in der Weise extrem war, dass die gerade geschilderte Schuldhaftigkeit der Beziehungen besonders ausgeprägt war. Sein informelles Netzwerk unterschied sich also von denen anderer dadurch, dass die darin verbundenen Personen ihm besonders verpflichtet waren.[168] Als ein die Struktur seines Netzwerks beschreibendes Attribut lässt sich „extrem" auch auf die Verzweigtheit, Vielzahl und Vielfalt der Kontakte im Netzwerk beziehen.

---

[168] Die Wendung „extrem" wiederholt sich im Gespräch noch mehrmals. Eine ausführliche Auslegung dieses Begriffes und seiner Bedeutung erfolgt im Auswertungsschritt des selektiven Kodierens (vgl. Kapitel VI, Abschnitt 3).

Anhang

Kodierungen der Sequenz A1-4
«Verdecktheit politischen Handelns» (hoch), «Beziehungsgefälle zu Studierenden» (hoch), «Über formale Beschränkungen hinausgehen» (bewusst / oft), «Mikropolitische Expansion» (schnell / aggressiv), «Abhängigkeit der Studierenden» (hoch), «Instrumentalisierung der Studierenden» (ausgeprägt), «Druck / Autorität / Hierarchie / Schuld» (hoch), «Relationale Netzwerkebene» (Schuld, Obligation, Asymmetrie), «Kognitive Netzwerkebene» (homogen), «Strukturelle Netzwerkebene» (heterogen, strukturelle Löcher), «Netzwerkgröße / Anzahl Kontakte» (hoch)

Tabelle 12: Kodierungen der Sequenz A1-4

3 Kategorisierung der Kodes

Das Ergebnis des offenen Kodierens besteht in den aus der ersten Interpretation der Textsequenzen abgeleiteten Kodes. Sie wurden aus Gründen der direkten Zuordenbarkeit bereits im unmittelbaren Anschluss an die entsprechenden Textpassagen angefügt.

Im nächsten und letzten Schritt des offenen Kodierprozesses werden nun die einzelnen Kodes kategorisiert (vgl. Strauss & Corbin 1996: 49ff). „Kodes werden auf Unterschiede und Ähnlichkeiten hin untersucht und auf der Grundlage zu Kategorien zusammen gefasst" (Kelle 1994: 324). Eine Kategorie bezeichnet eine mit einem Oberbegriff versehene Klassifikation, die diejenigen Konzepte beinhalten soll, die sich „offenbar auf ein ähnliches Phänomen beziehen" (Strauss & Corbin 1996: 43).[169] Die in der folgenden Tabelle 13 vorgenommene Sortierung soll den während der Sequenzanalyse gewonnenen Kodes eine vorläufige Ordnung verleihen. Damit stellt sie das Ergebnis des offenen Kodierschritts dar und bildet den Übergang zum axialen Kodieren des Materials (vgl. Kapitel VI, Abschnitt 1.3).

---

[169] Für kritische Anmerkungen zur von Strauss und Corbin vorgeschlagenen Methodik des offenen Kodierens und der Kategorisierung der Kodes sei auf den Abschnitt 2.3.2 in Kapitel V verwiesen.

Anhang

Kategorien, Subkategorien	Zugeordnete Kodes
Bewusstheit / Unbewusstheit im Machthandeln	• Verleugnung/Unbewusstheit von Machtinteressen • Machthaltung • Automatismen- / Selbstverständlichkeit • Mikropolitische Selbstwahrnehmung
Machtexpansion	• Flexibilität der politischen Strategie • Detailarbeit • Übertragung mikropolitischer Handlungsmuster • Fokussierung auf low-hanging fruits • Annahme politischer Eigendynamik • Erfolgserwartung der Strategie
Subkategorie Machtexpansion: Erweiterung des eigenen Territoriums (Networking nach unten und zur Seite)	• Verdecktheit politischen Handelns • Instrumentalisierung der Studierenden • Über formale Beschränkungen hinausgehen • (Sach-)Themen okkupieren • Aggression • Autarkiebestreben • Kontaktaufnahme über Sacharbeit • Druck / Autorität / Schuld / Herrschaft • Relationale Netzwerkebene (Schuld, Obligation, Asymmetrie)
Subkategorie Machtexpansion: Anerkennung bei den Führungskräften finden (Networking nach oben)	• (Sich) mitschuldig machen/sein • Anerkennung erarbeiten • Relationale Netzwerkebene (Vertrauen, Zielsymmetrie)
Unintendierte Networkingfolgen / Risiken	• Risiko des Sich-Feinde-Machens • Unbewusste Fortsetzung von Abgelehnten im Handeln • Arbeitsbelastung
Extremes Netzwerk	• Beziehungsgefälle zu Studierenden • Abhängigkeit der Studierenden • Netzwerkgröße / Zahl der Kontakte • Strukturelle Netzwerkebene (heterogen, strukturelle Löcher) • Kognitive Netzwerkebene
Ermöglichende / hemmende Rahmenbedingungen	• Arbeitsaufgabe • Chefbeziehung

Tabelle 13: Kategorisierung der Kodes

LITERATURVERZEICHNIS

Adler, P. & Kwon, S.-W. (2000): Social capital – The good, the bad, the ugly. In: Lesser, E. (Hrsg.): Knowledge and social capital – Foundations and applications. Boston: Butterworth-Heinemann, S. 89-115

Adler, P. & Kwon, S.-W. (2002): Social capital – Prospects for a new concept. In: Academy of Management Review, 27 (1), S. 17-40

Ahuja, G. (2000): Collaboration networks, structural holes, and innovation – A longitudinal study. In: Administrative Science Quarterly, 45 (3), S. 425-455

Allen, R. / Madison, D. / Porter, L. / Renwick, P. / Mayes, B. (1979): Organizational politics – Tactics and characteristics of its actors. In: California Management Review, 22 (1), S. 77-83

Alt, R. (2001): Mikropolitik. In: Lang, R. & Weik, E. (Hrsg.): Moderne Organisationstheorien – Eine sozialwissenschaftliche Einführung. Wiesbaden: Gabler, S. 285-318

Anheier, H. / Gerhards, J. / Romo, F. (1995): Forms of capital and social structure in cultural fields – Examining Bourdieu's social topography. In: American Journal of Sociology, 100 (4), S. 859-903

Araujo, L. & Easton, G. (1999): A relational resource perspective on social capital. In: Leenders, R. & Gabbay, S. (Hrsg.): Corporate social capital and liability. Boston: Kluwer, S. 68-87

Astley, W. & Sachdeva, P. (1984): Structural sources of interorganizational power – A theoretical synthesis. In: Academy of Management Review, 9 (1), S. 104-113

Atteslander, P. (1993): Methoden der empirischen Sozialforschung. 7. Auflage, Berlin: de Gruyter

Auer, M. / Gorbach, S. / Laske, S. / Welte, H. (1993): Mikropolitische Perspektiven der Personalentwicklung. In: Laske, S. & Gorbach, S. (Hrsg.): Spannungsfeld Personalentwicklung – Konzeptionen, Analysen, Perspektiven. Wiesbaden: Gabler, S. 153-169

Bachrach, P. & Baratz, M. (1977): Macht und Armut – Eine theoretisch-empirische Untersuchung. Frankfurt am Main: Suhrkamp

Bacharach, S. & Lawler, E. (1998): Political alignments in organizations – Contextualization, mobilization and coordination. In: Kramer, R. & Neale, M. (Hrsg.): Power and influence in organizations. Thousand Oaks: Sage, S. 67-88

Baker, W. (2000): Achieving success through social capital – Tapping the hidden resources in your personal and business networks. San Francisco: Wiley

Baker, W. & Obstfeld, D. (1999): Social capital by design – Structures, strategies, and institutional context. In: Leenders, R. & Gabbay, S. (Hrsg.): Corporate social capital and liability. Boston: Kluwer, S. 88-105

Literaturverzeichnis

Baldwin, T. / Bedell, M. / Johnson, J. (1997): The social fabric of a team-based MBA program – Network effects on student satisfaction and performance. In: Academy of Management Journal, 40 (6), S. 1369-1397

Balkundi, P. & Kilduff, M. (2005): The ties that lead – A social network approach to leadership. In: Leadership Quarterly, 16, S. 941-961

Barnad, C. (1970): Die Führung großer Unternehmen. Essen: Girardet

Barton, A. (1955): The concept of property-space in social research. In: Lazarsfeld, P. & Rosenberg, M. (Hrsg.): The language of social research. New York: Free Press, S. 40-68

Baumann, P. (1993): Motivation und Macht – Zu einer verdeckten Form sozialer Macht. Opladen: Leske + Budrich

Becker, A. / Küpper, W. / Ortmann, G. (1988): Revisionen der Rationalität. In: Küpper, W. & Ortmann, G. (Hrsg.): Mikropolitik – Rationalität, Macht und Spiele in Organisationen. Opladen: Westdeutscher Verlag, S. 89-114

Belliveau, M. / O´Reilly, C. / Wade, J. (1996): Social capital at the top – Effects of social similarity and status on CEO compensations. In: Academy of Management Journal, 39 (6), S. 1568-1593

Berger, U. & Bernhard-Mehlich, I. (1999): Die Verhaltenswissenschaftliche Entscheidungstheorie. In: Kieser, A. (Hrsg.): Organisationstheorien. 3. Auflage, Stuttgart: Kohlhammer, S. 133-168

Bergknapp, A. (2002): Ärger in Organisationen. Wiesbaden: Westdeutscher Verlag

Bischoff, D. (1998): Macht. In: Heinrich, P. & Schulz zur Wiesch, J. (Hrsg.): Wörterbuch der Mikropolitik. Opladen: Leske + Budrich, S. 164-166

Blau, J. & Alba, R. (1982): Empowering nets of participation. In: Administrative Science Quarterly, 27 (3), S. 363-379

Blazejewski, S. & Dorow, W. (2003): Managing organizational politics for radical change – The case of Beiersdorf-Lechia S.A., Poznan. In: Journal of World Business, 38 (3), S. 204-223

Bogumil, J. & Schmid, J. (2000): Politik in Organisationen – Organisationstheoretische Ansätze und praxisbezogene Anwendungsbeispiele. Fernuniversität Hagen

Böhm, A. / Legewie, H. / Muhr, T. (1992): Kursus Textinterpretation – Grounded Theory. Forschungsprojekt Atlas, Forschungsbericht Nr. 92-3, Technische Universität Berlin

Bohnsack, R. (2003): Rekonstruktive Sozialforschung – Einführung in qualitative Methoden. Opladen: Leske + Budrich

Bolino, M. & Turnley, W. (2003): Counternormative impression management, likeability, and performance ratings – The use of intimidation in an organizational setting. In: Journal of Organizational Behaviour, 24, S. 237-250

Literaturverzeichnis

Bolino, M. / Turnley, W. / Bloodgood, J. (2002): Citizenship behavior and the creation of social capital in organizations. In: Academy of Management Review, 27 (4), S. 505-522

Bolino, M. / Varela, J. / Bande, B. / Turnley, W. (2006): The impact of impression-management tactics on supervisor ratings of organizational citizenship behavior. In: Journal of Organizational Behaviour, 27, S. 281-297

Bonacich, P. (1987): Power and centrality – A family of measures. In: American Journal of Sociology, 92 (5), S. 1170-1182

Bone-Winkel, M. (1997): Politische Prozesse in der strategischen Unternehmensplanung. Wiesbaden: Deutscher Universitäts-Verlag

Borgatti, S. & Cross, R. 2003: A relational view of information seeking and learning in social networks. In: Management Science, 49 (4), S. 432-445

Borgatti, S. & Foster, P. (2003): The network paradigm in organizational research – A review and typology. In: Journal of Management, 29, S. 991-1013

Bortz, J. & Döring, N. (2002): Forschungsmethoden und Evaluation für Human- und Sozialwissenschaftler. 3. Auflage, Berlin: Springer

Boulding, K. (1990): Three faces of power. Newbury: Sage

Bourdieu, P. (1980): Le capital social – Notes provisoires. In: Actes de la Recherche en Sciences Sociales, 30, S. 3-6

Bourdieu, P. (1983): Ökonomisches Kapitel, kulturelles Kapital, soziales Kapital. In: Kreckel, R. (Hrsg.): Soziale Ungleichheiten. Göttingen: Schwartz, S. 183-198

Brass, D. (1984): Being in the right place – A structural analysis of individual influence in an organization. In: Administrative Science Quarterly, 29 (4), S. 518-541

Brass, D. (1992): Power in organizations – A social network perspective. In: Moore, G. & Whitt, A. (Hrsg.): Research in Politics and Society – The political consequences of social networks. Greenwich: JAI, S. 295-323

Brass, D. (1995): Creativity – It's all in your social network. In: Ford, C. & Gioia, D. (Hrsg.): Creative action in organizations. Thousand Oaks: Sage, S. 94-99

Brass, D. & Burkhardt, M. (1992): Centrality and power in organizations. In: Nohria, N. & Eccles, R. (Hrsg.): Networks and organizations – Structure, form, and action. Boston: Harvard Business School Press, S. 191-215

Brass, D. & Burkhardt, M. (1993): Potential power and power use – An investigation of structure and behavior. In: Academy of Management Journal, 36 (3), S. 441-470

Brass, D. / Butterfield, K. / Skaggs, B. (1998): Relationships and unethical behavior – A social network perspective. In: Academy of Management Review, 23 (1), S. 14-31

Literaturverzeichnis

Brass, D. / Galaskiewicz, J. / Greve, H. / Tsai, W. (2004): Taking stock of networks and organizations – A multilevel perspective. In: Academy of Management Journal, 47 (6), S. 795-817

Brass, D. & Krackhardt, D. (1999): The social capital of twenty-first century leaders. In: Dodge, D. & Wong, L. (Hrsg.): Out-of-the-box leadership – Transforming the twenty-first-century army and other top-performing organizations. Stanford: JAI, S. 179-194

Brass, D. & Labianca, G. (1999): Social capital, social liabilities, and social resources management. In: Leenders, R. & Gabbay, S. (Hrsg.): Corporate social capital and liability. Boston: Kluwer, S. 323-338

Breuer, F. (1996): Theoretische und methodologische Grundlinien unseres Forschungsstils. In: Breuer, F. (Hrsg.): Qualitative Psychologie – Grundlagen, Methoden und Anwendungen eines Forschungsstils. Opladen: Westdeutscher Verlag, S. 14-40

Brüggemeier, M. (1998): Männerbünde. In: Heinrich, P. & Schulz zur Wiesch, J. (Hrsg.): Wörterbuch der Mikropolitik. Opladen: Leske + Budrich, S. 167-169

Brüggemeier, M. & Felsch, A. (1992): Mikropolitik. In: Die Betriebswirtschaft, 52 (1), S. 133-136

Brunsson, N. (1985): The irrational organization – Irrationality as a basis for organizational action and change. Chichester: Wiley

Buchanan, D. & Badham, R. (1999): Politics and organizational change – The lived experience. In: Human Relations, 52 (5), S. 609-629

Burkhardt, M. & Brass, D. (1990): Changing patterns or patterns of change – The effect of change in technology on social network structure and power. In: Administrative Science Quarterly, 35 (1), S. 104-127

Burkart, T. (2002): The role of the researcher in group-based dialogic introspections. In: Kiegelmann, M. (Hrsg.): The role of the researcher in qualitative psychology. Tübingen: Verlag Ingeborg Huber, S. 91-98

Burns, T. (1962): Micropolitics – Mechanisms of institutional change. In: Administrative Science Quarterly, 6 (2), 257-281

Burt, R. (1992a): The social structure of competition. In: Nohria, N. & Eccles, R. (Hrsg.): Networks and organizations – Structure, form, and action. Boston: Harvard Business School Press, S. 57-91

Burt, R. (1992b): Structural holes – The social structure of competition. Cambridge: Harvard University Press

Burt, R. (1995): Social capital, structural holes and the entrepreneur. In: Revue Francaise de Sociologie, 36 (4), S. 599-628

Burt, R. (1997a): The contingent value of social capital. In: Administrative Science Quarterly, 42 (2), S. 339-365

Literaturverzeichnis

Burt, R. (1997b): A note on social capital and network content. In: Social Networks, 19, S. 355-373

Burt, R. (2000): The network structure of social capital. In: Staw, B. & Sutton, R. (Hrsg.): Research in Organizational Behavior, 22, S. 345-423

Burt, R. (2002): Bridge decay. In: Social Networks, 24, S. 333-363

Burt, R. (2004): Structural holes and good ideas. In: American Journal of Sociology, 110 (2), S. 349-399

Buschmeier, U. (1995): Macht und Einfluss in Organisationen. Göttingen: Cuvillier

Carroll, G. & Teo, A. (1996): On the social networks of managers. In: Academy of Management Journal, 39 (2), S. 421-440

Cohen, M. / March, J. / Olsen, J. (1972): A garbage can model of organizational choice. In: Administrative Science Quarterly, 17 (1), S. 1-25

Coleman, J. (1988): Social capital in the creation of human capital. In: American Journal of Sociology, 94 (supplement), S. 95-120

Coleman, J. (1990): Foundations of social theory. Cambridge: Harvard University Press

Conger, J. & Kotter, J. (1987): General managers. In: Lorsch, J. (Hrsg.): Handbook of organizational behavior. Englewood Cliffs: Prentice Hall, S. 392-403

Costenbader, E. & Valente, T. (2003): The stability of centrality measures, when networks are sampled. In: Social Networks, 25, S. 283-307

Crozier, M. & Friedberg, E. (1979): Macht und Organisation – Die Zwänge kollektiven Handelns. Königstein: Athenäum

Cyert, R. & March, J. (1963): A behavioral theory of the firm. Englewood Cliffs: Prentice-Hall

Dahl, R. (1957): The concept of power. In: Behavioral Science, 2, S. 201-215

Drory, A. & Romm, T. (1990): The definition of organizational politics – A review. In: Human Relations, 43 (11), S.1133-1154

Drucker, P. (1969): Die Praxis des Managements – Ein Leitfaden für die Führungsaufgaben in der modernen Wirtschaft. 6. Auflage, Düsseldorf: Econ-Verlag

Duden (Hrsg., 2006): Duden – Deutsches Universalwörterbuch. 6. Auflage, Mannheim: Bibliographisches Institut

DuBrin, A. (1991): Sex and gender differences in tactics of influence. In: Psychological Reports, 68, S. 635-646

Literaturverzeichnis

Dutton, J. / Ashford, S. / O'Neill, R. / Hayes, E. / Wierba, E. (1997): Reading the wind – How middle managers assess the context for selling issues to top managers. In: Strategic Management Journal, 18 (5), S. 407-425

Egan, G. (1994): Working the shadow side – A guide to positive behind-the-scenes management. San Francisco: Jossey-Bass

Eisenhardt, K. (1989): Building theory from case study research. In: Academy of Management Review, 14 (4), S. 532-550

Eisenhardt, K. & Bourgeois, J. (1988): Politics of strategic decision making in high-velocity environments – Toward a mid-range theory. In: Academy of Management Journal, 31 (4), S. 737-770

Elhardt, S. (2001): Tiefenpsychologie. 15. Auflage, Stuttgart: Kohlhammer

Elsik, W. (1998): Personalmanagement als Spiel. Stuttgart: Schäffer-Poeschel

Emerson, R. (1962): Power-dependence relations. In: American Sociological Review, 27 (1), S. 31-41

Emirbayer, M. & Goodwin, J. (1994): Network analysis, culture and the problem of agency. In: American Journal of Sociology, 99 (6), S. 1411-1454

Empter, S. (1988): Handeln, Macht und Organisationen. Augsburg: Maro

Engelhart, R. (1994a): Mikropolitik im Spiegelbild empirischer Organisationsforschung: Kritischer Vergleich dreier Fragebogeninstrumente – Teil 1: The Profiles of Organizational Influence Strategies. In: Zeitschrift für Personalforschung, 8 (1), S. 5-24

Engelhart, R. (1994b): Mikropolitik im Spiegelbild empirischer Organisationsforschung: Kritischer Vergleich dreier Fragebogeninstrumente – Teil 2: Der Influence Behavior Questionnaire (IBQ) und die Perceptions of Organizational Politics Scale (POPS). In: Zeitschrift für Personalforschung, 8 (2), S. 158-186

Falbe, C. & Yukl, G. (1992): Consequences for managers of using single influence tactics and combinations of tactics. In: Academy of Management Journal, 35 (3), S. 638-635

Ferris, G. / Russ, G. / Fandt, P. (1989): Politics in organizations. In: Giacalone, R. & Rosenfeld, P. (Hrsg.): Impression management in the organization. Hillsdale: Lawrence Erlbaum, S. 143-170

Fischer, H. & Pollock, T. (2004): Effects of social capital and power on surviving transformational change – The case of initial public offerings. In: Academy of Management Review, 47 (4), S. 463-481

Flap, H. & Boxman, E. (1999): Getting a job as a manager. In: Leenders, R. & Gabbay, S. (Hrsg.): Corporate social capital and liability. Boston: Kluwer

Flap, H. & Graaf, N. de (1986): Social capital and attained occupational status. In: Sociologica-Neerlandica, 22 (2), S. 145-161

Literaturverzeichnis

Flick, U. (1995): Stationen des qualitativen Forschungsprozesses. In: Flick, U. / Kardoff, E. von / Rosenstiel, L. von / Wolff, S. (Hrsg.): Handbuch Qualitative Sozialforschung. 2. Auflage, München: Psychologie Verlags Union, S. 148-176

Forret, M. & Dougherty, T. (2001): Correlates of networking behavior for managerial and professional employees. In: Group & Organization Management, 26 (3), S. 283-311

Forret, M. & Dougherty, T. (2004): Networking behaviors and career outcomes – Differences for men and women? In: Journal of Organizational Behavior, 25, S. 419 – 437

Foucault, M. (1977): Sexualität und Wahrheit – Band 1: Der Wille zum Wissen. Frankfurt am Main: Suhrkamp

Foucault, M. (1978): Dispositive der Macht – Über Sexualität, Wissen und Wahrheit. Berlin: Merve

Foucault, M. (1985): Freiheit und Selbstsorge. Frankfurt am Main: Suhrkamp

Freeman, L. / Romney, A. / Freeman, S. (1987): Cognitive structure and informant accuracy. In American Anthropologist, 89, S. 310-325

Freudenberg, H. (1999): Strategisches Verhalten bei Reorganisationen. Wiesbaden: Gabler

Friedberg, E. (1988): Zur Politologie von Organisationen. In: Küpper, W. & Ortmann, G. (Hrsg.): Mikropolitik – Rationalität, Macht und Spiele in Organisationen. Opladen: Westdeutscher Verlag, S. 39-52

Friedberg, E. (1995): Ordnung und Macht – Dynamiken organisierten Handelns. Frankfurt am Main: Campus

Friedberg, E. (2003): Mikropolitik und organsationales Lernen. In: Brentel, H. / Klemtisch, H. / Rohn, H. (Hrsg.): Lernendes Unternehmen – Konzepte und Instrumente für eine zukunftsfähige Unternehmens- und Organisationsentwicklung. Opladen: Leske + Budrich, S. 97-108

Friedkin, N. (1993): Structural bases of interpersonal influence in groups. In: American Sociological Review, 58 (6), S. 861-872

French, J. & Raven, B. (1959): The bases of social power. In: Cartwright, D. (Hrsg.): Studies in social power. Ann Arbour: Institute for social research, S. 150-167

Friedrichs, J. (1983): Methoden empirischer Sozialforschung. 11. Auflage, Opladen: Westdeutscher Verlag.

Fukuyama, F. (1995): Trust – Social virtues in the creation of prosperity. London: Hamish Hamilton

Gabbay, S. & Leenders, R. (2001): Social capital of organizations – From social structure to the management of corporate social capital. In: Leenders, R. & Gabbay, S. (Hrsg.): Social capital of organizations. Amsterdam: JAI, S. 1-20

Literaturverzeichnis

Gandz, J. & Murray, V. (1980): The experience of workplace politics. In: Academy of Management Journal, 23 (2), S. 237-251

Gargiulo, M. (1993): Two-side leverage – Managing constraint in organizational politics. In: Administrative Science Quarterly, 38 (1), S. 1-19

Gargiulo, M. & Benassi, M. (1999): The dark side of social capital. In: Leenders, R. & Gabbay, S. (Hrsg.): Corporate social capital and liability. Boston: Kluwer, S. 298-322

Gargiulo, M. & Benassi, M. (2000): Trapped in your own net? Network cohesion, structural holes, and the adaptation of social capital. In: Organization Science, 11 (2), S. 183-196

Geiger, T. (1947): Vorstudien zu einer Soziologie des Rechts. Aarhus: Universitätsverlag Aarhus

Gerhardt, U. (1995): Typenbildung. In: Flick, U. / Kardoff, E. von / Rosenstiel, L. von / Wolff, S. (Hrsg.): Handbuch Qualitative Sozialforschung. 2. Auflage, München: Psychologie Verlags Union, S. 435-439

Giddens, A. (1979): Central problems in social theory – Action, structure and contradiction in social analysis. Berkeley: University of California Press

Giddens, A. (1995): Die Konstitution der Gesellschaft – Grundzüge einer Theorie der Strukturierung. 2. Auflage, Frankfurt am Main: Campus

Glaser, B. & Strauss, A. (1967): The discovery of grounded theory. Chicago: Aldine

Granovetter, M. (1973): The strength of weak ties. In: American Journal of Sociology, 78 (6), S. 1360-1380

Granovetter, M. (1985): Economic action, social structure and embeddedness. In: American Journal of Sociology, 91 (3), S. 481-510

Granovetter, M. (1995): Getting a job – A study of contacts and careers. 2. Auflage, Chicago: University of Chicago Press

Gulati, R. (1995): Does familiarity breed trust? The implication of repeated ties for contractual choice in alliances. In: Academy of Management Journal, 38 (1), S. 85-112

Hansen, M. / Podolny, J. / Pfeffer, J. (2001): So many ties, so little time – A task contingency perspective on corporate social capital in organizations. In: Leenders, R. & Gabbay, S. (Hrsg.): Social capital of organizations. Amsterdam: JAI, S. 21-57

Harris, L. & Ogbonna, E. (2006): Approaches to career success – An exploration of surreptitious career-success strategies. In: Human Resource Management, 45 (1), S. 43-65

Härter, G. & Öttl, C. (2004): Networking – Kontakte gekonnt knüpfen, pflegen und nutzen. Hamburg: Hoffmann und Campe

Haubl, R. (2005): Mikropolitik für gruppenanalytische Supervisoren und Organisationsberater. In: Haubl, R. / Heltzel, R. / Barthel-Rösing, M. (Hrsg.): Gruppenanalytische Supervision und Organisationsberatung. Gießen: Psychosozial, S. 53-78

Literaturverzeichnis

Haubl, R. (2006): Vertrauen in Misstrauen – Über paranoide Gruppenprozesse. In: Ardjomandi, M. (Hrsg.): Angst und Wut – Täter und Opfer in Gruppen. Jahrbuch für Gruppenanalyse 11. Heidelberg: Mattes Verlag, S. 77-95

Hauptmanns, P. & Rogalski, W. (1992): Fallstudien in der Industriesoziologie – Zur Kritik der vorherrschenden Methode sozialwissenschaftlicher Technikforschung. In: Lehner, F. & Schmid, J. (Hrsg.): Technik, Arbeit, Betrieb, Gesellschaft – Beiträge der Industriesoziologie und Organisationsforschung. Opladen: Leske + Budrich, S. 205-223

Häußermann, H. (1998): Seilschaft. In: Heinrich, P. & Schulz zur Wiesch, J. (Hrsg.): Wörterbuch der Mikropolitik. Opladen: Leske + Budrich, S. 250-252

Hawley, A. (1963): Community power and urban renewal success. In: American Journal of Sociology, 68 (4), S. 422-431

Herzberg, F. (1972): Work and the nature of man. London: Staples

Hesse J. & Schrader, H.-C. (1999): Networking als Bewerbungs- und Karrierestrategie - Beziehungen aufbauen, pflegen und nutzen. Frankfurt am Main: Eichborn

Hickson, D. / Hinings, R. / Lee, A. / Schneck, R. / Pennings, J. (1971): A strategic contingencies' theory of intraorganizational power. In: Administrative Science Quarterly, 16 (2), S. 216-229

Higgins, M. & Nohria, N. (1999): The sidekick effect – Mentoring relationships and the development of social capital. In: Leenders, R. & Gabbay, S. (Hrsg.): Corporate social capital and liability. Boston: Kluwer, S. 161-180

Hinings, R. / Hickson, D. / Pennings, J. / Schneck, R. (1974): Structural conditions of intraorganizational power. In: Administrative Science Quarterly, 19 (1), S. 22-44

Hirschhorn, L. (1988): The workplace within – Psychodynamics of organizational life. Cambridge: MIT Press

Hoffmann-Riem, C. (1980): Die Sozialforschung einer interpretativen Soziologie – Der Datengewinn. In: Kölner Zeitschrift für Soziologie und Sozialpsychologie, 32, S. 339-372

Hollstein, B. (2001): Grenzen sozialer Integration – Zur Konzeption informeller Beziehungen und Netzwerke. Opladen: Leske + Budrich

Hollstein, B. (2006): Qualitative Methoden und Netzwerkanalyse. In: Hollstein, B. & Straus, F. (Hrsg.): Qualitative Netzwerkanalyse – Konzepte, Methoden, Anwendungen. Wiesbaden: VS Verlag für Sozialwissenschaften, S. 11-36.

Hondrich, K. & Koch-Arzberger, C. (1992): Solidarität in der modernen Gesellschaft. Frankfurt am Main Verlag: Fischer

Holm, K. (1969): Zum Begriff der Macht. In: Kölner Zeitschrift für Soziologie und Sozialpsychologie, 21, S. 269-288

House, J. (1981): Work stress and social support. Reading: Addison-Wesley

Literaturverzeichnis

House, J. (1987): Social support and social structure. In: Sociological Forum, 2 (1), S. 135-146

House, J. / Umberson, D. / Landis, K. (1988): Social structure and processes of support. In: Annual Review of Sociology, 14, S. 293-318

House, R. (1988): Power and personality in complex organizations. In: Staw, B. & Cummings, L. (Hrsg.): Research in Organizational Behavior, 10, S. 305-357

Ibarra, H. (1992): Structural alignments, individual strategies, and managerial action – Elements toward a network theory of getting things done. In: Nohria, N. & Eccles, R. (Hrsg.): Networks and organizations – Structure, form and action. Cambridge: Harvard University Press, S. 165-188

Ibarra, H. (1993): Network centrality, power, and innovation involvement – Determinants of technical and administrative roles. In: Academy of Management Journal, 36 (3), S. 471-501

Ibarra, H. & Andrews, S. (1993): Power, social influence, and sense making – Effects of network centrality and proximity on employee perceptions. In: Administrative Science Quarterly, 37 (2), S. 277-303

Inkpen, A. & Tsang, E. (2005): Social capital, networks, and knowledge transfer. In: Academy of Management Review, 20 (1), S. 146-165

Jaeggi, E. / Faas, A. / Mruck, K. (1998): Denkverbote gibt es nicht! Vorschlag zur interpretativen Auswertung kommunikativ gewonnener Daten. Forschungsbericht aus der Abteilung Psychologie im Institut für Sozialwissenschaften der Technischen Universität Berlin, 1998 (2), Quelle: http://www.tu-berlin.de/fb7/ifs/psychologie/reports/docs/ber199802.pdf, Zugriff am 26.6.2006, 18:45 Uhr

Judge, T. & Bretz, R. (1994): Political influence behavior and career success. In: Journal of Management, 20, S. 43-65

Kadushin, C. (2002): The motivational foundations of social networks. In: Social Networks, 24, S. 77-91

Kadushin, C. (2004): Too much investment in social capital? In: Social Networks, 26, S. 75-90

Karaevli, A. (2007): Performance consequences of new CEO "outsiderness" – Moderating effects of pre- and post-succession contexts. In: Strategic Management Journal, 28 (7), S. 681-706

Kelle, U. (1994): Empirisch begründete Theoriebildung – Zur Logik und Methodologie interpretativer Sozialforschung. Weinheim: Deutscher Studienverlag

Kelle, U. (2001): Sociological explanations between micro and macro and the integration of qualitative and quantitative methods. In: Forum Qualitative Sozialforschung (Online-Journal, http://qualitative-research.net/fqs), 2 (1), Zugriff am 03.10.2006, 20:30 Uhr

Kelle, U. & Kluge, S. (1999): Vom Einzelfall zum Typus – Fallvergleich und Fallkontrastierung in der qualitativen Sozialforschung. Opladen: Leske + Budrich

Literaturverzeichnis

Kelle, U. / Kluge, S. / Prein, G. (1993): Strategien der Geltungssicherung in der qualitativen Sozialforschung – Zur Validitätsproblematik im interpretativen Paradigma. Arbeitspapier Nr. 24 des Sonderforschungsbereichs 186 an der Universität Bremen

Kets de Vries, M. & Miller, D. (1984): The neurotic organization. San Francisco: Jossey-Bass

Kieser, A. (1999a): Organisationstheorien. 3. Auflage, Stuttgart: Kohlhammer

Kieser, A. (1999b): Max Webers Analyse der Bürokratie. In: Kieser, A. (Hrsg.): Organisationstheorien. 3. Auflage, Stuttgart: Kohlhammer, S. 39-61

Kieser, A. & Kubicek, H. (1983): Organisation. 2. Auflage, Berlin: de Gruyter

Kilduff, M. & Krackhardt, D. (1994): Bringing the individual back in – A structural analysis of the internal market for reputation in organizations. In: Academy of Management Journal, 37 (1), S. 87-108

Kilduff, M. & Tsai, W. (2003): Social networks and organizations. Thousand Oaks: Sage Publications

Kipnis, D. & Schmidt, S. (1988): Upward influence styles. In: Administrative Science Quarterly, 33 (4), S. 528-542

Kipnis, D. / Schmidt, S. / Swaffin-Smith, C. / Wilkinson, I. (1984): Patterns of managerial influence – Shotgun managers, tacticians, and bystanders. In Organizational Dynamics, 12 (3), S. 58-68

Kipnis, D. / Schmidt, S. / Wilkinson, I. (1980): Intraorganizational influence tactics – Explorations in getting one's way. In: Journal of Applied Psychology, 65 (4), S. 440-452

Kitts, J. (2006): Social influence and the emergence of norms amid ties of amity and enmity. In: Simulation Modelling Practise and Theory, 14, S. 407-422

Kluge, S. (1999): Empirisch begründete Typenbildung – Zur Konstruktion von Typen und Typologien in der qualitativen Sozialforschung. Opladen: Leske + Budrich

Kluge, S. (2000): Empirisch begründete Typenbildung in der qualitativen Sozialforschung. In: Forum Qualitative Sozialforschung (Online-Journal, http://qualitative-research.net/fqs), 1 (1), Zugriff am 13.10.2006, 22:13 Uhr

Knoke, D. (1999): Organizational networks and corporate social capital. In: Leenders, R. & Gabbay, S. (Hrsg.): Corporate social capital and liability. Boston: Kluwer, S. 17-42

Kraatz, M. (1998): Learning by association? Interorganizational networks and adaptation to environmental change. In: Academy of Management Journal, 41 (6), S. 621-643

Krackhardt, D. (1990): Assessing the political landscape – Structure, cognition, and power in organizations. In: Administrative Science Quarterly, 35 (2), S. 342-369

Literaturverzeichnis

Krackhardt, D. (1992): The strength of strong ties – The importance of philos in organizations. In: Nohria, N. & Eccles, R. (Hrsg.): Networks and organizations – Structure, form and action. Cambridge: Harvard University Press, S. 216-239

Krackhardt, D. (1996): Social networks and the liability of newness for managers. In: Cooper, C. & Rousseau, D. (Hrsg.): Trends in organizational behavior. New York: Wiley, S. 159-173

Krackhardt, D. (1998): Simmelian ties – Super strong and sticky. In: Kramer, R. & Neale, M. (Hrsg.): Power and influence in organizations. Thousand Oaks: Sage, S. 21-38

Krackhardt, D. & Brass, D. (1994): Intraorganizational networks – The micro side. In: Wassermann, S. & Galaskiewicz, J. (Hrsg.): Advances in the social behavioural sciences from social network analysis. Thousand Oaks: Sage, S. 123-140

Krackhardt, D. & Hanson, J. (1993): Informal networks – The company behind the chart. In: Harvard Business Review, 71 (4), S. 104-111

Kuckartz, U. (1988): Computer und verbale Daten – Chancen zur Innovation sozialwissenschaftlicher Forschungstechnik. Frankfurt am Main: Lang

Kudera, W. (1992): Die Crux mit den kleinen Zahlen – Zum Generalisierungsproblem bei qualitativer Sozialforschung. In: Lehner, F. & Schmid, J. (Hrsg.): Technik, Arbeit, Betrieb, Gesellschaft – Beiträge der Industriesoziologie und Organisationsforschung. Opladen: Leske + Budrich, S. 191-203

Kühl, S. (1998): Wenn die Affen den Zoo regieren – Die Tücken der flachen Hierarchien. 5. Auflage, Frankfurt am Main: Campus

Kühl, S. (2002): Sisyphus im Management – Die verzweifelte Suche nach der optimalen Organisationsstruktur. Weinheim: Wiley

Küpper, W. & Felsch, A. (2000): Organisation, Macht und Ökonomie – Mikropolitik und die Konstitution organisationaler Handlungssysteme. Wiesbaden: Westdeutscher Verlag

Küpper, W. & Ortmann, G. (1988): Mikropolitik – Rationalität, Macht und Spiele in Organisationen. Opladen: Westdeutscher Verlag

Labianca, G., & Brass, D. 2006. Exploring the social ledger – Negative relationships and negative asymmetry in social networks in organizations. Academy of Management Review, 31 (3), S: 596-614

Labianca, G. / Brass, D. / Gray, B. (1998): Social networks and perception of intergroup conflict – The role of negative relationships and third parties. In: Academy of Management Journal, 41 (1), S. 55-67

Lamnek, S. (1995a): Qualitative Sozialforschung 1. 3. Auflage, Weinheim: Psychologie Verlags Union

Lamnek, S. (1995b): Qualitative Sozialforschung 2. 3. Auflage, Weinheim: Psychologie Verlags Union

Literaturverzeichnis

Lamnek, S. (2005): Qualitative Sozialforschung. 4. Auflage, Weinheim: Psychologie Verlags Union

Lang, R. & Weik, E. (2001): Moderne Organisationstheorien – Eine sozialwissenschaftliche Einführung. Wiesbaden: Gabler, S. 285-318

Lawrence, T. / Mauws, M. / Kleysen, R. (2005): The politics of organizational learning – Integrating power into the 4I framework. In: Academy of Management Review, 30 (1), S. 180-197

Leana, C. & van Buren, H. (1999): Organizational social capital and employment practices. In: Academy of Management Review, 24 (3), S. 538-555

Leenders, R. & Gabbay, S. (1999): Corporate social capital and liability. Boston: Kluwer

Leenders, R. & Gabbay, S. (2001): Social capital of organizations. Amsterdam: JAI

Legewie, H. (1987): Interpretation und Validierung biographischer Interviews. In: Jüttemann, G. & Thomae, H. (Hrsg.): Biographie und Psychologie. Berlin: Springer, S. 138-150

Lehner, E. (2002): Die Organisation als Männerbund. In: Wolf, M. & Becker, H. (Hrsg.): Frauen und Männer in Organisationen und Leitungsfunktionen – Unbewusste Prozesse und die Dynamik von Macht und Geschlecht. Frankfurt am Main: Brandes & Apsel, S. 19-36

Lesser, E. (2000): Knowledge and social capital – Foundations and applications. Boston: Butterworth-Heinemann

Lewis, D. (2002): The place of organizational politics in strategic change. In: Strategic Change, 11 (1), S. 25-34

Lin, N. (2001): Social capital – A theory of social structure and action. Cambridge: Cambridge University Press

Lincoln, J. & Miller, J. (1979): Work and friendship ties in organizations – A comparative analysis of social networks. In Administrative Science Quarterly, 24 (2), S. 181-199

Loury, G. (1977): A dynamic theory of racial income differences. In: Wallace, A. & La Mond, A. (Hrsg.): Women, minorities, and employment discrimination. Lexington: Heath, S. 153-186

Loury, G. (1981): Intergenerational transfers and the distribution of earnings. In: Econometrica, 49, S. 843-867

Luhmann, N. (1984): Theorie der sozialen Systeme. Frankfurt: Suhrkamp

Lukes, S. (1976): Power – A radical view. 2. Auflage, London: Macmillan

Maccoby, M. (1977): Gewinner um jeden Preis – Der neue Führungstyp in den Großunternehmen der Zukunftstechnologie. Reinbek: Rowohlt

March, J. (1990): Entscheidung und Organisation. Wiesbaden: Gabler

Literaturverzeichnis

March, J. & Simon, H. (1958): Organizations. New York: Wiley

Marsden, P. (1988): Homogeneity in confiding relations. In Social Networks, 10, S. 57-76

Maurer, I. (2003): Soziales Kapital als Erfolgsfaktor junger Unternehmen – Eine Analyse der Gestaltung der Entwicklungsdynamik der Netzwerke von Biotechnologie Start-Ups. Opladen: Westdeutscher Verlag

Maurer, I. & Ebers, M. (2006): Dynamics of social capital and their performance implications – Lessons from biotechnology start-ups. In: Administrative Science Quarterly, 51 (2), S. 262-292

Mayes, B. & Allen, R. (1977): Toward a definition of organizational politics. In: Academy of Management Review, 2 (4), S. 672-678

Mayrhofer, W. / Meyer, M. / Steyrer, J. (2005): Macht? Erfolg? Reich? Glücklich? Wien: Linde

Mayring, P. (2001): Kombination und Integration qualitativer und quantitativer Analyse. In: Forum Qualitative Sozialforschung (Online-Journal, http://qualitative-research.net/fqs), 2 (1), Zugriff am 03.09.2006, 19:13 Uhr

McClelland, D. (1978): Macht als Motiv. Stuttgart: Klett-Cotta

McGregor, D. (1985 zuerst 1960): The human side of enterprise. 25th anniversary printing. Boston: McGraw-Hill

McPherson, J. / Popielarz, P. / Drobnic, S. (1992): Social networks and organizational dynamics. In: American Sociological Review, 57 (2), S. 153-170

McPherson, J. & Smith-Lovin, L. (1987): Homophily in voluntary organizations. In: American Journal of Sociology, 52 (3), S. 370-379

Mechanic, D. (1962): Sources of Power of lower participants in complex organizations. In: Administrative Science Quarterly, 7 (1), S. 349-364

Mehra, A. / Dixon, D. / Brass, D. / Robertson, B. (2006): The social network ties of group leaders – Implications for group performance and leader reputation. In: Organization Science, 17 (1), S. 64-79

Mehra, A. / Kilduff, M. / Brass, D. (2001): The social networks of high and low self-monitors – Implications for workplace performance. In: Administrative Science Quarterly, 46 (1), S. 121-146

Metz, I. & Tharenou, P. (2001): Women's career advancement – The relative contribution of human and social capital. In: Group & Organization Management, 26, S. 312-342

Mey, G. (1998): Adoleszenz, Identität, Erzählung. Berlin: Verlag Dr. Köster

Michael, J. & Yukl, G. (1993): Managerial level and subunit function as determinants of networking behaviour in organizations. In: Group & Organization Management, 18, S. 328-351

Literaturverzeichnis

Miles, M. & Huberman, M. (1994): Qualitative Data Analysis. 2. Auflage, Thousand Oaks: Sage

Mintzberg, H. (1973): The nature of managerial work. New York: Harper & Row

Mintzberg, H. (1978): The manager's job – Folklore and fact. In: Harvard Business Review, 53, S. 49-61

Mintzberg, H. (1983): Power in and around organizations. Englewood Cliffs: Prentice-Hall

Minuchin, S. (1979): Familie und Familientherapie – Theorie und Praxis struktureller Familientherapie. 3. Auflage, Freiburg: Lambertus-Verlag

Mizrouchi, M. & Potts, B. (1998): Centrality and power revisited – Actor success in group decision making. In: Social networks, 20, S. 353-387

Moerbeek, H. & Need, A. (2003): Enemies at work – Can they hinder your career? In: Social Networks, 25, S. 67-82

Molm, L. (1990): Structure, action, and outcomes – The dynamics of power in social exchange. In: American Sociological Review, 55 (3), S. 427-447

Mruck, K. (2000): Qualitative Sozialforschung in Deutschland. In: Forum Qualitative Sozialforschung (Online-Journal, http://qualitative-research.net/fqs), 1 (1), Zugriff am 03.10.2006, 21:50 Uhr

Mruck, K. & Mey, G. (1997): Selbstreflexivität und Subjektivität im Auswertungsprozess biographischer Materialien – Zum Konzept einer „Projektwerkstatt qualitativen Arbeitens" zwischen Colloquium, Supervision und Interpretationsgemeinschaft. In: Jüttemann, G. & Thomae, H. (Hrsg.): Biographische Modelle in den Humanwissenschaften. Weinheim: Psychologie Verlags Union, S. 284-306

Mruck, K. / Roth, W.-M. / Breuer, F. (2003): Subjektivität und Selbstreflexivität im qualitativen Forschungsprozess. In: Forum Qualitative Sozialforschung (Online-Journal, http://qualitative-research.net/fqs), 3 (3), Zugriff am 03.10.2006, 21:50 Uhr

Muckel, P. (1996): Selbstreflexivität und Subjektivität im Forschungsprozess. In: Breuer, F. (Hrsg.): Qualitative Psychologie – Grundlagen, Methoden und Anwendungen eines Forschungsstils. Opladen: Westdeutscher Verlag, S. 61-78

Muckel, P. (2001): Entdeckung und Entwicklung von Kategorien in der qualitativen Forschung – Methodologische Überlegungen und empirische Beispiele. Quelle: http://www.qualitative-sozialforschung.de/entdeckung%20und%20entwicklung.htm, Zugriff am 04.10.2006, 11:50 Uhr

Mummendey, H.-D. (1995): Psychologie der Selbstdarstellung. 2. Auflage, Göttingen: Hofgrefe

Murninghan, K. & Brass, D. (1991): Intraorganizational coalitions. In: Bazerman, M. / Sheppard, B. / Lewicki, R. (Hrsg.): Research on negotiations in organizations. London: JAI Press, S. 283-307

Literaturverzeichnis

Nahapiet, J. & Ghoshal, S. (1998): Social capital, intellectual capital and the organizational advantage. In: Academy of Management Review, 23 (2), S. 242-266

Nelson, D. & Quick, J. (1991): Social support and newcomer adjustment in organizations – Attachment theory at work? In: Journal of Organizational Behavior, 12, S. 543-554

Neuberger, O. (1979): Führung und Macht – Entwurf einer Alltagstheorie der Führung. In: Reber, G. (Hrsg.): Macht in Organisationen. Stuttgart: Poeschel, S. 151-179

Neuberger, O. (1988): Spiele in Organisationen, Organisationen als Spiele. In: Küpper, W. & Ortmann, G. (Hrsg.): Mikropolitik – Rationalität, Macht und Spiele in Organisationen. Opladen: Westdeutscher Verlag, S. 53-88

Neuberger, O. (1995): Mikropolitik – Der alltägliche Aufbau und Einsatz von Macht in Organisationen. Stuttgart: Enke

Neuberger, O. (1997): Vertrauen in Misstrauen! Ein Plädoyer für Mikropolitik. In: Klimecki, R. (Hrsg.): Personal als Strategie – Mit flexiblen und lernbereiten Human-Ressourcen Kernkompetenzen aufbauen. Neuwied: Luchterhand, S. 215-243

Neuberger, O. (1998): Spiel. In: Heinrich, P. & Schulz zur Wiesch, J. (Hrsg.): Wörterbuch der Mikropolitik. Opladen: Leske + Budrich, S. 259-262

Neuberger, O. (2002): Führen und führen lassen – Ansätze, Ergebnisse und Kritik der Führungsforschung. 6. Auflage, Stuttgart: Lucius & Lucius

Neuberger, O. (2003): Mikropolitik. In: Rosenstiel, L. von (Hrsg.): Führung von Mitarbeitern – Handbuch für erfolgreiches Personalmanagement. 5. Auflage, Stuttgart: Schäffer-Poeschel, S. 41-49

Neuberger, O. (2006): Mikropolitik und Moral in Organisationen. 2. Auflage, Stuttgart: Lucius & Lucius

Olson, A. (1994): Long-term networking – A strategy for career success. In: Management Review, 83 (4), S. 33-35

Ortmann, G. (1989): Mikropolitik und systemische Kontrolle. In: Arbeitspapiere des Fachbereichs Wirtschaftswissenschaften der Bergischen Universität – Gesamthochschule Wuppertal, Arbeitspapier 136. Wuppertal: Universitätsverlag Wuppertal

Ortmann, G. / Sydow, J. / Türk, K. (2000): Theorien der Organisation – Die Rückkehr der Gesellschaft. 2. Auflage, Wiesbaden: Westdeutscher Verlag

Ortmann, G. / Sydow, J. / Windeler, A. (2000): Organisation als reflexive Strukturation. In: Ortmann, G. / Sydow, J. / Türk, K. (Hrsg.): Theorien der Organisation – Die Rückkehr der Gesellschaft. 2. Auflage, Wiesbaden: Westdeutscher Verlag, S. 315-354

Papendick, U. & Student, D. (2005): Die an der Macht kleben. In: Manager Magazin, 2005 (10), S. 40-43

Paris, R. (1998): Stachel und Speer – Machtstudien. Frankfurt am Main: Suhrkamp

Literaturverzeichnis

Paris, R. (2005): Normale Macht – Soziologische Essays. Konstanz: UVK

Perry-Smith, J. & Shalley, C. 2003: The social side of creativity – A static and dynamic social network perspective. In: Academy of Management Review, 28 (1), S. 89-106

Pettigrew, A. (1972): Information control as power resource. In: Sociology, 6, S. 187-208

Pettigrew, A. (1973): The politics of organizational decision-making. London: Tavistock

Pfeffer, J. (1981): Power in organizations. Marshfield: Pitman

Pfeffer, J. (1992): Managing with Power. Boston: Harvard Business School Press

Pfeffer, J. & Cialdini, R. (1998): Illusions of influence. In: Kramer, R. & Neale, M. (Hrsg.): Power and influence in organizations. Thousand Oaks: Sage, S.1-20

Podolny, J. & Baron, J. (1997): Resources and relationships – Social networks and mobility in the workplace. In: American Sociological Review, 65 (5), S. 673-693

Pollock, T. / Fischer, H. / Wade, J. (2002): The role of power and politics in the repricing of executive options. In: Academy of Management Journal, 45 (6), S. 72-88

Portes, A. (1998): Social capital – Its origins and applications in modern sociology. In: Annual Review of Sociology, 24, S. 1-24

Portes, A. & Landolt, P. (1996): Unsolved mysteries: The Tocqueville files II – The downside of social capital. In: American Prospect (Online-Journal, http://www.prospect.org), 7 (26), Zugriff am 01.7.2006, 15:40 Uhr

Portes, A. & Sensenbrenner, J. (1993): Embeddedness and immigration – Notes on the social determinants of economic action. American Journal of Sociology 98 (6), S. 1320-1350

Powell, W. & Smith-Doerr, L. (1994): Networks and economic life. In: Smelser, N. & Swedberg, R. (Hrsg.): The handbook of economic sociology. Princeton: Princeton University Press, S. 368-402

Putnam, W. (1993): Making democracy work – Civic traditions in modern Italy. Princeton: Princeton University Press

Putnam, W. (1995): Bowling alone – America's declining social capital. In: Journal of Democracy, 6, S. 68-75

Rastetter, D. (1999): Emotionsarbeit – Stand der Forschung und offene Fragen. In: Arbeit, 8 (4), S. 374-388

Raven, B. (1965): Social influence and power. In Steiner, I. & Fishbein, M. (Hrsg.): Readings in contemporary social psychology. New York: Holt, S. 371-382

Raven, B. (1992): A power / interaction model of interpersonal influence – French & Raven thirty years later. In: Journal of Social Behavior and Personality, 7, S. 217-244

Literaturverzeichnis

Raven, B. & Kruglanski, A. (1970): Conflict and power. In: Swingle, P. (Hrsg.): The structure of conflict. New York: Academic Press, S. 69-109

Reihlen, M. (1997): Führungssysteme machtpolitisch betrachtet. In: Zeitschrift für Organisation, 25 (6), S. 348-354

Rescher, N. (1977): Handlungsaspekte. In: Meggle, G. (Hrsg.): Analytische Handlungstheorie – Band 1: Handlungsbeschreibungen. Frankfurt am Main: Suhrkamp, S. 1-7

Roethlisberger, F. & Dickson, W. (1949 zuerst 1939): Management and the worker – An account of a research program conducted by the Western Electric Company, Hawthorne Works, Chicago. Cambridge: Harvard University Press

Roth, W.-M. / Breuer, F. / Mruck, K. (2002): Subjektivität und Selbstreflexivität im qualitativen Forschungsprozess II. In: Forum Qualitative Sozialforschung (Online-Journal, http://qualitative-research.net/fqs), 4 (2), Zugriff am 03.10.2006, 21:52 Uhr

Salancik, G. & Pfeffer, J. (1977): Who gets power – and how they hold on to it – A strategic contingency model of power. In: Organizational Dynamics, 5, S. 3-21

Sandefur, R. & Laumann, E. (1998): A paradigm for social capital. In: Rationality and Society, 19, S. 481-501

Sandner, K. (1990): Prozesse der Macht. Berlin: Springer

Scheler, U. (2000): Erfolgsfaktor Networking – Mit Beziehungsintelligenz die richtigen Kontakte knüpfen, pflegen und nutzen. Frankfurt am Main: Campus

Schiffinger, M. (2002): Zur Messung mikropolitischer Taktiken im Zusammenhang mit Karriereerfolg und Karrierekontext. Wirtschaftsuniversität Wien: Dissertation

Schiffinger, M. & Steyrer, J. (2004): Der K(r)ampf nach oben – Mikropolitik und Karriereerfolg in Organisationen. In: Zeitschrift für Organisation, 73 (4), S. 136-143

Schmitt, R. (2003): Methode und Subjektivität in der systematischen Metaphernanalyse. In: Forum Qualitative Sozialforschung (Online-Journal, http://qualitative-research.net/fqs), 2 (1), Zugriff am 04.10.2006, 21:30 Uhr

Scott, J. (1991): Social network analysis – A handbook. Thousand Oaks: Sage

Scott, R. (1986): Grundlagen der Organisationstheorie. Frankfurt am Main: Campus

Searle, J. (2001): Rationality in action. Cambridge: MIT Press

Seibert, S. / Kraimer, M. / Liden, R. (2001): A social capital theory of career success. In: Academy of Management Journal, 44 (22), S. 219-230

Seipel, C. & Rieker, P. (2003): Integrative Sozialforschung – Konzepte und Methoden der qualitativen und quantitativen empirischen Forschung. Weinheim: Juventa Verlag

Siegrist, J. (1995): Medizinische Soziologie. 5. Auflage, München: Urban und Schwarzenberg

Literaturverzeichnis

Simon, H. (1999 zuerst 1945): Administrative behavior – A study of decision-making processes in administrative organizations. 4. Auflage, New York: Free Press

Sofsky, W. & Paris, R. (1994): Figurationen sozialer Macht – Autorität, Stellvertretung, Koalition. Frankfurt am Main: Suhrkamp

Sparrowe, R. / Liden, R. / Kraimer, M. (2001): Social networks and the performance of individuals and groups. In: Academy of Management Journal, 44 (2), S. 316-324

Stake, R. (2005): Qualitative case studies. In: Denzin, N. & Lincoln, Y. (Hrsg.): The Sage handbook of qualitative research. 3. Auflage, Thousand Oaks: Sage, S. 443-466

Strauss, A. (1991): Grundlagen qualitativer Sozialforschung. München: Fink

Strauss, A. & Corbin, J. (1996): Grounded Theory – Grundlagen qualitativer Sozialforschung. Weinheim: Psychologie Verlags Union

Strauss, A. & Corbin, J. (2005): Grounded theory methodology. In: Denzin, N. & Lincoln, Y. (Hrsg.): The Sage handbook of qualitative research. 3. Auflage, Thousand Oaks: Sage, S. 273-285

Taylor, F. (1995 zuerst 1913): The principles of scientific management. In: Bungard, W. & Volpert, W. (Hrsg.): Die Grundsätze wissenschaftlicher Betriebsführung. Weinheim: Psychologie Verlags Union

Tedeschi, J. (1981): Impression management theory and social psychological research. Academic press: New York

Tharenou, P. (2001): Going up? Do traits and informal social processes predict advancing in management? In: Academy of Management Journal, 44 (5), S. 1005-1017

Thompson, J. (1967): Organizations in action. New York: McGraw-Hill

Thompson, K. & Luthans, F. (1983): A behavioral interpretation of power. In: Allen, R. & Porter, L. (Hrsg.): Organizational influence processes. Glenview: Scott, S. 72-86

Townley, B. (1993): Foucault, power/knowledge, and its relevance for human resource management. In: Academy of Management Review, 18 (3), S. 518-545

Truschkat, I. / Kaiser, M. / Reinartz, V. (2005): Forschen nach Rezept? Anregungen zum praktischen Umgang mit der Grounded Theory in Qualifikationsarbeiten. In: Forum Qualitative Sozialforschung (Online-Journal, http://qualitative-research.net/fqs), 6 (2), Zugriff am 04.10.2006, 10:32

Tsai, W. (2000): Social capital, strategic relatedness and the formation of intraorganizational linkages. In: Strategic Management Journal, 21 (9), S. 925-939

Tsai, W. & Ghoshal, S. (1998): Social capital and value creation – The role of intrafirm networks. In: Academy of Management Review, 41 (4), S. 464-475

Literaturverzeichnis

Tyler, T. (1998): The psychology of authority relations. In: Kramer, R. & Neale, M. (Hrsg.): Power and influence in organizations. Thousand Oaks: Sage, S. 251-259

Uzzi, B. (1996): The sources and consequences of embeddedness for the economic performance of organizations. In: American Sociological Review, 61, S. 674-698

Verbeke, W. & Wuyts, S. (2007): Moving in social circles – Social circle membership and performance implications. In: Journal of Organizational Behaviour, 28, S. 357-370

Voland, E. (2000): Grundriss der Soziobiologie. Berlin: Spektrum

Wagner, J. (1992): Management of organizational behavior. Englewood Cliffs: Prentice-Hall

Walgenbach, P. (1994): Mittleres Management – Aufgaben, Funktionen, Arbeitsverhalten. Wiesbaden: Gabler

Walgenbach, P. (1999): Giddens' Theorie der Strukturierung. In: Kieser, A. (Hrsg.): Organisationstheorien. 3. Auflage, Stuttgart: Kohlhammer, S. 355-376

Walker, G. / Kogut, B. / Shan, W. 1997: Social capital, structural holes and the formation of an industry network. In: Organization Science, 8, S. 109-125

Watzlawick, P. / Beavin, J. / Jackson, D. (1990): Menschliche Kommunikation – Formen, Störungen, Paradoxien. 8. Auflage, Bern: Huber

Weber, M. (1972 zuerst 1922): Wirtschaft und Gesellschaft – Grundriss der verstehenden Soziologie. 5. Auflage, Tübingen: Mohr

Weber, M. (1981 zuerst 1904): Die protestantische Ethik und der Geist des Kapitalismus. In: Winckelmann, J. (Hrsg.): Die protestantische Ethik – Eine Aufsatzsammlung. Band 1. 6. Auflage, Gütersloh: GTB

Weinert, A. (1998): Organisationspsychologie. 4. Auflage, Weinheim: Psychologie Verlags Union

Werle, K. (2006): Die fiesen Tricks der Vorgesetzten – und was man von ihnen lernen kann. In: Manager Magazin, 2006 (6), S. 180-182

Wiedemann, U. (1991): Gegenstandsnahe Theoriebildung. In: Flick, U. / Kardoff, E. von / Rosenstiel, L. von / Wolff, S. (Hrsg.): Handbuch Qualitative Sozialforschung. München: Psychologie Verlags Union, S. 440-445

Wikner, U. (2000): Networking – Die neue Form der Karriereplanung. Würzburg: Lexika

Windeler, A. (1992): Mikropolitik – Zur Bedeutung sozialer Praxis in wirtschaftlichen Organisationen. In: Lehner, F. & Schmid, J. (Hrsg.): Technik, Arbeit, Betrieb, Gesellschaft – Beiträge der Industriesoziologie und Organisationsforschung. Opladen: Leske + Budrich, S. 85-107

Winter, D. (1973): The power motive. New York: Free Press

Winter, D. (1996): Personality – Analysis and interpretation of lives. New York: McGraw-Hill

Literaturverzeichnis

Witzel, A. (1982): Verfahren der qualitativen Sozialforschung – Überblick und Alternativen. Frankfurt am Main: Campus

Witzel, A. (1985): Das problemzentrierte Interview. In: Jüttemann, G. (Hrsg.): Qualitative Forschung in der Psychologie. Weinheim: Psychologie Verlags Union, S. 227-255

Witzel, A. (1996): Auswertung problemzentrierter Interviews – Grundlagen und Erfahrungen. In: Strobl, R. & Böttger, A. (Hrsg.): Wahre Geschichten? Zu Theorie und Praxis qualitativer Interviews. Baden-Baden: Nomos, S. 49-77

Wolff, H.-G. & Moser, K. (2006): Entwicklung und Validierung einer Networkingskala. In: Diagnostica, 52 (4), S. 161-180

Woolcock, M. (1998): Social capital and economic development – Toward a theoretical synthesis and policy framework. In: Theory & Society, 27, S. 151-208

Wrong, D. (1961): The oversocialized conception of man in modern sociology. In: American Sociological Review, 26 (2), S. 183-193

Wrong, D. (1968): Some problems in defining social power. In: American Journal of Sociology, 73 (6), S. 673-681

Yin, R. (1993): Applications of case study research. Newbury Park: Sage

Yin, R. (1994): Case study research – Design and methods. 2. Auflage. Beverly-Hills: Sage

Yukl, G. / Chavez, C. / Seifert, C. (2005): Assessing the construct validity and utility of two new influence tactics. In: Journal of Organizational Behavior, 26, S. 705-725

Yukl, G. & Falbe. C. (1990): Influence tactics and objectives in upward, downward, and lateral influence attempts. In: Journal of Applied Psychology, 75, S. 132-140

Yukl, G. & Falbe, C. (1991): The importance of different power sources in downward and lateral relations. In: Journal of Applied Psychology, 76, S. 416-423

Yukl, G. / Guinan, P. / Sottolano, D. (1995): Influence tactics used for different objectives with subordinates, peers, and superiors. In: Group & Organization Management, 20, S. 272-296

Zanzi, A. / Arthur, M. / Shamir, B. (1991): The relationship between career concerns and political tactics in organizations. In: Journal of Organizational Behavior, 12, S. 219-233

Zapf, D. (2002): Emotion work and psychological well-being – A review of the literature and some conceptual considerations. In: Human Resource Management, 12 (2), S. 237-268

Zivnuska, S. / Kacmar, M. / Witt, L. / Carlson, D. / Bratton, V. (2004): Interactive effects of impression management and organizational politics on job performance. In: Journal of Organizational Behavior, 25, S. 627-640

Zeitschriften / Journals
Download www.Hampp-Verlag.de

Industrielle Beziehungen
Zeitschrift
für Arbeit, Organisation und Management
herausgegeben von
Dorothea Alewell, Berndt Keller,
David Marsden, Walther Müller-Jentsch,
Dieter Sadowski, Jörg Sydow

ISSN 0934-2779,
seit 1994, erscheint jeweils zur Quartalsmitte.
Jahres-Abonnement € 60.-.
Die jährlichen Versandkosten pro Lieferanschrift im
Ausland betragen € 12.-. Einzelheft € 19.80.

Zeitschrift für Personalforschung
herausgegeben von
Werner Nienhüser, Hans-Gerd Ridder,
Christian Scholz, Jürgen Weibler

ISSN 0179-6437,
seit 1987, erscheint jeweils zur Quartalsmitte.
Jahres-Abonnement € 60.-.
Die jährlichen Versandkosten pro Lieferanschrift im
Ausland betragen € 12.-. Einzelheft € 19.80.

Zeitschrift für Wirtschafts- und Unternehmensethik
herausgegeben von
Thomas Beschorner, Markus Breuer, Alexander
Brink, Bettina Hollstein, Olaf J. Schumann

ISSN 1439-880X,
seit 2000, erscheint 3 x im Jahr.
Jahres-Abonnement € 45.-.
Die jährlichen Versandkosten pro Lieferanschrift im
Ausland betragen € 9.-. Einzelheft € 19.80.

Journal for East European Management Studies
Editor-in Chief: Rainhart Lang

ISSN 0949-6181, four times a year.
Institutional rate, print + online-access: € 150.-
Privat, only print: € 60.-
For delivery outside Germany an additional
€ 12.- are added. Single issue: € 19.80.

International Journal of Action Research
Editors: Richard Ennals, *Kingston University,*
Werner Fricke, Editor-in-chief, *Institute for*
Regional Cooperation, Øyvind Pålshaugen,
Work Research Institute, Oslo
ISSN 1861-1303, three times a year.
Institutional rate, print + online-access: € 150.-
Privat, only print: € 60.-
For delivery outside Germany an additional
€ 12.- are added. Single issue: € 24.80.

management revue
The International Review of
Management Studies
Editors-in-chief:
Ruediger Kabst, Wenzel Matiaske

ISSN 0935-9915, four times a year.
Institutional rate, print + online-access: € 150.-
Privat, only print: € 60.-
For delivery outside Germany an additional
€ 12.- are added. Single issue: € 19.80.

Database Research Pool: www.hampp-verlag.de
Six journals – one search engine: Our new online-
archive allows for searching in full-text databases
covering six journals:

- IJAR, beginning in 2005
- IndBez, beginning in 1998
- JEEMS, beginning in 1998
- mrev, beginning in 2004
- ZfP, beginning in 1998
- zfwu, beginning in 1998

Free research: Research is free. You have free access
to all hits for your search. The hit list shows the relevant
articles relevant to your search. In addition, the list
references the articles found in detail (journal, volume etc.).

Browse or download articles via GENIOS: If you want to
have access to the full-text article, our online-partner
GENIOS will raise a fee of € 10.-. If you are registered as a
"GENIOS-Professional Customer" you may pay via credit
card or invoice.